# Provence
## Côte d'Azur

# Provence

## Architektur • Kunst • Landschaft

Herausgegeben von Rolf Toman
Text von Christian Freigang
Fotografien von Achim Bednorz

KÖNEMANN

**Legende zu den Karten**

- Kirche/Kloster
- Kirche-/Klosterruine
- Schloß/Burg
- Schloß-/Burgruine
- Museum
- Profan-/Zweckbauten
- Römisches Bauwerk
- Natursehenswürdigkeit
- Aussichtspunkt



Redaktion und Produktion: Rolf Toman, Espéraza
Nikolaus Hoffmann, Bergisch-Gladbach, Thomas Paffen, Münster
Fotografien: Achim Bednorz, Köln
Bildbeschaffung: Monika Bergmann, Köln
Grafiken: Ehrenfried Kluckert, Bremgarten
Karten: Detlef Maiwald, Studio für Landkartentechnik, Norderstedt
Umschlaggestaltung: Peter Feierabend, Köln

Printed in Germany

ISBN 3-8331-1315-4

10 9 8 7 6 5 4 3 2 1
X IX VIII VII VI V IV III II I

# Inhalt

# Zur Geschichte der Provence

Der schon in der Antike belegte Name *Provincia*, »die Provinz«, von dem sich die heutige Bezeichnung ableitet, deutet bereits an, daß es sich bei der Landschaft im Südosten Frankreichs schon damals um eine Region fernab von einem Mutterland oder einem Zentrum handelte. Dort, in der Fremde, sei das Leben besser, das Land fruchtbarer und das Klima besser als in der Hauptstadt. So jedenfalls sah es der römische Schriftsteller Plinius d. Ä., als er die »Provinz« zwischen Alpen und Mittelmeer als ein »anderes Italien« lobte, das reichlich Öl und Getreide lieferte. Ähnlich dürften es vielleicht die griechischen Kolonisatoren erlebt haben. Noch heute hat die Landschaft innerhalb der französischen Kultur den Ruf, Inbegriff von Erholung und Ferien zu sein, deren anderer Pol die umtriebige Geschäftigkeit der Hauptstadt Paris bildet. Moloch und Erholungsgebiet, Zentrum und Peripherie, Geschäft und Muße: In diesen Gegensatzpaaren hat die Provence den Part des Angenehmen also nicht erst seit dem 18. Jahrhundert innegehabt, als sie von reichen Engländern zum »Überwintern« entdeckt wurde.

Natürlich sind das Klischees, die nicht vergessen machen dürfen, daß das Gebiet lange Zeit politisch weitgehend unabhängig war und auch heute keineswegs allein vom Tourismus lebt. Dennoch: Die Reichtümer der historischen Hinterlassenschaften, die klimatischen Extreme und die unterschiedlichen Landschaftsformationen zwischen Mittelmeer und Alpengipfel machen die Provence zu einem der abwechslungs- und erlebnisreichsten Gebiete Europas.

## Vor- und Frühgeschichte

Die ersten Siedlungsspuren aus der Altsteinzeit in der Höhle von Vallonnet (Roquebrune) gehen auf eine Zeit vor 950 000 Jahren zurück und stellen mithin die ältesten Zeugnisse menschlicher Höhlenbewohner in Europa dar. Das milde Klima und die zahllosen Hohlräume und Grotten in den Kalkfelsen der Alpen boten ideale Lebensbedingungen. Ab dem 6. Jahrtausend finden sich jungsteinzeitliche Spuren von jagenden und sammelnden Menschen, die mehr und mehr auch Behausungen aus Stein errichteten. Die Reste des bislang ältesten Dorfes der Region (bei Courthézon, Département Vaucluse) stammen aus der Zeit um 4650 v. Chr. *Bories*, Behausungen aus aufeinandergeschichteten Steinen ohne Mörtel (siehe Abbn. rechts und S. 164/65, Gordes), dürften ebenfalls schon zu dieser Zeit als Schutz vor Wetter und Feinden entwickelt worden sein. Metall findet sich erst ab ca. 2500 v. Chr., hauptsächlich für kleinere kupferne Gebrauchs- und Schmuckgegenstände. Die Waffen blieben weiterhin aus Stein. Erst mit der Erfindung von

Steinhaus aus dem
**Bories-Dorf bei Gordes**

ABBILDUNG GEGENÜBER:
**Dentelles de Montmirail**

**Aix-en-Provence**
Oppidum d'Entremont
Ausgrabungsgelände der antiken Siedlung

Bronze – um 1800 v. Chr. – ersetzt Metall den Feuerstein als wichtigstes Werkzeugmaterial.

Während der Eisenzeit bildet sich eine zunehmende Differenzierung verschiedener Bevölkerungsgruppen heraus. Die Urbevölkerung, von den Griechen Ligurer genannt, vermischt sich ab dem 6. Jahrhundert v. Chr. mit den von Norden einwandernden Kelten. Verschiedene Ethnien lassen sich unterscheiden: Im Hinterland von Marseille herrschen die Salluvier, nördlich davon, von der Durance bis an den Isère, die Vokontier. Diese Menschen leben, wie die Beispiele Entremont bei Aix (Abb. oben) oder Roquepertuse bei Velaux (Bouches-du-Rhône) zeigen, in stadtähnlichen Siedlungen, sogenannten *Oppida,* und entwickeln eine hohe Kunst. Die im Museum von Marseille ausgestellten großfigurigen skulpturalen Ensembles in Form von sitzenden Männern und Pferdeköpfen zeugen davon.

**St-Rémy**
Juliermonument beim Ausgrabungsgelände Glanum

## Provençalische Antike

Um 600 v. Chr. kommen die ersten griechischen Händler aus Phokäa in Kleinasien und gründen in einer ideal geschützten Felsenbucht eine Handelsniederlassung, Massalia, das heutige Marseille. Mit der Zerstörung von Phokäa durch die Perser 545/540 v. Chr. wird der Fluchtort Massalia Hauptstadt der griechischen Kolonie. Von hier aus werden weitere Kontore und Handelsniederlassungen gegründet: Nikè (Nizza), Antipolis (Antibes) oder Olbia (Hyères). Über die Rhône dringen die Griechen aber auch nach Norden vor. Sie treiben nicht nur Handel, sondern erbauen die ersten richtigen Städte in der Provence, wie an den Ausgrabungsorten in Saint-Blaise am Etang de Berre, in Marseille und in Glanum bei St-Rémy (Abbn. S. 112) zu besichtigen ist. Im 2. Jahrhundert v. Chr. erweisen sich die Griechen als treue Verbündete Roms, das sie etwa im Zweiten Punischen Krieg unterstützen. Konflikte mit der eingesessenen keltoligurischen Bevölkerung bleiben hingegen nicht aus, und dies ruft die Römer zur Unterstützung auf den Plan.

Von Marseille im Jahre 125 v. Chr. um militärische Hilfe bei der Abwehr von verbündeten einheimischen Stämmen gebeten, setzen die römischen Armeen sich nach der Befriedung des Landes in ganz Südfrankreich fest, um die Landverbindung zwischen Spanien und dem italischen Mutterland dauerhaft zu sichern. Hier gründen sie eine neue Verwaltungsprovinz, die Gallia Transalpina, die mit Schaffung der neuen Hauptstadt Narbonne im Jahre 118 v. Chr. den Namen *Gallia Narbonensis* erhält. Besiegelt wird die römische Präsenz 49 v. Chr., als Cäser Marseille unterwirft, das sich mit seinem Rivalen Pompejus verbündet hat. Von nun an findet eine umfassende Romanisierung des Landes statt, markiert durch die Gründung zahlreicher Koloniestädte, die die Kriegsveteranen aufnehmen: Apt, Arles, Avignon, Fréjus, Riez, Vaison gehören dazu. Noch heute zeugen insbesondere die Tempel, Theater, Amphitheater, Brücken, Wasserleitungen, Thermen usw. davon, daß hier innerhalb von kaum mehr als zwei Generationen eine kulturelle und technische Revolution vonstatten ging. Dies gilt jedoch vornehmlich für die großen Städte und die Verkehrswege, auch für die suburbanen Gehöfte *(Villae);* das schlecht zugängliche bergige Hinterland hingegen scheint davon wenig berührt worden zu sein.

Ende des 3./Anfang des 4. Jahrhunderts wird die Gallia Narbonensis neu eingeteilt: Östlich der Rhône werden die Provinzen des Viennois und der Meeralpen geschaffen, wozu auch Digne, Embrun und Senez gehören. Im Jahre 375 wird von der Viennensia die Narbonensia secunda mit

ABBILDUNGEN GEGENÜBER:
**Pont du Gard** (oben)

**Nîmes**
Dianatempel (unten)

**Arles**
Römische Thermenanlage, Nordapsis

der Hauptstadt Aix abgetrennt. Die hochentwickelte Provinzverwaltungsstruktur, in der die *Civitates* die regionalen Zentren bilden, fördert auch die Verbreitung des Christentums und gibt die Grenzen der Bistümer und Erzbistümer vor. Ab dem 3. Jahrhundert finden sich christliche Zeugnisse; bereits 314 findet eine der wichtigsten Synoden des frühen Christentums in Arles statt, an der Bischöfe aus den meisten römischen *Civitates* teilnehmen. Die städtische Oberschicht greift weitgehend Formen der christlichen Erinnerungskultur auf, was die zahlreichen spätantiken Sarkophage aus dem 4. und 5. Jahrhundert mit christlicher Thematik zeigen, die sich vor allem in Arles (siehe S. 86–89) erhalten haben. Ein weiterer Ausweis der umfassenden Christianisierung sind die frühen Sakralbauten, insbesondere die Baptisterien, die zumeist über den alten Forumsanlagen – den zentralen öffentlichen Plätzen – errichtet werden (Fréjus, Aix, Riez, Cimiez).

## Mittelalter

Im 5. Jahrhundert jedoch beginnt ein Niedergang der städtischen Kultur: Die administrative Infrastruktur funktioniert zunehmend schlechter; dies zwingt zahlreiche Stadtbewohner, sich zur Selbstversorgung auf das Land zurückzuziehen. Lokale Grundherrschaften entstehen nun im Umkreis ländlicher Gehöfte und bilden die Grundlagen für die feudalen Machtstrukturen des Mittelalters aus. Die Folgezeit ist geprägt durch die Eroberungszüge der Westgoten, Burgunder und Ostgoten. 535 annektieren die Franken die Region. Faktisch bleibt die Provence jedoch politisch unabhängig. Durch die Franken unter Karl Martell ändert sich die Lage in den dreißiger Jahren des 8. Jahrhunderts aber grundlegend: Als mehrere Städte ihnen bei der Abwehr des Arabersturms bei Tours und Poitiers in den Rücken fallen, unterwerfen die Franken gewaltsam die abtrünnige Provinz. Um 800 ist sie Teil des Fränkischen Reiches unter Karl dem Großen. Von den Reichsteilungen unter den Nachfolgern Karls ist insbesondere auch die Provence betroffen. Im Frieden von Verdun kommt sie zum Zwischenreich von Lothar, bei dessen Tod 855 wird sie Teil des neuen Königreichs Provence, das Lothars Sohn Karl erhält. Das Territorium schließt große Teile des Viennois und Lyonais ein. 947 wird dieses in das Königreich Burgund inkorporiert, das von da an ein großes, bis in die heutige Schweiz reichendes Gebiet umfaßt.

Wichtig für die Geschichte, aber auch für die Definition einer eigenen provençalischen Identität im 19. Jahrhundert wird vor allem die Zeit des Hoch- und Spätmittelalters, in der sich verschiedene Grafen die Herrschaft teilen. Das Königreich von Burgund-Provence fällt 1032 an das Deutsche Reich. Dessen Herrschaft besteht trotz sporadischer kaiserlicher Aufenthalte – Barbarossa läßt sich 1178 in Arles zum König von Burgund krönen – nur nominell. Die wahren Machthaber sind Grafen und Vizegrafen, die vor allem auf eigene Rechnung agieren. Schon im 10. Jahrhundert entsteht durch Rivalitäten eine Markgrafschaft Provence – das sogenannte Arelat –, die die Territorien der drei Erzbistümer Arles, Aix und Embrun umfaßt. Durch entsprechende Bündnispolitik wird die Provence 1125 zwischen den Grafen von Barcelona und den Grafen von Toulouse aufgeteilt. Die Tolosaner erhalten die westlich der Rhône und nördlich der Durance gelegenen Gebiete (neue Markgrafschaft Provence). Der zwischen Rhône, Durance, Alpen und Meer gelegene Teil wird dem katalanischen Herrscher zugeschlagen (Grafschaft Provence). Die Region um Avignon, das spätere Venaissin, verbleibt als unteilbar. Am Rand der Alpen bildet sich außerdem die Grafschaft Forcalquier. Trotz der Kämpfe der Grundherren untereinander erfährt die Provence einen deutlichen wirtschaftlichen Aufschwung, der sich vor allem dem Handel über die Rhône und das Meer verdankt. Um den Warenverkehr zu organisieren, entstehen in zahlreichen Städten, so etwa in Arles, Aix und Orange, eigenständige Verwaltungen, die sich zu veritablen Stadtregierungen emanzipieren. Gleichzeitig beginnt eine Blütezeit der Künste: Die romanischen Kirchenbauten und ihre Bauskulptur versuchen, die künstlerischen Traditionen der Antike wiederaufzunehmen und neu zu beleben.

Einen deutlichen Einschnitt innerhalb dieser Konjunktur markieren die Albigenserkriege. Zur Bekämpfung der häretischen Bewegungen vor allem im Languedoc organisieren die französischen Könige Ludwig VIII. und Ludwig IX. zwischen 1218 und 1229 einen Kreuzzug, an dessen Ende die Entmachtung Raymonds VII. steht, des letzten Grafen von Toulouse. Der Hauptteil seiner Gebiete kommt 1229 zur Krondomäne, dem neuen königlichen Verwaltungssitz wird das bislang unbedeutende Beaucaire zugeschlagen. Ähnliche Ergebnisse zeitigt die Politik der Grafen von Barcelona: 1246 heiratet Beatrix, die Tochter des Grafen Raymond Berenger V., Karl I. von Anjou, einen der Brüder des französischen Königs Ludwig IX. Damit übernimmt die königliche Dynastie der Kapetinger die Grafschaft Provence. Als Karl 1266 zudem vom Papst mit dem Königreich Neapel belehnt wird, steigt die Provence zum Stammgebiet eines Geschlechts auf, das im 14. und 15. Jahrhundert von herausragender Bedeutung nicht nur im westlichen Mittelmeer ist. Die Anjou unterdrücken umgehend – nicht ohne auf starken Widerstand zu stoßen –

die städtischen Freiheiten in der Provence und versuchen, in Aix eine Residenz aufzubauen. Doch schon bald müssen sich die Könige von Neapel und Grafen der Provence vornehmlich um ihre süditalienischen Gebiete kümmern, die ihnen vor allem von den Aragonesen streitig gemacht werden. Unter Karl II. von Anjou (1285–1309) erhalten die provençalischen Kommunen ihre Selbstverwaltungen zurück.

Im 14. Jahrhundert prägt indessen eine andere Macht das Herz der Provence: Avignon wird zur Residenz des Papstes. 1274 war gemäß den Vereinbarungen des Albigenserfeldzugs das Venaissin dem Kirchenstaat übergeben worden. Indem Clemens V. wegen der politischen Kämpfe in Rom dem Rat des französischen Königs folgt und in Avignon seine provisorische Residenz errichtet, verfügt er über ein bedeutendes Hinterland und über den Schutz der Franzosen. Der Machtkampf seines Nachfolgers Johannes XXII. (1316–34) mit Kaiser Ludwig dem Bayern führt dazu, daß Avignon definitiv zum neuen päpstlichen Sitz ausgebaut wird. Gestützt auf eine rigorose Finanzpolitik, entsteht hier eines der kulturellen Zentren der damaligen Welt. Als die Päpste 1376 wieder nach Rom zurückkehren, wird Avignon bis in das 15. Jahrhundert hinein zum Sitz der Gegenpäpste.

1348 dezimiert der Schwarze Tod die Bevölkerung, wenig später taucht eine neue Gefahr auf: Marodierende Banden von entlassenen Söldnern, die für die Schlachten zwischen Engländern und Franzosen im Hundertjährigen Krieg angeworben worden waren, treiben im Südwesten Frankreichs ihr Unwesen. Vor allem die Soldaten von Arnaud de Cervole plündern, vergewaltigen und morden in den Jahren 1357/58, gefolgt von den Banden Du Guesclins im Jahre 1365 und denjenigen von Raymond de Turenne am Ende des Jahrhunderts.

Während sich die alte Linie der Anjou in Zwistigkeiten aufreibt, unter denen auch die Provence zu leiden hat, wird vom französischen König Jean II., dem Guten, 1360 eine zweite Linie der Anjou eingesetzt, die bis 1481 auch über die Provence herrscht. Obwohl der östliche Teil des Landes mit Nizza 1419 zu Savoyen kommt, beginnt im 15. Jahrhundert nach den Verwüstungen der Jahrzehnte zuvor ein neuer Aufschwung. Viele Städte in der Unteren Provence, also in den tiefer gelegenen Gebieten im weiteren Umkreis der Rhône, erhalten neue Stadtmauern und ein dauerhaftes urbanes Gepräge; die kleineren Ortschaften in den Voralpen und an der Küste werden zu jenen befestigten Dörfern, die auch heute noch das Bild etwa von Vence, St-Paul, Èze usw. prägen. Symbol dieses Aufschwungs ist vor allem der von 1434 bis 1480 regierende König René I.: Zwar verliert er die Besitzungen der Anjou in Süditalien endgültig an die Aragonesen und kann sich nur noch nominell als König von Sizilien und Jerusalem bezeichnen, doch widmet er sich daher um so intensiver seinen Stammterritorien im Anjou und in der Provence. Er inszeniert ein

ABBILDUNGEN GEGENÜBER:
**Gorges de la Nesque**
Schluchten südlich des Mont Ventoux (oben)

**Arles**
Les Alyscamps mit St-Honorat (Mitte)

**Cavaillon**
Kathedrale: Kreuzgang (unten)

**Nîmes**
Jardin de la Fontaine

prunkvolles höfisches Leben, das, wie zu gleicher Zeit auch am burgundischen Hof, die Künste in außergewöhnlichem Maße fördert (siehe S. 100). Auch die italienische Frührenaissance hält nun mit dem Wirken einzelner Künstler, wie etwa des Bildhauers Francesco Laurana, Einzug in die Provence.

Mit dem Tod Renés erbt sein Sohn Charles du Maine die Grafschaft, doch schon ein Jahr später folgt dieser seinem Vater ins Grab. Per Testament fällt die Grafschaft nunmehr an Frankreich. Systematisch werden nach und nach alte provençalische Privilegien und Gewohnheitsrechte der aufwärtsstrebenden französischen Monarchie angepaßt. Die Einrichtung des Parlaments in Aix als höchster gerichtlicher Instanz und die Einsetzung des Französischen als juristischer Amtssprache sind die herausragenden Maßnahmen im Rahmen der Annexion durch die Krone, die im 17. Jahrhundert durch die zentralistische Politik Ludwigs XIV. vollendet wird. Auch das Schicksal der jüdischen Bevölkerung ist von der Annexion durch Frankreich betroffen: Genossen sie in der Provence bis zum Ende des 15. Jahrhunderts eine gewisse Toleranz, so beginnen nun antisemitische Ausschreitungen, die viele Juden veranlassen, sich in die Schutzzonen des Venaissin und von Nizza zu flüchten oder zu konvertieren.

**Pernes-les-Fontaines**
Tour Ferrande
Freskendetail

## Neuzeit von 1500 bis 1789

Die Auseinandersetzungen zwischen König François I. und Kaiser Karl V. um Oberitalien zu Beginn des 16. Jahrhunderts erfassen auch die Provence, die ja Grenzland zu Italien ist. Mehrere Male dringen die kaiserlichen Truppen zwischen 1524 und 1536 von Osten aus bis nach Aix und Marseille vor, ohne jedoch die erwünschten militärischen Erfolge zu erringen. Im weiteren Verlauf ist das 16. Jahrhundert in der Provence vor allem durch Religionskriege geprägt: Die Waldenser, eine im 12. Jahrhundert gegründete, dem Vorbild des Lyoneser Arztes Valdes nachfolgende religiöse Sekte, hatte den Albigenserkreuzzug im 13. Jahrhundert überlebt. Jede kirchliche Autorität ablehnend, hatten die Mitglieder sich vor allem in die Dörfer des Luberon zurückgezogen und 1532 die Lehre des Genfer Calvinismus angenommen. König François I. organisiert daraufhin einen Ausrottungsfeldzug gegen die Anhänger der Sekte, der 1544 mit ihrer fast völligen Auslöschung endet (siehe S. 179).

Die blutigen Auseinandersetzungen zwischen Protestanten und Katholiken, die ganz Frankreich in der zweiten Hälfte des 16. Jahrhunderts erschüttern, verlagern sich im Verlauf der Kriege immer mehr nach Süden. Dort, wo man der Macht des Königs traditionell reserviert gegenübersteht, werden ab den sechziger Jahren viele Städte zu Hochburgen der Protestanten. Orange, das seit 1544 im Besitz der Statthalter der Niederlande ist, gilt gar als »kleines Genf«. Da die Protestanten die Verehrung christlicher Darstellungen und Skulpturen als Götzendienst verdammen, werden in dieser Zeit zahllose mittelalterliche Bildensembles zerstört. Heute gibt es in der Provence an romanischer Skulptur nur noch ein Bruchteil dessen, was hier vor den Bilderstürmen existierte. Doch die katholische Liga gewinnt in den Bürgerkriegen ab 1584 nach und nach die Oberhand; 1588 übernimmt sie Aix, 1596 Marseille. In den großen Städten Avignon und Arles werden Jesuitenkonvente gegründet, um den katholischen Glauben zu sichern.

Über die kriegerischen Auseinandersetzungen

Lavendelfeld

ABBILDUNG S. 13:
**Villefranche-sur-Mer**

ABBILDUNG RECHTS:
**Vallignières**
Schmiedeeiserner
Glockenturm

**Nîmes**
Musée des Beaux-Arts
Fassadendetail: Portalzone

hinaus kommen große Pestepidemien hinzu, vor allem in den Jahren 1580 und 1629. 1720 wütet zwei Jahre lang eine schreckliche Epidemie, der 100 000 Menschen zum Opfer fallen, darunter allein 38 000 in Marseille. Unter diesen ungünstigen Bedingungen vollzieht sich in der wirtschaftlichen Entwicklung des Landes eine Ausdifferenzierung, die bis heute nachwirkt: Während die kulturellen und wirtschaftlichen Aktivitäten sich auf einige Städte wie Marseille, Aix und Arles konzentrieren, stagnieren die meisten mittelgroßen Städte wie Tarascon, Sisteron, Beaucaire, Orange, Carpentras. Land- und Viehwirtschaft und kleinere Manufakturen bestimmen hier weiterhin das Bild. Wichtigster Faktor bleibt der Seehandel, der sich ab dem 18. Jahrhundert zunehmend auf die Umschlagshäfen Marseille und Toulon konzentriert. Dennoch ziehen im Erscheinungsbild der Städte der triumphale Sieg des Katholizismus und die Präsenz der Krone deutliche Konsequenzen nach sich: Die kirchlichen und politischen Institutionen führen eine neue architektonische Repräsentation vor, die auf dem französischen ebenso wie auf dem italienischen Barock gründet. Rathäuser, Adelspalais und Kirchenneu- und -umbauten sind die wichtigsten Bauaufgaben, bei denen die aufwendige Formensprache angewendet wird.

## Französische Revolution bis heute

Die Französische Revolution beginnt in Marseille bereits im Frühjahr 1789 mit Volksaufständen gegen den Adel und die städtischen Magistrate. Von hier wird der Republikanismus in andere provençalische Städte – und die heutige französische Nationalhymne nach Paris – getragen. Doch schon bald organisiert sich in dem insgesamt traditionalistischen Land die Gegenrevolution, und bis in die dreißiger Jahre des 19. Jahrhunderts bleibt der Royalismus die politische Dominante, vor allem in der Unteren Provence, während im Hinterland eher liberale Tendenzen auszumachen sind. Erst mit der Revolution von 1848 zeichnet sich eine Wende ab, und eine bedeutende Mehrheit schwenkt bis zum Beginn des 20. Jahrhunderts auf das linke politische Spektrum um. Zahlreiche Abgeordnete und Staatsmänner der Dritten französischen Republik, wie etwa Georges Clemenceau, stammen aus dem »Roten Süden«. Eines der einschneidendsten Ereignisse der Revolution aber stellt die Verwaltungsreform dar: 1790 werden die Départements Bouches-du-Rhône, Var und Basses-Alpes eingerichtet. Der 1791 annektierte päpstliche Grundbesitz im Venaissin bildet den Kern des Départements Vaucluse. 1793 nehmen revolutionäre Truppen die Grafschaft Nizza ein und gründen hier den Verwaltungsdistrikt Alpes-Maritimes. Als Nizza 1860 durch Volksentscheid endgültig zu Frankreich kommt, wird auch diese Départementseinteilung wieder aufgenommen.

Wirtschaftlich bleibt die Provence auch im 19. Jahrhundert deutlich ländlich geprägt. Ausnahmen bilden Toulon und insbesondere das kometenhaft aufsteigende Marseille, wo durch den Überseehandel eine den übrigen Regionen fremde Bevölkerungsstruktur von Kaufleuten, Händlern und vor allem Hafenarbeitern entsteht. Radikale soziologische Veränderungen setzen erst gegen Ende des 19. Jahrhunderts ein. Die Einführung der allgemeinen Schulpflicht führt allmählich zu einer Hebung des allgemeinen Bildungsniveaus; die französische Sprache verdrängt immer mehr das Provençalische, eine Abart des Okzitanischen. Vor allem der industrielle Fortschritt hält nun Einzug: 1849 verbindet eine Eisenbahnstrecke Avignon mit Marseille. Bis zum Ende des Jahrhunderts wird das Eisenbahnnetz weiter ausgebaut, damit ist die Provence von Paris wie auch von Italien aus schnell erreichbar. Die bislang schlecht angebundenen Regionen in den Voralpen werden stärker in den Warenaustausch einbezogen. Insbesondere die fruchtbaren Gebiete zwischen Rhône und Luberon können nun ihre landwirtschaftlichen Produkte besser auf die nationalen Märkte bringen. Doch die hierdurch entstehende Konzentration auf die küstennahen Städte führt auch zu einer bis über die Mitte des 20. Jahrhunderts hinaus anhaltenden massiven Abwanderung der Bevölkerung aus den Gebirgsregionen. Gleichzeitig entstehen überfüllte Vorstädte mit mangelhaften hygienischen Verhältnissen um Marseille und Avignon herum.

Der Ausbau der Verkehrswege bringt vor allem auch dem Tourismus einen rapiden Aufschwung: Dies ist die Geburtsstunde der so charakteristischen Kultur der Belle Epoque an der Côte d'Azur, wo sich die Reichen, die Künstler und die Schriftsteller aus der ganzen Welt in den mondänen Zentren von Cannes, Nizza und Monte Carlo treffen. Aufwendige Residenzen werden errichtet, und bald entsteht eine ungeahnte Nachfrage nach Bauland, die die Grundstücksspekulation anheizt. Nach dem Zweiten Weltkrieg steigert sich der Fremdenverkehr zum Massentourismus: Der Ausbau der Autobahn und der Flughäfen von Marseille und Nizza bringt jedes Jahr so viele Urlauber an die Côte d'Azur, daß die Region vor allem im Sommer regelmäßig buchstäblich aus allen Nähten platzt.

Die rapide Modernisierung und die bedeutenden strukturellen Veränderungen, die die Provence seit dem 19. Jahrhundert erlebt, rufen aber auch Gegenreaktionen hervor. Eine davon ist die Wiederentdeckung und Beschwörung einer regionalen Identität. Frédéric Mistral ist hierfür weltbekannt geworden: Sein Leben lang sammelt und propagiert er die provençalische Volkskunst; mit seinem »Trésor dóu Felibrige« erschafft er vor allem ein komplettes Wörterbuch der provençalischen Sprache, die er in neuer Weise auch als poetisches Material entdeckt. In seiner Nachfolge bringt der Regionalismus eine einseitige Anschauung der Provence als einer exotischen Region hervor, die ebenso liebenswürdig wie mißverständlich ist. Alphonse Daudet (»Briefe aus meiner Mühle«) und vor allem die Romane und Bühnenstücke von Marcel Pagnol zeichnen ein

burleskes Bild vom großsprecherischen und genießerischen, doch nicht immer sehr klugen Provençalen, das weithin nachlebt. Die Vorstellungen von Unbeschwertheit und Urtümlichkeit, die hier im fernen Land der Provence beschworen werden, reproduzieren eher, was die zahlreichen Reisenden hier finden wollten, als daß sie einer historischen Realität tatsächlich gerecht würden.

Unter dem Zweiten Weltkrieg hat die Provence schwer zu leiden. Im August 1944 landen die alliierten Streitkräfte an der Küste zwischen Toulon und Cannes und erobern die ab November 1942 von den Deutschen überwachte Mittelmeerküste. Schwere Schäden sind die Folge. Darüber hinaus zerstören die Deutschen bei ihrem Rückzug Teile von Marseille und Tarascon. Nach dem Krieg beginnt in den großen Zentren eine Welle der Desindustrialisierung: Der rapide Rückgang des Kolonialhandels und die internationale Werftenkrise sind hierfür die wichtigste Ursache. Der Algerienkrieg und die Entlassung der meisten ehemaligen Kolonien in die Unabhängigkeit lassen vor allem Nordafrikaner nach Südfrankreich emigrieren. Dies bewirkt soziale Spannungen und Probleme, die gerade in der dichtbevölkerten Gegend um Marseille und den Etang de Berre den ausländerfeindlichen extremen Rechten in die Hände spielen. Mit dem Abbau der Industrie geht aber seit einigen Jahrzehnten der Ausbau des tertiären Sektors einher; technologische Forschungszentren bilden mittlerweile vor allem in Marseille und in den Neustädten Fossur-Mer und Sophia-Antipolis ein bedeutendes wirtschaftliches Rückgrat der Region.

Daneben gewinnt der »sanfte« Tourismus immer mehr an Bedeutung: Der Schutz von Wasser und Landschaft ist institutionell verankert, der Wildwuchs der Städte weitgehend eingedämmt. Der Reichtum an Musik-, Theater- und Folklorefestivals ist besonders im Sommer fast unüberschaubar. Jede Stadt kann mit wenigstens einem sehenswerten Museum und einem einladenden botanischen Park aufwarten. Im Landesinneren bieten sich zahlreiche Möglichkeiten zum Wandern und zu anderen Freizeitaktivitäten, die Alternativen zum Badeaufhalt an der Küste versprechen. Vor allem wird man sich allenthalben des Reichtums der natürlichen und künstlerischen Hinterlassenschaften bewußt: Dazu gehören nicht nur die antiken Amphitheater und romanischen Kirchen, sondern beispielsweise auch Industriedenkmäler aus dem 19. Jahrhundert, prächtige Hotels der Belle Epoque, Flora und Fauna zu Lande und zu Wasser.

## Zu diesem Buch

Die in den folgenden Kapiteln vorgestellte Region Provence/Côte d'Azur entspricht der größten Ausdehnung, die die Provence im Lauf ihrer Geschichte in Ost-West-Richtung eingenommen hat. Dabei sind sogar Gebiete und Ortschaften berücksichtigt, die schon jenseits der historischen Landschaft liegen, wie dies etwa für Nîmes, Uzès und den Pont du Gard gilt. In Nord-Süd-Richtung waren einige Einschränkungen notwendig. Zu weit nördlich gelegene Gebiete konnten in diesem Band nicht beschrieben werden, ohne daß dies die Darstellung »klassischer« Reiseziele beeinträchtigt hätte.

Die Reiseroute, der unsere Entdeckung der Provence folgt, nimmt ihren Beginn am unteren Rhônetal, auf der Höhe der Gorges d'Ardèche, des Tricastin und der Stadt Orange. Anschließend führt der Weg nach Süden, um von dort zunächst die westlich und anschließend die östlich gelegenen Landschaften zu erkunden. Weiter führt die Reise über die großen Zentren Aix und Marseille und von dort entlang der Küste nach Osten. Dabei führen immer wieder Exkursionen in das Hinterland, bis der Weg durch die Seealpen hindurch und die Gorges du Verdon in einem mächtigen Schlußakkord schließlich ausklingt.

# Auf der Schwelle zur Provence

## Gorges d'Ardèche, die Landschaft Tricastin und Orange

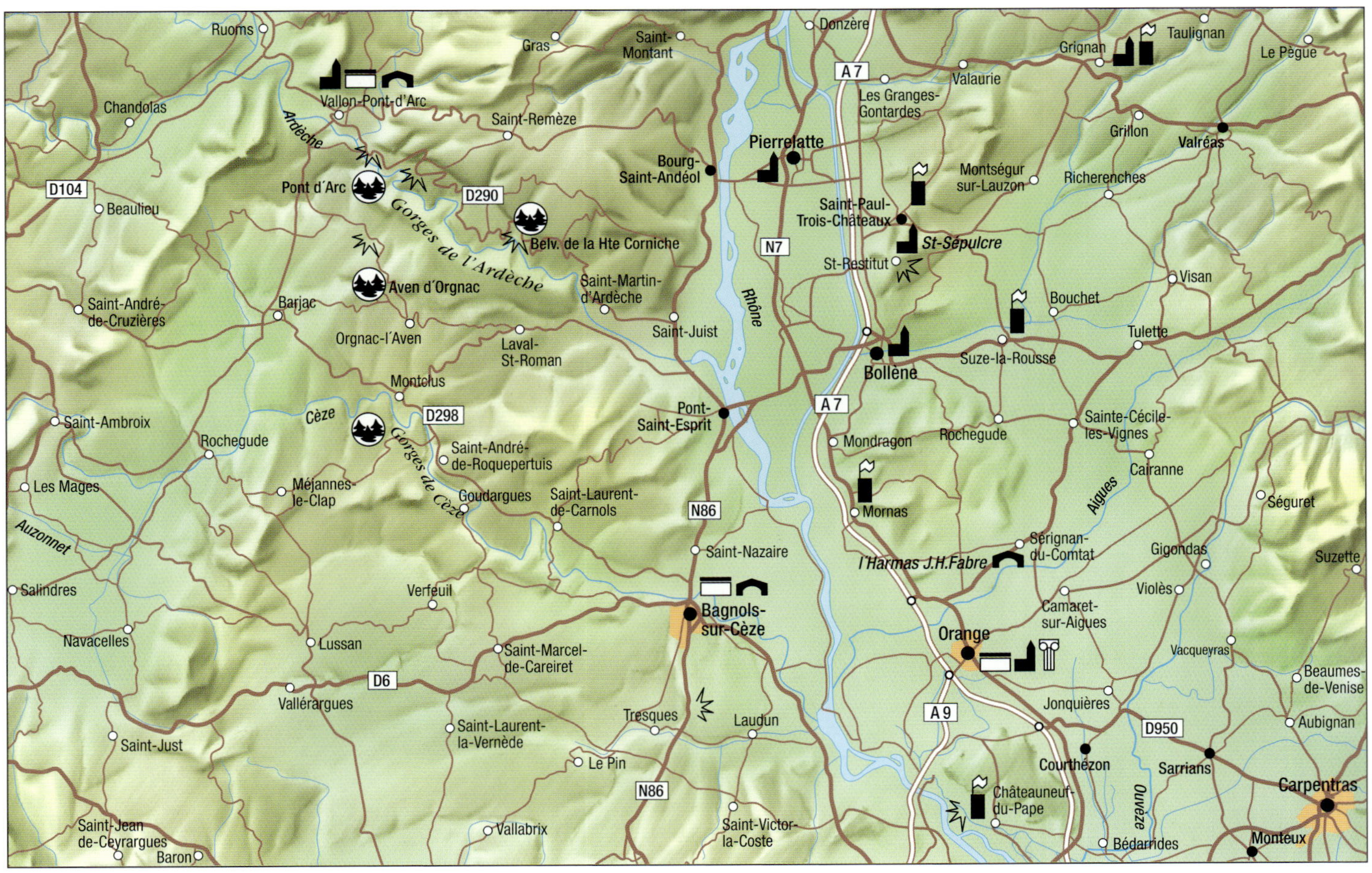


ABBILDUNG GEGENÜBER:
**Orange**
Römisches Monumentaltor

## Die Gorges d'Ardèche

Die Ardèche entspringt auf 1467 m Höhe im Massiv von Mazan. Über 119 km fließt sie in das Rhônetal. Während sie am Oberlauf steile Abhänge überwindet, hat sie am Unterlauf ihr Bett tief in die Kalkschichten eingeschnitten. Zudem haben unterirdische Gewässer zahllose Höhlen und Ausbuchtungen geformt. Der Wasserstand wechselt stark, entsprechend den unterschiedlichen Niederschlagsmengen: Die Wassermenge kann von 2,5 auf 7000 $m^3/s$ ansteigen! Vor allem im Herbst gibt es spektakuläre Hochstände. Dann kann sich eine wahre Wasserwand mit bis zu 20 km/h ins Tal wälzen. Deren Kraft verschiebt am Einfluß in die Rhône bei Pont-Saint-Esprit dann selbst deren Wasserlauf nach Osten. 1890 sind die Gewässer der Ardèche über das gegenüberliegende Rhôneufer hinausgetreten und haben den Deich von Lauzon unter sich begraben.

Die Schluchten der Ardèche (Abb. S. 16) bieten eines der faszinierendsten Naturschauspiele Frankreichs, aber auch die angrenzenden Hochplateaus, nördlich das Plateau des Gras, südlich dasjenige von Orgnac, weisen weitgehend unbesiedelte Natur auf. Die Panoramastraße D 290 folgt dem linken Kamm der Schlucht, Fußwege erlauben, ihr im Tal zu folgen. Ein besonderes Erlebnis ist es, die mal gemächlichen, mal schnellen Gewässer der Ardèche mit Kanu oder Paddelboot zwischen Vallon-Pont-d'Arc und Aiguèze zu befahren. Den Eingang in das grandiose steile Tal markiert der Pont-d'Arc (Abb. oben), ein Felsen, den der Fluß einst umfloß, bis die ständig nagenden Wassermassen ein Loch gefressen hatten, durch das die Ardèche seither fließt. Links, im Cirque d'Estre, wurde 1994 eine Höhle mit reichhaltigster malerischer Ausstattung gefunden: In Schwarz und Rot sind vor ca. 30 000 Jahren Tiere und Jagdszenen auf die Wände gemalt worden. Die erstaunliche Qualität und der Reichtum der Höhlenausmalung sind derjenigen von Lascaux durchaus zu vergleichen. Zur Zeit sind die wissenschaftlichen Untersuchungen noch im Gange, eine provisorische Ausstellung dazu ist in Vallon-Pont-d'Arc zu besichtigen. Auf welchem Weg man die Schluchten der Ardèche auch bereist, sie bieten immer neue großartige Panoramen, und man trifft hier und da auf die Ruinen kleiner Burgen (beim Belvédère du Serre de Tourre oder den Belvédères de Gaud).

**Gorges d'Ardèche**
Pont-d'Arc
Die natürliche Brücke aus Fels, 34 m hoch und ca. 60 m breit, wurde von der Ardèche ausgehöhlt.

LINKS UND UNTEN:
**Orgnac-l'Aven**
Aven d'Orgnac
Tropfsteinhöhle

**La Garde-Adhémar**
Ortsansicht (oben)
Romanische Pfarrkirche, Mitte 12. Jahrhundert (rechts)

## Das Tricastin

Auf der anderen, östlichen Rhôneseite liegt abseits der großen Tourismusströme das Tricastin, eine hügelige, im Frühsommer von gelben Sonnenblumen- und violetten Lavendelfeldern geprägte Landschaft. Von der Rhônetalautobahn weither sichtbar ist die kleine Stadt La Garde-Adhémar (Abb. oben). Wahrscheinlich entstand sie dadurch, daß sich die Bewohner von Val-des-Nymphes im 10. Jahrhundert vor den Sarazenen auf die Anhöhe über dem Rhônetal flüchteten. Etwa Mitte des 12. Jahrhunderts wurde die Pfarrkirche errichtet, deren sehr schlichtes Äußeres mit den reich mit Blendbögen gezierten Turmobergeschossen kontrastiert. Eine Besonderheit der Kirchenanlage ist die Tatsache, daß sie wie der Schwesterbau Bourg-St-Andéol auf der anderen Rhôneseite im Osten wie im Westen eine Chorapsis aufweist. Für diese in der deutschen Romanik nicht seltene Disposition lassen sich in Frankreich kaum Vergleiche finden. Ein reiches System aus rechteckigen Wandvorlagen und Unterzügen bilden die vielfach gestuften Pfeiler der kleinen dreischiffigen Basilika. Im Gegensatz zu anderen provençalischen Bauten derselben Zeit fehlen antikisierende Motive; einfache Kämpferplatten bezeichnen die Bogenanfänger.

Über eine kleine Straße erreicht man in Richtung Osten die Kapelle von Val-des-Nymphes, die wohl in der ersten Hälfte des 12. Jahrhunderts erbaut wurde, aber schon seit langem als Ruine verlassen in Wald und Ginstergestrüpp steht (Abb. S. 19 unten). Auffällig sind die reiche Gestaltung der Oberteile der Westwand mit ihren drei Rundbogennischen sowie im Inneren die Apsis, die in zwei Zonen eingeteilt ist.

## St-Paul-Trois-Châteaux

Der Hauptort des Landstrichs, der auch namensgebend war, ist St-Paul-Trois-Châteaux. In vorrömischer Zeit Stammort der Tricastini, wurde die Ansiedlung unter den Römern Verwaltungssitz *(Civitas)* des Tricastin und erhielt den Namen Augusta Tricastinorum. Diese Funktion als regionaler Hauptort erklärt, warum die bescheidene Stadt in christlicher Zeit Bischofssitz wurde. 852 ist ein Kirchengebäude erwähnt; der heutige Bau (Abbn. S. 20) wurde um 1120 mit Chor und Querhaus begonnen. Anschließend folgten das Langhaus und in einem nächsten Schritt die Gewölbe. Der dreischiffige Basilikalbau mit Querhaus und Dreiapsidenschluß gehört in der Komplexität seiner Anlage und der Qualität der skulpturalen Dekoration zu den schönsten und wichtigsten Beispielen romanischer Architektur in der

**Tricastin-Landschaft** bei Valréas

ABBILDUNG LINKS:
**Val-des-Nymphes**
Romanische Kapelle, Westwand mit Rundbogennischen

Provence. Die Apsiden und das Nordquerhaus unterscheiden sich in ihrer Kargheit von Lang- und Südquerhaus, die römisch-antike Bauformen übernehmen (Pilaster, Dreiecksgiebel). Ähnliches gilt für das unvollendete Westportal, das in eine rhythmische Pilasterstellung eingelassen ist, deren Anordnung direkt an antike Triumphbögen anschließt. Wahrscheinlich war hier ein überfangender Giebel als Abschluß geplant. Auf der Westseite des Südquerhauses zieren figürliche Reliefs mit Reitern und Jagdszenen das Gebäude.

Ebenso ungewöhnlich ist das Innere. Die typischen Elemente der provençalischen Architektur des 12. Jahrhunderts – gestufte Pfeiler, Gurttonne, hervorragende Steinbearbeitung – sind bereichert durch eine Reihe seltener Motive. Die Obergadenzone ist in eine blendtriforienartige Bogenreihe integriert. Dies erinnert an vergleichbare Formen in Burgund (Cluny, Paray-le-Monial, Autun), doch ist ebenso eine direkte Umsetzung antiker Vorbilder, so der Gliederung des Amphitheaters in Nîmes, denkbar. Unter der Bogenstellung verlaufen ein mit reliefierten Ranken geschmücktes Gesims sowie ein Fries aus einem Vorhangrelief. An den Kanten der Vorlagen rükken kleine Figuren den Vorhang zurecht (Abb. oben links) und beleben somit das zunächst rein dekorative Gliederungselement. Die Wandvorlagen bestehen über den Arkadenkämpfern aus dünnen, zum Teil gedrehten Säulen korinthischer Ordnung. Im Gegensatz zu den meisten anderen Beispielen der Region beachten diese Säulen nicht die klassischen Proportionsregeln. Sie durchbrechen das Triforiengesims und wirken in ihrer Schlankheit wie dünne, lange Dienste der Gotik.

Das Bodenmosaik in der Hauptapsis zeigt eine Darstellung der Stadt Jerusalem. An einigen Stellen haben sich Wandmalereien des 14. und 15. Jahrhunderts erhalten (Abbn. Mitte links und links).

**St-Paul-Trois-Châteaux**
Innenansicht, skulpturaler Schmuck, Wandmalereien (14. u. 15. Jh.) und Grundriß der romanischen Kathedrale

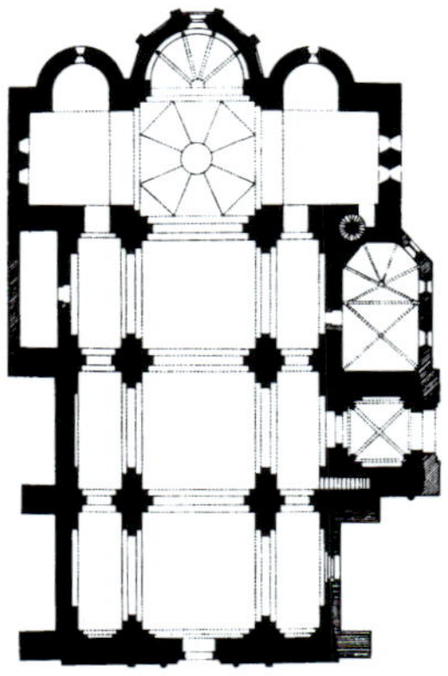

## St-Restitut

Nach einer alten Legende soll der hl. Restitutus der von Christus geheilte Blindgeborene sein, der sich ursprünglich Sidonius nannte und nach dem Wunder den neuen Namen annahm. Sidonius/Restitutus soll mit den drei Marien aus dem Heiligen Land gekommen sein. Sonst weiß man wenig über den malerischen, auf einer Hügelspitze errichteten Ort. Er unterstand der Grundherrschaft von St-Paul-Trois-Châteaux und zog einst viele Pilger an, bis 1561 die Calvinisten die Reliquien zerstörten. Die einschiffige Kirche aus der zweiten Hälfte des 12. Jahrhunderts (Abb. rechts) besitzt im Westen einen mächtigen Turm, dessen Unterbau früher als die heutige Kirche errichtet wurde. Dies zeigt vor allem das kleinquadrige Mauerwerk auf der Nordseite, das sich deutlich von den großen, exakten Steinblöcken unterscheidet, mit denen die Kirche errichtet wurde. Unter dem Gesims verläuft ein Fries aus Reliefplatten, die zu den frühesten Zeugnissen der provençalischen Skulptur der Romanik rechnen. Die flachen Reliefs zeigen in der Mitte einen thronenden Christus, daneben bilden verschiedene profane Motive, etwa Monats- und Tierdarstellungen, Jagdszenen, Ritter und Steinmetzen, eine ausführliche mittelalterliche Bildenzyklopädie. Der eigentliche Kirchenbau erinnert, nicht zuletzt aufgrund der getreu nach antiken Vorlagen gearbeiteten Ornamente des Portals, an das benachbarte St-Paul. Im Inneren findet man ebenfalls die vielfach gestufte, plastische Wandgliederung mit oben eingestellten Säulchen.

## Grignan

Die Freiherrschaft (seit 1558 Grafschaft) Grignan war seit dem Mittelalter im Besitz der provençalischen Adelsfamilie Castellane-Adhémar. Deren Residenz (Abb. S. 22/23) beherrscht noch heute die kleine, um die Hügelanhöhe erbaute

ABBILDUNG RECHTS OBEN:
**St-Restitut**
Romanische Kirche St-Restitut, 1. Hälfte 12. Jahrhundert

ABBILDUNG RECHTS:
Kapelle St-Sépulcre bei St-Restitut
Obwohl 1508 errichtet, zeigt die Friedhofskapelle immer noch Elemente der spätromanischen Bautradition

**Madame de Sévigné**
Marie de Rabutin-Chantal wurde 1626 in Paris geboren. Früh verweist, verheiratete man sie 1644 mit dem Marquis Henri de Sévigné. Die Ehe währte nicht lang; schon sieben Jahre später starb der Marquis nach einem ausschweifenden Leben bei einem Duell. Die junge Witwe widmete sich von da an ihren Kindern, insbesondere der abgöttisch geliebten Tochter Françoise-Marguerite. 1669 verheiratete sie sie mit dem in Paris lebenden François Adhémar de Grignan. Doch der Plan der Marquise, durch diese Verehelichung in der Nähe ihrer Tochter bleiben zu können, wurde durch die Ernennung ihres Schwiegersohns zum Vizegouverneur der Provence zunichte gemacht. Gemeinsam mit seiner Familie bezog er seinen provençalischen Stammsitz. Von da an beginnt, begünstigt durch die Einrichtung regelmäßiger Postkutschenverbindungen, ein intensiver Briefwechsel, insbesondere zwischen Mutter und Tochter. Die Briefe der Gräfin Grignan gingen schon bald verloren, doch die ihrer Mutter sind noch heute berühmt. In der Korrespondenz wird unter anderem detailreich und teilnahmsvoll das Pariser Hofleben unter Ludwig XIV. geschildert: der barocke Pomp, der Hofklatsch, die Zeremonien, Intrigen und Selbstmorde. Die scheinbare Spontaneität der Briefe, die sie von den Gepflogenheiten einer damals durchaus vertrauten Literaturgattung unterscheidet, ist jedoch keinesfalls als konzeptlose Plauderei anzusehen. Vielmehr sind die Sätze kunstvoll gebaut und voller geistreicher Bilder: Esprit und Preziosität wirken nicht gestelzt, sondern scheinbar mühelos und voller Frische verwirklicht. Dreimal kam Madame de Sévigné zu langen Aufenthalten nach Grignan. In ihren Briefen berichtet sie begeistert von den schönen Ausblicken in die provençalische Landschaft und von dem reichhaltigen Essen. Allerdings: Gegenüber dem umtriebigen Versailles wirkte der kleine Ort wahrlich weltabgeschieden. Bei ihrem letzten Aufenthalt in der Provence starb sie.

**Grignan**
Château Grignan
Schloß- und Ortsansicht (links)
Schloßfassade, Mitte 16. Jahrhundert (oben)

pittoreske Stadt. Gaucher Adhémar de Monteil ließ Anfang des 16. Jahrhunderts die ursprüngliche Anlage verschiedener, um einen Hof gruppierter Gebäude modernisieren. Sein Sohn Louis, Generalleutnant der Provence, gestaltete ab 1544 die Hofseiten im Sinne eines italienischen *Cortile* um, ähnlich wie im gleichzeitigen Schloß von Suze-la-Rousse (Abb. S 24). Doch wurde nur am Ost- und Südflügel eine aufwendige Renaissancegliederung als seitliche Fensterbegrenzungen ausgeführt, dazu fein gearbeitete Ornamentfriese auf Piedestalhöhe. Der Bauherr wurde wegen der Beteiligung an einem Massaker 1547 ins Gefängnis geworfen, die Bauarbeiten kamen zum Erliegen. Nach fünf Jahren begnadigt, nahm Louis Adhémar das Bauprojekt wieder auf. Nunmehr allerdings galt sein Interesse einer großen Schauseite (Abb. oben). Dazu wurde der alte Südflügel nach Osten verlängert. Grignan steht somit am Anfang der klassischen Schloßfassaden in der Provence.

Der dreigeschossige Bau wird durch ein Mittelportal zentriert und seitlich durch große runde Eckpavillons abgeschlossen, die an die Loire-Schlösser (Chambord) erinnern. Die Horizontalgliederung ist sehr reich rhythmisiert. Breite Fenster wechseln mit schmalen bzw. mit gerahmten Nischen. Die breiten Achsen werden von Säulen, die schmalen von Pilastern gerahmt. Im 17. Jahrhundert, als die Tochter der durch ihre Korrespondenz berühmten Marquise de Sevigné Herrin des Schlosses war (siehe S. 22), beseitigte man den alten Westflügel und erbaute den Prälatenflügel. Nach der Revolution litt die Anlage sehr, erst Anfang des 20. Jahrhunderts machte man sich daran, sie zu rekonstruieren und zu restaurieren. Im Inneren des Schlosses sind zahlreiche alte Möbelstücke und Tapisserien zu besichtigen.

**Suze-la-Rousse**
Schloß (ursprüngliche Burganlage des 13.–15. Jahrhunderts)

## Suze-la-Rousse

Ein weiteres schönes Beispiel jener auf den Hügelspitzen erbauten Ortschaften des Tricastin bietet Suze-la-Rousse. Wie in Grignan wird auch hier das Dorf von der großen Burg des lokalen Grundherrn beherrscht (Abb. oben). Dieser war im Mittelalter der Bischof von Orange; Rostaing de Suze, Bischof von Orange (1543–56), ließ in die Burganlage des 13.–15. Jahrhunderts einen Hof einbauen, der – wohl vom selben Baumeister wie in Grignan – in den Formen der italienischen Renaissance konzipiert wurde. Drei deutlich voneinander abgesetzte Geschosse folgen aufeinander. Die verwendeten Säulenordnungen folgen der vom römischen Kolosseum bekannten und in der Architekturtheorie des 16. Jahrhunderts verpflichtend gewordenen Abfolge von dorischer, jonischer und korinthischer Ordnung. In den Fenstern mit ihren profilierten Gewänden und den steinernen Fensterkreuzen ist hingegen weiterhin die mittelalterliche Tradition wirksam. Im Schloß sind einige Innenräume (vor allem der Fest- und der Speisesaal) zu besichtigen; es beherbergt außerdem die Université du Vin, die Fortbildungen und Ausstellungen für Weinbauern und Önologen organisiert.

## Orange

Orange ist das eigentliche Eingangstor zur Provence; der berühmte antike Stadtbogen (Abb. S. 25 unten) bringt dies sinnfällig zum Ausdruck. Die Stadt kann insbesondere mit ihren beiden gut erhaltenen antiken Großbauten, weniger mit dem so vielen provençalischen Orten eigenen Charme aufwarten: Industrie und Militär bestimmen die Außenbereiche des an der Schnittstelle zweier Autobahnen gelegenen Verkehrsknotenpunktes. Der Hügel St-Eutrope im Süden der Stadt war

ABBILDUNGEN S. 25:
**Orange**
Römisches Monumentaltor
Gesamtansicht (unten)
Reliefdetail mit Reiterkampfszene (oben)

schon von den Kelten befestigt worden. 105 v. Chr. schlugen hier die Kimbern und Teutonen das römische Heer vernichtend. 36 v. Chr. gründeten die Römer eine Stadt, in der Augustus die Veteranen der 2. Legion ansiedelte. In der schachbrettartigen Stadtanlage verfügte jeder der neuen Kolonisten über je ähnlich große Parzellen. Die Kurzform des römischen Namens, »Arausio«, geht wohl auf eine keltische Quellgottheit zurück. Die in der Antike blühende Stadt wurde in der Folgezeit Opfer einer wechselvollen Geschichte. Ab dem 9. Jahrhundert war Orange eine Grafschaft, später ein Fürstentum.

1544 wurde Wilhelm von Oranien, der spätere Statthalter der Niederlande, Herr von Orange und begründete hier die Linie Nassau-Oranien. Die Stadt wurde also gleichsam Teil der Niederlande, ihre Einwohner waren vorwiegend Protestanten. Entsprechend hatte die Stadt in den Religionskriegen viel zu erleiden, und zu ihrer Sicherung ließ Moritz von Oranien im 17. Jahrhundert umfangreiche Befestigungsanlagen errichten – durch den Umbau bzw. mit dem Steinmaterial vieler noch stehender antiker Monumente. Im Erbgang kam Oranien schließlich an Preußen und 1713 an Frankreich. Der Titel »Fürst von Orange« ging über die neue Linie Nassau-Oranien an die Niederlande über.

**Antike Monumente**

Das römische Monumentaltor liegt noch immer in der Achse der Hauptausfallstraße nach Norden, die die Nord-Süd-Achse der Stadt, den *Cardo maximus,* verlängert. Der Bogen selbst ist weder ein Stadttor noch ein Triumphbogen: Er wurde vor den Stadtmauern errichtet, und Triumpheinzüge durften nur in Rom selbst veranstaltet werden. Die Monumentaltore in Orange und anderen römischen Provinzstädten dienten vielmehr als »Stadtgründungsmonumente«, die die Zugehörigkeit einer Stadt bzw. einer Region zum Römischen Reich vor Augen führten. Die Dübellöcher für die Buchstaben auf der Nordseite lassen eine nachträglich angebrachte Inschrift rekonstruieren, die Kaiser Tiberius als Wiederhersteller der Kolonie – dies dürfte sich auf die Jahre 26/27 beziehen – feiert. Demnach ist der Bogen selbst davor, wohl unter Augustus, entstanden.

Nach der Beseitigung von zahlreichen mittelalterlichen und neuzeitlichen Auf- und Umbauten präsentiert sich das Tor heute als das am besten erhaltene seiner Art in Frankreich. Den drei Bogendurchgängen sind auf jeder Seite vier korinthische Halbsäulen vorgelegt, die ein Gebälk tragen. Die mittlere Achse wird zudem durch einen Dreiecksgiebel hervorgehoben. Darüber erhebt sich eine mächtige, doppelte Attika. Die architektonischen Elemente betonen eher die kubischblockhafte Grundstruktur des Tores, treten also nicht als eigenständige Gliederungselemente hervor. Der reiche skulpturale Schmuck zeigt neben ornamentalen Motiven vor allem Kriegsgerät, insbesondere keltische Waffen, die als Trophäen zu verstehen sind. Die Anordnung der Gegen-

stände ist nur scheinbar ungeordnet, in Wirklichkeit folgt sie einem ausgeklügelten Kompositionsschema. In den breiten Mittelsockeln der Hauptfronten an Stirn- und Seitenflächen sieht man Reliefs mit Reiterkämpfen (Abb. S. 25 oben). Alle Reliefdarstellungen sind sehr detailgenau, dabei aber von kräftiger Plastizität und von einer vertieften Konturlinie umzogen. Die Komposition versucht, in »barocker« Vielgestaltigkeit den Eindruck von räumlicher Tiefe entstehen zu lassen. Diese Gestaltungsweisen unterscheiden sich von der gleichzeitigen, eher »klassizistisch« strengen Skulptur in Rom. In Orange hat man vielmehr damit zu rechnen, daß der Einfluß hellenistischer Werke, beispielsweise des großen Altars von Pergamon, weiterhin wirksam war.

**Das antike Theater**

Das große Theater von Orange gehört zu den besterhaltenen antiken Bauwerken dieser Art. Die Erbauer nutzten den Abhang des Hügels St-Eutrope, um hier das Stufenrund, die Orchestra, für ca. 9000 Zuschauer anzulegen. Auf der Nordseite allerdings mußte man große Stützkonstruktionen aus gewölbten Gängen errichten. Durch Zwischengänge sind drei Ränge voneinander getrennt: Der unterste enthält 20, der mittlere neun und der oberste fünf Sitzreihen. Zumindest die unteren Stufen waren nach dem sozialen Rang der Besucher eingeteilt; für Senatoren, Dekurionen und ähnliche Ehrengäste standen auf den ersten drei Stufen der Orchestra Marmorsessel. An der oberen Kante sieht man außen noch Kragsteine, durch die Masten gesteckt wurden, von denen ein Netzwerk von Seilen über den Zuschauerraum gespannt wurde. Auf diesem konnten dreieckige Sonnensegel je nach Sonnenstand aufgelegt werden.

Die Bühne liegt etwas erhöht und wird von einer Stirnwand mit Säulen und Kapitellen geschmückt. Hinter dieser öffnet sich der Vorhanggraben. Hinterfangen wird die 13 m tiefe Bühne von einer – ansonsten kaum mehr in dieser Vollständigkeit erhaltenen – monumentalen dreigeschossigen Schauwand, der »Scenae frons«. Zwar ist diese heute ihres Marmorschmucks beraubt, den man sich als reiche Verkleidung mit Nischen und vorgestellten Säulen vorzustellen hat. Doch läßt auch der stehengebliebene Kernbau erahnen, in welch bewegter Weise die Bühnenwand durch Vor- und Rücksprünge gegliedert war. Sie enthält drei Öffnungen, durch die Würdenträger auftraten; durch die mittlere, von vier Säulen flankierte schritt der Kaiser bzw. sein Statthalter, durch die seitlichen erreichte die lokale Elite ihre Plätze. Die Schauspieler hingegen traten von den seitlichen Zugängen aus auf. In der Nische über dem Königsportal steht eine Kaiserstatue mit Brustpanzer und Feldherrnstab (Abb. links). Aus vielen Bruchstücken hat man das Standbild, das wohl Augustus darstellte, wieder zusammengesetzt. Oben beschützte die Schauwand eine Art Vordach, das zudem die Akustik verbesserte. Die Datierung des Bauwerks ist nicht unproblema-

**Orange**
Das antike Theater
Länge der Theaterwand: 103 m,
Höhe 38 m

ABBILDUNG S. 26:
Standbild des Augustus
in der Schauwand des
antiken Theaters

tisch. Meist wird als Entstehungszeit der Beginn des 1. Jahrhunderts angenommen, also die augusteische Epoche. Dies bedeutet, daß das bewegte Relief der Bühnenfassade eine wichtige Neuerung in Orange war, die von vielen späteren römischen Theatern übernommen wurde.

Westlich des Theaters befinden sich die Reste eines weiteren halbkreisförmigen Rundbaus, in dessen Mitte sich ein großer Podiumstempel erhob. In seiner Achse befand sich einst das Kapitol auf dem Eutropehügel, aus einer Gruppe von drei parallelen Tempeln bestehend, die ihre Portiken der Stadt zuwandten. In der Verlängerung dieser Achse verlief die Hauptstraße auf den Ehrenbogen vor der Stadt. Wenn man in der Antike von hier auf die Stadt blickte, muß sich ein grandioses Ensemble mit mehreren, bergaufwärts gestaffelten Tempelfronten geboten haben.

Der heute bestehende Neubau der *Kathedrale Notre-Dame* wurde 1208 geweiht. Die Kämpfe der Religionskriege setzten dem Gebäude schwer

**Antikes Theater**
Die Zeit, in der die Römer in Südgallien die gesamte Infrastruktur der Städte umgestalten, ist zugleich eine Epoche schwerer innenpolitischer Krisen, die mit dem Untergang der Republik und der Ausrufung von Oktavian als Kaiser endet. Wenn nunmehr steinerne Theaterbauten zum Programm auch der südfranzösischen Städte gehören, so ist dies auch Ausdruck der Tatsache, daß das Theater mehr und mehr der Ort der Vergegenwärtigung des kaiserlichen Herrschers wurde.
Auch die Aufführungspraxis ändert sich: Die tragischen und komischen Stücke, die in der Republik vorgetragen wurden, treten nunmehr zurück gegenüber der derb-komödiantischen Kleinform des Mimus und vor allem des Pantomimus, wobei die dramatischen Schaueffekte insbesondere der alten mythischen Fabeln einen Höhepunkt bildeten. Ganz entsprechend bereichern sich die Bühnen mit Prospekten und aufwendigen Kulissen sowie mit Blitz- und Donnereffekten, Wasserspielen und Duftmaschinen. Die pantomimische Darstellung legte vor allem Wert auf die artistische und körperliche Virtuosität, mit der sie unter reicher musikalischer Begleitung Rollen und Charaktere nachahmte.
Nach und nach dominierten in den Theatern die sinnlichen Vergnügungen. Insbesondere Pantomiminnen galten als Inbegriff des Lasterhaften, und die blutigen Veranstaltungen in den Amphitheatern gab es auch in den Theatern. Daneben blieben die Theater bis zum 6. Jahrhundert Orte des politischen Geschehens, an denen der Herrscher aber nicht nur gefeiert wurde, sondern wo sich bisweilen die Meinung des Volkes auch gegen ihn richten konnte.

**Jean-Henri Fabre**
Jean-Henri Fabre wurde 1823 im Ardèche geboren und eignete sich in unglaublich kurzer Zeit eine immense Allgemeinbildung an – schon im Alter von zehn Jahren übersetzte er Vergil! Dennoch fristete er ein bescheidenes, ja ärmliches Leben als Lehrer in Korsika und in der Provence. 1856 wurde er durch eine epochemachende Arbeit über das Verhalten der Knotenwespe bekannt, die ihren Eiern als Nahrung einen zuvor gelähmten Käfer in ein kleines Erdloch beigibt. Doch trotz eines gewissen Ansehens in Fachkreisen änderte sich die finanzielle Lage des Gelehrten nicht. 1870 beschloß er daher, sich ganz auf seine Forschung zurückzuziehen, erwarb 1879 mit Hilfe eines Kredites das Gut L'Harmas, umgab es mit einer hohen Mauer und widmete sich von nun an bis zu seinem Tod im Jahre 1923 seinen entomologischen Forschungen. In zehn Bänden seiner »Souvenirs entomologiques« erschienen diese epochemachenden Ergebnisse der biologischen Verhaltensforschung. Spät entdeckten ihn auch die Größen aus Kultur und Politik: Kurz vor seinem Tod besuchte ihn der französische Präsident, Raymond Poincaré.

ABBILDUNGEN LINKS:
**Sérignan**
Skulptur: Jean-Henri Fabre
Garten hinter dem Fabre-Landgut und heutigem Museum L'Harmas bei Sérignan

zu. Der Innenraum, der ursprünglich entweder als dreischiffiger Bau mit schmalen Seitenschiffen oder als einschiffiger Saal mit Seitenkapellen errichtet worden war, mußte in Form einer einschiffigen Kirche mit Längstonne erneuert werden.

## Sérignan

In der Nähe von Sérignan an der N 976 liegt das Gut L'Harmas, die heute als botanischer Garten und als Museum ausgebaute Wirkungsstätte von Jean-Henri Fabre, einem der größten Insektenforscher aller Zeiten. Hier untersuchte der Gelehrte von 1878 bis 1923 Tausende von Insektenarten, Mineralien, Pflanzen usw. Das Museum zeigt sein Labor mit den umfangreichen botanischen und zoologischen Sammlungen und die Wohnung des Universalgelehrten mit seinen Musikinstrumenten. Hunderte von Aquarellen, in denen Fabre die Pilze der Provence festgehalten hat, verdienen ebenfalls Bewunderung.

Außerdem lädt in Sérignan das Musée-Atelier Werner Lichtner-Aix zum Besuch. Der deutsche Maler hatte sich 1969 in dem Ort niedergelassen, um Licht und Leben der Provence in seinen Bildern und Graphiken einzufangen. Im Alter von nur 48 Jahren starb der Maler 1987 in München und überließ der Gemeinde sein Atelier.

## Châteauneuf-du-Pape

Südlich von Orange erreicht man Châteauneuf-du-Pape, wo der renommierteste Wein der Provence produziert wird. Ursprünglich war der Ort eine von Papst Johannes XXII. errichtete Festung, die als Vorposten und Sommerresidenz der Papststadt diente. In den Religionskriegen im 16. Jahrhundert zerstört, wurde der noch verbliebene Donjon 1944 von den deutschen Truppen ge-

**Sérignan**
Musée-Atelier des deutschen Malers Werner Lichtner-Aix

**Châteauneuf-du-Pape**
Blick auf den Ort und seine Weinberge

**Weinpresse aus dem 16. Jahrhundert**

sprengt. Sehenswert ist außer der Aussicht auf Avignon und Villeneuve-lès-Avignon vor allem das Musée des Outils des Vignerons, das im Anwesen des Père Anselme untergebracht ist. Detailliert werden hier der Weinanbau und seine Geschichte anhand von alten Geräten geschildert.

Das Weinanbaugebiet Châteauneuf-du-Pape bestand schon unter den Päpsten im 14. Jahrhundert und profitiert von außergewöhnlich günstigen Bedingungen: Der Boden des Schwemmgebiets der Rhône besteht nämlich aus großen Kieselsteinen, die die Tageshitze aufnehmen und nachts wieder abgeben. So entsteht ein Mikroklima, das den Trauben optimale Reifebedingungen bietet. 1923 ergriff der Baron Le Roy de Boiseaumarié die Initiative zur Gründung einer eigenen »Appelation«, die die Lagen um Châteauneuf und Teile der umliegenden Gemeinden umfaßt. Als französische Besonderheit ist den Winzern das Mischen von bis zu 13 Rebsorten erlaubt, um den dunklen, gehaltvollen Wein zu erhalten. 1939 schuf man als Ausdruck der Besonderheit des Châteauneuf-du-Pape eine eigene Flaschenform, die ein reliefiertes Papstwappen an der Flaschenschulter zeigt.

# Rund um den Olymp der Provence

## Carpentras, Mont Ventoux und Vaison-la-Romaine

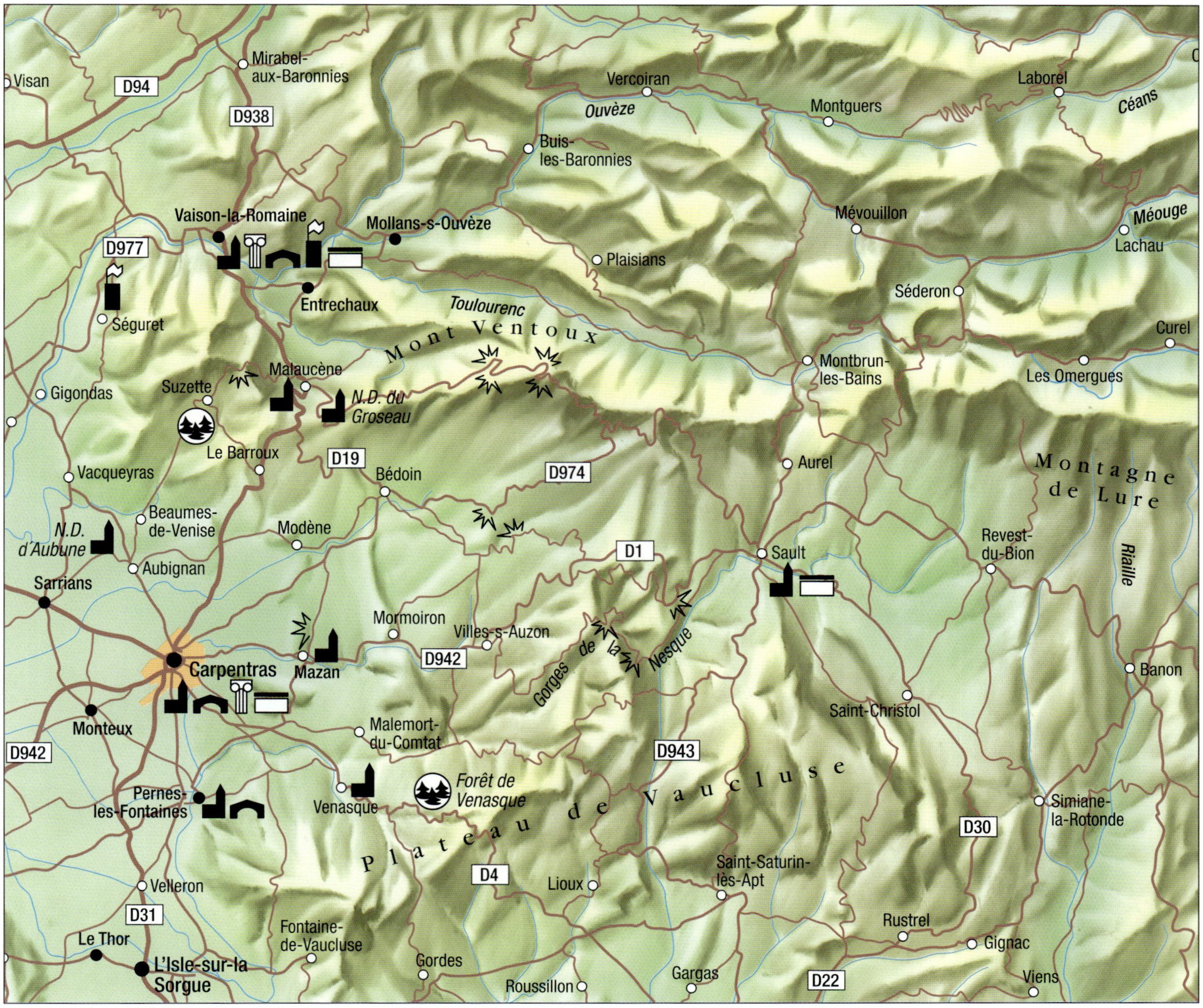


ABBILDUNG GEGENÜBER:
**Séguret** bei Vaison-la-Romaine zählt zu den malerischsten Dörfern der Côtes du Rhône und ist bekannt für seinen kraftvollen Rotwein.

**Carpentras**
Hôtel Dieu, Fassadendetail
Hospital von 1750

## Carpentras

Ein keltischer Stamm der Cavarer, die Memini, lebte einst hier auf einem Molasse-Plateau, das nach Nordosten zu den Ufern des kleinen Flüßchens Auzon ziemlich steil abfällt. Als die Römer unter Cäsar oder Augustus hier eine neue Stadt gründeten, nannten sie sie entsprechend Colonia Julia Meminorum Carpentoracte. Carpentras war ab dem Mittelalter der Hauptort der Grafschaft Venaissin, die zunächst von den Grafen von Toulouse regiert wurde. Nach deren Niederlage in den Albigenserkriegen wurde sie 1274 dem Kirchenstaat einverleibt und blieb dort bis 1791. Um nicht in Konkurrenz zum Bischof zu treten, der der Stadtherr war, wurde das Venaissin zunächst, bis 1320, von Pernes aus regiert. Die Blütezeit erlebte Carpentras also im 14. und 15. Jahrhundert, als hier immer wieder die Päpste und Kardinäle logierten.

Dank eines 1768 fertiggestellten Seitenkanals der Durance konnte ein Bewässerungssystem angelegt werden, das das Umland von Carpentras zu fruchtbarem Ackerland machte. Dessen Erzeugnisse wurden, vor allem seit dem Bau der Eisenbahn, innerhalb ganz Frankreichs vertrieben. Auch heute noch ist die Stadt mit ihren engen, gekrümmten Straßen ein buntes, vom Markttreiben beherrschtes Zentrum, in dem jedes Jahr in der zweiten Julihälfte ein Fest mit Theater, Tanz, Folklorevorführungen gefeiert wird. Berühmt sind die gestreiften Früchtebonbons, die *Berlingots de Carpentras*.

### Die Kathedrale

Das größte Bauwerk der Stadt ist die Kathedrale, die dem hl. Siffrein, im dritten Viertel des 6. Jahrhunderts Bischof der Stadt, geweiht ist. Spätestens ab dem 10. Jahrhundert bestand eine Kathedralgruppe aus mehreren Kirchen, von denen das Baptisterium bis zum Spätmittelalter überdauerte. Wohl im letzten Drittel des 12. Jahrhunderts dürfte ein Neubau, Kern der jetzigen Anlage, erbaut worden sein. Auf der Nordseite des Chores sieht man noch die Reste der romanischen Kirche. Sie besaß, ähnlich wie die Domkirchen in Cavaillon und Avignon, ein einschiffiges Langhaus mit Tonnengewölbe. Innen verstärkten kräftige Blendbögen die Seitenmauern. Noch gut sichtbar ist die Kuppel, deren achteckiger Unterbau durch ansteigende Bögen gestützt wird. Diese sogenannten Trompen enthalten qualitätsvolle Reliefdarstellungen der Evangelisten. Bemerkenswert sind aber vor allem die Rippen in der Kuppel, die auf hohen Sockeln ansetzen und in korinthisierenden Kapitellen auslaufen. Wohl bereits zu Beginn des 13. Jahrhunderts entstand dann schließlich das Portal auf der Nordseite, das wie in St-Paul-Trois-Châteaux, Aix etc. vielfältig antike Vorlagen kopiert. Man beachte hierzu nur die gedrehten Säulen mit ihren Akanthusblattkapitellen oder den Fries über dem Portal, an dem kleine Genien Blatt- und Fruchtranken halten. Auch die regelmäßige Mauerquadertechnik geht auf antike Vorbilder zurück.

Als der romanische Bau 1399/1400 einstürzte, wurde etwas südlich versetzt ein gotischer Neubau begonnen, der allerdings nur langsam voranschritt. Die mittelalterlichen Texte nennen uns die Namen vieler Architekten, die in den meisten Fällen auch in Avignon tätig waren. Wie der Vorgängerbau und wie viele gotische Kirchen der Provence wurde auch hier eine breite einschiffige Saalkirche mit einem leicht schmaleren Chor errichtet. Die seitlichen Kapellen sind nicht ganz so hoch wie die Seitenmauern des Langhauses, deshalb ist man auf den ersten Blick versucht zu meinen, es handle sich um einen dreischiffig gestaffelten Bau. Auf der Südseite errichtete der aus Genf stammende Architekt Blaise Lécuyer in den siebziger Jahren des 15. Jahrhunderts ein monumentales Portal, die Porte Juive (Abb. S. 33). Das von zwei riesigen vorgeblendeten Fialen gerahmte Kielbogenportal reicht mit seiner Kreuzblume bis an die Dachkante und erinnert unmittelbar an das von demselben Baumeister geschaffene Portal von St-Pierre in Avignon (siehe Abb. S. 63).

Im Inneren fällt auf, daß offenbar bewußt altertümlich gebaut wurde: Die dicken Dienste entsprechen so gar nicht den scharfen spätgotischen Formen, auch nicht die Pflanzen- und Tierdarstellungen auf den Kapitellen. Zu solchen Archaismen könnte auch das sechsteilige Gewölbesystem gezählt werden, mit dem der Bau im Osten begonnen wurde. Erst der Rat von Blaise Lécuyer, die vierteilige Lösung sei »sicherer«,

**Carpentras**
Passage Boyer, Mitte 19. Jahrhundert

**Carpentras**
St-Siffrein
Neugotischer Turm, 1899–1902 von Henri Revoil nach dem Vorbild von St-Martial in Avignon errichtet

**Carpentras**
Kathedrale St-Siffrein
Südportal, »Porte Juive«
genannt, ab 1470

**Carpentras**
Römischer Ehrenbogen (nördlich der Kathedrale St-Siffrein)

führte um 1470 zur Planänderung. Von der reichen Ausstattung sei die große Straßenglorie erwähnt, die Jacques Bernus 1694 nach dem Vorbild Berninis in St. Peter ausführte. Im Chor befindet sich eine Marienkrönung mit den hll. Michael und Siffrein, wahrscheinlich aus der Werkstatt Enguerrand Quartons (um 1460). Weitere Werke sind in der Schatzkammer nördlich des Chores ausgestellt.

### Justizpalast und römischer Ehrenbogen

Der ehemalige Bischofspalast (heute Gerichtsgebäude) wurde 1640 nach Plänen von R. Fr. de La Valfrenière erbaut, der sich deutlich vom Palazzo Farnese in Rom inspirieren ließ.

Nördlich, im Schatten der Kathedrale, steht ein wenig verloren das einzige größere erhaltene römische Bauwerk von Carpentras (Abb. oben). In mittelalterlicher Zeit diente es als Vorhalle des Kirchenportals. Es handelt sich um einen rundbogigen Durchgang, der von kannelierten Pilastern mit Kompositkapitellen gerahmt wird. Die Ecken werden durch Dreiviertelsäulen akzentuiert. Im Gegensatz zu den Vergleichsbeispielen Orange und St-Rémy ist das thematische Programm auf den Flanken konzentriert. Damit wird der Torbau zu einem selbständigen, allansichtigen Monument, dessen relative Kleinheit darauf hindeuten könnte, daß es ehemals als Sockel für eine Statue oder ähnliches diente. Die Reliefs zeigen je zwei Gefangene, die seitlich an baumförmigen Siegesmalen *(Tropaia)* gefesselt sind. Die stammesmäßige Zuordnung ist absichtlich nicht eindeutig. Der mit einem Fellmantel bekleidete Krieger ist wohl ein Germane, den anderen hat man wegen der Tunika und seiner Pelzmütze als Asiaten gedeutet. Offenbar hat der Bildhauer verschiedene Bildmotive zu einem allgemeinen Typus »gefangener Barbar« kombiniert. Eine vertiefte Umrißlinie isoliert die Figuren vom Reliefgrund. Die Flachheit der Reliefs und die Härte der Linienführung lassen vermuten, daß hier kurz nach der Zeitenwende ein einheimisches Atelier noch hellenistische Traditionen verarbeitet hat.

In einem Gebäudekomplex zusammengefaßt sind die Bibliothèque Inguimbertine und das Museum Comtadin-Duplessis, wo reiche Schätze von Handschriften, Kunstgegenständen und Gemälden (Rigaud, Lieferinxe, Vernet), zumeist aus der Sammlung des kunstsinnigen Bischofs Malachie d'Inguimbert (1735–57), aufbewahrt werden.

**Pernes-les-Fontaines**
Tour Ferrande
Außenansicht

ABBILDUNGEN S. 35:
Wandmalereien in der Tour Ferrande, nach 1285 entstanden

### Die Synagoge

Besonderes Interesse verdient die im ehemaligen Getto befindliche Synagoge von 1741–43, denn sie ist die älteste Synagoge Frankreichs. Die erste Synagoge wurde im 14. Jahrhundert errichtet; doch als die jüdische Gemeinde auf rund 2000 Personen (etwa 20 Prozent der Gesamtbewohnerzahl) anwuchs, die sich im Getto drängten, erlaubte Bischof d'Inguimbert einen Neubau der Synagoge unter der Bedingung, daß sie keinesfalls die Kathedrale überrage. Da das Getto im 19. Jahrhundert abgerissen wurde, steht die Synagoge nicht mehr wie früher in enger Umbauung, sondern am Rand eines Platzes. Im Kellergeschoß sind Bäder für das Reinigungsbad der Frauen eingebaut, im Erdgeschoß findet man den Raum zur Herstellung des Mazzabrotes. Der holzvertäfelte Betraum (Abb. rechts) wurde im ersten Geschoß angelegt. Hier ist alles noch im alten Zustand erhalten: die seitlichen Arkaden, hinter denen die Frauen an den Zeremonien teilhatten, die Thorarolle und der Thron des Propheten Elias in einer Nische.

In der päpstlichen Grafschaft Venaissin genossen die Juden, nachdem sie 1320 vertrieben worden waren, ab 1342 besonderen Schutz. Allerdings mußten sie den gelben Stern auf ihrer Kleidung tragen und in eigenen Vierteln unter selbständiger Verwaltung leben. Mit dem Toleranzedikt von 1787 begannen sich die Gettos von Cavaillon, Carpentras, Avignon und L'Isle-sur-la-Sorgue aufzulösen. Erst ab dieser Zeit konnten sich Juden vor allem auch in Nizza, Marseille

**Carpentras**
Synagoge, 1741–43
Hauptraum mit Empore

und Aix niederlassen. Diese bedeutende Rolle des Judentums für die Provence muß man kennen, um zu verstehen, was es bedeutete, als 1990 Jugendliche den jüdischen Friedhof von Carpentras schändeten und dies in Frankreich durch alle gesellschaftlichen Ebenen hindurch einen Sturm des Entsetzens hervorrief.

Ein imposantes Gebäude vor den Toren der alten Stadt wurde von Antoine d'Allemand 1750/51 im Auftrag Bischof d'Inguimberts als Krankenhaus (Hôtel Dieu) errichtet. Eine großzügige Treppe erschließt den Bau, in dem unter anderem noch die Apotheke im Erdgeschoß besichtigt werden kann. Sie besitzt noch ihre alten Schränke, die mit Darstellungen von Liebesspielen, Phantasielandschaften und spielenden Affen bemalt sind.

Einige Kilometer in Richtung Bédoin (D 974) entfernt steht ein eindrucksvoller Aquädukt, der 1720–30 als Erneuerung einer mittelalterlichen Wasserleitung gebaut wurde. Über 48 Bögen aus hellem Kalkstein verläuft dieses Bauwerk, das die Stadt bis in das 20. Jahrhundert hinein mit Wasser versorgte.

## Pernes-les-Fontaines

In einiger Entfernung südlich von Carpentras liegt auf einer kleinen Anhöhe das Städtchen Pernes-les-Fontaines, das von 968 bis 1320 Hauptstadt des Venaissin war, bis der Papst diese Funktion auf Carpentras übertrug. Zum Schutz vor den *Grandes Compagnies* (siehe S. 53) wurden im 14. Jahrhundert starke Befestigungswerke errichtet, die teilweise noch stehen. Ihren Namen hat die Stadt von den 36 Brunnen, die – zumeist im 18. Jahrhundert errichtet – ihr Wasser von einer Quelle bei der Kapelle St-Roch bezogen.

Die ehemalige Prioratskirche Notre-Dame-de-Nazareth dient heute als Pfarrkirche. An die Apsis aus dem 11. Jahrhundert wurde im dritten Viertel des 12. Jahrhunderts ein neues Langhaus angefügt. Es folgte der Anbau von Kapellen im 14. Jahrhundert. Das antikisierende Portal mit Vorhalle am vierten Joch zeigt in seinem Aufbau mit flankierenden Säulen, Gebälk und den Ansätzen zu einem Giebel große Ähnlichkeit zu den Werken in St-Gabriel und vor allem in St-Restitut. Im Inneren gibt es exquisite romanische Skulptur an den Kämpfern, Gesimsen und Friesen.

Die Tour Ferrande (Abb. S. 34 oben rechts), vielleicht einst Teil der Niederlassung des Hospitaliterordens, enthält in ihrem Obergeschoß äußerst interessante Wandmalereien aus der Zeit um 1285 (Abbn. rechts), die in mehreren Registern vom Sieg des Papstes und Karls von Anjou über die Staufer erzählen. Im oberen Streifen der Ostwand wird Karl von Clemens IV. mit dem Königreich Sizilien belehnt. An der Südseite ist der Sieg der Franzosen über Manfred in den Schlachten von Tagliacozzo und Benevent abgebildet. Oben an der Westwand wird eine Szene aus einem Ritterroman erzählt: Wilhelm, Herzog von Aquitanien, tötet den Riesen Ysoré.

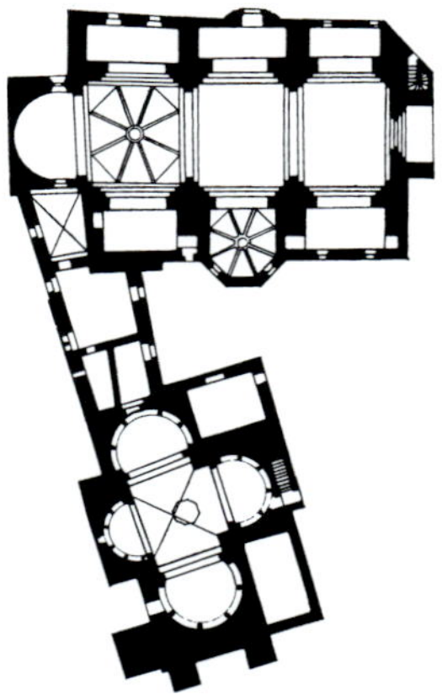

ABBILDUNG OBEN:
**Venasque**
Ortsansicht mit romanischer Kirche Notre-Dame
Grundriß der Kirche und des sog. Baptisteriums

ABBILDUNG GEGENÜBER:
**Venasque**
sog. Baptisterium
Innenansicht

## Venasque

Vom 6. bis zum 10./11. Jahrhundert diente der auf einem felsigen Gebirgsvorsprung liegende Ort den Bischöfen von Carpentras als Amtssitz. Die dicht an der Kante des steil abfallenden Felsens stehende Kirche Notre-Dame (Abb. oben) ist wohl der Nachfolgebau der alten Kathedrale. Die dreijochige Saalkirche zeigt alle Merkmale der provençalischen Romanik: tiefe Blendarkaden an den Wänden, eine Spitztonnenwölbung sowie eine achteckige Kuppel. Das Portal auf der Südseite wie die Kapellen sind spätere Zutat. Der älteste Teil der Kirche ist die rechteckig ummantelte Hauptapsis aus dem 11. Jahrhundert.

Das sogenannte Baptisterium auf der Nordseite der Kirche (Abb. gegenüber) ist über einem kleeblattförmigen Grundriß errichtet. Doch laden die einzelnen Arme unterschiedlich weit aus. Die Eckpfeiler des Mittelraumes wurden im 13. Jahrhundert erneuert. Der übrige Baubestand muß aber wohl in das 11. Jahrhundert datiert werden. Hier verdienen vor allem die bemerkenswert frühen Blendarkaturen Aufmerksamkeit. Die großen Säulen mit korinthischen Kapitellen unter den Apsisbögen sind wiederverwendete antike Stücke. Daneben finden sich aber auch frühromanische Kapitelle mit schematisierten Voluten, Flechtbandmustern usw. Man rätselt immer noch über die Bestimmung der Anlage. Nahm man früher an, es handle sich um eine Taufkirche, so geht man heute davon aus, daß wir es hier mit einer ehemaligen Märtyrergedächtniskirche zu tun haben. Ähnliche Heiliggrab- bzw. Heiligkreuzkapellen gibt es auch in Montmajour und auf der Insel St-Honorat.

## Dentelles de Montmirail und Umgebung

Nördlich von Carpentras erheben sich gleichsam als Vorgebirge des Mont Ventoux die Dentelles de Montmirail, eine an die Dolomiten erinnernde Felsenformation mit bizarren Felsnadeln, die unten von Pinienwäldern umgeben sind (Abb. S. 40/41). Diese Formen sind dadurch entstanden, daß die oberen Sedimentablagerungen in die Senkrechte getrieben wurden und verwittern. Pittoreske Dörfer mit schönen alten Gebäuden umgeben die Berge.

Schon in griechischer Zeit war die Anhöhe von Notre-Dame-d'Aubune besiedelt. Die heutige Kirche (Abb. S. 38) war bei ihrer Errichtung Mitte des 12. Jahrhunderts ein anspruchsvoller Bau. Denn immerhin besitzt sie ein Querhaus, von dem drei Apsiden abgehen, sowie einen hoch aufragenden, wohl etwas später errichteten Turm. Seine Schlankheit wird noch dadurch betont, daß ihn überlange Pilaster schmücken, die in ihren Einzelformen zwar antike Vorbilder übernehmen, in ihren gelängten Proportionen aber an gotische Gestaltungsweisen erinnern.

Das Dorf Beaumes-de-Venise schmiegt sich an den Felsabhang und wird von den Ruinen einer Burg bekrönt. Auch in Le Barroux ist über dem Dorf eine große Schloßanlage zu besichtigen, die im Inneren einen Renaissancehof umschließt. In Malaucène gibt es eine interessante Pfarrkirche, die, obzwar erst zu Beginn des 14. Jahrhunderts errichtet, immer noch romanische Formen anwendet. Einige Kilometer östlich liegt die Chapelle Notre-Dame-du-Groseau aus dem 12. Jahrhundert, von der nur noch das quadratische Chorjoch und die Apsis erhalten sind.

ABBILDUNG GEGENÜBER:
**Notre-Dame-d'Aubune**
Romanische Kirche, 2. Hälfte 12. Jahrhundert

ABBILDUNG RECHTS:
**Landschaft bei Beaumes-de-Venise**

ABBILDUNG S. 40/41:
**Dentelles de Montmirail**

ABBILDUNG S. 42/43:
**Mont Ventoux**
Karge Gipfellandschaft

ABBILDUNGEN OBEN UND S. 45:
**Mont Ventoux**
Gipfelansichten mit Observatorium und meteorologischen Einrichtungen

## Der Mont Ventoux

Majestätisch erhebt sich der Mont Ventoux mit seinen 1909 m Höhe weit über die Ebene von Carpentras, alle anderen umgebenden Hügel unter sich lassend. Und schon von weitem sieht man seine pyramidenförmige Silhouette mit seiner weißen Spitze. Diese rührt nicht etwa daher, daß dort immer Schnee läge. Dies ist nur von etwa Dezember bis Mai der Fall. Vielmehr zerrt und wütet hier der Mistral mit unerbittlicher Härte (bis zu 230 km/h) und hat dadurch jede kleinste Erdkrume abgetragen. Nacktes weißes Erosionsgestein bildet deshalb den Gipfel des Berges. Er weist noch weitere klimatische Besonderheiten auf: Die Temperatur verändert sich sehr stark im Tagesverlauf, am Gipfel liegt sie durchschnittlich 11°C unter derjenigen am Fuß des Berges. Dort regnet es doppelt so viel wie hier, und so wird der Mont Ventoux zu einem wichtigen Wasserspeicher für das gesamte Umland. Die Quellen von Groseau bei Malaucène oder auch die 24 km entfernte Fontaine de Vaucluse werden vom Wasser des Ventoux gespeist. Die verschiedenen, je nach Höhe wechselnden klimatischen Bedingungen haben seit dem 19. Jahrhundert zahlreiche unterschiedliche Biotope entstehen lassen, nachdem die Hänge für den Schiffsbau fast vollständig abgeholzt worden waren. Libanonzedern zählen zu den botanischen Besonderheiten, und auf dem Gipfel haben sich sogar Polarpflanzen ansiedeln können.

Um diesen Wechsel der Fauna nachzuerleben, kann man über zahlreiche Wanderwege den Berg zu Fuß ersteigen. Im Winter wird er zu einem schönen Skigebiet. Für die Auffahrt empfiehlt sich die D 974, die zur Umfahrung eigens für den Tourismus angelegt wurde und immer neue Blicke auf den sonnenbeschienenen Berg bietet. Man kann sich aber auch über die wilden Gorges de la Nesque im Süden bzw. über das Tal des Toulourenc im Norden an die Auffahrt von Osten (über Sault) machen. Auf dem Gipfel angekommen, bietet eine Aussichtsterrasse ein grandioses Panorama, das von den Alpen (Massiv du Vercors) über den Luberon, die Montagne Ste-Victoire bis nach Marseille und bei guten Bedingungen gar bis zu den Pyrenäen reicht. Nachts glitzern und funkeln die Sterne und Hunderte von provençalischen Orten sowie die Leuchttürme bei Marseille und Sète in der Dunkelheit.

**Petrarca und die Besteigung des Mont Ventoux**

»Zunächst stand ich, durch den ungewohnten Hauch der Luft und die freie Sicht bewegt, wie ein Betäubter da. Zurück schaue ich: Zu meinen Füßen waren Wolken, und gleich wurden mir der Berg Athos und der Olymp weniger sagenhaft, denn was ich über diese gehört und gelesen habe, sehe ich auf einem Berg von geringerer Berühmtheit.« So beschreibt Francesco Petrarca seine Ankunft auf dem Gipfel des Mont Ventoux, den er am 26. April 1336 bestiegen hat. Zum erstenmal wieder seit der Antike wird ein Landschaftserlebnis literarisch geformt. Doch die Schaulust an der unbegrenzten Landschaft läßt den Poeten sogleich auch über die Endlichkeit seines irdischen Lebens reflektieren. Das geistliche Heil gewinnt Überhand über den optischen Sinnenreiz, und stumm macht sich Petrarca an den Abstieg. Der italienische Humanist und Dichter (1304–74) wuchs in der Provence auf, denn seine Familie mußte aus Florenz und Pisa nach Avignon flüchten. Ab 1316 studierte der junge Francesco die Rechte in Montpellier, ab 1320 in Bologna, kehrte jedoch bald wieder nach Avignon zurück, wo er 1326 in den geistlichen Stand trat. 1327 traf er in der Kirche der hl. Klara in Avignon zum erstenmal Laura, eine verehrte und geliebte Frauengestalt, auf die zahlreiche Gedichte Petrarcas Bezug nehmen. Doch keine einzige Quelle gibt Auskunft über die historische Laura, die vielleicht nur eine literarische Kunstfigur war, die der Dichter 1348 sterben ließ. 1356 verließ er Südfrankreich und lebte seitdem an verschiedenen italienischen Höfen.

Mit ihm verbindet sich das Bestreben, die Größe der Antike und ihrer Hauptstadt Rom wiedererstehen zu lassen. Sein literarisches Werk ist deshalb entschieden an die lateinischen Autoren angelehnt. Doch mehr noch, seine gesamte Lebenseinstellung ist dem römisch-antiken Vorbild verpflichtet, denn sie oszilliert reflektierend zwischen Pflicht und Muße, Genuß und Entsagung, mittelalterlich-höfischer Sinnlichkeit und antik-stoischer Meditation: Dies ist auch die Motivation der literarischen Fassung der Besteigung des Mont Ventoux.

HADRIEN

SABINE

## Vaison-la-Romaine

Ab dem 4. Jahrhundert v. Chr. lebte hier auf der Anhöhe links der Ouvèze der keltische Stamm der Vocontier, den die Römer 125–121 v. Chr. unterwarfen, bevor sie die Kolonie Gallia Narbonensis gründeten. Das rechts des Flusses entstehende *Vasio Vocontiorum* wurde der Hauptort der neuen, auch die Regionen um Die, Gap und Sisteron umfassenden Verwaltungseinheit, einer *Civitas* im Sonderstatus der (theoretisch) selbständigen *Civitas Confoederata*. Bald entwickelte sich der Ort zu einem blühenden Gemeinwesen mit römisch geprägten Sitten und Gebäuden. Gegen Ende des 3. Jahrhunderts wurde das Territorium der *Civitas* unterteilt; so entstanden die Bistumsgrenzen von Die, Gap, Sisteron und Vaison. Hier muß zur selben Zeit schon eine christliche Gemeinde bestanden haben, denn auf dem Konzil von Arles 314 nahm auch Bischof Daphnus von Vaison teil. 529 zeugt ein weiteres in Vaison abgehaltenes Konzil von der Bedeutsamkeit der Stadt. In der Folgezeit aber verfiel sie, und erst im 11. Jahrhundert ist mit der Einrichtung eines Kathedralkapitels und zahlreichen Schenkungen ein neuer Aufschwung des bischöflichen Klerus festzustellen. Der Bischof war im 12. Jahrhundert auch weltlicher Herrscher über die gesamte Stadt. Mit Gewalt besetzte Raymond, Graf der Provence 1160 die links der Ouvèze gelegene Stadthälfte und baute dort eine Burg. Mehr und mehr zogen im Verlauf der folgenden Jahrhunderte die Bewohner in diese Oberstadt; die Altstadt verfiel, und selbst die Kathedrale dort wurde nicht mehr genutzt. Eine neue, 1464 errichtete Kirche in der Neustadt versah diese Funktion. Erst im 18. Jahrhundert setzte eine Rückbesiedelung ein, doch zu dieser Zeit war der Hauptteil des antiken und mittelalterlichen Vaison versunken, eine neue Stadt entstand hier. Daraufhin verlor zusehends wieder die Oberstadt an Bedeutung. Das Auf und Ab der beiden Stadthälften hat dazu geführt, daß ihre jeweiligen Infrastrukturen immer wieder verfielen. Deshalb stehen die verbliebenen romanischen Bauten wie Inseln in einem neuzeitlichen Stadtgrundriß. Die römische Stadt, von der im 17. Jahrhundert Überreste gefunden worden waren, wurde erst ab 1907 dank des lebenslangen Engagements des Avignoneser Abbé Joseph Sautel ausgegraben! Eine weitere Episode erlebte die wechselvolle Geschichte der Stadt im September 1992, als sie von einem Hochwasser heimgesucht wurde, das 37 Menschen mit sich riß und 150 Häuser zerstörte.

ABBILDUNGEN GEGENÜBER:
**Vaison-la-Romaine**
Quartier du Puymin
Römische Statuen des Kaisers Hadrian und seiner Frau Sabina (Repliken; die Originale befinden sich im Archäologischen Museum Théo-Desplans inmitten des Ausgrabungsgeländes von Puymin, siehe S. 49)

### Ausgrabungen der römischen Stadt

Die Ausgrabungen der römischen Stadt haben zu beiden Seiten der Avenue du Général de Gaulle große Flächen freigelegt, die gleichwohl nur die äußeren Bezirke der ehemaligen Stadt zeigen, denn ihr Zentrum liegt unter der neuzeitlichen Bebauung: Anders als in Glanum planten die Römer um ca. 40/30 v. Chr. die neue Ansiedlung gleichsam auf der grünen Wiese, gegenüber dem keltischen Oppidum. Im Unterschied zu vielen anderen römischen Gründungen liegt der Anlage kein regelmäßiges Straßenraster zugrunde, und sie war auch nicht ummauert. Ihre Ausdehnung kann nur noch aufgrund der Friedhöfe in den Außenbezirken erahnt werden. 40 n. Chr. jedenfalls wird die Stadt zu den reichsten in ganz Gallien gezählt.

**Vaison-la-Romaine**
Quartier de Villasse
Ausgrabungsstücke der römischen Stadt

## Quartier de Villasse

Im Quartier de Villasse betritt man zunächst eine gepflasterte Ladenstraße, die von gestuften Gehsteigen begleitet ist. Diese geben Zugang zu jeweils gleich tiefen Räumen, die Läden und Werkstätten enthielten. Auf der Westseite waren diese durch Arkaden geschützt. Am Südende der Straße erkennt man die Reste eines breiten Saalbaus, der sogenannten Basilika, von dem der Eingangsbogen mit Hilfe von originalen Teilen rekonstruiert worden ist. Da im gleichen Bereich umfangreiche Wasserleitungssysteme entdeckt wurden, muß man das Gebäude wohl als Teil einer Thermenanlage deuten. Gegenüber befindet sich die weitläufige Anlage der *Maison au buste d'argent*. Durch das mit Säulen ausgezeichnete Vestibül gelangt man in einen Atriumhof mit umgebender Säulenhalle. Südlich vorgelagert befindet sich ein weiterer, großer Peristylhof mit einem langgestreckten Wasserbecken. Dieser für ein Privathaus überraschend große Säulenhof war vielleicht ursprünglich die *Palestra* einer älteren öffentlichen Thermenanlage. Erwähnt seien die öffentlichen Latrinen am Ostflügel des Hofes. Nach Westen schließt sich die *Maison au Dauphin* an, die nach

**Vaison-la-Romaine**
Archäologisches Mueseum
Mosaik der Pfauenvilla, Ende 1. Jahrhundert

dem hier gefundenen Fragment eines auf einem Delphin reitenden Putto ihren Namen hat. Auf einer West-Ost-Achse sind ein kleiner und ein großer Atriumhof angeordnet. Im größeren hebt die Lage der umgebenden Räume eine Mittelachse in Nord-Süd-Richtung hervor. Diese Blickperspektive ist häufig in der römischen Architektur. In der Nordostecke befinden sich Reste der Hausthermen. Im Süden verlief über die gesamte Breite ein Säulenportikus, dem zu dem angrenzenden Garten ein Wassergraben vorgelagert war. Die Luftkühlung, die Lichtreflexe und das Plätschern des Wassers waren gerne genossene Annehmlichkeiten solcher Bassins. Die Villa entstand wohl im 2. Jahrhundert über einem älteren Vorgängerbau.

### Quartier du Puymin

Man betritt zunächst das in der Südwestecke gelegene komfortable Atriumhaus der Messii (nach einer Widmungsinschrift so genannt). Charakteristisch ist die Einbindung des Atriums in eine axiale Raumflucht. Im östlich davon gelegenen Peristylhof grenzt, wie in der *Maison du Dauphin*, ein Wassergraben den Säulenportikus vom Garten. Es folgt ein großer Säulenhof, nach einer Friesinschrift *Portikus Pompeiana* genannt. In der Mitte ein Wasserbecken mit apsisförmiger Ausbuchtung. Die Funktion des wahrscheinlich öffentlichen Gebäudes ist unklar. Die Nischen in der nördlichen Umfassungsmauer enthielten wohl Statuen, jedoch nicht die heute hier in Abgüssen aufgestellten Figuren, die vom Theater stammen. Der Rundgang führt weiter an einem schwer zu interpretierenden, als Nymphäum rekonstruierten Gebäude vorbei. Östlich davon liegen die Reste der sogenannten Pfauenvilla. Auf halber Höhe befindet sich das Museum Théo-Desplans, in dem die Skulpturen aus den Grabungen, insbesondere die Kaiserstatuen vom Theater, gezeigt werden. Darunter befindet sich die stark zerstörte Figur des Claudius (43 n. Chr.) und die Panzerstatue des Kaisers Domitian (81–96). In der Pose und in dem reliefierten Brustpanzer übernimmt die Figur eine Darstellungsform des Kaisers Augustus (Statue von Prima Porta). Die Reliefs stellen das *Gorgoneion* und das von zwei Viktorien begleitete Pallas-Athene-Kultbild dar. Ganz unterschiedlich dazu die Statue des Hadrian; dessen Darstellung als nackter Athlet, der sein *Paludamentum* (Feldherrnmantel) über die Schulter geworfen hat, beruht auf hellenistischen Herrscherdarstellungen. Als Pendant dazu fungiert das Standbild der Frau des Kaisers, Sabina (Abb. rechts). Die in Vaison gefundene römische Kopie des Diadumenos von Polyklet wurde 1896 an das British Museum verkauft; hier ist sie in einem Abguß präsent. Im Museum sind auch die Bodenmosaiken aus der Pfauenvilla ausgestellt (Abb. links).

Das Theater im Norden lehnt sich mit seiner Cavea an den steilen Abhang an. Heute ist es weitgehend eine Rekonstruktion, von der Bühnenfront haben sich nur die in den Felsen gearbeiteten Fundamente erhalten. Auch die Bodenvertiefungen für die Bühnenmaschinerie und die Bühnenvorhänge sind noch zu erkennen.

Nördlich der Avenue Cevert wurden weitere Thermenanlagen freigelegt (Ende 1. Jh.), eine weitere ist im Südteil der Stadt bekannt. Dies verdeutlicht erneut, welch prominenter Ort Vaison unter den Römern war.

**Vaison-la-Romaine**
Archäologisches Museum
Statue der Kaiserin Sabina aus dem 2. Jahrhundert

### Kathedrale Notre-Dame-de-Nazareth

Die Kathedrale erhebt sich über römischen Fundamenten. Während des Aufschwungs der Diözese unter Graf Pierre de Mirabel wurden um 1040 die Ostapsiden und die unteren Teile des Langhauses angelegt. Dessen heutige oberen Teile wurden um 1150–60 erbaut, vor den Ausein-

**Vaison-la-Romaine**
Archäologisches Museum
Grabschmuck in Form einer Theatermaske

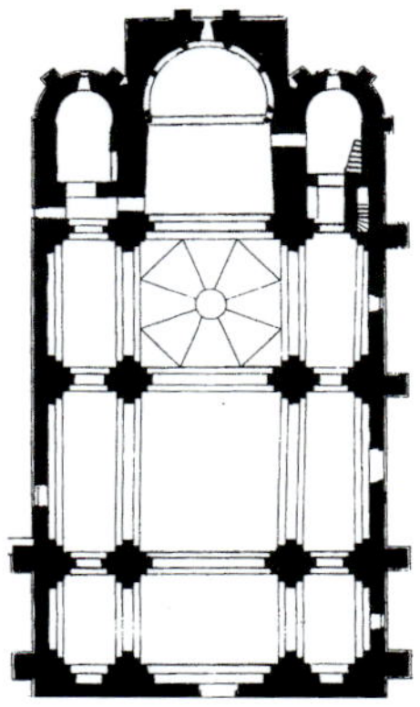

**Vaison-la-Romaine**
Kathedrale Notre-Dame-de-Nazareth, 11./12. Jahrhundert
Innenansicht nach Osten (rechts) und Grundriß (oben)

andersetzungen zwischen Graf und Bischof. Die Ostpartie ist in klaren geometrischen Formen ausgeführt: Die Seitenapsiden sind rund, der Chor hingegen quaderförmig ummantelt. Das Mauerwerk besteht aus unregelmäßigen, teilweise wiederverwendeten Steinen, die aber exakt zubehauen sind. Am Langhaus ist zu sehen, daß die frühromanischen Fenster beim Ausbau im 12. Jahrhundert nachträglich zugemauert wurden. Erst jetzt erhielt der Bau auch Strebepfeiler, die die nunmehr eingeplante Spitztonne stützen. Gut ist in den Oberteilen auch der Übergang zu großem Quaderwerk und reich ornamentierten Fensterlaibungen sowie einem schönen Rankenfries unter der Seitenschiffdachkante zu sehen.

Im Inneren zeigt sich ein dreischiffiges, steil aufsteigendes Langhaus (Abb. rechts) mit tief gestuften Pfeilern und Wandvorlagen. Obwohl es kein Querhaus gibt, ist eine achteckige Vierungskuppel vorhanden. Sie ruht auf Trompen, die mit Evangelistensymbolen geziert sind. Am reichsten ist die Chorapsis mit der umlaufenden Arkatur gestaltet. Deren frühromanische, korinthisierende Kapitelle können mit ähnlichen Stücken in Venasque und in der Tour Izarn von St-Victor in Marseille verglichen werden. Drei Sitzstufen umlaufen das Halbrund, in der Mitte steht noch, gemäß einer altchristlichen Anordnung, der steinerne Bischofsthron (auch in Lyon und Vienne).

Der Kreuzgang auf der Nordseite, der mit der zweiten Bauphase der Kirche entstand, zeigt ein mit Arles und Montmajour vergleichbares architektonisches System, denn jeweils drei Arkaden sind durch einen kräftigen Überfangbogen zusammengefaßt. Doch anders als in Arles, wo auf den Zwischen- und Eckpfeilern große Figuren angebracht sind, sind in Vaison auch die starken Stützmassive mit Säulchen versehen. Der Kapitellschmuck zeigt zwei Gruppen: Die eine verwendet nüchterne Lanzettblätter, die andere variiert die Grundform des korinthischen Kapitells mit verschlungenen Blättern und Bändern. Vom Kreuzgang aus kann man eine große Hexameter-Inschrift in der Kirchenwand lesen, die den Kreuzgang auf die Himmelsrichtungen bezieht und den Kanonikern beständig vor Augen hielt, daß der Kreuzgang Teil der göttlichen, zur Erlösung führenden Ordnung sei.

### Kapelle St-Quenin

Ein kurioses Bauwerk im Bezirk nördlich der Kathedrale, wo sich ein antiker Friedhof befand, ist die kleine Kapelle St-Quenin (Abb. rechts), die einem Bischof von Vaison (556–578) geweiht ist. Ihre aus dem späten 12. Jahrhundert stammende Ostpartie ist in eine dreieckige Grundform eingelassen. So bietet sich das Bauwerk von außen wie ein Schiff mit spitzem Bug dar. Schöne antikisierende Säulen und Kapitelle akzentuieren die Kanten. Im Inneren sind in die bugförmige Ummantelung eine mit Blendarkaden geschmückte Mittelapsis und zwei begleitende Nebenapsiden eingelassen. Die äußerst kompakte Grundform bot also Platz für eine Dreiapsidenanlage.

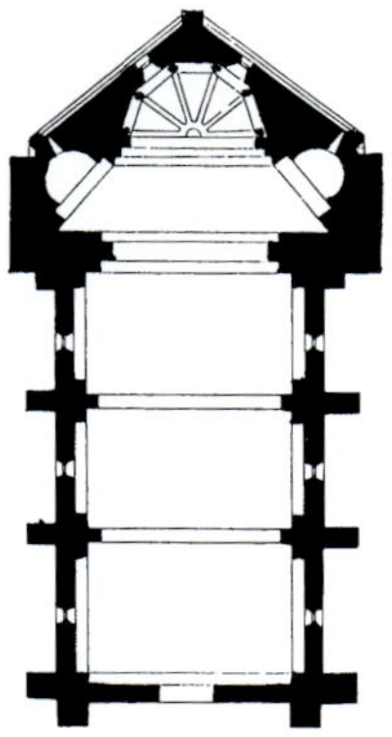

**Vaison-la-Romaine**
Kapelle St-Quenin, spätes 12. Jahrhundert
Ansicht von Osten (rechts) und Grundriß (oben)

# Ein Jahrhundert lang die Stadt der Päpste

## Avignon, Villeneuve-lès-Avignon und Barbentane

1 Kathedrale Notre-Dame-des-Doms
2 Papstpalast
3 Petit Palais
4 St-Nicolas
5 Theater
6 Rathaus
7 St-Agricole
8 Museum Théodore-Aubanel
9 St-Pierre
10 Museum Calvet
11 Museum Requien
12 St-Didier
13 Lapidarium
14 Konvent der Cölestiner
15 La Visitation
16 Glockenturm der Augustiner
17 St-Symphorien

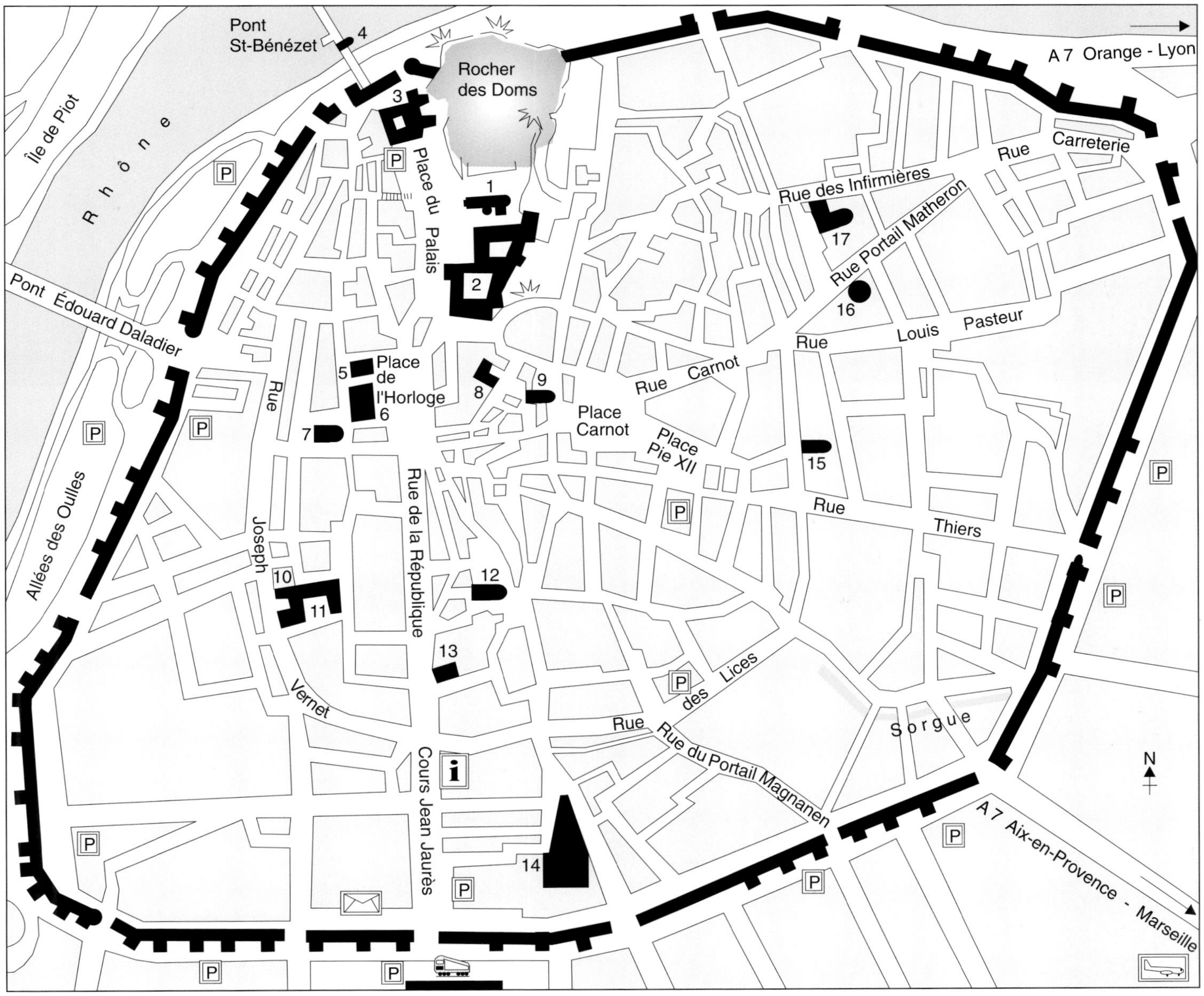


ABBILDUNG GEGENÜBER:
**Avignon**
Pont St-Bénézet
»Sur le pont d'Avignon ...«

## Avignon

Schon von den keltischen Kavarern war der Kalkfelsen am Ufer der Rhône, nahe der Durancemündung, besiedelt worden. Die Römer bauten den strategisch günstig gelegenen Ort, an dem eine Handelsstraße vorüberführte, aus und nannten ihn Avenio. Doch erst im 3. Jahrhundert wurde der Ort im Zuge der Neuorganisation des Römischen Reiches die Hauptstadt einer *Civitas.* Ebenfalls recht spät, nämlich im Jahr 439, ist zum erstenmal ein Bischof, Nectarius, erwähnt. Durch Handel und Gewerbe wuchs die Stadt, und wie in Marseille und Arles bildete sich ab dem frühen 12. Jahrhundert – ähnlich wie in Italien – eine weitgehend selbständige Stadtregierung, das vom Stadtadel und dem Bischof getragene sogenannte Konsulat. Während der Albigenserkriege ergriffen die Konsuln Partei für den lokalen Grafen von Provence-Toulouse, und Avignon wurde vom nordfranzösischen Heer 1226 drei Monate lang belagert. Die Stadt wurde schließlich besiegt, mußte ihre Stadtmauern und 300 befestigte Häuser schleifen. Wegen des Widerstands gegen die Anerkennung des 1247 durch Heirat in der Provence zur Regierung gekommenen Karl von Anjou wurde Avignon 1251 erneut eingenommen. 1274 hatte der Papst die ihm nach dem Ende der Albigenserkrieg versprochene (ehemals dem Grafen von Toulouse gehörende) benachbarte Grafschaft Venaissin erhalten. Als Clemens V. wegen der politischen Kämpfe in Rom dem Rat des französischen Königs folgte und in Avignon seine provisorische Residenz aufschlug, verfügte er also über ein bedeutendes Hinterland. Der Nachfolger, Johannes XXII. (1316–34), erwählte Avignon definitiv zum neuen päpstlichen Sitz. Die Verlegung des Papsthofes führte zu einem rapiden wirtschaftlichen Aufschwung. Kirchliche und weltliche Würdenträger ließen aufwendige Stadtwohnungen – *Livrées* oder *Cardinalices* – errichten. Die Kirchen wurden durch neue Bauten ersetzt. Kaufleute, Diplomaten, Juristen und nicht zuletzt Künstler aus aller Welt begegneten einander in der zur Großstand aufsteigenden Stadt. Bereits 1303 war durch Bonifaz VIII. eine Universität gegründet worden. Angekurbelt wurde dieser Aufschwung durch eine prunkvolle päpstliche Repräsentation, die durch rücksichtslose Abgabenpflicht der Diözesen, Vetternwirtschaft, Ämterkauf und Ämterhäufung finanziert bzw. kontrolliert wurde. Das sittenlose luxuriöse Wohlleben des Avignoneser Papsthofes hat schon früh die Kritik etwa eines Petrarca oder eines Jan Hus auf sich gezogen, und es ist einer der entscheidenden Faktoren, die um 1500 die Reformation der Kirche auslösten. Und als Gregor XI. wieder nach Rom zurückging, soll er das Papsttum sarkastisch dafür gerühmt haben, die Zahl der Freudenhäuser in Avignon auf eines reduziert zu haben: Dieses allerdings umfasse die ganze Stadt!

Die Pracht der Papststadt kontrastiert mit den widrigen Zeitumständen: Der großen Pest von 1348 sollen in Avignon 11 000 Menschen zum Opfer gefallen sein. Und zum Schutz vor den plündernden *Grandes Compagnies* (siehe S. 53)

Avignon
Brunnen im Park auf dem Rocher des Doms

ABBILDUNG S. 52:
**Avignon**
Papstpalast
Gesamtansicht von Nordwesten

**Avignon**
Mittelalterliche Stadtmauern, 14. und 19. Jahrhundert

wurden kurz nach Mitte des 14. Jahrhunderts hohe Schutzgelder gezahlt; die Stadtmauer wurde beträchtlich erweitert und verstärkt. Außerdem führte das rasante Wachstum der Stadt zum unkontrollierten Wildwuchs von Vorstädten und zu unbeschreiblichen hygienischen Zuständen.

Als Gregor XI. 1377 wieder nach Rom zurückkehrte, war Avignons Zeit als Papstresidenz noch nicht vorüber, denn bis 1409 regierten von hier aus die Gegenpäpste Clemens VII. und Benedikt XIII. Auch in der Zeit danach blieb die Stadt Sitz eines päpstlichen Legaten, und die Prosperität hielt an. Seit den Religionskriegen allerdings sank die Bedeutung der ehemaligen Papstresidenz, die mit dem Anheimfall der Grafschaft Provence an die französische Krone im Jahr 1481 wie eine Insel inmitten des französischen Territoriums lag. Immerhin förderte dies bestimmte Gewerbezweige, beispielsweise den Seiden- und Tabakhandel, die sich unbelastet von den französischen Abgaben und Zöllen entwickeln konnten. Dieser neue Aufschwung manifestierte sich insbesondere im 18. Jahrhundert durch zahlreiche neue Stadtpaläste ebenso wie durch die Verbreiterung und nächtliche Beleuchtung vieler Straßen. Nach mehreren erfolglosen Anläufen wurde während der Französischen Revolution 1791 schließlich die Annexion durch Frankreich proklamiert, der der Papst allerdings erst 1814 zustimmte.

Das 19. Jahrhundert war bestimmt von der Landwirtschaft: Die Maulbeerbäume, die in der Umgebung gediehen, ermöglichten die Seidenproduktion, und die Stadt wurde ein Weltzentrum des Exports von Färberröte. Allerdings konnten diese Wirtschaftszweige gegen die Konkurrenz asiatischer Fasern und chemischer Färbestoffe nicht bestehen.

Erst im 20. Jahrhundert wurde die Stadt, Verwaltungszentrum des Départements Vaucluse,

**Avignon**
Ansicht des Rocher des Doms vom gegenüberliegenden Rhôneufer aus

wieder zu einem bedeutenden Handels- und Wirtschaftszentrum. Und das jährlich zur Sommerzeit im Papstpalast und an anderen historischen Orten der Stadt und ihrer Umgebung veranstaltete internationale Theaterfestival zieht Besucher aus aller Welt an. Initiiert wurde es 1947 durch Jean Vilar, der hier zunächst nur drei Premieren einstudieren wollte. Wer es mit dem Besuch eilig hat, wird sich auf das berühmte Ensemble des Papstpalastes beschränken, zumal die zentrale städtebauliche und touristische Achse, die Rue de la République, über die Place de l'Horloge direkt, auf den Palast zuführt. Abseits dieser Achse bietet die weit sich erstreckende Stadt indessen zahlreiche stille Winkel und Straßen mit weiteren eindrucksvollen Monumenten, wie etwa in der Rue des Teinturiers, der Rue du Vieux-Sextier, der Rue du Roi-René, der Place du Change usw.

### Der Papstpalast

Die Residenz, die die Päpste im 14. Jahrhundert in der südfranzösischen Stadt errichteten, bildete damals eine der größten Burganlagen. Heute allerdings präsentiert sie sich als wahres Labyrinth weitgehend leerer Räume, deren einstige Funktion ihnen nicht ohne weiteres anzusehen ist. Papst Johannes XXII. (1316–34), Bischof von Avignon, richtete seinen Regierungssitz in Avignon ein, indem er den alten, südlich der Kathedrale Notre-Dame-des-Doms gelegenen Bischofspalast als päpstliche Residenz nutzte. Doch erst unter Benedikt XII. (1334–42) wurde an dessen Stelle die Errichtung der neuen, imposanten Papstfestung mit dem nördlich gelegenen *Palais Vieux* begonnen. Dieser bestand aus einer trapezförmig um einen Innenhof angelegten Vierflügelanlage, an die an der Südostecke ein weiterer, freistehender Flügel nach Süden anschloß und im sogenannten Engelsturm abschloß. Clemens VI. (1342–52) vergrößerte und regularisierte die Anlage dadurch, daß er den freistehenden Flügel Be-

**Grandes Compagnies**
Nach dem Friedensschluß von Brétigny-Calais 1360, der den Hundertjährigen Krieg beenden sollte, beschlossen zahlreiche Soldaten, nach fünf Jahren Krieg den Kampf auf eigene Rechnung fortzusetzen. Die marodierenden sogenannten *Grandes Compagnies* plünderten, zerstörten, vergewaltigten und mordeten in den folgenden Jahrzehnten zuerst in Nord-, dann in Südfrankreich und darüber hinaus. Ihre Disziplin und ihre Organisation machten die *Compagnies* wirkungsvoller als die Ritterheere. Dem hilflosen Volk erschienen sie wie eine biblische Plage. Viele Städte begannen, ihre Befestigungen auszubauen und zu verstärken, um sich gegen die Räuberbanden zu verteidigen.

ABBILDUNGEN S. 55:
**Avignon**
Papstpalast, Nordsakristei der Palastkapelle (oben)
Wandmalereien im sog. Hirschzimmer, um 1343
Fischfang (Mitte)
Jagdszene (unten)

**Avignon**
Papstpalast
Westfassade (oben)
Audienzsaal (unten)

nedikts durch zwei große Flügel erweiterte, die nunmehr einen zweiten großen Hof, die *Grande Cour* im Süden des Palastes, umschlossen. Von den späteren Bauarbeiten muß vor allem die Anlage von großen, heute zerstörten Gärten auf der Ostseite unter Urban V. (1362–70) erwähnt werden.

Nach der Rückkehr der Päpste nach Rom im Jahr 1377 nutzten die Gegenpäpste des Großen Schismas die Residenz weiter, ab dem 15. Jahrhundert residierten hier päpstliche Legaten. Während der Revolution wurde das Innere geplündert, und die *Bastille du Midi* entkam nur knapp ihrer Zerstörung. Die im 19. Jahrhundert erfolgende Nutzung als Gefängnis und als Archiv schadete der Anlage beträchtlich. Erst 1906 wurde mit umfangreichen Restaurierungsarbeiten begonnen.

Die Finanzierung des Palastbaus ist zahllosen Dokumenten zu entnehmen, die viele der daran beteiligten Handwerker nennen. Als leitende Werkmeister hat man für den Alten Palast Pierre Poisson aus Mirepoix bei Carcassonne angenommen, für die Erweiterung unter Clemens Jean de Louvres, der angeblich aus Nordfrankreich stammte. Somit wollte man eine südfranzösische von einer nordfranzösischen Tradition, die im Palast wirksam werden, abgrenzen. Doch aus den Baumeisternamen lassen sich wenig Schlüsse auf die Funktion und die geschichtliche Bedeutung des Bauwerks ziehen. Es ist mit seinen mächtigen Mauern und Türmen zum einen eine Trutzburg, denn als weltlicher Fürst bedurfte der Papst auch eines angemessenen militärischen Schutzes. Aber die aufwendige Festungsanlage war zugleich ein Repräsentationsmittel, von denen mit der päpstlichen Festung in Villandraut in Südwestfrankreich, dem Stadtpalast von Johannes XXII. in Cahors oder dem Erzbischofspalast in Narbonne noch weitere Beispiele erhalten sind. Wie die meisten anderen dieser Residenzen von Kirchenfürsten legte auch der Palast Benedikts keinen Wert auf eine streng regelmäßige Anlage, wie dies für zahlreiche Burgen des fran-

**Avignon**
Papstpalast, Grundriß EG
1 Kapelle St-Jean 2 Konsistorium 3 Große Schatzkammer 4 Jesussaal 5 Päpstlicher Umkleideraum 6 Untere Schatzkammer 7 Kämmererzimmer 8 Großer Audienzsaal 9 Kleiner Audienzsaal 10 Wächterbau 11 Ehrenhof 12 Kreuzgang Benedikts XII.

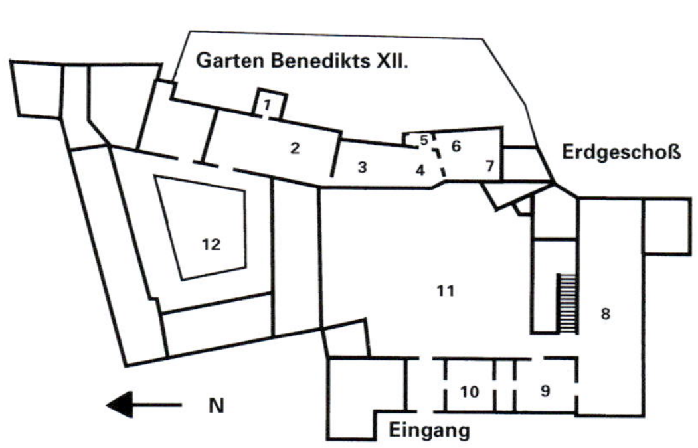


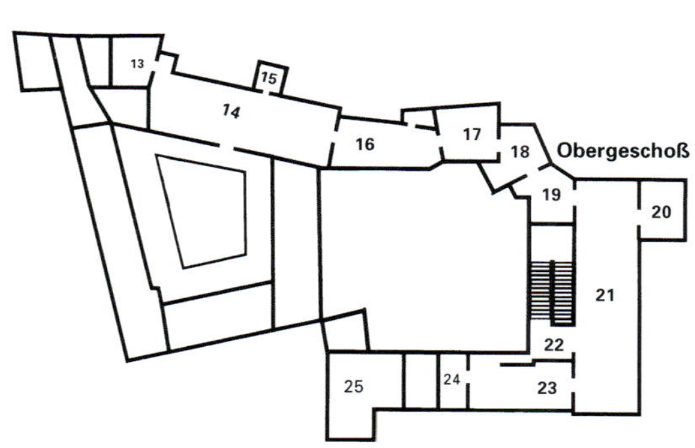


**Avignon**
Papstpalast, Grundriß OG
13 Küche 14 Großer Speisesaal 15 Kapelle St-Martial 16 Paramentenkammer 17 Papstzimmer 18 Hirschzimmer 19 Nordsakristei 20 Kardinalsgarderobe 21 Große Kapelle 22 Loggia 23 Neues Kämmererzimmer 24 Notarzimmer 25 Terrasse

zösischen Königs beobachtet werden kann (Louvre, Vincennes, Carcassonne). Der repräsentative Charakter der Avignoneser Residenz verstärkte sich vor allem in den unter Clemens VI. entstandenen Bauteilen. Vor allem an der auf den großen Platz nach Westen gerichteten Fassade (Abb. S. 54) wird dies deutlich: Denn die Wurfschachtblendarkaden in der unteren Zone sind mit Hohheitsmotiven kombiniert, wie etwa jenen auf halber Höhe abgekragten, mit spitzen Helmen bekrönten Türmchen, die den Haupteingang hervorheben. Solche die Haupteinfahrten rahmende Türmchen finden sich in Frankreich auch an vielen Schlössern weltlicher Machthaber dieser Zeit. Außerdem vereinheitlichten erst die Baumaßnahmen unter Clemens VI. den Palast zu einer regelmäßigeren Anlage, die um zwei große Innenhöfe herum gelagert ist.

Die Architektur des Papstpalastes ist insgesamt nüchtern und nur an einigen Stellen von exquisiter Feinheit. Wenn auch die riesigen Räume, wie etwa die 16 m breite sogenannte Große Kapelle Clemens' VI. im Südflügel, technische Meisterstücke der Wölbkunst sind, so bleiben die Einzelformen der Wandvorlagen und Maßwerkprofile meist stämmig und kräftig rundplastisch. Dies überrascht angesichts der scharfen gratigen Pfeilerformen und reichen Maßwerkerfindungen gerade in Südfrankreich ab dem Ende des 13. Jahrhunderts. Der Papstpalast ist primär eine funktionale Architektur, die in unglaublich kurzer Bauzeit Räumlichkeiten zur Verfügung stellte, die zur Entfaltung des päpstlichen Zeremoniells notwendig waren. Hierin liegt die eigentliche Innovationsleistung der Anlage.

Als die Päpste am Ende des 14. Jahrhunderts wieder nach Italien zurückkehrten, wendeten sie das Avignoneser Schema für die dort neu entstehenden Residenzen und selbst noch für den Ausbau des Vatikans an. Im Alten Palast Benedikts XII. gruppieren sich um den von offenen Loggien umstandenen Innenhof die wichtigsten »öffentlichen« Funktionen: der Konklaveflügel im Süden, die Wohngemächer des päpstlichen Gefolges im Westen, gefolgt von der Papstkapelle im Nordflügel. An höchster Stelle steht der Trouillasturm, der Vorrats- und Kohlenkellerräume sowie vor allem die Waffenkammer enthielt. Von hier aus wurde auch die große Küche versorgt, die zu den Haupträumen des Palastes im Ostflügel, dem Großen Konsistorium bzw. dem Großen Speisesaal darüber, vermittelte. In ersterem tagte die Kurie, im zweiten fanden die großen Empfänge statt.

Doch wo waren die Privatgemächer des Papstes untergebracht? Sie befanden sich in jenem nach Süden gerichteten Anbau, der, an den Großen Speisesaal anschließend, zunächst zwei kleinere Versammlungsräume, die Paramentenkammer und den Kleinen Speisesaal enthält. Nach Süden schließlich folgen die Privatgemächer des Papstes im sogenannten Papst- oder Engelsturm mit dem Schlafgemach des Papstes und dem privaten Arbeitszimmer, seinem *Studium* genannten

letzten Refugium. Der Papstturm war eine eigenständige Einheit, deren weitere Geschosse mit Schatzkammer und Bibliothek eigens vertikal miteinander verbunden waren. Von diesen deutlich an der Peripherie des Hauptbaus gelegenen Privatgemächern aus erschlossen sich also sukzessive immer aufwendigere Räume, die im Großen Speisesaal kulminierten. Das war neu, und es zeugt von einem stark ausdifferenzierten höfischen Zeremoniell am päpstlichen Hof seit dieser Zeit. Neu im französischen Schloßbau waren aber auch die Loggien im Innenhof, auf die eine flache, repräsentative Freitreppe führt. Unter Clemens VI. wird diesen neuen zeremoniellen Bedürfnissen in erweiterter Form Rechnung getragen: Er erweiterte nämlich die päpstlichen Privatgemächer um eine riesenhafte Audienzhalle – hier tagte das geistliche Gericht um einem großen runden Tisch *(Rota)* herum – und eine neue Papstkapelle im Südflügel. Als Übergang dient ein neues, prächtig ausgemaltes Arbeitszimmer, die berühmte *Chambre du Cerf* (Hirschzimmer). Von der Großen Kapelle im Obergeschoß aus betrat der Papst einen zum Innenhof führenden Absatz, der das größte und aufwendigste Fenster des Palastes enthält, das sogenannte Ablaßfenster (erneuert). In dieser Benediktionsloggia, dem Vorraum zur Großen Kapelle, wurde der Papst gekrönt, und von hier aus verkündete er der im Hof zusammengekommenen Menge Ablässe und seinen Segen. Von dieser Loggia führt eine breite Zeremonialtreppe hinunter in den Hof. Der riesige Kapellenraum ist eine der vollendetsten Verwirklichungen des für Südfrankreich typischen breiten, einschiffigen Saales mit verhältnismäßig kleinen Fenstern. Die großen Schubkräfte zertrümmerten schon bald das auf die Loggia führende Portal, das 1359 erneuert werden mußte. Die stark zerstörten Skulpturen zeigten einst eine Weltgerichtsdarstellung.

Der Papstpalast verfügte über eine reiche Ausstattung, von der heute nur noch spärliche Fragmente erhalten sind. Darunter zählen die Fresken von Matteo Giovannetti sicherlich zu den bedeutendsten. Wohl schon unter Benedikt XII. wurde der Künstler aus Viterbo nach Avignon geholt, zwischen 1336 und 1368 leitete er als päpstlicher Hofmaler die malerische Ausstattung. Der Umstand, daß ein italienischer, wohl aus der sienesischen Malerschule stammender Künstler für die umfangreiche malerische Ausstattung angestellt wurde, ist ein Charakteristikum für eine neue, internationale Wertschätzung der Künste. Leider wurden noch im Mittelalter die riesigen Fresken, die Matteo und seine Mitarbeiter im Konsistorium und im Großen Speisesaal ausgeführt hatten, zerstört. Erhalten sind heute nur noch die Malereien in der an diese Räume angrenzenden Johannes- bzw. Martialiskapelle sowie in den päpstlichen Gemächern. Die Ausmalung der Großen Audienz blieb unvollendet; in zwei Gewölbefeldern finden sich die Darstellungen von Propheten und der Erythräischen Sibylle. Außerdem ist zwischen den Fenstern der Ostwand die Vorzeich-

Chambre du Pape

ABBILDUNG GEGENÜBER:
**Avignon**
Papstpalast
Schlafgemach des Papstes mit Wandmalereien, um 1343

nung für eine Kreuzigung zu sehen, auf der Nordwand des ersten Joches Reste eines Weltgerichts. In den genannten Kapellen sind an den Wänden die Viten der namensgebenden Heiligen dargestellt. Dabei fällt immer wieder auf, wie Matteo die bisweilen unregelmäßigen Wandfelder mit einer gemalten Rahmung versieht, welche suggeriert, hinter ihr würde sich ein perspektivisch geordneter Raum öffnen, der Platz läßt zu anekdotenreichem Erzählen. In der Martialiskapelle sind in einem Feld die durch den Heiligen gegründeten Kirchen als gotische Bauwerke in einer baumbestandenen Landschaft vereint: Phantasiebauten, die Elemente der südfranzösischen gotischen Architektur kombinieren.

Berühmter noch sind die Fresken im sogenannten Hischzimmer (Abbn. S. 55), die wohl mit Hilfe französischer Malerkollegen ausgeführt wurden. Die Malereien erzählen von den höfischen Vergnügungen, der Falkenbeize, der Hirschjagd, dem Fischfang aus einem Zuchtbecken, die allesamt in einem aufgelockerten Wald mit verschiedenen Baumarten stattzufinden scheinen und den Betrachter glauben machen, er würde selbst an den Szenen teilnehmen. Einen ähnlichen Illusionismus finden wir in der Ausmalung des Schlafgemachs (Abb. gegenüber): Über einer gemalten Sockelzone, die vorgibt, hier seien Draperien aufgespannt, füllen sich die Wände mit Ranken und Blättern, zwischen denen immer wieder Vögel auszumachen sind. In den Fensternischen entdeckt man gemalte Vogelkäfige. Sie sind zumeist leer, so als ob sie auf die Rückkehr ihrer in den Palastgärten sich tummelnden Bewohner warteten.

### Hôtel des Monnaies

Gegenüber dem Eingang zum Papstpalast erhebt sich die Münze (Hôtel des Monnaies), die 1619 angeblich von einem bolognesischen Architekten für den Vertreter des in Rom residierenden Legaten, des Kardinals Borghese, errichtet wurde. Die dreigeschossige Fassade mit rustiziertem Erdgeschoß enthält in den beiden folgenden Etagen überdimensionierten, schweren Reliefschmuck aus Girlanden und Adlern und Drachen, den Wappentieren der Borghese (Abbn. links und oben).

ABBILDUNGEN LINKS UND OBEN:
**Avignon**
Hôtel des Monnaies, 1619
Fassade, Details des Reliefschmucks

### Kathedrale Notre-Dame-des-Doms

Die Avignoneser Bischofskirche, an höchster Stelle neben dem Papstpalast gelegen, erscheint fast wie ein Annexbau desselben. Das liegt daran, daß sich die Päpste zunächst hier einquartierten und von hier aus die Erbauung ihrer Residenz begannen. In Wirklichkeit ist die Kathedrale der letzte der in der Stadt verbliebenen romanischen Bauten. Das für das 10. und 11. Jahrhundert belegte Kathedralensemble bestand wahrscheinlich aus einer nach Norden sich staffelnden Baugruppe, die die im Papstpalast aufgegangene Pfarrkirche St-Etienne, ein verschwundenes Baptisterium und das Kirchengebäude selbst umfaßte. Dieses

**Avignon**
Kathedrale Notre-Dame-des-Doms, sog. Grabmal Benedikts XII. (gest. 1342), ein im 19. Jahrhundert aus verschiedenen Bruchstücken zusammengesetztes Pasticcio

**Avignon**
Kathedrale Notre-Dame-des-Doms, Kuppelansicht (oben), Grundriß

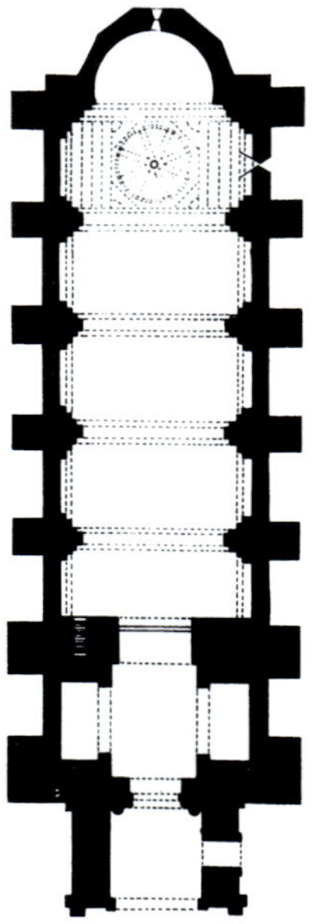

wurde im 12. Jahrhundert in drei Etappen erneuert: Anfang des 12. Jahrhunderts wurde das Langhaus errichtet, das um 1130–40 mit einer Kuppel und in der zweiten Jahrhunderthälfte mit einer Vorhalle komplettiert wurde. Der Westturm wurde 1405 bei der Belagerung des Papstpalastes zerstört, kurz darauf aber wiedererrichtet. Die Seitenkapellen wurden zwischen dem 14. und 16. Jahrhundert angefügt. Louis François de Royers de La Valfrenière erneuerte Ende des 17. Jahrhunderts die Apsis. 1859 erhielt der Turm seine überdimensionierte Marienstatue als Abschluß.

Die in einem Rundbogenportal sich öffnende und von einem Dreiecksgiebel überfangene Vorhalle ist ein Meisterstück der Antikenrezeption, so daß früher dieser Bauteil manchmal als Werk des Altertums galt. Manche Details der Bogenrahmung finden sich in genauer Entsprechung am römischen Triumphbogen von Orange wieder. Aber auch die Proportionierung der sich über Piedestalen erhebenden Ecksäulen, die Formen der korinthischen Kapitelle und die Anordnung des Gebälks erscheinen wie einem Lehrbuch der klassisch-römischen Architektur entnommen. Von den Fresken, mit denen Simone Martini die Vorhalle zwischen 1340 und 1344 ausgemalt hat, ist an Ort und Stelle nur eine Vorzeichnung zu sehen. Die abgenommenen Freskenreste werden heute im Konsistorium des Palastes ausgestellt.

Das durch barocke Emporen stark veränderte Innere muß man sich für das 12. Jahrhundert als einen einschiffigen, saalartigen Raum von fünf Jochen und einem eingezogenen Chorjoch mit anschließender Apsis vorstellen. Charakteristisch sind die steilen Proportionen und das von Gurtbögen verstärkte Spitztonnengewölbe. Schmuckreiche Säulen in der Höhe der Blendbogenkämpfer bereichern die Wandvorlagen. Eine technisch kühne Konstruktion ist die Kuppel (Abb. oben links): Um nämlich ihren quadratischen Fuß auf dem querrechteckigen Joch aufsetzen zu können, hat der Baumeister seitlich je vier nach oben abgetreppt steigende Bögen aufgemauert. Darüber führen Trompen, also diagonal gesetzte, trichterförmige Gewölbe, in das Achteck über.

Den Hochaltar (12. Jh.) zieren an der Vorderseite korinthisierende Pilaster. Als Beleg für den internationalen Kunstgeschmack der Avignoneser Päpste ist das Grabmal von Johannes XXII. in der letzten Südkapelle von Interesse. Eine große,

ABBILDUNG S. 59 OBEN:
**Avignon**
Petit Palais, Fassade (letztes Viertel 15. Jahrhundert) zum großen Platz vor dem Papstpalast

ABBILDUNG S. 59 UNTEN:
**Vittore Carpaccio**
Sacra Conversazione, um 1500
Pappelholz, 98 x 127 cm
Avignon, Musée du Petit Palais

filigran gearbeitete Baldachinarchitektur umschließt den reich skulptierten Sarkophag. Trotz der ungeschickten Restaurierung kann man im Grabmalstypus und in den Details (Kielbögen) einen unmittelbaren Zusammenhang mit gleichzeitigen englischen Grabmälern feststellen. Ähnliches gilt auch für das in der Nordkapelle stehende, im 19. Jahrhundert aus verschiedenen Einzelteilen zusammengesetzte sogenannte Grabmal Benedikts XII. (Abb. S. 58 rechts).

Nördlich der Kathedrale lädt der Domfelsen, der als schöner Park gestaltet ist (Abbn. S 53 und S. 60), dazu ein, von hoch oben die Stadt und die gegenüberliegende Rhôneseite zu überblicken.

**Das Petit Palais**

Der große Platz, an dessen Seite sich das Massiv des Papstpalastes erhebt, wird nach Norden durch einen eleganten Palast abgeschlossen, das Petit Palais: 1317 hatte Kardinal Bérenger de Frédol hier seine Residenz errichtet, 1323 wurde dieser Komplex von Kardinal Arnaud de Via, dem Neffen von Johannes XXII., erworben und weitgehend umgestaltet. Nach dem Tod des Besitzers wurde es der neue Bischofspalast (der alte war im Papstpalast aufgegangen). Der um zwei Innenhöfe herum gruppierte Kernbau war 1364/65 vollendet. Bei den Kämpfen mit dem Gegenpapst Benedikt XIII. wurde das Palais schwer beschädigt, anschließend restauriert und stellenweise um ein Geschoß erhöht. Bischof Giuliano della Rovere (1474–1503), der spätere Papst Julius II. (1503–13), ließ eine neue Südfassade erbauen, die auch heute noch die Schaufront des Palastes abgibt (Abb. rechts). Mitte des 18. Jahrhunderts wurden unter anderem dem Südflügel auf der Ostseite zwei Achsen hinzugefügt. Zinnenkranz und Ecktürmchen spielen noch auf den wehrhaften Charakter mittelalterlicher Paläste an. Doch die regelmäßige Einteilung in einheitliche Fensterachsen und Geschoßhöhen sowie die großen Fenster zeigen an, daß es vor allem galt, eine geordnete Schauseite als Abschluß des Platzes zu errichten.

Seit 1976 beherbergt das Palais eines der bemerkenswertesten Museen Frankreichs. Die beiden Schwerpunkte bilden die mittelalterliche Kunst Avignons, vor allem Bestände des Musée Calvet, sowie die italienische Malerei vom 13. bis zum frühen 16. Jahrhundert. Fast alle Gemälde kommen aus der Sammlung des vatikanischen Finanzbeamten Marquis Giampietro Campana di Cavelli, die dieser bis 1857 zusammengetragen hatte. Wegen unseriösen Finanzgebarens mußte der Marquis seine Kollektion zwangsweise an Napoleon III. abgeben. Als Studiensammlung angesehen, wurde sie anschließend auf 67 französische Museen verteilt. Erst nach großen Bemühungen konnte der Hauptteil des einzig den »Frühen Italienern« (Carpaccio, Ghirlandaio, Botticelli, Gaddi, di Bicci etc.) gewidmeten Bestandes mit wichtigen Werken der spätmittelalterlichen provençalischen Malerei wieder zusammengeführt werden.

**Pont St-Bénézet**

Angeblich hat der hl. Bénézet (Verkleinerungsform von Benedikt) als junger Hirte 1177 auf göttliche Eingebung hin – und unter den Hohnrufen der Avignoneser – damit begonnen, die Brücke zu bauen, die durch den Reigen *Sur le pont d'Avignon* zum Wahrzeichen der Stadt geworden ist. In Wirklichkeit stammen die Fundamente einiger Brückenpfeiler schon aus der Antike. Die gegen Ende des 12. Jahrhunderts erneuerte Brücke aus Holz wurde bei der Belagerung der Stadt 1226 stark beschädigt. Danach begann man, den Rhôneübergang bis zum Ende des 13. Jahrhunderts in Stein auszuführen. Auf dem französischen Ufer ließ zu dieser Zeit König Philipp der Schöne den nach ihm benannten Turm errichten (siehe S. 65, Tour Philippe le Bel). Mehrere Ausbesserungen folgten. Nach großen Zerstörungen um 1660 ließ man die Brücke verfallen, bis die letzten vier Bögen mit der Kapelle St-Nicolas im 19. Jahrhundert als Denkmal wieder instand gesetzt wurden (Abb. unten). Die etwa 900 m lange Brücke für Fußgänger und Pferde überquerte auf 22 Bögen die Rhônearme und die Insel Barthelasse – wo auch die Volksfeste stattfanden, von denen das Tanzlied singt. Die vier östlichen Bögen stammen von 1345 und waren ursprünglich rund. Aus diesem Grund lag das Straßenniveau ursprünglich etwas höher. Die kleine Nikolauskapelle stammt aus dem 12. Jahrhundert, wurde aber im 13. Jahrhundert, als man das Brückenniveau höher legte, horizontal unterteilt.

**Westlich der Rue de la République**

Die Stadtkirche St-Agricol wurde 1321–26 mit bedeutender finanzieller Unterstützung durch Johannes XXII. erbaut, gegen Ende des 15. Jahrhunderts um ein Joch verlängert und neu gewölbt. Bemerkenswert ist die von einem riesigen Kielbogen als Portalrahmung beherrschte Westfront. Zwischen dem Hôtel de Ville und der Kirche sind Reste der römischen Stadt freigelegt worden. Im wesentlichen handelt es sich dabei

ABBILDUNG GEGENÜBER:
**Avignon**
Treppenanlage im Park auf dem Rocher des Doms

**Avignon**
Pont St-Bénézet mit Kapelle St-Nicolas

Avignon
Musée Calvet
Die Sammlung des Museums umfaßt insbesondere französische Kunst des 16. bis 19. Jahrhunderts

um drei parallele Mauerzüge aus augusteischer Zeit, die als Unterbau des zweistufigen Portikus dienten, der den Forumsplatz umgab.

Die Chapelle de l'Oratoire wurde 1730 von Ferdinand Delamonce begonnen. Der von einer Kuppel bekrönte Innenraum schreibt sich als Längsoval in die rechteckigen Umfassungsmauern ein. Der Grundriß des runden Chores verschneidet sich mit dem Oval des Hauptraumes. Längs- und Querachse werden durch eine bogenartige Führung des Gebälks (Serliana) hervorgehoben. Der originelle Bau orientiert sich grundsätzlich am römischen Barock, hat aber ein direktes Vorbild in der Kapelle der Vieille Charité in Marseille.

In der Rue Joseph-Vernet steht als aufwendigstes Palais das von Jean-Baptiste Franque (1683–1758) und François II Franque (1710–93) errichtete Hôtel de Villeneuve-Martignan, seit 1833 Musée Calvet (Abb. links). Der eingeschossige Dreiflügelbau gehört zu den schönsten Bauten des späten Barock in Avignon. Jean-Baptiste Franque zählt zu den wichtigsten Architekten der ersten Hälfte des 18. Jahrhunderts in Avignon. Seine Werke zeichnen sich durch einfallsreiche Raumlösungen und Fassadengliederungen ebenso aus wie durch hervorragende bautechnische Leistungen, insbesondere den sorgfältigen Steinschnitt und andere sphärisch geführte Architekturformen.

Die Sammlung des Museums geht auf die Kollektion des Arztes François Calvet und ein 1792 gegründetes Museum mit den Beständen der in der Revolution aufgelösten Kirchen zurück. Die Sammlung umfaßt außer der lokalen Kunst Objekte der Antike und insbesondere der französischen Kunst des 16. bis 19. Jahrhunderts.

**Östlich der Rue de la République**

Kardinal Pierre de Prato stiftete 1356 den Neubau der Kollegiatskirche St-Pierre. Ende des 15. Jahrhunderts erweiterte der Architekt Blaise Lécuyer aus Genf den Bau nach Westen. Die Westfassade (Abb. S. 63) mit den mächtigen rahmenden Treppentürmen, der zweigeschossigen Wandgliederung und der bis an die Dachkante sich erstreckenden Hauptportalumfassung mit ihren seitlichen Fialen hat vieles mit den Portalen der Kathedrale von Carpentras gemein, für die ebenfalls Blaise Lécuyer als Architekt genannt ist. Im Inneren zeigen auch die Gewölbe spätgotische

Avignon
St-Pierre
Details der holzgeschnitzten Türen des Westportals von Antoine Volard, 1551

**Avignon**
St-Pierre
Westfassade, Ende 15. Jahrhundert (links)
Marienfigur am Westportal (unten)

ABBILDUNG S. 65:
**Villeneuve-lès-Avignon**
Tour Philippe le Bel, 1293–1307

**Avignon**
St-Didier
Kreuztragungsgruppe von Francesco Laurana, 1478

Eigenheiten, denn ihre auf großen Engelskonsolen aufsetzenden Rippen durchschneiden einander in komplizierter Weise. Die Mitte des 17. Jahrhunderts geschnitzte Chorausstattung rhythmisiert mit den aufwendigen, verkröpften Säulenpaaren den Chorraum völlig neu.

Wie St-Pierre ist auch der Neubau der Kirche St-Didier die Stiftung eines Kardinals – Bertrand de Deaux – von 1356. Der erhaltene Werkvertrag nennt Baumeister und Steinmetzen, deren Wirken sich zum Teil auch an anderen Bauwerken der Stadt offenbart. Die größte der gotischen Kirchen Avignons konnte bereits 1359 geweiht werden. Auffällig an der einschiffigen Kirche ist die Kargheit aller Formen. Fenstergewände, Wandvorlagen und Rippen bieten größtenteils nur einfach abgeschrägte Profile. Dies bedeutete niedrigeren Arbeitsaufwand und damit geringere Kosten als die mühsame Herstellung von komplizierten Profilsteinen. Zu dieser Sparsamkeit paßt auch der Verzicht auf Maßwerk in den Chorfenstern.

In der ersten Kapelle der Südseite steht die 1478 von König René für die Zölestinerkirche in Auftrag gegebene fragmentierte Skulpturengruppe der Kreuztragung von Francesco Laurana (Abb. oben). Die eindringlich in zwei gegenüberstehenden Gruppen erzählende Komposition orientiert sich an der toskanischen Renaissanceskulptur; die Architekturkulisse vereinigt damals modernste italienische Bauformen. Die gegenüberliegende Kapelle enthält Wandmalereien, um 1360 von einem Florentiner Atelier ausgeführt. Dieselbe Werkstatt führte wohl auch die malerische Ausstattung des teilzerstörten Grabmal des Kardinals de Déaux (gest. 1355) an der Nordseite des Chores aus.

1564 eröffneten die Jesuiten in Avignon ein Studienkolleg. Die Kirche wurde 1620 nach Plänen von Etienne Martellange begonnen und von François Royers de La Valfrenière bis 1655 vollendet. Sie folgte einem bei den Jesuiten sehr häufig zu findenden Bautyp: An einen weiten Saal lagern sich seitliche Kapellen an, in die oben Emporen (für die Jesuitenschüler) eingelassen sind. Der Stuckdekor ist sehr schwer und wuchert geradezu in pflanzlichen Formen (siehe auch S. 57, Hôtel des Monnaies). Seit 1938 beherbergt der Kirchenraum das Musée lapidaire mit Fundstücken aus der keltischen, galloromischen und mittelalterlichen Vergangenheit des Avignonais.

**Kloster der Zölestinermönche**
Kardinal Pierre de Luxembourg war 1387 als Neunzehnjähriger im Ruf der Heiligkeit gestorben und auf einem Armenfriedhof bestattet worden. Hier gründeten auf Veranlassung des Gegenpapstes Clemens VII. die Zölestiner ein großes Kloster. 1394–1402 errichtete der Baumeister Pierre Morel Chor, Querschiff und zwei Langhausjoche. Die spätere Fortführung des Langhauses wurde nie abgeschlossen. Trotz langwährender Verwahrlosung und Zweckentfremdung gehört das Innere zu den großartigsten Architektur- und Bildhauerleistungen Avignons. Der Chor ist länger als bei den anderen Kirchen der Stadt und durch ein in dieser Zeit ungewöhnliches Querhaus vom Langhaus abgesetzt. Das Chorgewölbe prunkt mit reicher Ausgestaltung. Die Kappen sind durch untergeordnete Dreistrahlgewölbe strukturiert, die Rippen mit hängenden Bögen festonniert. Am Scheitelschlußstein schwebt ein thronender Christus in einer Aureole von Cherubim. Clemens VII. wollte mit diesem Prestigeobjekt während des Schismas zweifellos ein Machtsymbol seines Papsttums setzen.

## Villeneuve-lès-Avignon
Gegenüber von Avignon erhebt sich auf der anderen Rhôneseite eine eigene Stadt, die aus einer Festung entstanden ist. Kurz vor 1000 war hier ein Benediktinerkloster St-André gegründet worden. Als nach den Albigenserkriegen die Grafschaft Toulouse, die bis in die Provence reichte, an die französische Krone fiel, errichtete der König im Einvernehmen mit dem Kloster hier einen militärischen Vorposten, um den Zugang zur Rhône zu sichern und Avignon zu kontrollieren, das ja nominell Teil des Deutschen Reiches war. Die Situation ist also vergleichbar mit derjenigen von Tarascon und Beaucaire. König Jean le Bon (1350–64) ließ parallel zum Ausbau der Avignoneser Stadtmauer auch Villeneuve gegen die *Grandes Compagnies* (siehe S. 53) mit der Festung St-André militärisch besser schützen. Zu dieser Zeit war Villeneuve bereits eine Art Vorstadt von Avignon, in der angeblich 40 größere Kardinalsvillen mit ausgedehnten Gärten standen. Heute ist Villeneuve eine unspektakulär wirkende Stadt im Schatten von Avignon. Doch hat sie einige Kunstschätze von Weltrang und bietet außerdem immer wieder neue Ausblicke über die Rhône auf die ehemalige Papststadt.

**Tour Philippe le Bel**
König Philipp der Schöne (1268–1314) ließ 1293–1307 einen nach ihm benannten Wehrturm (Abb. rechts) als französischen Brückenkopf des

**Villeneuve-lès-Avignon**
Fort und Abtei St-André
Die aus merowingischer Zeit stammende Abtei wurde im 14. Jahrhundert mit der Festung umgeben.

Pont St-Bénézet errichten. Der viereckige, mit großen Bossenquadern versehene Turm ist neben der Festung von Aigues-Mortes ein gutes Beispiel dafür, wie infolge der französischen Eroberung des Landes ab dem späten 13. Jahrhundert gerade auch die moderne Wehrarchitektur aus Nordfrankreich zur militärischen Sicherung übernommen wurde. Das Obergeschoß wurde wohl Mitte des 14. Jahrhunderts hinzugefügt. Von der Dachterrasse aus hat man eine hervorragende Aussicht auf Avignon; in den Abendstunden läßt die Sonne die Mauern der Papststadt leuchten.

### Fort und Abtei St-André

Die auf der Anhöhe errichtete Festung (Abb. oben) betritt man nach dem Anstieg durch das von zwei mächtigen Rundtürmen eingefaßte sogenannte Torhaus. In den Obergeschossen sind interessante Nutzräume erhalten, so der Saal für die Bedienung der Fallgitter und die Bäckerei mit den eingeritzten Brotformen. Im Inneren der Festung, deren parkartige Anlage schöne Aussichten auf das Umland bietet, sind die Ruinen des Klosters St-André zu sehen. Als es im 17. Jahrhundert an die Reformkongregation von St-Maur kam, wurde es ähnlich wie Montmajour bis ins 18. Jahrhundert großzügig ausgebaut. In der Revolution aufgegeben, verfielen die Gebäude rasch.

### Pfarrkirche Notre-Dame

Kardinal Arnaud de Via, ein Neffe von Johannes XXII., errichtete hier in den zwanziger Jahren des 14. Jahrhunderts eine ausgedehnte Sommerresidenz, die er aber 1333 in ein Kanonikerstift umwandelte, was umfangreiche Umbauten zur Folge hatte: Der Palasthof wurde zum Kreuzgang, die Palastkapelle wurde vergrößert. Die Kirche ist ähnlich wie zahlreiche gotische Kirchen der Provence ein einschiffiger Bau, dem am Langhaus tiefe Seitenkapellen angefügt sind. Der Turm an der Ostseite mußte auf Anordnung der Stadtverwaltung so gebaut werden, daß die hier passierende Straße unter einer Bogenöffnung hindurchgeführt werden konnte. Doch 1350 vermauerten die Kanoniker gegen den Protest der Bürgerschaft die Öffnungen und schlugen den Innenraum dem Kirchenraum zu. Im Inneren fallen die schlitzartig schmalen Fenster in der weiten Mauerfläche des Obergadens auf. Die Gewölbedienste ruhen auf großen Konsolen mit Figurenschmuck. Ein tonnengewölbter Durchgang führt zu der in der Achse geknickten Chorkapelle im Inneren des Turms.

Nach Norden führt die Rue de la République, in der sich noch einige Kardinalspaläste erhalten haben (Nr. 1, 3, 45, 53). Dazu zählt auch das ehemalige Palais von Pierre de Luxembourg, in dem

**Villeneuve-lès-Avignon**
Notre-Dame
Elfenbeinmadonna, Anfang 14. Jahrhundert

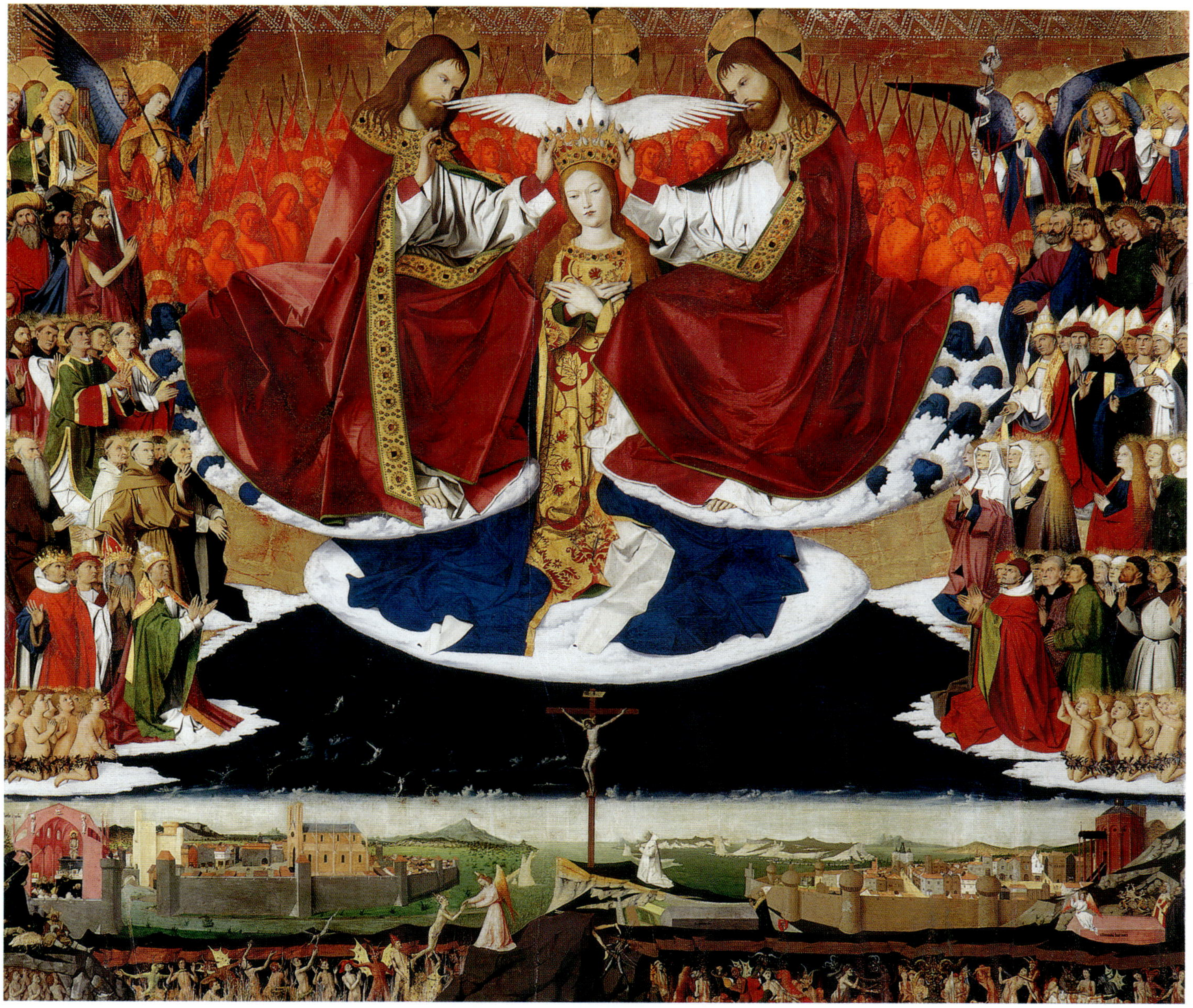

heute das städtische Museum untergebracht ist. Neben bedeutenden mittelalterlichen Skulpturen (Elfenbeinmadonnen; Lauranas Totenmaske von Jeanne de Laval, der Frau König Renés) präsentiert die Sammlung eines der monumentalsten französischen Gemälde des Spätmittelalters, die Marienkrönung des Enguerrand Quarton von 1453 (Abb. oben).

**Marienkrönung des Enguerrand Quarton**

Das große Bild wurde 1453/54 von dem wohl aus der Pikardie (Nordfrankreich) stammenden Maler Enguerrand Quarton gemalt. Der um 1419/20 geborene Künster hat 1444 in Aix, von 1447 bis 1466 in Avignon gearbeitet und gehört neben Nicolas Froment und Barthélémy d'Eyck zu den wichtigsten Malern in der Provence. Die Marienkrönung wurde für die Kartäuserkirche von dem Kanoniker Jean de Montagnac in Auftrag gegeben, der dem Maler dafür ein detailliertes Bildprogramm vorschrieb. Zentrum des Bildes ist die Krönung Marias durch Gottvater und Christus, die – ganz gemäß dem Vertrag – einander völlig identisch sind. Damit wird ein 1439 gefundener Kompromiß in einer umstrittenen Frage zwischen der lateinischen und der griechischen Kirche im Medium der Malerei veranschaulicht: ob der Heilige Geist vom Vater allein oder von Vater und Sohn ausgehe. Auf die vorübergehende Einigung beider Kirchen spielt auch die Darstellung von Jerusalem und Rom in der einer Predella ähnlichen unteren Zone des Bildes an, die zudem mit der Darstellung des Jüngsten Gerichts das umfassende theologische Programm des Bildes vervollständigt. Die Stadtdarstellungen enthalten konkrete Kirchen, die jedoch als provençalische Bauwerke wiedergegeben sind. Quartons Leistung liegt darin, daß er die verschiedenen, realistischen Darstellungen und Maßstäbe harmonisch zusammenfügte, dabei aber durch deutliche Kompositionsbezüge und prächtige Farben das Bild klar gliederte.

**Enguerrand Quarton**
Die Krönung der Jungfrau, 1453/54
Tempera auf Holz, 183 x 220 cm
Villeneuve-lès-Avignon
Musée Pierre de Luxembourg de Villeneuve-lès-Avignon

**Villeneuve-lès-Avignon**
Kartause Val de Bénédiction, 3. Viertel 14. Jahrhundert
Kreuzgang mit anschließenden Mönchshäuschen (oben)

Wandmalerei in der Kapelle des Spiegelsaals (Werkstatt des Matteo Giovannetti) mit Szenen aus der Vita des hl. Johannes d. Täufers: Salome übergibt ihrer Mutter das Haupt des Täufers; Enthauptung und Grablege Johannes'

**Kartäuserkloster Val de Bénédiction**
Kardinal Etienne Aubert, nachmaliger Papst Innozenz VI. (1352–62), ließ sich hier 1342 eine Sommerresidenz errichten, in der er – analog etwa zum Palast Arnaud de Vias (siehe S. 66, »Pfarrkirche Notre-Dame«) – 1356 ein Kartäuserkloster gründete, wo sich auch die päpstliche Grablege befinden sollte. Schrittweise wurde die große Anlage, die selbst das Mutterkloster La Grande Chartreuse bei Grenoble übertraf, bis zum Ende des 14. Jahrhunderts fertiggestellt.

Über mehrere Höfe gelangt man in den mit einer Wehrmauer umgrenzten Klosterbezirk und hier zunächst in die stark zerstörte Kirche. Darin befindet sich das um 1360 entstandene Grabmal Innozenz' VI., dessen Baldachin ähnlich wie bei einem der zeitgenössischen sogenannten Turmreliquiare aus drei durchbrochenen Figurentabernakeln besteht. Unmittelbares Vorbild des Werkes war wohl das Grabmal von Johannes XXII. in der Avignoneser Kathedrale (siehe Abb. S. 58).

Um den größeren der beiden Kreuzgänge herum sind die Mönchswohnungen angeordnet. Wie bei den Kartäusern üblich, reihen sich immer gleiche Häuschen aneinander, von denen jedes einen Arbeitsraum mit Kamin, einen Schlafraum und darüber einen Dachraum als Speicher enthält. Das Essen wurden jedem Zellenbewohner in einem kleinen Vorraum bereitgestellt.

In der Kapelle des Speisesaals (Refektorium) haben sich Wandmalereien erhalten, die von der Werkstatt des Matteo Giovannetti ausgeführt wurden (Abb. S. 68 unten). Es handelt sich dabei nicht um Fresken, die in den noch feuchten Putz gemalt werden, sondern um Temperamalereien, die auf den trockenen Putz aufgebracht wurden. Die Vorzeichnung, die *Sinopia,* wird an den beschädigten Stellen sichtbar. Neben großen Aposteln sind mehrere Szenen aus dem Leben von Johannes dem Täufer, außerdem die Kreuzigung über der Altarstelle dargestellt. An der Nordostseite sieht man den vor der Gottesmutter knienden Stifter, Innozenz VI. Eine zurückhaltende Gebärdensprache und eine höfische Vornehmheit charakterisieren die Formensprache; die Architekturdarstellungen sind voller genau beobachteter Details. Es ist offensichtlich, daß die Malereien denjenigen der Johanneskapelle des Papstpalastes ähneln, aber wohl nicht von dem dort belegten Meister Matteo Giovannetti aus Viterbo selbst gemalt wurden. Es handelt sich vermutlich um Mitglieder der Werkstatt des Malers, die in Villeneuve mit der Ausmalung betraut wurden. Wenn die Identifizierung des knienden Stifters als Papst Innozenz VI. richtig ist, bildet dessen Regierungsantritt 1352 das frühestmögliche Entstehungsdatum der Wandmalereien.

Der dritte Kreuzgang, der Cloître St-Jean, wurde im 18. Jahrhundert verändert.

**Villeneuve-lès-Avignon**
Kirche der Kartause Val de Bénédiction
Grabmal Innozenz' VI., um 1360

**Barbentane**
Donjon (Tour Anglica)
und Schloß (Abb. gegenüber)

Barbentane, ursprünglich im Besitz des Arleser Erzbischofs, kam im 12. Jahrhundert an den Bischof von Avignon. Auf einer Felsenerhebung erbaute dieser seine Burg, von der heute noch der mächtige Donjon steht, die Tour Anglica aus den sechziger Jahren des 14. Jahrhunderts. Als architektonisches Vorbild diente unverkennbar die Tour Philippe le Bel von Villeneuve-lès-Avignon.
Das Schloß, im dritten Viertel des 17. Jahrhunderts erbaut, ist im Inneren nach »italienischer Manier« mit prunkvollen Marmorarbeiten ausgestattet, denn der damalige Besitzer, der Marquis de Barbentane, war französischer Gesandter beim Großherzog von Toskana. Auch das ganz flach gehaltene Dach, dessen Silhouette von eigenartigen Kandelabern überschnitten wird, wirkt wie von italienischen Palästen beeinflußt.
Ein schöner, nach französischer Art gestalteter regelmäßiger Garten bettet das Schloß ein.

# Römische Hauptstadt und Refugium van Goghs

## Arles, St-Rémy und die Alpilles

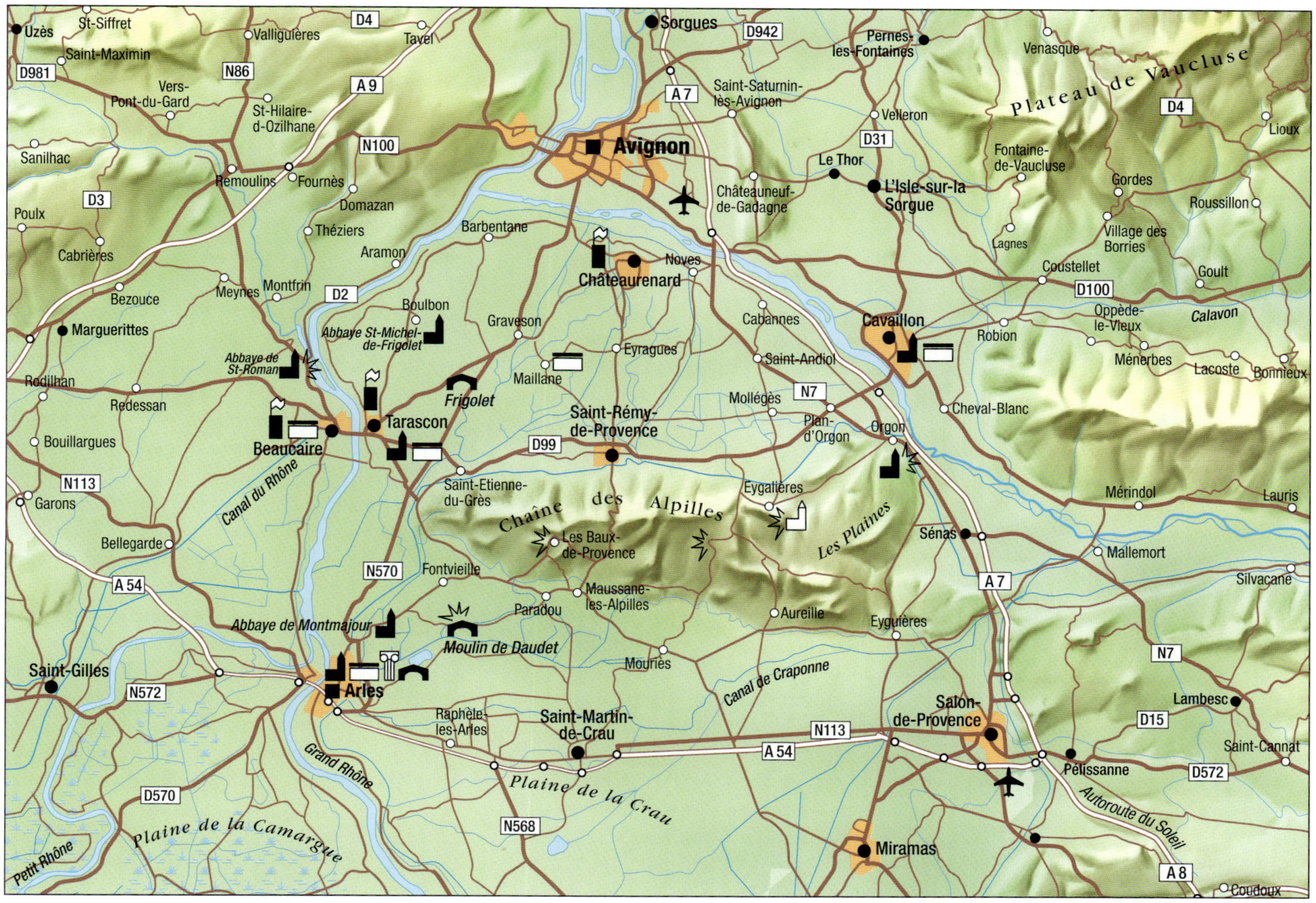


ABBILDUNG GEGENÜBER:
**Die Alpilles bei Aureille**

**Blick auf die Dachlandschaft von Arles**

**Geschichte von Arles**

*Vor 4. Jahrhundert v. Chr.* Arelate, ein griechisches Handelskontor, ist erstmals bezeugt
*46 v. Chr.* Arelate wird römische Kolonie
*254* Erste Erwähnung eines Bischofs, Trophimus
*307–337 und 395-423* Arles wird Hauptstadt der westlichen Provinzen des Römischen Reiches und Primas von Gallien *(417)*
*855* Hauptstadt des Königreichs Provence-Burgund, aus dem im 10. Jahrhundert das dem Deutschen Reich unterstehende Arelat hervorgeht
*11./12. Jahrhundert* Sitz der Grafen von Provence-Barcelona
*1131* Einrichtung einer Stadtregierung, des sogenannten Konsulats
*Mitte 13. Jahrhundert* Nach den Albigenserkriegen übernehmen die Herzöge von Anjou die Grafschaft Provence; Arles verliert gegenüber Aix und Marseille seine ehemalige Bedeutung
*1481* Nach dem Tod des letzten Grafen der Provence, Charles III. du Maine, geht Arles an Frankreich

## Arles

Bereits im 6. Jahrhundert v. Chr. gab es eine von Keltoligurern bewohnte Ansiedlung namens Théliné auf einem Kalkfelsen im sumpfigen Rhônedelta. Im 4. Jahrhundert entstand hier ein wichtiges griechisches Handelskontor, Arelate. Als die Römer Gallien eroberten, beabsichtigten sie zunächst, den Verbindungsweg nach Spanien, die *Via Domitia*, zu sichern. Doch bald wurde in Südfrankreich eine eigene römische Provinz, die *Gallia Narbonensis*, errichtet, welche von den Pyrenäen bis an die Alpen reichte und deren Hauptorte Narbonne (Provinzhauptstadt, gegründet 118 v. Chr.) und Marseille waren. Arles gewann unter den Römern zunächst dadurch an Bedeutung, daß es im Jahr 104 unter dem Konsul Marius über einen Kanal an den Golf von Fos (bei Marseille) angebunden wurde. Daß Cäsar Arelate 46 v. Chr. aber schließlich zur Kolonie erhob, hier die Veteranen der 6. Legion ansiedelte und das Umland unter die Oberherrschaft der Stadt stellte, war eine politische Maßnahme, um den Einfluß des gegen Cäsar opponierenden Marseille einzudämmen. Arles wurde umgehend ein wichtiger Werftenplatz, und die Stadt erhielt ab dem 1. Jahrhundert ihre Befestigungen und die noch heute sichtbaren öffentlichen Monumente, außerdem eine Schiffsbrücke, die rechts der Rhône eine Vorstadt, Trinquetaille, entstehen ließ. Hier bildete sich ein Knotenpunkt von Wasser- und Landwegen, der zu einem raschen Wirtschaftswachstum führte. Somit erklärt sich auch, warum die Stadt schon früh ein Zentrum des Christentums wurde: Bereits 254 ist ein Bischof erwähnt, und seit dem 4. Jahrhundert fanden hier wichtige Synoden statt (314 und 396). Unter den Kaisern Konstantin (306–337) und Honorius (395–423) stieg Arles sogar zur römischen Hauptstadt von Gallien, Spanien und Britannien auf. Dementsprechend erhielt die Stadt 417 und 450 auch die kirchliche Metropolitangewalt über zahlreiche Diözesen in Südfrankreich.

Mit den Eroberungszügen von Ost- und Westgoten, Normannen und Franken ab dem 5. Jahrhundert setzte allerdings bald der Niedergang ein. Mit der Teilung des Reiches Karls des Großen 855 wurde die Stadt der Hauptort des »Königreichs Burgund«, das Burgund und Teile der Provence umfaßte, die nach der Hauptstadt auch »Arelat« genannt werden. Hier etablierten sich drei Grafschaften: Provence-Barcelona, Provence-Forcalquier und Provence-Toulouse. Arles, das zur Grafschaft Provence-Barcelona zählte, bildete im 12. Jahrhundert eine mächtige städtische Eigenverwaltung aus, das sogenannte Konsulat. Nominell gehörte die Stadt seit dem 11. Jahrhundert zum Deutschen Reich, doch mit der Absetzung des letzten Reichsverwesers durch den Grafen von Provence-Barcelona, Raymond-Bérenger, und mittels französischer Heiratspolitik kam die Stadt in der zweiten Hälfte des 13. Jahrhunderts in den Herrschaftsbereich der die Provence regierenden Dynastie der Anjou. Die Anjou unterdrückten die Autonomiebestrebungen der Stadt und die weltliche Politik ihres Erzbischofs. Ihre Residenz errichteten sie in Aix. So sank die politische Macht von Arles seit dem 13. Jahrhundert; die Versandung des Rhônehafens ließ auch ihre wirtschaftliche Bedeutung zurückgehen. Bis vor dem Zweiten Weltkrieg blieb die Stadt lediglich ein regionales Handelszentrum. So ist leicht nachzuempfinden, daß die hier entstandene Mischung aus Tradition und Ursprünglichkeit zivilisationsmüde Künstler wie Gauguin und van Gogh anzog. Von ihrer besonderen mediterranen Atmosphäre hat sich die Stadt bis heute sehr viel bewahren können, vor allem auf der Place du Forum mit ihren Platanen und Cafés.

Erst seit kürzerer Zeit gewinnt die Stadt auch für mittlere Industriebetriebe, Verwaltung und Kultur wieder an Bedeutung. Das 1965 gegründete *Centre international de la photographie et de l'image* im Musée Réattu etwa ist durch seine Ausstellungen und Tagungen sowie seine Fotoschule zu einer international beachteten Größe des Kulturlebens geworden. Die Eröffnung des Musée de l'Arles Antique 1995 hat die Glanzzeit der Stadt wieder in ein klares Licht gerückt, von der nicht zuletzt auch der Tourismus profitiert.

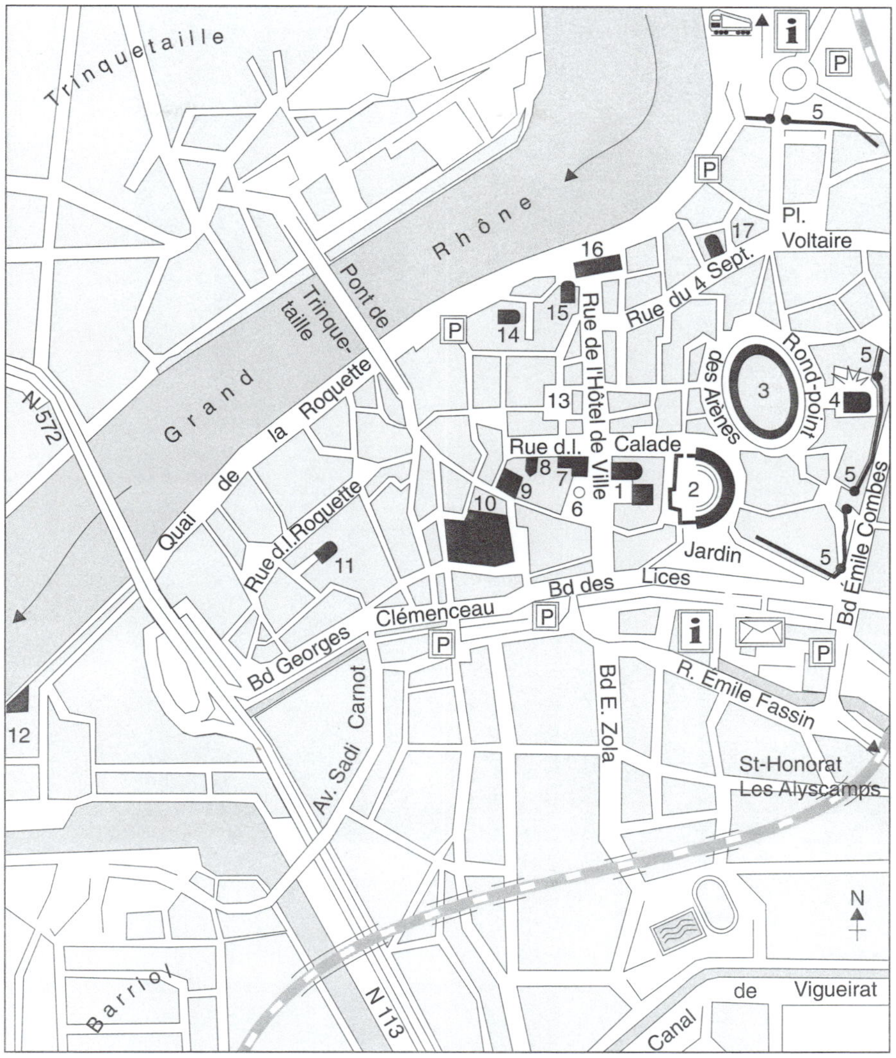


1 St-Trophime mit Kreuzgang
2 Römisches Theater
3 Amphitheater
4 Notre-Dame-la-Major
5 Reste der mittelalterlichen Stadtmauer
6 Place de la République und Rathaus
7 Lapidarium (Musée lapidaire d'Art paien)
8 Kryptoportiken
9 Museon Arlaten
10 Espace Van-Gogh
11 St-Césaire
12 Musée de l'Arles Antique
13 Place du Forum
14 Dominikanerkirche
15 Konstantinsthermen
16 Musée Réattu
17 St-Julien

**Arles**

Kryptoportiken – unterirdische Doppelgalerien unter dem alten Forum

### Die römische Stadt

Von dem römischen Straßennetz sind insbesondere noch die beiden Hauptwege, der in Nord-Süd-Richtung verlaufenden *Cardo* und der ostwestlich sich erstreckenden *Decumanus,* in den heutigen Straßenzügen der Rue de l'Hôtel de Ville und der Rue Jean Jaurès zu erkennen beziehungsweise in der Rue de la Calande zu erahnen. Diese im rechten Winkel aufeinandertreffenden Hauptstraßen wurden, wie in den meisten römischen Städtegründungen, durch ein schachbrettartiges System von Nebenstraßen ergänzt, die 25 x 35 m große Straßenblöcke, *Insulae,* eingrenzten. In der Mitte befand sich das Forum: Ein Teil von dessen späterer Erweiterung in Form einer Tempelfront (2. u. 4. Jh.) steckt noch im Haus auf der Südseite der Place du Forum. Der Umriß des ursprünglichen Forums zeichnet sich in seinen unterirdischen Substruktionen, den Kryptoportiken, ab (Eingang ehemalige Chapelles des Jésuites, Rue Balze): Die über einem Rechteck angelegten, tonnengewölbten Doppelgalerien (Abb. rechts), von denen drei noch zu besichtigen sind, dienten als Fundament für die Forumsgebäude darüber und boten reichlich Speicherplatz.

Im Norden reichte die Stadt bis auf die Höhe der Konstantinsthermen, im Osten bis an die

**Arles**
Ruinen des römischen Theaters
ca. 15 n. Chr.

**Arles**
Musée de l'Arles Antique:
Plastik einer Tänzerin

Westwand des Theaters; über die weitere Ausdehnung der Stadt wissen wir aber recht wenig. Wasser erhielt sie reichlich von den Alpilles über einen Aquädukt. Zur Rhône hin zierte – wie in Orange – ein unter Augustus entstandener, 1643 abgerissener Stadtgründungsbogen das äußere Erscheinungsbild.

Auch das Theater gehört zu den frühen, unter Augustus um 15 n. Chr. errichteten Bauten. Das Zuschauerrund war, wie in den meisten römischen Theatern, in drei Ränge unterteilt, die vier, neun und 20, also insgesamt 33 Stufen zählten. Zwischen dem ausgeklügelten Stützsystem der halbrund geführten *Cavea* waren die Aufgänge und Läden, Werkstätten usw. eingerichtet. Am Außenbau entspricht den drei Rängen eine dreifache Bogenstellung, die sich nur an der Tour Roland auf der Südseite erhalten hat. Die *Orchestra,* das Halbrund im Zentrum der Zuschauerreihen, war ursprünglich mit roten Cipollin- und grünen Marmorplatten belegt. Die eigentliche Bühne war ca. 6 m tief und schloß mit der 70 m breiten Schauwand ab, zu deren unterem Geschoß die beiden noch aufrecht stehenden Säulen gehörten. Man muß sich also darüber noch zwei weitere, reich durch Säulen, Nischen und Öffnungen gegliederte Etagen vorstellen. Von dort stammten wohl auch die heute im Louvre ausgestellte »Venus von Arles« (Abguß im Musée de l'Arles Antique), die Gruppe der drei Tänzerinnen und eine Kolossalstatue von Augustus.

Seinen guten Erhaltungszustand verdankt das Arleser Theater der Tatsache, daß es bereits im frühen Mittelalter als Verteidigungsanlage ausgebaut wurde. Daher stammen die noch aufrecht stehenden Türme. Später baute man in dem Theater Wohnhäuser, so daß ein ganzes Stadtviertel entstand.

### Das Amphitheater

In flavischer Zeit, also am Ende des 1. Jahrhunderts, wurde die Stadt bedeutend vergrößert und um weitere anspruchsvolle Bauten, vor allem das Amphitheater und das Hippodrom, bereichert. Das südöstlich der römischen Stadt, jenseits der N 113 gelegene, über 100 m lange Hippodrom und die Grablegen in seiner Nachbarschaft werden noch ergraben. Von dort stammt der seit 1675 vor dem Rathaus stehende Obelisk.

Das Amphitheater hingegen ist seit ehedem das Wahrzeichen der Stadt (Abbn. gegenüber). In den Ausmaßen wie bei der Außenmauer entspricht es weitgehend demjenigen von Nîmes (Längsachse 136 m, Querachse 108 m). Außen umläuft eine zweigeschossige Arkadenstellung mit 60 Achsen sowie eine nicht erhaltene Attika das Gebäudeoval. Weist die untere Zone einfache Pfeilervorlagen mit Kämpfergesimsen auf, so wurden für die folgende Etage elegantere korinthische Halbsäulen verwendet. Hinter den Außenarkaden umzieht ein korridorartiger Gang den gesamten Bau. Er war mit – teilweise noch vorhandenen – Steinbalken gedeckt, während man in Nîmes für dieselbe Stelle Gewölbe einbaute. Rundgänge und zahlreiche Ausstiege auf alle Ränge erlaubten, den Massenandrang des Publikums reibungslos zu kanalisieren: Immerhin enthielt das Zuschauerrund 34, in vier Ränge unterteilte Sitzstufen, die

ABBILDUNGEN GEGENÜBER:
**Arles**
Innen- und Außenansicht des Amphitheaters
Ende 1. Jahrhundert

**Arles**
Konstantinsthermen
4. Jahrhundert

20 070 Sitz- und 800 Stehplätze boten. Durch eine hohe, in zwei Zonen geteilte Ringmauer wurden die Zuschauer von dem Geschehen in der Arena ferngehalten. Über dem Sockel dieser Mauer war in römischer Zeit wohl ein hölzerner Fußboden eingelegt. Auf der Nordseite führt von einer Öffnung in der Ringmauer ein unterirdischer Korridor ab, über den die wilden Tiere und Gladiatoren in das Innere des Amphitheaters gelangten. Entstanden ist das Amphitheater wahrscheinlich in den beiden letzten Jahrzehnten des 1. Jahrhunderts. Damit steht es nicht nur mit seinem Schwesterbau in Nîmes in engem Zusammenhang, sondern auch mit dem Kolosseum in Rom. Dies gilt ebenso für die vergleichbaren Baukonstruktionen. Wie das Theater wurde auch das Amphitheater im Mittelalter zu Verteidigungszwecken umgebaut. Drei Türme zeugen heute noch davon. Die im Inneren entstandene Wohnbebauung wies bis in das 19. Jahrhundert hinein zwei Kirchen auf. Die Freilegung der *Arènes* seit dieser Zeit hat hier mit den berühmten Arleser Stierkämpfen (April und September) die antike Tradition der Gladiatorenwettkämpfe wiederaufleben lassen.

**Arles**
St-Trophime, Westportal
Figurengruppe des
rechten Gewändes

### Die Konstantinsthermen

Die Thermen im Nordteil der Stadt (Abb. oben) bildeten eine etwa 200 m tief gestaffelte, palastartig gebaute Anlage, die möglicherweise mit der südlich anschließenden Residenz Konstantins zusammenhing, also wohl im 4. Jahrhundert errichtet wurde. Die römischen Thermen wiesen in der durch die Benutzung festgelegten Aufeinanderfolge bestimmter Räume gewisse Gemeinsamkeiten auf. Gewölbte und geschlossene Baderäume wechselten mit Freiluftanlagen ab. Die Erwärmung der Bäder erfolgte durch eine Bodenheizung, bei der die Heißluft unter den auf Pfeilern aufgelegten Böden zirkulierte und durch senkrechte Schächte in den Wänden nach oben stieg. Außerdem gab es Gymnastikhallen, Umkleide-, Toiletten- und Ruheräume, eine Bibliothek und Lesesäle. Als öffentliche Treffpunkte wurden die Thermen gegenüber dem Forum immer wichtiger, und dies erklärt auch, warum sie in Arles wie ein großer, in der Achse des Forums angelegter Annex desselben errichtet wurden. Von der Badeanlage sind heute das *Caldarium* (Warmbad) und das südlich anschließende *Tepidarium* (Lauwarmbad) zugänglich, der Rest ist in der späteren Bebauung aufgegangen. Trotzdem sind die Arleser Thermen die besterhaltenen ihrer Art in der Provence.

Das Warmbad besteht aus einem großen, querrechteckigen, ehemals tonnengewölbten Raum. Nach Norden öffnet sich dieser in einer großen Exedra mit noch originaler Wölbung aus *Opus Mixtum*, verstärkt durch rippenartige Ziegelbänder. Die Exedra enthielt ein Bassin, wie auch die Schmalseiten des *Caldariums*. Im östlichen Becken ist die Auskleidung teilweise noch vorhanden. Zwischen den Marmorplatten und dem Mauerkern aus Backstein erkennt man Reste der Hohlziegel für die Heizluft. Außerdem sind Fragmente der Ziegelpfeiler zu sehen, die den eigentlichen Fußboden trugen. Im Osten befindet sich noch einer der tiefer gelegenen Heizräume. Südlich an das Warmbad schließt sich das *Tepidarium* als breiter, querrechteckiger Raum an. Die Grundmauern seiner westlichen Exedra können von außen noch gut studiert werden. Von dem angrenzenden Kaltbad zeichnet sich nur in der Ausbuchtung der Mauerflucht in der Rue D. Maïsto noch eine der alten Exedren ab.

### Die Kathedrale St-Trophime

Die älteste Bischofskirche stand wahrscheinlich nahe der Stadtmauer an der Stelle eines Tempels. 449 wurde die dem hl. Stephanus geweihte Kirche an ihre heutige Stelle ins Stadtzentrum, zwischen Forum und Theater, verlegt – vielleicht als Folge der Verleihung des Primastitels für Gallien an Bischof Patroclus 417. Im Jahr 972 kamen die Gebeine des hl. Trophimus von den Alyscamps in die Kathedrale, wo dieser bald als alleiniger Patron und Missionar ganz Galliens verehrt wurde. 1152 wird von einer erneuten Überführung des Trophimus und anderer Reliquien berichtet. Dies bezeichnet wohl die Vollendung eines neuen Kathedralchors. Turm, Langhaus und Portal sind in der zweiten Hälfte des 12. Jahrhunderts entstanden. Der Bau des gotischen Chores datiert aus dem dritten Viertel des 15. Jahrhunderts, als das wundertätige Grab des Erzbischofs Louis Aleman (1423–50) einträgliches Zentrum einer bedeutenden Wallfahrt wurde. Erzbischof Adhémar de Monteil de Grignan (1689–97) barockisierte den ganzen Bau umfassend, unter anderem durch den Einbau von Emporen und einer bemalten Vierungskalotte. Kirchenschatz und Einrichtung gingen in der Revolution größtenteils verloren; 1801 wurde das Bistum aufgehoben. 1870–75 erfolgte eine durchgreifende Restaurierung, die die barocken Veränderungen wieder rückgängig machte.

ABBILDUNG GEGENÜBER:
**Arles**
St-Trophime
Westportal, 2. Hälfte
12. Jahrhundert

Die Kirche steht an der Südostecke des ehemaligen Forums, auf gewölbten Kammern, die die Niveauunterschiede des Terrains ausgleichen und wahrscheinlich schon aus römischer Zeit stammen. Der schlichten Westfront aus dem frühen 11. Jahrhundert ist das in der architektonischen Konzeption vom römischen Triumphbogen abgeleitete Portal vorgestellt, das neben demjenigen von St-Gilles das bedeutendste romanische Figurenportal der Provence ist (Abb. S. 79). An den antiken Triumphbogen von Orange etwa erinnern die zweimal drei Säulen in der vorderen Ebene. Wie in St-Gilles bietet sich das Portal als breite, hier allerdings übergiebelte eigenständige Schaufront dar, in deren Nischen große Figuren eingestellt sind. Das Portal stuft sich über mehrere Archivolten in die Mauer ein.

Das ikonographische Programm gruppiert sich um eine Weltgerichtsdarstellung im Tympanon mit der ausführlichen, nahezu monotonen Schilderung der Belohnung der Guten (zur Rechten Christi im Tympanon) und Bestrafung der Bösen (zu seiner Linken). Die Gerichtsthematik ist kombiniert mit dem Thema der Menschwerdung Christi, die auf dem Register auf Höhe der Kapitelle in bemerkenswerter erzählerischer Konzentration auf die Geschichte der drei Magier detailreich geschildert wird: Anbetung der Könige, die Könige vor Herodes, Bethlehemischer Kindermord. An den repetitiven Figurenhäufungen im oberen Register wie auch an den bewegten Szenen im unteren Register wird überdeutlich, daß es beim Entwurf des Portals vor allem auch darum ging, die Tradition der spätantiken Sarkophagfronten wiederaufzunehmen. Auf die Erlösung und die Geschichte der Arleser Kirche weisen die großen Apostel und Kirchenpatrone in den Nischen hin: Auf der linken Seite erscheinen vom Portal aus die hll. Petrus, Johannes Evangelist, Jacobus Major und Bartholomäus. Rechts stehen Paulus, Andreas, Jacobus Minor und Philippus. Die beiden Lokalheiligen, Trophimus und Stephanus, an den Innenseiten der Außenfront sind als szenische Pendants konzipiert. Trophimus wird von einem Engel mit der Mitra bekrönt; die Seele des Stephanus wird von Engeln zum Himmel getragen. Die großen Arleser Portalfiguren stehen nicht wie gleichsam frei beweglich in ihren Nischen; vielmehr bilden sie mit dem Reliefgrund und den seitlichen Pilastern eine eng gefügte Einheit, die die Skulptur zu einem Teil der Architektur macht. Unklar ist die Bedeutung der Löwen im Sockel der Laibungsnischen. Vergleichbare Motive finden sich auch in St-Gilles und vor allem in Italien.

Die Portalskulpturen sind in einem Atelier entstanden, das auf der vorzüglichen Skulptur im Nordflügel des Kathedralkreuzgangs und in St-Gilles aufbaut. Deshalb dürfte das Portal im letzten Viertel des 12. Jahrhunderts, vielleicht um 1190, entstanden sein.

Das Innere der dreischiffigen Basilika (Abb. links) ist der größte und zugleich steilste romanische Kirchenraum der Provence (Länge des Langhauses 40 m, Höhe 20 m). Die Seitenschiffe wirken wie schmale Korridore. Ansonsten ist das Langhaus von außerordentlicher Kargheit: In den Seitenschiffen fehlt die sonst übliche Blendbogengliederung; im Mittelschiff wird nur die Zone des Gewölbefußes dadurch hervorgehoben, daß in die Wandvorlagen Säulen eingestellt sind und ein Akanthusgesims unter dem Ansatz der Spitztonne entlangläuft. Den hohen Anspruch des Kathedralbaus macht das hohe und breite Querhaus deutlich, das in der Provence selten zu finden ist. Kompliziert stellt sich die Baugeschichte dar: Das kleinteilige Mauerwerk in der Westwand und den Langhausmauern gehört zu einem Bau des frühen 11. Jahrhunderts. Es folgte am Ende des Jahrhunderts das Querhaus (in mittlerem Quaderwerk ohne Steinmetzzeichen). Nach Osten schlossen sich wohl ursprünglich drei Apsiden an, das Niveau war ursprünglich um 4 m höher als heute, darunter befand sich eine Krypta. Schrittweise machte man sich von Osten an den Weiterbau des letzten Langhausjoches, dessen Tonnengewölbe erst während der Arbeiten eingeplant wurde. Um 1152, als die Gebeine des Trophimus übertragen wurden, war der Bau wohl architektonisch abgeschlossen. Dazu paßt stilistisch die den Heiligen ehrende Inschrift auf der Nordseite des letzten Joches. Die Buchstaben an den Versanfängen, -mitten bzw. -enden ergeben das Akrostichon TRO(phimus) APO(stolicus) GAL(icanus). Die restlichen vier Langhausjoche mit ihren Großquadern und qualitätvollen Steinmetzzeichen sowie die Langhausgewölbe wurden wohl in den beiden Jahrzehnten nach 1152 erbaut.

Der Chor aus dem dritten Viertel des 15. Jahrhunderts ist der einzige gotische Umgangschor mit Kapellen in der Provence. Die Gesamtanlage folgt dem Vorbild der großen klassischen Kathedralen des 13. Jahrhundert, wenn auch die scharfen Rippenprofile und die komplizierten Umgangsgewölbe deutlich die architektonische Sprache der Spätgotik des 15. Jahrhunderts sprechen.

Im nördlichen Seitenschiff befindet sich der Arkadensarkophag aus St-Honorat-des-Alyscamps (um 350, Abb. unten). Auf der Vorderseite: Christus, Apostel, Brotvermehrung, Blindenheilung, Wunder am Felsen, Heilung der Blutflüssigen, Wunder in Kanaa; Schmalseiten links: Opfer Kains und Abels, Christus verflucht den unfruchtbaren Feigenbaum, drei Juden, die den Götzendienst verweigern; rechts Anbetung der Könige, Einzug in Jerusalem. In der Chapelle du St-Sépulcre befindet sich der Sarkophag des Geminus aus Köln; hier ist Christus mit Petrus und Paulus in flachem Relief dargestellt, typisch für die zeichenhafte Bildersprache des 5. Jahrhunderts.

**Arles**
St-Trophime
Detail des Geminus-Sarkophags, 5. Jahrhundert

ABBILDUNG S. 80:
**Arles**
St-Trophime
Innenansicht nach Osten

**Arles**
St-Trophime
Ausstattung des Kircheninneren: Arkadensarkophag aus St-Honorat-des-Alyscamps, um 350

**Arles**
St-Trophime, Kreuzgang
Nordostpfeiler (oben)
Galerie und Detailansichten des Kapitellschmucks (rechts oben und Mitte)
Arkaden über Doppelsäulen (rechts unten)

ABBILDUNG GEGENÜBER:
**Arles**
St-Trophime, Kreuzgang
Nordwestpfeiler

### Der Kreuzgang von St-Trophime

Den Kreuzgang erreicht man über die erzbischöflichen Gebäude südlich der Kathedrale. Von den 17 romanischen Kreuzgängen der Provence ist er der aufwendigste und bedeutendste. Die zeitliche Einordnung ist trotz einer auf 1188 datierten Grabinschrift an einem der Pfeiler ungewiß. Der Nordflügel dürfte als ältester Teil schon um 1180 entstanden sein, die Arbeiten am Ostflügel erstreckten sich wohl bis in den Beginn des 13. Jahrhunderts. Die beiden anderen Flügel wurden, ähnlich wie in Montmajour, um 1370 in einem romanisierenden Stil ausgeführt. Länge und Breite der romanischen Kreuzgangsflügel überraschen durch ihre verhältnismäßig großen Dimensionen.

Vor allem aber besticht die skulpturale Ausgestaltung: Die beiden älteren Flügel sind jeweils von zwei starken Zwischenpfeilern unterteilt, zwischen denen sich vierluchtige Arkaden über Doppelsäulen erstrecken. Eck- und Zwischenpfeiler sowie die Arkadenkapitelle bieten einen aufwendigen skulpturalen Schmuck. Vor allem im Nordflügel ist das theologische Programm sinnfällig ins Bild gesetzt: Die Kanten der Eckpfeiler sind mit den wichtigsten Heiligen der Arleser Kirche besetzt, nämlich Stephanus im Osten und Trophimus im Westen. Eine ähnliche Gegenüberstellung gilt auch für das Apostelpaar Paulus (am Nordostpfeiler, Abb. links) und Petrus (am Nordwestpfeiler, Abb. gegenüber). Die Szenen der Eckmassive sind allein der Auferstehungsthematik beziehungsweise dem Stephanus gewidmet: Am Trophimuspfeiler das leere Grab Christi mit Engeln und Wächtern sowie die drei Marien beim Einkauf von Spezereien; am Stephanuspfeiler Christi Himmelfahrt und die Steinigung des Stephanus. Von den einfacher gestalteten Zwischenpfeilern zeigt der westliche des Nordflügels Christus auf dem Weg nach Emmaus und die beiden Jünger, der östliche Christus mit dem ungläubigen Thomas und Jakobus.

Auch am östlichen Flügel sind die wohl erst zu Beginn des 13. Jahrhunderts entstandenen Statuen in szenische Zusammenhänge eingebettet: Am nördlichen Pfeiler sieht man die verstümmelte Figur von Jesus an der Geißelsäule, flankiert von einem Geißelknecht und wahrscheinlich Judas. Der südöstliche Eckpfeiler zeigt Gamaliel, den Lehrer des Paulus (dieser wiederum galt als Lehrer des Trophimus). Das herausragende Reliefensemble im Nordflügel wurde sicher von mehreren Bildhauern geschaffen: Die Gewandbehandlung differiert, und auch das Verhältnis von Figur und Rahmen bzw. Reliefgrund ist unterschiedlich. Während die Eckfiguren sehr gerade und achsenbetont in die »Ecknischen« eingestellt sind, treten andere Figuren, wie beispielsweise der Petrus oder die Zwischenpfeilerstatuen, wie Atlanten hervor; ihre Köpfe und Gliedmaßen sind bewegter und weniger auf eine Mittelachse bezogen als bei den Eckfiguren.

## Das Hôtel de Ville/Rathaus

Der Platz vor der Kathedrale wurde in seinem nördlichen Teil im 17. Jahrhundert angelegt. Das neue Rathaus schloß ihn nördlich ab, die Ostseite wurde durch den Neubau der Fassade des erzbischöflichen Palais im 18. Jahrhundert geschlossen. 1657 lobte der Stadtrat einen Wettbewerb für den Neubau des Rathauses aus. Der siegreiche Arleser Architekt Jacques Peytret mußte allerdings 1673 seine Pläne vom königlichen Baumeister Jules Hardouin-Mansart und dessen Bruder Michel, vor allem im Bereich des Vestibülgewölbes und der Fassaden, umarbeiten lassen. Das 1676 baulich fertiggestellte dreigeschossige Gebäude (Abb. gegenüber) folgt in der Fassadengliederung der kurz zuvor von Louis Le Vau entworfenen Gartenfassade des Schlosses Versailles. Auf der Westseite ist noch ein Teil des Vorgängerbaus des späten 15. Jahrhunderts erhalten. Besonderes Augenmerk verdient das weit spannende Flachgewölbe der Erdgeschoßhalle (Abb. oben), die bald als Meisterleistung der Stereotomie und des Steinschnitts gepriesen wurde.

**Arles**
Hôtel de Ville/Rathaus, 1676
Erdgeschoßhalle

**Arles**
Place de la République
Brunnendetail: Wasserspeier

ABBILDUNG GEGENÜBER:
**Arles**
Place de la République mit Blick auf die Rathausfassade und St-Trophime
Der Obelisk entstammt den Ruinen des römischen Zirkus aus dem 2. Jahrhundert.

## Les Alyscamps und St-Honorat

Wie in anderen Städten legten die Römer auch in Arles die Begräbnisstätte außerhalb der Stadtmauern an großen Ausfallstraßen an, nämlich im Südosten bei der Verlängerung der von Rom über Marseille führenden Via Aurelia. Schon im Mittelalter ist für die riesige, heute nur noch teilweise vorhandene Nekropole der Name der Champs-Elysées (Alyscamps), der heiligen Gefilde, bezeugt. In mehreren Niveaus wurden hier die Toten zwischen dem 4. und dem 13. Jahrhundert zur letzten Ruhe gebettet. Einen ersten Niedergang erlebte der berühmte Friedhof, als 1152 der Leichnam des hl. Trophimus in den Neubau der Kathedrale überführt wurde.

Heute führt eine bewachsene Allee durch das ehemalige Gräberfeld, dessen Sarkophage zum Großteil in die Museen gelangt sind. Doch immer noch säumen Sarkophage verschiedener Epochen die beschauliche Allee, die auf die Kirche St-Honorat zuführt (Abb. gegenüber). Die über dem Grab des im 3. Jahrhundert hingerichteten hl. Gènes errichtete Basilika bildete das Zentrum des Gräberfeldes. Westlich und nördlich der Kirche ist ein Teil davon freigelegt. Unmittelbar um die Kirche ist ein ummauerter Bezirk auszumachen, in dem die Gräber streng in Ost-West-Richtung ausgerichtet sind, damit die Toten bei der Auferstehung sogleich nach Osten blicken können.

Die Kirche kam 1040 zu der mächtigen Abtei St-Victor in Marseille und nahm das Patrozinium des hl. Honoratus, Arleser Erzbischof im 5. Jahrhundert, an. Aus dieser Zeit stammen wohl auch noch die in kleinem Steinmaterial errichteten Mauerreste auf der Nordseite des Langhauses, das sich bis vor die bestehende romanische Fassade erstrecken sollte. Der jetzige Bau wurde in der zweiten Hälfte des 12. Jahrhunderts begonnen, doch wegen der Albigenserunruhen nie vollendet. Wegen Einsturzgefahr mußten bereits im 16. Jahrhundert die Vierungspfeiler ummantelt werden.

ABBILDUNGEN LINKS:
**Arles**
St-Honorat, Innenansichten des Chors und zweier Seitenkapellen

ABBILDUNG GEGENÜBER:
**Arles**
Les Alyscamps mit Blick auf St-Honorat

**Arles**
Henri Ciriani
Musée de l'Arles Antique
Außenansicht

### Musée de l'Arles Antique

Um die früher auf verschiedene Sammlungen der Stadt verteilten antiken Kunstschätze unter einem Dach zu vereinen, wurde 1983 ein Wettbewerb veranstaltet, den der in Peru geborene Architekt Henri Ciriani gewann. 1995 war der kühne, über einem großen Dreieck sich aufbauende und um einen dreieckigen Innenhof herum gruppierte Bau vollendet. Das neue Museum in der Nähe des römischen Zirkus vereint eine bestechende Dokumentation zur antiken Kultur der Stadt und viele Kunstwerke ersten Ranges. Dazu gehören eine Augustusstatue und zwei Tänzerinnenskulpturen vom Ende des 1. Jahrhunderts v. Chr., die aus dem Theater stammen. Darüber hinaus werden hier völlig neu große Mosaikfußböden präsentiert, etwa das Annusmosaik vom Ende des 2. und das Orpheusmosaik aus dem 3./4. Jahrhundert. Der Übergang zum Christentum ist an zahlreichen Sarkophagen nachzuvollziehen, deren aufwendigster der mit zahlreichen alttestamentarischen Szenen versehene Trinitätssarkophag aus der zweiten Hälfte des 4. Jahrhunderts ist (Abb. S. 89 rechts unten).

### Musée Réattu

Als während der Religionskriege das Großpriorat des Johanniterordens im Jahre 1583 von St-Gilles nach Arles verlegt wurde, bezog es das hier schon seit dem 14. Jahrhundert bestehende Gebäude einer Kommende des Ordens. Das mehrfach erweiterte Gebäude wurde von dem Arleser Maler Jacques Réattu (1760–1833) erworben und beherbergt heute ein nach ihm benanntes Museum. Es zeigt vor allem die lokale Kunstproduktion bis in die Gegenwart sowie 57 Zeichnungen Picassos aus den Jahren 1970/71, die der neunzigjährige Maler der Stadt gestiftet hat.

### Museon Arlaten

Der provençalische Dichter und Wiederentdecker der okzitanischen Tradition Frédéric Mistral gründete 1896 ein regionales Völkerkundemuseum in dem Hôtel Laval-Castellane, einem spätgotischen Adelspalast mit Innenhof aus dem frühen 16. Jahrhundert. Die umfangreiche Sammlung zeigt provençalische Wohnkultur, Kunst, Kunsthandwerk, Trachten und anderes mehr.

ABBILDUNGEN S. 89:
**Arles**
Musée de l'Arles Antique
Innenansichten und Trinitätssarkophag, 2. Viertel 4. Jahrhundert
Inmitten einer in drei Zonen dargestellten Folge von Szenen aus dem Alten und dem Neuen Testament erscheint das verstorbene Ehepaar in einem Muschelmedaillon.

**Die Arleser Sarkophage**
Die Gattung des skulptierten Sarkophags konnte erst entstehen, als sich im späten 1. Jahrhundert die römischen Bestattungsgewohnheiten änderten. Die Verstorbenen ließen sich nicht mehr einäschern, sondern in Sarkophagen beisetzen. Die aufwendig gestalteten Stücke sind im Gegensatz zu den einfachen, nicht mit Bildhauerschmuck versehenen Sarkophagen Prestigeobjekte, für die der Marmor meist aus Italien bzw. aus den Pyrenäen importiert wurde. Teilweise wurden die Sarkophage in Rom hergestellt, oft aber ohne Schlußbehandlung. Die Themen bleiben lange, bis in das 4. Jahrhundert, der römischen Mythologie verpflichtet, die bisweilen mit christlichen Inhalten vermengt werden (Dioskurensarkophag). Erst langsam bildet sich eine eigene christliche Bildersprache heraus, oft in Form der Gegenüberstellung von Szenen aus dem Alten und dem Neuen Testament (Suzanne-Sarkophag). Auch werden heidnische Bilder mit neuen christlichen Inhalten versehen. Seit Mitte des 4. Jahrhunderts werden Säulensarkophage häufiger, die die früheren friesartigen Kompositionen in wenige stark typisierte, teilweise nur eine Bewegungsformel leicht variierende Einzelszenen zerlegen. Im 5. Jahrhundert verstärkt sich die Tendenz zu einer zeichenhaften Vereinfachung der Bildersprache, und die Reliefs sind nur noch flach ausgearbeitet. Die Sarkophagproduktion in Arles endet vor Mitte des 5. Jahrhunderts, doch die romanischen Bildhauer des 12. Jahrhunderts knüpfen an ihre Spätstufe wieder an. Für die christliche Thematik sind die Jenseitserwartung und das Erlösungswerk Christi zwar von großer Bedeutung, es sollen aber auch die Hauptfiguren der jungen Religion, Christus und Petrus, wirkungsvoll ins Bild gesetzt werden.
Die Sarkophagplastik ist nicht die geheime Äußerungsform einer verfolgten Religion, sondern im Gegenteil durchaus »offizielle« Kunst, die insbesondere von der senatorialen Oberschicht in einer der damaligen christlichen Hauptstädte in Auftrag gegeben wurde.

ABBILDUNG GEGENÜBER:
**Vincent van Gogh**
Terrasse des Cafés an der Place du Forum in Arles am Abend, 1888
Öl auf Leinwand, 81 x 65,5 cm
Otterlo, Stichting Kröller-Müller Museum

**Vincent van Gogh**
Die Brücke von Langlois in Arles mit Dame, 1888
Öl auf Leinwand, 49,5 x 64 cm
Köln, Wallraf-Richartz-Museum

**Vincent van Gogh**
Selbstbildnis, 1888
Öl auf Leinwand, 40 x 31 cm
Schweiz, Privatsammlung

## Van Gogh in Arles

Der Maler kommt im Februar 1888 nach Arles, auf der Flucht vor der in seinen Augen dekadenten Pariser Salongesellschaft und auf der Suche nach »der Zukunft der neuen Kunst«. Er wohnt zunächst im Hotel Carrel, Rue de la Cavalerie, bald darauf in dem sogenannten »Gelben Haus« an der Place Lamartine. Beide Gebäude sind während des Zweiten Weltkriegs zerstört worden. Van Gogh malt besessen, »wie eine Lokomotive«. Viele seiner berühmtesten Gemälde entstehen, die die Weiterentwicklung der nachimpressionistischen und japonistischen Pariser Einflüsse markieren: *Les Alyscamps, La Maison de Vincent, Le Café d'Arles* (Abb. gegenüber, an der Place du Forum heute rekonstruiert), *Le Pont de Langlois* (Abb. oben; das Vorbild, eine über dem Kanal nach Fos errichtete Hebebrücke, existiert heute in einem Nachbau, ca. 3 km südlich von Arles, Nebenstraße der D 35). Insgesamt entstehen 200 Gemälde und 100 Zeichnungen. Die Idee, in Arles eine Künstlergruppe zu gründen, hat insofern Erfolg, als Paul Gauguin im Dezember ebenfalls nach Arles übersiedelt. Doch bald machen sich unüberbrückbare Differenzen bemerkbar, und van Gogh schneidet sich in einer ersten neurotischen Krise das Ohr ab. Als die neurotischen Störungen immer mehr zunehmen, zieht sich der Maler in die Heilanstalt Doktor Peyrons in St-Rémy zurück. Das Andenken an den Maler wird insbesondere von der Fondation Vincent-van-Gogh-Arles (im Palais de Luppé, 18. Jh.) wachgehalten, die eine bedeutende Sammlung enthält, von gegenwärtigen Künstlern dem berühmten Vorläufer der Moderne gewidmet.

**Arles**
Place du Forum mit Blick auf das »Café van Gogh« (links)

## Montmajour

Einige Kilometer nordöstlich von Arles liegt am Weg nach Les Baux auf einem Kalkfelsen der mächtige Gebäudekomplex der ehemaligen Abtei Montmajour. Bis ins Mittelalter bildete dieser eine Art Insel, die von Sümpfen umgeben war. Hier entstand ein Friedhof, der von Eremiten betreut wurde. 949 kaufte eine provençalische Adlige, Teucinde, die dem Domkapitel von Arles gehörende Insel und schenkte sie Mönchen zur Gründung eines Klosters. Die straffe Organisation der neuen Gemeinschaft und die direkte Unterstellung unter den Papst machten sie attraktiv für fromme Stiftungen, die gewährleisten sollten, daß die Mönchsgemeinschaft intensiv für das Seelenheil der Verstorbenen betete. Mehrere Grafen der Provence ließen sich deshalb hier begraben. Ein besonderer Ablaß der Sündenstrafen, der *Pardon de Montmajour,* den der Papst 1030 für den Besuch des Klosters gewährt hatte, sorgte außerdem für einen reichen Strom von Pilgern. Eine erste Kirche entstand im 11. Jahrhundert, die bald, zwischen 1130/40 und 1170/80, durch den bestehenden romanischen Bau ersetzt wurde. Ab dem 13. Jahrhundert verlor das Kloster seine Unabhängigkeit, ein Streit mit dem ehemaligen Priorat St-Antoine-en-Viennois um den Besitz der wahren Antoniusreliquien schwächte Montmajour zusätzlich. Den weiteren Verfall konnte auch die Übernahme des Klosters durch die benediktinische Reformkongregation von St-Maur nur kurzzeitig aufhalten. Immerhin entstanden zwischen 1703 und 1736 große barocke Erweiterungsbauten, die von den Avignoneser Architekten Pierre Mignard und Jean-Baptiste Franque ausgeführt wurden. Der Aufhebung des Klosters 1790 folgte die teilweise Abtragung des kurz zuvor Errichteten, bis Henri Révoil 1872 die erste Restaurierung einleitete und die weitere Veräußerung romanischer Kapitelle und Säulen unterband. So bietet sich Montmajour heute als beeindruckender, riesiger Gebäudekomplex dar, dessen nie vollendete romanische Kirche von immensen barocken Ruinen umgeben ist. Auf der Südseite, am Rand des Felsens, ist die Kapelle St-Pierre in den Felsen geschlagen, östlich davon erhebt sich ein

**Montmajour**
Südostansicht der ehemaligen Abtei, 12. Jahrhundert
Grundriß

mächtiger Donjon; 250 m weiter östlich steht die kleine Kapelle Ste-Croix.

Die auf der höchsten Stelle des Felsens errichtete Abteikirche ist trotz ihres nie vollendeten Langhauses von großem architektonischem Anspruch. Das Gebäude gliedert sich in das zweijochige Langhaus – das eigentlich fünf Joche aufweisen sollte –, ein weit ausladendes Querhaus und einen von außen polygonal gebrochenen Chor. Dieser erhebt sich über einer Unterkirche, deren Radialkapellen wie ein weit ausragender Mauersockel wirken. Alle Maueröffnungen sind klein, Dekor findet sich nur in den Fenstergewänden. So prägen klare geometrische Formen das Äußere, an dem die Qualität der sorgfältigen Mauertechnik einen eigenen Wert gewinnt.

Die Krypta oder Unterkirche erstreckt sich unter Langhaus, Querschiff und Chor. Die mit einer Kuppel gewölbte Apsis stellt eine Art Zentralraum dar, der mit dem Umgang über rundbogige Öffnungen kommuniziert (Abbn. rechts und unten). Die stehengebliebenen Konsolen in der Mauer des Umgangs trugen die Lehrgerüste für die Aufmauerung des Ringtonnengewölbes. Die sorgfältig behauenen Quader wurden von den Steinmetzen mit großen Zeichen, zumeist Buchstaben, den sogenannten Steinmetzzeichen, versehen; dies erleichterte die Abrechnung der geleisteten Arbeit.

Der Grundriß der Krypta erinnert insgesamt an Chorumgänge mit Kapellenkranz, eine Bauform, die ab dem späten 11. Jahrhundert viele der anspruchsvollsten Klosterkirchen Frankreichs und Spaniens auszeichnete und später in der Provence auch von der Abteikirche von St-Gilles aufgegriffen werden sollte. Die genauen Funktionen der Umgangskrypta in Montmajour sind aber unklar. In technischer Hinsicht erbrachte sie eine intelligente Terrainnivellierung für die Oberkirche. Die zentrale Rotunde könnte die Heiligkreuzreliquien enthalten haben, an denen die Pilger über den westlichen Korridor vorbeizogen. Die Radialkapellen waren wahrscheinlich vornehme, in unmittelbarer Nähe zur Hauptreliquie gelegene Begräbnis- und Altarstätten, wie sie beispielsweise die Grafen der Provence wahrscheinlich wünschten.

Das Innere der Oberkirche (Abb. S. 94) überrascht durch die Weite und Höhe, ein Eindruck, der durch die Schmucklosigkeit der Wände noch besser zur Geltung kommt. Die Vierung liegt tiefer als die Langhausjoche; bevor man dort im 13. Jahrhundert Rippengewölbe einspannte, war wohl eine typisch provençalische Trompenkuppel vorgesehen. Auch im Apsisgewölbe finden sich rippenartige Bänder, und die Kapitelle der Halbsäulen des Choreingangs weisen bereits gotisch anmutende Formen auf. In den sehr dicken Ostmauern des Querschiffes sind rund schließende Kapellen eingelassen: So, wie schon der Chor innen rund, außen aber polygonal ist, werden also auch an anderen Stellen des Baus runde In-

**Montmajour**
Krypta der Abteikirche
Ansicht nach Osten (oben)
Umgang (links)

**Montmajour**
Kreuzgang, Innenansicht: Arkaden mit Doppelsäulen

nenformen außen mit geraden Mauern ummantelt. Unter- und Oberkirche stammen sicher aus dem 12. Jahrhundert, wurden allerdings nicht in einem Zug erbaut. Querhaus und Ostteile gehören wohl zu einer Baukampagne, die unmittelbar dem Bau der Unterkirche folgte. Dazu paßt die Nachricht, daß die Mönche 1153 in die – zumindest teilweise fertiggestellte – Oberkirche eingezogen seien. Demnach hätte man das Langhaus etwas später, zusammen mit dem Kreuzgang errichtet, während die Unterkirche als ältester Bauteil um 1130/40 begonnen worden sein dürfte.

Der Kreuzgang (Abb. oben) auf der Südseite der Kirche wirkt aufgrund seiner Pilastergliederung und des Tonnengewölbes mit diagonalem Gurt in den Kreuzgangsecken und vor allem wegen des Stils der skulpturalen Dekoration wie eine Variante des Arleser Kreuzgangs. Bei der Betrachtung des hervorragenden Dekors ist allerdings zu beachten, daß bei der Freilegung und Wiederherstellung des Kreuzgangs im 19. Jahrhundert vielen Stücken ihr alter Platz nicht mehr zugewiesen werden konnte und gerade im Nordflügel viele Kapitelle stark restauriert wurden. Dennoch lassen sich für die originalen Stücke zwei Grundtypen unterscheiden: zum einen die auf antike Formen rückzubeziehenden Kapitelle mit Eckvoluten und Köpfen in der Mitte der Deckplatten, zum anderen die mit Palmetten, Ranken, Zweigen und Pflanzenstengeln gezierten Stücke, die sich organisch dem Kapitellblock anpassen. Einige Bauteile, vor allem die Säulen und Kapitelle auf der Südseite, wurden – wie dies auch für den Arleser Kreuzgang gilt – im 14. Jahrhundert geschaffen oder ergänzt. Die Grundzüge der romanischen Anordnung wurden beibehalten, die Pilasterkanneluren etwa jedoch durch gotisches Maßwerk ersetzt. Das Wandgrab der Grafen der Provence gehört zu den spätromanischen Werken im Kreuzgang. Man hat es mit der Grablege von Graf Raymond-Berenger, gest. 1166, in Verbindung gebracht.

ABBILDUNG GEGENÜBER:
**Montmajour**
Abteikirche, Innenansicht nach Osten/Chorraum

ABBILDUNG RECHTS AUSSEN:
**Montmajour**
Kapelle St-Pierre,
11. Jahrhundert
Innenansicht nach Osten

ABBILDUNGEN RECHTS UND UNTEN MITTE:
**Montmajour**
Kapelle Ste-Croix,
12. Jahrhundert
Innen- und Außenansicht

ABBILDUNG UNTEN:
**Montmajour**
Nordostansicht der ehemaligen Abtei; links neben der Abteikirche: der Donjon von 1369

Die südlich der Kirche am Abhang des Felsens gelegene Kapelle St-Pierre (Abb. oben) gehört zu den frühesten romanischen Bauten der Provence. Trotz der Kleinheit des Baus unterteilen Quermauern bzw. -bögen verschiedene liturgische Bereiche: Eine Vorkirche im Westen diente Begräbniszwecken, von dort führt ein Portal in das Langhaus. Vor der Apsis im Osten ist ein eigenes Vorjoch ausgeschieden. Alle Räume sind von einer Rundtonne gedeckt. Die Wandgliederung der Nordseite mit den neben die Wandvorlagen eingestellten Säulchen ist ein Vorläufer eines im 12. Jahrhundert weitverbreiteten Baumotivs der provençalischen Romanik. Besonderes Interesse gebührt den Kapitellen. Mit ihren Voluten und Rosetten übernehmen sie rudimentär antike Grundformen, allerdings ist der Kapitellkörper mit Palmetten und Flechtbändern geschmückt. Somit stellen die Kapitelle von St-Pierre einen wichtigen Grundtypus der frühromanischen Skulptur dar, der nicht, wie etwa die Vorhallenkapitelle von St-Victor in Marseille, eine Nachfolge des korinthischen Kapitells anstrebt, sondern eine Verbindung von antiker Grundform mit geometrischen Elementen beabsichtigt.

Der 26 m hohe Donjon (Abb. links unten) wurde von Abt Pons de l'Orme 1369 zum Schutz vor den *Grandes Compagnies* errichtet. Seine Plattform bietet ein weites Panorama über die Camargue im Süden und die Alpilles im Norden.

Die über kleeblattförmigem Grundriß erbaute kleine Kapelle Ste-Croix (Abb. links Mitte und gegenüber) wurde wahrscheinlich für den »Pardon von Montmajour« errichtet, um die Unterkirche zu entlasten. Außerdem diente der Bau als Friedhofskapelle für die oft von weither gebrachten Toten (siehe auch S. 86, Les Alyscamps). Das im Inneren nüchterne Gebäude ist in seinen klaren geometrischen Grundformen und seiner Symmetrie eine architektonische Besonderheit.

ABBILDUNG GEGENÜBER:
**Ausblick vom Donjon von Montmajour nach Osten;**
in der Bildmitte: Kapelle Ste-Croix

ABBILDUNGEN GEGENÜBER:
**Tarascon**
Schloß, um 1400–49, Außenansicht von Osten (oben)
Apotheke des St-Nicolas-Spitals (unten links; im Grundriß unter Nr. 10)
Fest- oder Bankettsaal im 1. Obergeschoß (unten rechts)

## Tarascon

Die Ursprünge der Stadt liegen auf der hier befindlichen Rhôneinsel Narnica oder Jovarnica, die die Römer zu einem Castrum zur Sicherung des Flußübergangs ausbauten. Als 480 die Bewohner von Ernagium bei dem heutigen Saint-Gabriel Zuflucht vor den Westgoten suchten, flüchteten sie in die Nähe des Castrums. Die Burg wurde im 11. Jahrhundert Besitz der Grafen der Provence, während sich die Ufersiedlung zu einer weitgehend selbständigen Kommune entwickelte. Der Kult der hl. Martha machte die Stadt in der ganzen Provence berühmt: Die Heilige, eine der biblischen Gestalten, die über das Meer aus dem Heiligen Land in die Provence gelangt sein sollen, habe – so die Legende – hier ein furchterregendes Ungeheuer, die Tarasque, gezähmt. Dieses habe in einer unterirdischen Grotte gehaust und sei immer wieder aufgetaucht, um Kinder zu verschlingen und sich am Hausvieh schadlos zu halten. Durch ein Kreuzzeichen habe die Heilige das Untier so besänftigt, daß das Volk ihm den Kopf habe abschlagen können.

Strategische Bedeutung erhielt Tarascon vor allem, weil sich gegenüber seit 1229 das französische Verwaltungszentrum Beaucaire befand. Als Karl von Anjou, Sohn des französischen Königs Ludwig VIII., 1246 das Erbe der Grafen der Provence antrat, bildete die Festung in Tarascon also eine wichtige Verbindung zwischen den Territorien der französischen Krone und denjenigen ihrer Seitenlinien. Die städtischen Privilegien blieben gleichwohl fast unangetastet. Auch die zweite Dynastie der Anjou baute unter dem »guten« König René I. die Festung repräsentativ aus. Dieser belebte auch die alten Traditionen insofern, als er 1474 zu Ehren Marthas und des Sieges über die Tarasque ein großes Fest ausrichten ließ, was bis heute in Form einer großen Prozession jährlich am letzten Juniwochenende begangen wird. Hier lebt auch eine weitere, in Frankreich bekannte literarische Gestalt fort: Tartarin aus Tarascon, ein französischer Don Quichote, den Alphonse Daudet 1872 zur prahlerischen und naiven, den Einwohnern der Stadt erst allmählich sympathisch gewordenen Hauptperson seines gleichnamigen Romans gemacht hat.

### Das Schloß

Das Wahrzeichen Tarascons ist das Schloß, eine der wichtigsten französischen Anlagen ihrer Art, in der sich der Typus der mittelalterlichen Burg zum Renaissanceschloß wandelt. 1291 ließ Karl II. von Anjou die seit dem frühen 11. Jahrhundert bestehende Burganlage auf der Rhôneinsel umbauen. Die heutige Burg wurde unter Ludwig II. von Anjou um 1400 begonnen und unter René I. 1449 vollendet. Letzterem diente die Anlage als prächtige Kulisse für glanzvolle Turnierfeste und als eine der wichtigsten Residenzen, in denen der kunstsinnige König seinen dichterischen Aktivitäten nachging. Charakteristisch dafür ist, daß die Burg nicht allein nur militärischen Nutzen hat: Ihre fast die gesamt Insel bedeckende Anlage teilt sich nämlich deutlich in zwei getrennte Bereiche, eine nördliche Vorburg (Abb. gegenüber oben) und einen höheren und vierflügeligen Repräsentationsbereich im Süden (Abb. S. 100 oben). Eigenartigerweise stehen zur Landseite hin abwechselnd gegen Artilleriebeschuß besser geschützte Rundtürme und militärisch veraltete viereckige Türme. Vermutlich geht der Grundriß der Rundtürme noch auf den Vorgängerbau zurück, doch wurde mit den unterschiedlichen Türmen auch von außen die Hauptburg mit ihren Rundtürmen gegenüber der Vorburg herausgehoben. Diese enthielt die Wirtschaftsgebäude und die Unterkünfte der Burgbesatzung. Dage-

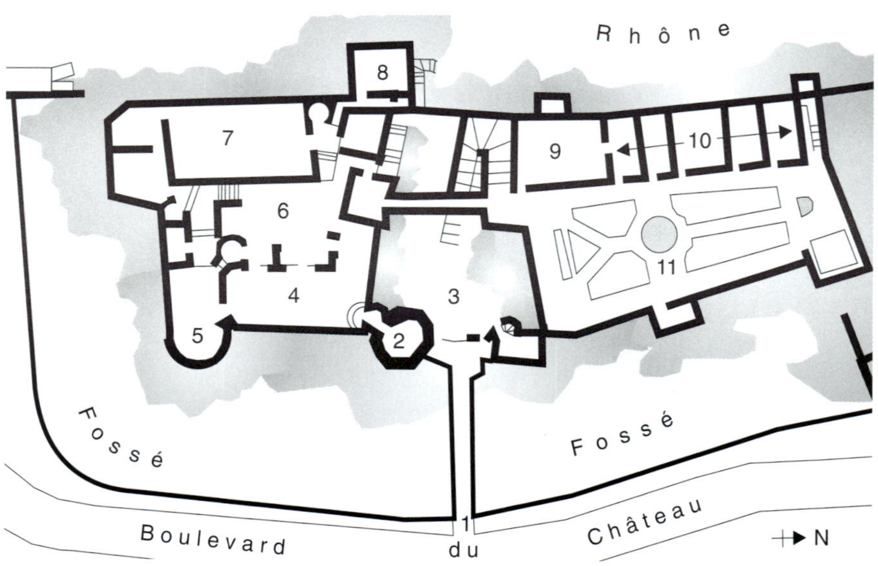


1 Eingang
2 Tour de l'Horloge
3 Wohnturm
4 Galerie
5 Untere Kapelle
6 Ehrenhof
7 Bankettsaal
8 Tour de l'Artillerie
9 Empfangssaal
10 Wirtschaftsgebäude
11 Garten/Unterer Hof

**Tarascon**
Schloß, Ehrenhof

**Rene I.**
König René I., 1434 bis 1480 Regent der Provence, ist ab dem 19. Jahrhundert zu einer mythischen Figur geworden. Dabei ist er politisch eher eine tragische Gestalt: Bei der Rückeroberung der Territorien der Anjou in Süditalien blieb er erfolglos, und nach seinem Tod fiel die Provence endgültig an die französische Krone. Historisch ist dies Teil jenes Prozesses, der – nach dem Aufstieg der mächtigen französischen Fürstentümer Burgund, Berry, Orléans, Anjou usw. seit dem späten 14. Jahrhundert und der gleichzeitigen Schwächung der Zentralgewalt während des Hundertjährigen Krieges – den erneuten Aufstieg Frankreichs zur Hegemonialmacht in der Neuzeit einleitet.
René entstammte der zweiten Linie der Anjou, die 1368 durch die Einsetzung von Louis, dem Sohn des französischen Königs Jean le Bon, in die Apanage Anjou und Maine beginnt. Durch List gerät auch die Grafschaft Provence bald wieder in den Herrschaftsbereich der Anjou, außerdem Territorien im Norden, das Barrois und Lothringen. Doch eine unglückliche Erbfolge und der unnachgiebige französische König Louis XI. verhindern, daß sich die Provence unter René I. als starkes eigenständiges Fürstentum entwickeln kann. Sie fällt 1480 beim Tod von René an seinen Neffen René II., und als dieser 1481 stirbt, an Frankreich. Sein Renommee hat René I. mit dem Beinamen »der Gute« daher, weil er eine glanzvolle höfische Kultur beförderte. Tagelange Tournierfeste etwa in Tarascon und eine prunkende Hofhaltung in Aix und Tarascon gehören ebenso dazu wie eine ausgiebige Förderung von Dichtung, Musik, Malerei und Skulptur. Der König selbst verfaßt einen allegorischen Liebesroman, das »Buch vom liebesentbrannten Herzen«, und er tritt auf Dichterwettstreiten auf. Mit seinen Hofmalern Barthélémy d'Eyck und Nicolas Froment engagiert er Künstler, die die neue Bildsprache in den Niederlanden erlernt haben. Und schließlich wirbt der König Francesco Laurana aus Neapel ab, der in dem neuen Renaissance-Idiom Italiens einen großen Lazarusaltar in der Kathedrale von Marseille ausführt.

ABBILDUNGEN GEGENÜBER:
**Tarascon**
Schloß, Außenansicht über die Rhône von Südwesten (oben); Audienzsaal im 2. Obergeschoß (unten)

gen ist die Hauptburg Repräsentationsstätte: In dem recht engen Innenhof (Abb. S. 98) erschließt eine vortretende, von vielen Fenstern durchbrochene runde Treppe die Obergeschosse – ein Motiv, das insbesondere für die Schloßarchitektur des 16. Jahrhunderts bedeutsam werden wird. Der Treppenaufgang führt direkt in zwei übereinander errichtete Kapellen. Die untere, deren architektonische Formen mit denjenigen von Ste-Marthe zu vergleichen sind, entstammt wohl noch dem 1291 begonnenen Vorgängerbau der heutigen Burg. Die obere Kapelle mit ihren seitlichen Oratorien diente René und seiner Frau als königliche Kapelle. Im Nordostturm (Tour de l'Horloge) sind die Wände des unteren Saales mit großen Graffiti, vor allem Schiffsdarstellungen, geschmückt, Zeugnisse von zahlreichen zwischen dem 15. und dem 18. Jahrhundert hier eingekerkerten Gefangenen. Von der Ausstattung sind vor allem sechs Tapisserien mit Darstellungen aus dem Leben des Scipio zu erwähnen. Die Wandbehänge wurden um 1660 nach 1532–35 von Giulio Romano geschaffenen Originalen in Brüssel angefertigt. Von der Dachterrasse der Tour de l'Artillerie bietet sich ein weites Panorama über die Alpilles, die Rhône, Beaucaire und den Mont Ventoux.

### Sainte Marthe

Die berühmte Heilige, die seit dem 11. Jahrhundert mit der Schwester des von Jesus zum Leben wiedererweckten Lazarus identifiziert wurde, ist in Wirklichkeit wohl eine im 4. Jahrhundert hingerichtete Märtyrerin gleichen Namens. Seitdem im Hochmittelalter der Kult um die angeblich direkt aus dem Heiligen Land in die Provence gekommenen hll. Magdalena, Martha, Lazarus, Maximin usw. florierte, profitierte auch die wertvolle Grablege in Tarascon davon: 1184 wurden Marthas Gebeine »wiederentdeckt«, und schon 1197 wurde ein Kirchenneubau geweiht. Der kontinuierlich erweiterte Bau wurde 1944 stark beschädigt. Die von außen recht einheitlich wirkende Kirche (Abb. oben) ist in Wirklichkeit in vielen Etappen entstanden. Die ältesten Teile bilden der um das zweite Viertel des 12. Jahrhunderts entstandene Unterbau des Turms und die (später umgebaute) Krypta. Der 1197 geweihte Bau ist noch in den beiden Westjochen an den gestuften, teilweise leicht angespitzten Blendbögen und den romanischen Kapitellen zu erkennen (Gewölbe und Seitenkapellen kamen später). Zu diesem spätromanischen Teil gehört sicher auch das Portal (Abb. rechts unten): Was von den in der Revolution abgemeißelten Skulpturen noch übrig ist, zählt zum Exquisitesten der romanischen Plastik und erinnert an die Werke in St-Gilles und Arles. Das Bogenfeld enthielt wie hier eine Majestasdarstellung mit den umgebenden Evangelistensymbolen. Im Türsturz waren der Einzug in Jerusalem, an den seitlichen Friesen Szenen aus der Marthageschichte und dem Neuen Testament dargestellt. Der Spätstufe der romanischen Kunst in der Provence entspricht auch die triforienartige Galerie aus Pilastern und Säulchen über dem Portalblock. Sie entfernt sich klar von antiken Vorgaben und kann mit dem Triforienmotiv in St-Paul-Trois-Châteaux verglichen werden.

Der dritte, gotische Bau macht den Hauptteil der heutigen Kirche aus. Wahrscheinlich führte man den 1197 noch nicht vollendeten spätromanischen Bau in einer modernisierten Formensprache fort. Darauf deuten einige frühgotische Knospenkapitelle hin. Dieser gotische Bau ist eine dreischiffige, querhauslose Basilika mit niedriger Chorapsis (Abb. links). Meridionalen Gepflogenheiten entsprechen etwa die kleinen Obergadenfenster. Sehr bemerkenswert sind aber die eleganten Bündelpfeiler. Wahrscheinlich wurden sie einfach aus dem Kompositpfeiler des spätro-

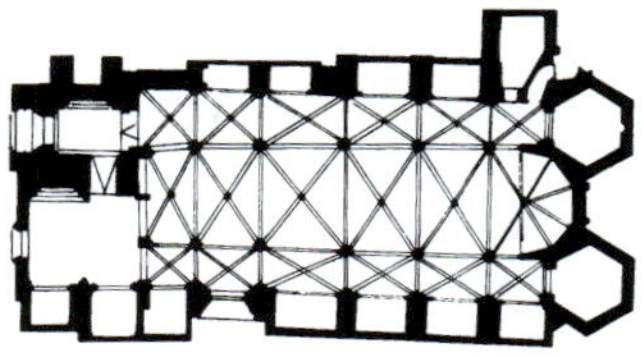

**Tarascon**
Ste-Marthe, geweiht 1197
Außenansicht (oben)
Innenansicht (unten links)
Grundriß

**Tarascon**
Ste-Marthe, Südportal

**Beaucaire**
Festung, Burgruine,
13. Jahrhundert

manischen Baus weiterentwickelt. Der um 1470 errichtete Westturm mit seinem schlanken Oktogon mit vier Fialen erinnert an ähnliche Türme in Avignon. Die beiden achteckigen Kapellen seitlich des Chores stammen von 1683. Die Krypta im Westteil der Kirche aus dem 12. Jahrhundert wurde im 17. Jahrhundert verändert. Sie sollte schon im Mittelalter glauben machen, daß sie die wahre Grabeshöhle von Martha sei. Ihren Sarkophag, eine Arleser Arbeit aus dem 4. Jahrhundert, sieht man in der Apsis.

Vor dem Eingang befindet sich das Grabmal von Jean de Cossa (gest. 1476), Seneschall der Provence und Freund von König René. Der Neapolitaner Herkunft des königlichen Beamten scheint auch die Wahl des Bildhauers zu entsprechen. Sein Stil gleicht demjenigen von Francesco Laurana, der von René von Neapel nach Marseille berufen worden war.

## Beaucaire

Von dem spätestens ab dem 2. Jahrhundert besiedelten, in römischer Zeit Ugernum genannten Ort ist bis in das 11. Jahrhundert fast nichts bekannt. Erst 1097 taucht der befestigte Platz *Bellicadrum* als Grenzstadt der Grafschaft Toulouse in den Quellen auf. In den Albigenserkriegen seiner Mauern beraubt (1217), wurde die Stadt 1229 neben Carcassonne und Toulouse eines der drei wichtigen königlichen Verwaltungszentren in Südfrankreich. Vor allem im 17. und 18. Jahrhundert war die Stadt, seit dem 15. Jahrhundert Freihafen, ein wichtiger Umschlagplatz mit mehreren Messen. Jede Straße war einem Metier zugewiesen, was sich in den Straßennamen niederschlug: Es gab eine Rue du Beaujolais (Weinhandel), eine Rue des Bijoutiers (Schmuck), eine Rue des Marseillais (Öl und Seife) usw. Den damaligen Reichtum der quirligen, heute eher ruhigen und vom Tourismus wenig berührten Stadt bezeugen ansehnliche Privathäuser und eine stattliche Barockkirche (Abb. unten). Diese, die ehemalige Stiftskirche *Notre-Dame-des-Pommiers,* wurde ab 1734 von J.-B. Franque und G. Rollin erbaut. Ihre Fassade wölbt sich nach römischen Vorbildern in der Mitte in großem Schwung vor, während die Seitenachsen konkav gekurvt sind. Die im Aufriß basilikal gestufte Kirche schließt im Osten mit einer Dreikonchenanlage, das heißt, die Querhausarme haben die gleiche Form wie der Chor. Interessant ist auch das dreiachsige Langhaus, denn in seiner mittleren Achse fallen die ansonsten in die Arkaden eingezogenen Emporen weg; die Mittelarkade wird dafür von Doppelpilastern gerahmt und von einer großen Kartusche bekrönt. Diese Zentrierung der Langhauswände läßt eine triumphbogenähnliche Fassadenansicht entstehen.

Außen ist oben am rechten Querhausarm der Rest eines langen Reliefffrieses eingelassen, der unverkennbar aus romanischer Zeit stammt. In Einzelszenen ist die Passion Christi wiedergegeben: Ankündigung der Verleugnung Petri, Fußwaschung, Abendmahl, Petrus schlägt Malchus das Ohr ab, Judas vor dem Hoheprister, Gefangennahme Christi, Christus vor Pilatus, Geißelung, Kreuztragung, Frauen am Grabe, die Frauen beim Einkauf von Spezereien. Wenngleich die einzelnen Figuren oft recht stereotyp dargestellt sind, gehören die Reliefs doch klar in den Umkreis der spätromanischen Skulptur von St-Gilles.

Das *Rathaus,* 1678–84 von Jacques Cubizol aus Nîmes erbaut, folgt einem in Montpellier entwickelten Typus: Die Dreiflügelanlage umschließt einen Hof, auf den sich ein offenes Treppenhaus im Mitteltrakt öffnet. Davor ist eine

**Beaucaire**
Festung, dreieckiger Turm

**Beaucaire**
Notre-Dame-des-Pommiers,
ab 1734
Westfassade

zweigeschossige Loggia auf je zwei Säulenpaaren gestellt. Der schwere Dekor entspricht lokalen Gepflogenheiten dieser Zeit, ist aber im Vergleich mit nordfranzösischem Baudekor veraltet.

In der Rue de la République sind einige weitere schöne Häuser dieser Zeit erhalten. 1675–80 errichtete Antoine Camartine die *Maison des Cariatides* (auch *Hôtel Margailler*) mit seinem Karyatidenportal; die großen Erdgeschoßarkaden gaben Zugang zu Verkaufs- und Lagerräumen. Daneben das *Hôtel Clausonnettes* (18. Jh.) mit schönem Innenhof, dessen niedrige, geschwungene Gartenseite den Blick von einem minarettartigen Belvedere ermöglichte.

Noch wie im Mittelalter in die Häuser eingebaut, fällt die ehemalige Franziskanerkirche *St-Paul* nur von weitem durch ihren Turm auf. Das Gebäude ist ein typisch südfranzösischer Saalbau mit begleitenden Kapellen von Mitte des 14. Jahrhunderts, der Chor entstand im 15. Jahrhundert. Der hohe Turm korrespondiert in seiner Gestaltung mit dem Turm von Ste-Marthe in Tarascon.

**Die Burgruine**

Der steile Felsen über Beaucaire war schon in römischer Zeit befestigt. Eine wohl im 11. Jahrhundert erbaute Burg wurde während der Albigenserkriege bei der Rückeroberung durch Graf Raymond VI. 1216 stark beschädigt. Nachdem Beaucaire 1229 königliches Verwaltungszentrum geworden war, wurde die Hauptmasse der Festung noch im 13. Jahrhundert neu errichtet. Ludwig XIII. ließ im Anschluß an die Religionskriege die Anlage 1632 schleifen. Heute zeigt sich die Burg (Abbn. S. 102 oben) als schön bepflanzter Park, in dem regelmäßig Demonstrationen der Raubvogeljagd gezeigt werden. Historisch stellt die Festung ein wichtiges Beispiel der königlichen Militärarchitektur in Südfrankreich dar. Wie im 13. Jahrhundert noch meist üblich und durch das Terrain vorgegeben, baut sich die Anlage über einem unregelmäßigen Grundriß auf. Doch nähert sich der in eine Haupt- und eine Vorburg unterteilte obere Komplex einem Rechteck an. Die Mauertechnik zeichnet sich durch eine präzise Hausteinquadertechnik aus. Die wichtigsten Bestandteile sind das Torhaus mit dem befestigten Burgeingang im Osten, hinter dem sich eine kleine spätromanische Kapelle erhebt. Die Kurtinenmauer im Nordwesten führt auf den mächtigen dreieckigen Turm, dessen seltsamer Grundriß sich wohl aus der Beschaffenheit des Terrains erklären läßt. Neben dem Turm hat man den Wohntrakt mit interessanten Untergeschossen ergraben. Dieser Trakt trennte die Haupt- von der Vorburg. Gegenüber, auf der Nordwestseite, deuten einige Steinschichten einen mächtigen Rundturm an – vielleicht der eigentliche Donjon. Daran schließen die Reste einiger galloromischer Rundtürme an. Im Ostteil der Ummauerung lädt das *Musée Auguste-Jacquet* dazu ein, die Lokalgeschichte Beaucaires eingehender kennenzulernen.

**St-Roman-de-l'Aiguille**
Ruinen der Klosteranlage, 12. Jahrhundert (oben)
Abtstuhl (links)

## St-Roman-de-l'Aiguille

Etwa 5 km nördlich der Stadt an der D 999 (anschließend Fußweg nach rechts) befinden sich auf einer felsigen Anhöhe die Ruinen der Klosteranlage St-Roman-de-l'Aiguille aus dem 12. Jahrhundert, die fast gänzlich aus dem Fels herausgehauen wurde (Abbn. oben u. links). Im 16. Jahrhundert wurde das Kloster zum Schloß umgebaut.

Etwa 4 km westlich von Beaucaire (D 38) kann der gallorömische *Weinbauernhof Tourelles* besichtigt werden. Dort wird nach alten Rezepten römischer Wein produziert, der auch gekostet werden darf!

## Kapelle St-Gabriel

Die kleine, einsam gelegene Kapelle St-Gabriel (Abb. S. 105) stellt die letzte Erinnerung an eine Ernagium genannte Ortschaft an der hier vorbeiführenden Via Aurelia dar, deren Einwohner 480 vor den Sarazenen an die Stelle des heutigen Tarascon flüchteten. Im Mittelalter wurde an dem untergegangenen Ort erneut eine Befestigungsanlage errichtet, von der vielleicht noch der

Sogenannte **Mühle von Daudet** bei Fontvieille

über der eigentlichen Kapelle stehende Turmrest stammt. Zu welchem Zweck die Kapelle selbst diente, ist unklar. Zwar ist sie klein, doch bemerkt man an der reich geschmückten Westfront, daß hier doch ein gewisser Bauanspruch wirksam war. Die Eingangsseite besteht aus einer übergiebelten Vorhalle, einer großen Nische nicht unähnlich. Diese umschließt das rundbogige Portal, das seinerseits von einem Ädikulamotiv – einem Dreiecksgiebel mit zwei Halbsäulen – gerahmt wird. Das Giebelrelief enthält die Darstellung der Verkündigung an Maria und der Heimsuchung und erinnert formal an späte frühchristliche Sarkophage. Im Tympanonfeld sind Daniel in der Löwengrube, dem ein Engel Gottes Beistand übermittelt, sowie der Sündenfall dargestellt. Im Giebelfeld der Vorhalle umgeben den reich ornamentierten Okulus die Evangelistensymbole. So ist hier in wenigen Bildern der Rolle des Kapellenheiligen, des Erzengels Gabriel, als Verkünder der Erlösung Gottes Rechnung getragen: in ihrer Vorprägung im Alten Testament (Daniel), durch die Verkündigung der Menschwerdung und in der Zeugenschaft der Evangelisten.

## Die Mühle von Daudet

Fontvieille, ein pittoreskes Dorf, hat noch seinen im 14. Jahrhundert errichteten Wachturm. Ganz in der Nähe, im Château von Montauban, lebte Alphonse Daudet. Ihm ist auch eine der Mühlen auf einem Plateau im Süden des Dorfes gewidmet (Abb. oben). Der Dichter hat diese Mühle zwar weder besessen noch bewohnt, doch eines seiner Hauptwerke, »Briefe aus meiner Mühle« (»Lettres de mon moulin«), gibt vor, in einer provençalischen Mühle geschrieben zu sein – auch wenn das Werk in Wirklichkeit in Paris entstand. Es erzählt in Dutzenden humoristischer, teils historischer, teils zeitgenössischer Legenden und Geschichten vom Leben in der Provence.

Die römischen *Mühlen von Barbegal* sind ein in ihrer Art einzigartiges Industriedenkmal der Antike (3./4. Jh.). Der Wasserlauf aus den Alpilles wurde hier geteilt. Der eine floß nach Arles, der andere in ein Reservoir, aus dem zwei Wasserfälle über 20 m jeweils acht Mühlräder in den Flanken des Felsens antrieben. Dieser regelrechte Großbetrieb konnte bis zu 300 kg Mehl pro Stunde liefern.

**Romanische Kapelle St-Gabriel**
Ende 12. Jahrhundert, ca. 5 km südöstlich von Tarascon

**Les Baux-de-Provence**
Ansicht von Nordwesten

## Les Baux-de-Provence

Auf der burgartigen Anhöhe zwischen dem Val d'Enfer und dem Val de la Fontaine mit ihren aufgrund der hohen Bauxitanteile rötlich gefärbten Felsen erhebt sich eine der Hauptattraktionen der Provence. Mit der pittoresken Ruinenstadt hat es eine besondere Bewandtnis, denn die Reste der einst blühenden Stadt sind das Ergebnis der schrittweisen Unterwerfung eines eigenständigen, rebellischen Fürstentums unter die französische Krone. Ursprünglich, seit dem 11. Jahrhundert, hatten hier die Herren von Baux den Hauptort ihrer weitverzweigten Herrschaft, die immer wieder gegen Kaiser, König und Papst opponierte und die Gegend in Angst und Schrecken versetzte: ein Geschlecht von Adlern, die niemals Vasallen waren, nannte Mistral die Herren von Baux. Als die Familie 1426 ausstarb, kam die Stadt zur Grafschaft Provence und schließlich mit dieser 1481 an Frankreich. Doch da die Stadt sich diesem Vorhaben widersetzte, wurde sie von den französischen Truppen unter Ludwig XI. belagert und eingenommen, ihre Mauern wurden geschleift. Zu einer Baronnie heruntergestuft, wurde sie nun zur Mitgift für Günstlinge des Königs. Doch sie blieb rebellisch, schlug sich im 16. Jahrhundert auf die Seite der Protestanten. Noch zu Beginn des 17. Jahrhunderts widersetzte sich die hugenottische Fluchtburg dem König, und wiederum wurde sie, diesmal von Richelieu, eingenommen, ihre Mauern wurden zerstört. Anschließend ging sie an den Prinzen von Monaco, kam aber während der Französischen Revolution wieder an Frankreich. Im 19. Jahrhundert

**Bauxit**
Das Sedimentgestein aus Alumin, Eisenoxid und Silicium hat seinen Namen von Les Baux erhalten, wo es 1821 entdeckt und neben anderen Lagerstätten im Languedoc für die Aluminiumherstellung abgebaut wurde. Geologisch ist Bauxit eine Umwandlung tonigen Felsgesteins unter heißem Klima. Das sandigere Gestein des Luberon wird unter ähnlichen Bedingungen zum Ocker. Heute sind die französischen Bauxitlager weitgehend erschöpft; ihr Abbau ist teuer. Das Mineral wird zum Großteil aus Übersee importiert.

**Les Baux**
Place St-Vincent (oben); Ortsansicht mit Dorfkirche St-Vincent von der Burg aus (unten)

gaben die Bewohner den Ort auf, er verfiel, und erst der Tourismus entdeckte – bisweilen im Übermaß – seine Reize. Außerdem wird auf dem kalkreichen Boden in der Umgebung der Stadt Wein angebaut, der *Les Baux-de-Provence*.

Über der Stadt liegt wie ein Teil des Felsens die Burg mit ihrem Donjon aus dem 13. Jahrhundert am Rand einer steilen Felsenklippe. Die eigentliche Stadt an den westlichen und südlichen Hängen des Burgfelsens soll im 13. Jahrhundert immerhin 3000 Einwohner gezählt haben – 1935 waren es nur noch 220. Der Hauptteil der zum Teil zerstörten und wiederaufgebauten Häuser stammt aus dem 16. und 17. Jahrhundert. Zahlreiche Restaurants, Boutiquen, Galerien und kleine Museen haben sich hier eingerichtet. Besonders erwähnenswert ist das *Hôtel de Brion* (Anf. 16. Jh.) mit der Fondation Louis-Jou, einem druckgraphischem Museum. Moderne Kunst wird im *Hôtel de Porcelet* (1569) präsentiert. Im mittelalterlichen *Manoir de la Tour du Brau* sind archäologische und historische Zeugnisse von Les Baux ausgestellt.

Die Dorfkirche *St-Vincent* gehörte im 14. Jahrhundert dem Domkapitel von Avignon. Der im Kern romanische, zweischiffige Bau wurde teilweise in den Felsen hineingearbeitet. 1609 wurde das Langhaus nach Westen verlängert, im 19. Jahrhundert wurde das romanische Portal umfassend restauriert. Ein Schmuckstück ist der *Pavillon de la Reine Jeanne*, ein kleiner Renaissancetempel im Val de la Fontaine unterhalb der Porte Eyguière, den vermutlich Jeanne de Quinsqueran, die Frau eines Baron des Baux, errichten ließ.

**Les Baux**
Burgruine mit Donjon (oben); Rekonstruktion einer mittelalterlichen Wurfmaschine (unten)

**Ansicht der Alpilles von Les Baux-de-Provence aus**

Die Alpilles, die »kleinen Alpen«, erstrecken sich östlich von Tarascon in Richtung Durance. Geologisch ist der Bergzug eigentlich ein Ausläufer des Luberon, doch in ihrer beträchtlichen Höhe von bis zu 493 m wirken die Alpilles wie ein kleines Gebirge. Oli-ven und Mandeln wachsen in dem karstigen Gebiet, ab und zu auch Zypressen, doch oft genug kommt der nackte Fels zum Vorschein. Hier wurde der »Stein des Midi« gebrochen, jener gräuliche bis rosafarbene Kalkstein, der seit der Antike für die großen Steinmonumente verwendet wurde. Die im Miozän entstandenen Kalksedimente sind relativ leicht zu brechen und zu bearbeiten. An der Luft härten sie zu einem äußert widerstandsfähigen Material aus. Immer wieder, so auch von dem provençalischen Dichter Frédéric Mistral, ist diese karge, lichterfüllte Natur mit der griechischen Landschaft verglichen worden. Manche Teile der unberührten Berge sind Naturschutzgebiete, in denen Adler, Geier und Eulen jagen. Vor allem die südlich von St-Rémy über die Berge führenden Straßen D 5 und D 27, aber auch die Straße D 24 und D 25 sowie zahlreiche Wanderwege bieten nachhaltige Landschaftseindrücke, insbesondere von la Caume aus, am Grat südlich von St-Rémy.

ABBILDUNGEN S. 111:
**St-Rémy-de-Provence**
Reliefs mit Kampfszenen vom Sockel des sogenannten Juliermonuments

**St-Rémy-de-Provence**
Ehrenbogen, um 20 v. Chr. (rechts), und sogenanntes Juliermonument

## St-Rémy-de-Provence

Die Stadt entstand wohl, ähnlich wie Tarascon, als die Bewohner des antiken Glanum gegen Ende des 3. Jahrhunderts ihre Wohnstätten verlegten (aus Furcht vor den Germaneneinfällen?). Schon im 6. Jahrhundert hatte das Kloster St-Rémy in Reims hier Besitz, und dies spiegelt sich auch im Stadtnamen. In dem kleinen Städtchen wurde Nostradamus geboren. Im *Hôtel de Sade* (15./16. Jh.) befindet sich heute das Lapidarium der antiken Stadt, das zahlreiche archäologische Fundstücke konserviert. Im *Hôtel Estrine* ist das Centre d'Art-Présence Van Gogh untergebracht, das an den einjährigen Aufenthalt des Malers in der Stadt erinnert (siehe S. 114).

### Glanum

Hier lag eine Quelle, und schon seit Urzeiten verzweigte sich hier der aus Italien kommende Verkehrsweg nach Norden und Westen. Möglicherweise schon im 3. Jahrhundert v. Chr. errichteten die Griechen aus Marseille neben den einheimischen Saluviern in Glanon eine Siedlung und prägten eigene Drachmen. Am Ende des 2. Jahrhunderts v. Chr. verstärkte sich die römische Herrschaft, und mit der Niederwerfung von Marseille 49 v. Chr. begannen die Römer, das ganze Land gründlich zu überformen. In Glanum ist dies auch heute noch an der Architektur zu erkennen. Mit dem Einfall der Germanen ab dem 4. Jahrhundert zogen sich die meisten Einwohner nach St-Rémy zurück, die alte Stadt verfiel rasch und wurde erst im 19. Jahrhundert wiederentdeckt. Nur der Ehrenbogen und das Juliermonument (Abb. oben) blieben immer gut sichtbar und zählten im 18. Jahrhundert sogar zu den wichtigsten, immer wieder gemalten (Hubert Robert) und instand gesetzten Zeugnissen der römischen Vergangenheit.

Der Ehrenbogen wurde – wie beispielsweise auch der in Orange – vermutlich errichtet, um an die Neugründung der Stadt zu erinnern. Die zeitliche Einordnung des Monuments auf ca. 25–20 v. Chr. paßt auch zu dem Datum der Umgestaltungswelle innerhalb der Stadt. Die von Ernagium kommende Straße führte durch den außer-

**St-Rémy-de-Provence**
Büste des Nostradamus (1503–66) über dem Nostradamus-Brunnen

halb der Stadt stehenden Bogen hindurch. Er besticht durch den vor allem in den kassettierten Gewölben seiner Durchfahrt gut erhaltenen, exzellenten Bauschmuck. Dieser prunkt durch prall mit Früchten besetzte Girlanden. Zwischen den Säulen der Außenseite sieht man in Hochreliefs die Darstellungen von Waffentrophäen und Gefangenen. Deren Bekleidung, Fransenmäntel und Hosen, weist sie allgemein als keltische Gefangene aus; die Details der Waffen verdeutlichen, daß es sich um Gallier handelt. Die kräftig modellierten, tief schattenden Reliefs treten teilweise freiplastisch hervor. Dieser Reliefstil und die Betonung der Körper unter den Gewändern sowie die bewegte Figurenanordnung erinnern stark an die hellenistische Skulptur (Pergamonaltar!).

In einiger Entfernung von dem Bogen steht ohne erkennbaren architektonischen Bezug das sogenannte *Juliermonument,* ein turmartiges Gebäude, das schon im Mittelalter auch als »Mausoleum« bezeichnet wurde. Auffallend ist, daß gleich verschiedene Architekturtypen übereinandergestaffelt wurden: Über einem altarartigen Sockel erhebt sich ein vierseitiger Bogen, darüber umschließt ein Rundtempelchen die beiden Statuen der Verstorbenen, zu deren Ehren das Monument errichtet wurde. Auf dem Architrav des Zwischengeschosses hat sich eine gekürzte Inschrift erhalten, die angeben könnte, daß Sextus, Lucius und Marcus aus dem Geschlecht der Julier ihren Eltern dieses Monument errichtet haben. Vielleicht aber wurde das Monument zu Ehren der Adoptivsöhne und Enkel von Augustus, Caius und Lucius, erbaut.

Die großen Reliefs auf dem Erdgeschoßniveau (Abbn. rechts) sind nicht klar zu deuten: Im Osten der Kampf um die Leiche des Patroklus, im Norden eine Reiterschlacht, im Westen eine Amazonenschlacht, im Süden die Jagd auf den kalydonischen Eber und die Tötung von Niobes Töchtern. Die auf den ersten Blick gedrängt wirkenden Kompositionen werden subtil durch die Masken und Eroten der Girlanden darüber rhythmisiert, die jeweils wichtige Kompositionsachsen markieren. Typisch für südgallische Bildhauerwerkstätten ist die Konturlinie, die alle Figuren umzieht und die Gesamtkomposition vom Grund abhebt. Die Kunst dieses Ateliers hat kaum Nachfolge gefunden, bereits der Ehrenbogen zeigt einen strengeren Stil, selbst wenn auch hier noch hellenistische Traditionen weiterwirken.

Auf dem gegenüberliegenden Ausgrabungsgelände (Abbn. S. 112) lassen sich drei Phasen der Stadtgestaltung unterscheiden: Glanum I ist die griechische Ansiedlung mit mörtellos versetzten großen Quadern, Glanum II stellt die römische Überbauung ab dem 2. Jahrhundert mit Gebäuden aus kleinem Quaderwerk dar. Glanum III schließlich kennzeichnet die Epoche ab dem Ende des 1. Jahrhunderts, in der die Stadt mit großen öffentlichen Anlagen versehen wurde. Für den Rundgang begibt man sich am besten zunächst ganz nach Süden auf die leichte Anhöhe, wo sich das Quellheiligtum der Urbevölkerung

**St-Paul-de-Mausole**
Romanischer Kreuzgang des ehemaligen Klosters In dem im 19. Jahrhundert zur Psychiatrie umgewandelten Kloster lebte von Mai 1889 bis Mai 1890 Vincent van Gogh zur Heilung seines Nervenzusammenbruchs.

befand, das man über eine Treppe erreicht. Schon die Griechen bauten es um, indem sie das Wasserbassin und die Treppe mit Marmor verkleideten. Die Römer wiederum erweiterten die Anlage durch einen nördlich davon errichteten, der Gesundheitsgöttin Valetudo geweihten Tempel. In Richtung des Ausgrabungsgeländes erreicht man das ehemalige Portal zu dem Quellheiligtum, dessen große Quaderblöcke zeigen, daß es unter den Griechen errichtet wurde.

Weiter nach Norden erreicht man links zwei dem Kaiserkult geweihte Tempel auf hohem Sockel und innerhalb einer hofartigen Umfassung. Der kleinere Tempel wurde erst nachträglich in diesen um 30 v. Chr. entstandenen Hof eingebaut. Östlich der beiden Tempel, auf der anderen Seite der alten Hauptstraße, stand ein halbkreisförmiger Brunnen, weiter östlich das hellenistische Theater. Nördlich davon stand in römischer Zeit das Forum, ein von Säulengalerien gesäumter Platz, der nördlich durch die sogenannte Basilika abgeschlossen wurde, ein querrechteckiges, dreischiffiges Gebäude, von dessen innerer Säulenstellung noch die Fundamente zu sehen sind. Forum und Tempel sind ganz offensichtlich in ihren Achsausrichtungen aufeinander bezogen. Über die Funktion des an die Basilika anschließenden »Hauses mit Apsis« ist nichts bekannt. Dieser Bereich steht aber auf dem Bauschutt älterer Gebäude, die eingerissen wurden, um als Fundamente zu dienen.

Ähnliches gilt auch für die römische Badeanlage aus dem späten 1. Jahrhundert v. Chr. nördlich des Apsidenhauses. Die klassische Abfolge Warmbad, Kaltbad und Lauwarmbad war ergänzt durch ein Schwimmbecken, das später nach Süden verlegt wurde, um einer Sportfläche, einer *Palästra,* Platz zu machen. An der Südwestecke der Palästra wurden die Fundamente eines Peristylhauses aus Glanum I entdeckt, über denen in Glanum II ein nach dem Mosaikfußboden *Maison de Capricorne* (Steinbockhaus) genanntes Haus mit zwei Säulenhallen entstand. Auf der anderen Straßenseite befindet sich das sogenannte *Maison des antes* mit einem großen Innenhof. Daran anschließend das griechische Haus von Kybele und Atys, eigentlich zwei Häuser, die über einen Durchgang miteinander verbunden waren. Mit der Einrichtung eines Kultraumes für die Göttin Kybele im nördlichen Teil wurde aber der Durchgang vermauert und ein Teil des großen Peristylhofes zerstört.

Insgesamt kann man sehen, daß die Römer das gesamte Zentrum der alten Stadt reguliert und die neue Stadtordnung mit monumentalen öffentlichen Gebäuden zum Ausdruck gebracht haben. Dabei ging die hellenistische Prägung zugrunde: Der Südteil des Forums etwa begrub die alte, trapezförmige Agora unter sich. Die vorrömische Anlage war geprägt durch kleinere Gebäude, die in unregelmäßigem Bezug zueinander standen. Der Orientierungspunkt der Stadt, das Quellheiligtum, wurde gleichwohl immer beibehalten. Doch ohne hier groß in den Baubestand einzugreifen, integrierten es die Römer durch die Ausrichtung der Hauptachse der Stadt auf das Heiligtum und die Errichtung eigener Tempel auch in diesem Teil der Stadt.

### St-Paul-de-Mausole

In Richtung der Stadt St-Rémy liegt nahe bei den antiken Überresten das ehemalige Kloster St-Paul-de-Mausole, das ab dem 11. Jahrhundert dem Bischof, ab 1317 dem Kapitel von Avignon unterstand. Die Besonderheit der Anlage besteht vor allem in ihrer Vollständigkeit: Kirche, Kreuzgang und Stiftsgebäude sind annähernd komplett, wenn auch teilweise umgebaut, erhalten. Im Kreuzgang (Abb. oben) erinnert der Kapitellschmuck an die spätromanische Skulptur von Montmajour oder Arles. – Bekannt ist das Kloster auch, weil sich hier das Hospital befand, in

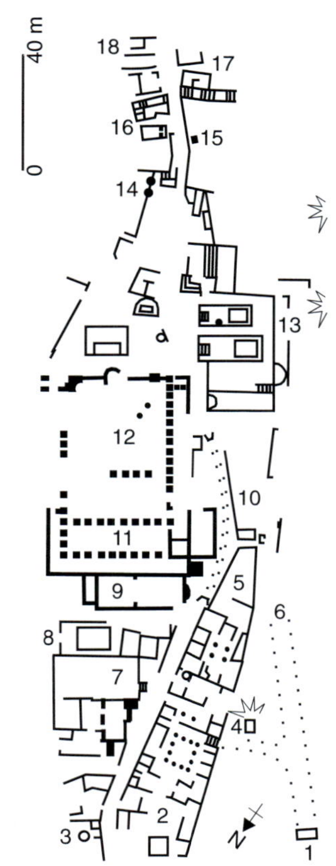


1 Eingang 2 Maison des Antes 3 Brunnenbecken 4 Kybele-Heiligtum 5 Maison d'Atys 6 Ehemalige Ladenstraße 7 Thermen 8 Piscina 9 Gebäude mit Apsis 10 Gedeckter Kanal 11 Basilika 12 Forum 13 Tempel 14 Befestigtes Tor 15 Denkmal 16 Nymphäum 17 Gallisches Heiligtum 18 Altäre

ABBILDUNGEN GEGENÜBER:
**Glanum**
Ansichten der antiken Ausgrabungsstätte bei St-Rémy mit Blick auf die römische Forumsanlage (rechts oben und unten) und eine modern rekonstruierte Tempelecke (links)

Frédéric Mistral, der Wiederentdecker der Provence, wurde 1830 als Bauernsohn in Maillane geboren und starb dort hochbetagt im Jahr 1914. Nach einem Rechtsstudium in Aix widmete er sich ganz der Erneuerung der provençalischen Literatur und Kultur, die unter der jahrhundertelangen französischen Oberherrschaft beinahe in Vergessenheit geraten war. In epischen und erzählenden Werken, die häufig auf antike Traditionen verweisen, beschreibt er in Neuprovençalisch Lebens- und Liebesgeschichten der Menschen in der Provence (»Mirèio« 1859; »Calendau« 1867; »Lou pouèmo dòu rose« 1897). Als Kopf dieser kulturellen Renaissance – des Félibrige – gibt er ein komplettes Wörterbuch der neuprovençalischen Sprache heraus, »Lou tresor dou félibrige«. 1904 erhält er den Literatur-Nobelpreis und gründet daraufhin das noch heute bestehende *Museon Arlaten,* das Vorbild für alle volkskundlichen Museen in der Provence.

ABBILDUNG LINKS:
**Boulbon**
Romanische Kapelle St-Marcellin

ABBILDUNG GEGENÜBER:
**Eygalières**
Romanische Kapelle St-Sixte

**Maillane**
Büste des Dichters Frédéric Mistral (1830–1914; oben) Mistral-Haus und -Gedenkstätte (unten)

das sich Vincent van Gogh nach seinem Nervenzusammenbruch zwischen dem 3. Mai 1889 und dem 16. Mai 1890 zurückzog. Im Erdgeschoß hatte der Maler ein eigenes Atelier, in der er seiner Malbesessenheit weiter nachging.

## Maillane

In Maillane, einem charmanten Dorf in der fruchtbaren Ebene des Petite Crau de St-Rémy, wurde 1830 der provençalische Dichter und Wiederentdecker der okzitanischen Tradition Frédéric Mistral geboren, wo er die meiste Zeit bis an sein Lebensende im Jahr 1914 lebte. Das Haus, das er 1876 bezog, ist heute die Gedenkstätte Mistrals (Abb. unten). Sein Grab wird überfangen von einer Kopie des Pavillon de la Reine Jeanne in Les Baux.

## St-Michel-de-Frigolet

St-Michel-de-Frigolet, ein kleines, im 11. Jahrhundert von Montmajour gegründetes, im folgenden Jahrhundert von den Augustinerchorherren in Avignon übernommenes Kloster wurde im 19. Jahrhundert von den Prämonstratensern neu besiedelt. Der kleine Kreuzgang stammt noch aus dem späten 12. Jahrhundert. Die Kapelle Notre-Dame-du-Bon-Remède wurde im 19. Jahrhundert als Nordapsis in eine neuromanische Anlage einbezogen. Dieser bordet über von Zinnenkränzchen, Türmchen usw., die versuchen, der (angeblich) heilen Welt des Mittelalters eine stimmungshafte Kulisse zu geben. Frigolet leitet sich von *Férigoulo* ab, der provençalischen Bezeichnung für Thymian, der hier zu Arznei verarbeitet wurde. Dies nimmt auch Alphonse Daudets hier angesiedelte Geschichte von den »Elixieren des R. P. Gaucher« auf.

## Boulbon

Die Kapelle St-Marcellin (Abb. oben) auf dem Friedhof von Boulbon ist – wie St-Gabriel – eines der kleinen Schmuckstücke romanischer Architektur. Bemerkenswert ist die Steilheit des kleinen Innenraums der einschiffigen Kirche. Östlich des Ortes erheben sich die imposanten Reste der Festung, die um 1400 von den Grafen der Provence zur Sicherung der Straße von Avignon nach Tarascon errichtet wurde. Die von Zinnen und Wurfschächten bekrönten Wehrmauern scheinen gleichsam aus dem steilen Felsen herauszuwachsen.

# Salz, Reis, Pferde und Stiere

## Die Camargue, St-Gilles und Aigues-Mortes

ABBILDUNG GEGENÜBER:
**Camargue-Landschaft**
an den Ufern der Rhône

## Die Landschaft der Camargue

Zwischen den beiden Armen der Rhône, die sich bei Arles in die kleine (westlicher Arm) und die große Rhône teilt, bildet das ca. 75 000 ha große Mündungsdelta die weltberühmte Landschaft der Camargue. Die immensen Anschwemmungen des Flusses – 20 Millionen $m^3$ pro Jahr! – verändern beständig den Küstenverlauf. Vor allem im Westen wächst das Land ins Meer: Die ursprünglich als Hafen angelegte Stadt Aigues-Mortes befindet sich heute 8 km im Landesinneren. Weiter östlich sind die Meeresströmungen stärker: Saintes-Maries-de-la-Mer, das im 17. Jahrhundert im Landesinneren lag, ist heute bisweilen von der Flut bedroht.

Das von Brackwasserseen durchsetzte, zumindest früher immer wieder überschwemmte, völlig flache Gebiet (zwischen 1,5 und 4,5 m Höhe), in dem die Flußbetten immer wieder ihren Lauf änderten, haben besondere geologische und botanische Bedingungen entstehen lassen. Die Salzkonzentration ist so hoch, daß nur bestimmte Pflanzen hier wachsen können. In den warmen Gewässern lebt eine üppige Fauna kleiner Meerestiere (Garnelen, Aale, Meeräschen). Die flachen Gewässer mit ihrem Fischreichtum und die Abwesenheit natürlicher Feinde machen aus der Landschaft ein Paradies für zahlreiche Vogelarten, darunter viele Zugvögel, die hier überwintern. Dieser zoologische und botanische Reichtum ist schon zu Beginn des 20. Jahrhunderts erkannt und geschätzt worden. Wegen ihrer Bedrohung wurden seit 1928 immer weitere Teile der Landschaft als Naturschutzgebiete ausgewiesen.

In der Nähe der Küste, in der Basse Camargue, wird vor allem Salz in den großen Salinen gewonnen. Im sumpfigen Weideland werden Pferde und die halbwilden Camargue-Stiere gehalten. Die Hirten, die *Gardians,* mit ihren schwarzen breitkrempigen Hüten sind hervorragende Rei-

**Camargue**
Etang-Ufer (oben)
Camargue-Pferde (Mitte)
Reisanbau (links außen)
Flamingos (links)
Camargue-Stiere/-Rinder
(S. 119 unten)

**Die Course camarguaise**
Die kleinen schwarzen Stiere mit ihren leierförmigen Hörnern wurden schon im Mittelalter gezüchtet. Ihr Fleisch ist eine wahre Delikatesse, doch die Tiere werden vor allem für die Kampfspiele, die *Courses camarguaises,* aufgezogen. Mit 3 bis 5 Jahren sehen sie zum erstenmal eine Arena von innen und tragen dabei eine Papierblume, eine Kocarde, die ihnen von den meist weißgekleideten Razeteurs entrissen werden soll. Gelingt das nicht innerhalb von 15 Minuten, wird der Jungstier wieder auf die friedlichen Weiden der Camargue entlassen, um ein weiteres Mal an einem Kampf teilzunehmen. Erweist sich das Tier aber als zu sanft, endet es als kulinarische Spezialität, z. B. in der Gardiane, dem in Rotwein simmernden Stierragout, dessen Qualität an der Dickflüssigkeit seiner Sauce gemessen wird.

Eine *Course camarguaise* ist aber nicht immer eine öffentliche Veranstaltung, sondern dient auch im Rahmen privater Feiern, besonders auf Hochzeitsgesellschaften, dem Amüsement (Abb. rechts). Hier versucht ein Mann einer jungen Kuh die Kokarde zu entreißen und erwartet, daß sie ihre Ehre mit vielversprechender Wut verteidigt.

ter. Denn sie bewachen ihre Stier- und Pferdeherden, die sogenannten *Manades,* vom Pferd aus. Die berühmten kleinen weißen Pferde (bis 145 cm Schulterhöhe) wurden früher vor allem in der Landwirtschaft eingesetzt, heute dienen sie dem touristischen Reitvergnügen. In dem sumpfigen Gelände sind ihre breiten, harten Hufe, die nicht beschlagen werden müssen, von Vorteil. Geboren werden die Camargue-Pferde mit schwarzem Fell, das nach etwa sechs Monaten seine Farbe zu dem charakteristischen Silbergrau verändert.

Die Stiere mit ihren leierförmigen Hörnern werden meist für die provençalischen *Férias* oder *Courses camarguaises,* die unblutigen Stierkämpfe (Abb. oben), aufgezogen. In einer Art Volksfest werden die Jungtiere im Alter von einem Jahr von den *Gardians* in die Arme von jungen Burschen getrieben, die sie gemeinsam zu Boden zwingen und ihnen die Brandmarken setzen.

In der oberen Camargue ist in den letzten Jahrzehnten verstärkt landwirtschaftliche Nutzfläche gewonnen worden, auf der Obst, Getreide und Wein angebaut werden. Entlang der großen Rhône hat vor allem der Reisanbau (Abb. S. 118 unten links) günstige Bedingungen vorgefunden, ein Umstand, der mit dem Verlust der französischen Kolonien in Indochina während der sechziger Jahre sehr von Vorteil war; heute erreicht die Reisproduktion nur noch ein Drittel ihres früheren Umfangs, doch bleibt die Camargue der größte europäische Reislieferant.

Von Arles über die D 570 kommend, gibt das *Musée Camarguais* in einem alten Gehöft an der Straße eine didaktisch hervorragend gestaltete Einführung in die Geschichte und Geographie der Landschaft. Ebenfalls an der Straße liegt das *Château d'Avignon,* ein Anfang des 18. Jahrhunderts errichtetes großes Landgut, das im 19. Jahrhundert von dem Marseilleser Industriellen Louis Prat-Noilly zu einem prächtigen Schloß ausgebaut wurde. Die Straße führt weiter durch den ornithologischen Park von Pont de Gau, in dem auch seltene Vogelarten in Volieren besichtigt werden können. Das nahe gelegene Informationszentrum Ginès-François-Hüe präsentiert Fauna und Flora der Camargue, im südlich davon zu erreichenden Wachsmuseum sind typische Szenen und Legenden der Landschaft naturgetreu in Wachs nachgestellt (Landung der drei Marien, van Gogh am Strand malend etc.).

Les Saintes-Maries-de-la-Mer
Wallfahrtskirche
Ansicht des Daches mit Blick auf das Meer (oben)
Außenansicht und Grundriß (unten)

## Les Saintes-Maries-de-la-Mer

Am Ufer liegt heute das ehemals etwas im Landesinneren befindliche Dorf Les Saintes-Maries-de-la-Mer, das noch van Gogh als kleinen Fischerort gemalt hat. Seit einigen Jahrzehnten allerdings hat sich hier der Badetourismus in übermäßiger Form mit all seinen Folgeerscheinungen breitgemacht. Der Ort hat eine lange Geschichte, wie römische Mauer-, Gewölbe- und Säulenreste beweisen, die schon 1448 auf Betreiben König Renés I., Graf der Provence, unter der Kirche entdeckt wurden. Diese ist den hll. drei Marien gewidmet, deren Überreste der König suchte: Maria Jacobäa, Mutter des Jakobus d. J., Maria Salome, Frau des Zebedäus und Mutter des älteren Jakobus und des Johannes, sowie Maria Magdalena, außerdem ihrer Magd Sarah. Diese soll gemäß der Überlieferung eine Zigeunerin gewesen sein. Deshalb wird in dem Ort alljährlich am 24. und 25. Mai ein farbenprächtiges Fest der Zigeuner gefeiert, an dem auch in Tracht gekleidete Arleserinnen, spanische Tanzgruppen und viele *Gardians* teilnehmen. Höhepunkt ist, wenn die Statue der Sarah von der Kirche aus ins Meer und wieder zurückgetragen wird (Abb. rechts), um anschließend neu bekleidet zu werden.

Die Kirche des Ortes wirkt von außen wie ein starkes Bollwerk, denn um den ganzen Bau herum führt ein im 14. Jahrhundert nachträglich angefügter Wehrgang (Abb. unten). Über dem Chor erhebt sich ein Aufbau, der wie ein Wehrturm aussieht, in Wirklichkeit aber eine Kapelle ist. Der einschiffige Hauptbau, das fünfjochige Langhaus und der leicht eingezogene Chor wurden in der zweiten Hälfte des 12. Jahrhunderts errichtet. Zu diesem Bau gehört wohl auch die den Chor überragende Oberkapelle, die ursprünglich dem hl. Michael geweiht war. Seit dem 19. Jahrhundert stehen hier die Reliquienschreine der hll. Marien. Nachdem man die Reliquien wiedergefunden hatte, baute man eine Krypta in den Chor ein, die die Gräber der Heiligen zugänglich hal-

Les Saintes-Maries-de-la-Mer
Zigeunerfest (24./25.Mai):
Die Statue der Sarah wird von der Kirche ins Meer getragen

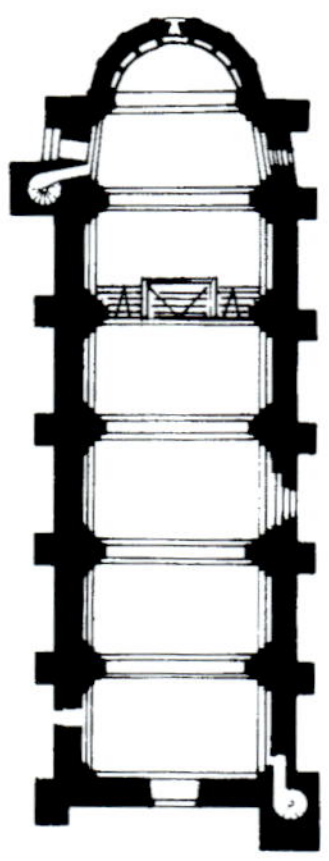

**Die provençalischen Heiligen**
Seit dem 11. Jahrhundert wirkt in der Provence eine Legende, in der eine große Anzahl von örtlichen Heiligen, deren Ursprünge im Heiligen Land liegen, zu einer »Schicksalsgemeinschaft« verknüpft ist. Außer den erwähnten drei Marien und ihrer Magd Sarah gehören hierzu auch die hll. Martha, Lazarus, Sidonius, Maximin usw. Dabei wurden bisweilen verschiedene biblische Gestalten zu einer zusammengeschmolzen: Der Kult um Maria Magdalena etwa vereint in der Person der Heiligen die Maria aus Magdala, die Christus am Ostermorgen erschien, die Maria aus Bethanien, die Christus in ihrem Haus die Füße salbte, und schließlich die Sünderin Maria, die Christus mit ihren Haaren die Füße trocknete. All diese provençalischen Heiligen sollen nicht in Palästina hingerichtet, sondern auf einem steuerlosen Boot ausgesetzt worden sein, das unter Gottes Führung schließlich an der provençalischen Küste gelandet sei. Hier nun begannen die Zeitgenossen Christi umgehend ihre Missionstätigkeit (siehe St-Maximin, Aix, Marseille). Seit dem 12. Jahrhundert wurden vielerorts die Reliquien dieser prestigeträchtigen Heiligen gesucht und prompt gefunden – und somit die Wallfahrt angekurbelt: 1184 in Tarascon, 1279 in St-Maximin und schließlich 1448 in Les Saintes-Maries-de-la-Mer.

**Les Saintes-Maries-de-la-Mer**
Wallfahrtskirche
Innenansicht nach Osten (oben)
Krypta (rechts)

**St-Gilles**
Chorruine mit dem *Vis de St-Gilles* der ehemaligen Abteikirche (oben)
Grundriß (unten)
Krypta (unten rechts)

ten sollten. Innen in der Apsis verläuft eine Arkatur, deren Kapitelle sich mit denjenigen im Nordflügel des Arleser Kreuzgangflügels vergleichen lassen.

Die östlich um den Etang de Vaccarès, den größten der Brackwasserseen, herumführenden Routen (D 37 bzw. D 36) ermöglichen die Besichtigung weiterer Salzgewinnungsstätten. Die alte königliche Saline Salin-de-Bedon liegt in einem Gebiet, wo sich über das ganze Jahr zahlreiche Vogelarten aufhalten. Außerdem gibt es ein Reismuseum (Musée du riz).

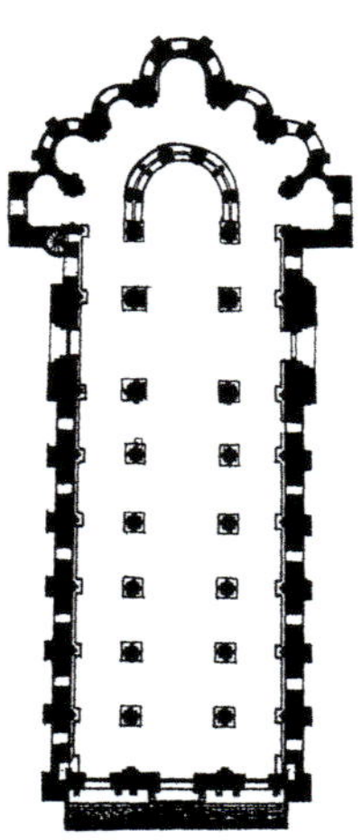

## St-Gilles

In römischer Zeit gab es hier die Stadt Vallis Flaviana, von der nichts mehr erhalten ist. Um 700 wurde ein Benediktinerkloster gegründet, und um 925 scheint für die Reliquien des legendären Klostergründers, des hl. Ägidius (= frz. Gilles), eine eigene Kirche neben einem bereits bestehenden Sakralbau St. Peter und Paul errichtet worden zu sein. Die Grafen von Toulouse, Grundherren des Klosters, übertrugen es im Jahre 1066 an die mächtige Abtei Cluny. Und bevor Raymond IV. im Jahre 1096 zum Kreuzzug aufbrach, übergab er der Abtei all seine Besitzrechte über ihr Gebiet und den Ort. Seit dem 11. Jahrhundert war das Kloster eine wichtige Station auf dem Pilgerweg zum Grab des Apostels Jacobus d. Ä. in Santiago de Compostela und zu den heiligen Stätten in Palästina und Rom. Zweifellos war der Pilgerstrom der wichtigste Auslöser für den Kirchenbau. Man hat errechnet, daß während der drei Tage dauernden Feierlichkeiten des Ägidiusfestes etwa 50 000 Menschen das Grab des Heiligen besuchten. Außerdem prosperierte St-Gilles dank seines Mittelmeerhafens. Hier befanden sich die Kommandanturen der beiden großen Ritterorden, der Johanniter und der Templer. Die Versandung des Hafens ab Beginn des 13. Jahrhunderts, der gleichzeitige Aufstieg von Montpellier und Narbonne zu wichtigen Umschlagplätzen und schließlich das Nachlassen der Pilgerscharen führten jedoch bald zu einem raschen Niedergang von Stadt und Kirche. 1208 wurde hier im Auftrag von Graf Raymond VI. der päpstliche Legat Pierre de Castelnau ermordet und damit der Kreuzzug gegen die Katharer ausgelöst. 1226 unterstellten sich die Mönche dem französischen König. Im 16. Jahrhundert brandschatzten die Hugenotten Stadt und Kirche. Heute ist St-Gilles ein in einer menschenleeren Ebene gelegenes verträumtes Provinzstädtchen ohne rechten Charme.

ABBILDUNG GEGENÜBER:
**St-Gilles**
Westfassade der ehemaligen Abteikirche, 2. Hälfte 12. Jahrhundert

### Die Abteikirche

Um so mehr sticht die opulente Skulpturenwand der Fassade der Abteikirche hervor, die zu den Hauptwerken der romanischen Skulptur überhaupt zählt (Abb. gegenüber). Die Datierung von Kirche und Westfassade war und bleibt ein umstrittenes Thema. Für das Jahr 1096 ist die Weihe eines Kirchenbaus durch Papst Urban II. belegt, doch dürfte sich dies noch auf einen Vorgängerbau beziehen. Der älteste Teil der heutigen Anlage ist zweifellos die große Krypta (Abb. unten) unter dem Langhaus, mit der laut einer Inschrift ca. 1116 begonnen wurde, deren Baufortführung sich aber über mehrere Jahrzehnte hinzog. Der Weiterbau an Unter- und Oberkirche ist stilistisch eng an die Westfassade zu binden, die wohl ab Mitte des 12. Jahrhunderts entstand. Um 1200 dürfte das umfangreiche Bauvorhaben in manchen Teilen, z. B. dem Gewölbe, noch immer nicht vollendet gewesen sein. Im 16. Jahr-

LOTO

1 Kain bietet dem Herrn Weizen an, Abel opfert ein Lamm
2 Brudermord
3 Centaur
4 Balaam
5 Anbetung der Könige
6 Christi Einzug in Jerusalem
7 Judas und die Silberlinge
8 Christus vertreibt die Händler aus dem Tempel
9 Christus kündigt die Verleugnung Petri an
10 Fußwaschung Petri
11 Abendmahl
12 Judaskuß
13 Christus vor Pilatus und Geißelung
14 Kreuztragung
15 Maria Magdalena vor Christus
16 Kreuzigung
17 Die Drei Marien erwerben Gewürze
18 Die Drei Marien am Grabe Christi
19 Christus erscheint seinen Jüngern
20 Majestas Domini
21 Der hl. Michael bezwingt den Drachen
22 Matthäus
23 Bartholomäus
24 Thomas
25 Jacobus Minor
26 Johannes Evangelist
27 Petrus
28 Jacobus Major
29 Paulus
30 Andreas
31 Apostel
32 Apostel
33 Apostel
34 Erzengel

hundert erlitt die Kirche während der Religionskriege schwerste Beschädigungen, denn Langhaus und Turm wurden zerstört. 1650–55 wurde das heutige schlichte Langhaus erbaut.

Die 40 m lange Unterkirche beherbergt als zentralen und ältesten Teil die kleine rechteckige Konfessio mit dem Ägidiusgrabmal (Abb. S. 124 unten). Die Krypta diente vornehmlich der Verehrung des Heiligen. Zunächst wurde der Bereich um die Konfessio, anschließend wurden die westlich davon gelegenen, mit aufwendigen Rippengewölben ausgestatten und schließlich die östlich der Konfessio gelegenen Joche angelegt.

Der nur noch als Ruine vorhandene Chor (Abb. S. 124 oben) gehört wohl zu den spätesten Bauteilen nach Mitte des 12. Jahrhunderts. Es handelt sich um einen Umgangschor mit fünf radial abgehenden Kapellen. Derartige Umgangschöre sind ein charakteristisches Merkmal vieler Wallfahrtskirchen entlang des Jakobsweges, beispielsweise der Kathedrale von Santiago, von St-Sernin in Toulouse, Ste-Foy in Conques usw. Dies zeigt, welch höchst anspruchsvolles, in der Provence einzigartiges Bauprogramm St-Gilles zugrunde lag. An dem Mauerblock mit der angebauten Wendeltreppe läßt sich das Gewölbesystem rekonstruieren: Die Seitenschiffe des Chores und dessen Longitudinalkapellen waren mit aufwendigen Rippengewölben eingedeckt, deren Zickzackmuster denen im Westteil der Krypta entsprechen.

Über den Langchorkapellen erhoben sich wohl Chortürme, zu denen auch der berühmte *Vis de St-Gilles* führte. So heißt die Wendeltreppe, die in einem spiralförmig geführten tonnengewölbten Gang nach oben führt. Die einzelnen Steine dieser Treppe mußten dafür so zugerichtet werden, daß diese komplizierten sphärischen Formen – mehrere leicht konvex und konkav gekrümmte Flächen – zustande kamen. Diese Steinbearbeitung gehört zu den Spitzenleistungen mittelalterlichen Bauens. Zahlreiche Baumeistergraffiti im Inneren belegen, daß noch im 17. Jahrhundert diese Wendeltreppe als Meisterleistung der Stereotomie besucht und bewundert wurde.

**Das Skulpturenprogramm der Westfront**

Die Westfront ist nicht nur aufgrund ihrer Opulenz und der Qualität ihrer Skulptur eines der Spitzenwerke der Romanik, sondern sie versucht – mehr noch als andere Werke der provençalischen Kunst dieser Zeit –, antike Dispositionen neu anzuwenden. Für die Gesamtanlage mit ihren drei Durchlässen und der reliefierten Schauwand standen sicher die römischen Monumentaltore (Orange) oder die römischen Bühnenschauwände mit ihren drei Toren Pate. Die heute wie früher über einer die ganze Breite einnehmenden Treppe aufragende Portalwand baut sich über einem Sockel von zwei Zonen auf. Darüber folgen durch kannelierte Pilaster getrennte Rechtecknischen mit großen Standfiguren. Zu seiten des Mittelportals ist die Gliederung durch weitere rankengeschmückte Pfeiler betont. In die Gewände der Seitenportale sind Säulen, in die des Mittelportals je zwei Figuren eingestellt. Die das Gebälk tragenden Säulen (zum Teil im 19. Jh. erneuert) weisen alle klassischen Merkmale in der Ausgestaltung der attischen Basen, der Schwellung der Säulenschäfte und der korinthischen Kapitelle auf. Eigenartig wirken die Säulenpaare auf den beiden Postamenten seitlich des Hauptportals. Sie laufen ins Leere, sollten wohl nie irgend etwas, zum Beispiel eine Vorhalle, tragen.

Die großen Standfiguren stellen die zwölf Apostel sowie in den äußeren Nischen den hl. Michael (links) und die Gruppe der drei Erzengel (rechts) dar. Der Relieffries erzählt detailliert und teilweise sehr drastisch die gesamte Passion Christi. Am linken Portal beginnend: Vorbereitung und Einzug in Jerusalem. An der Zwischenwand: zwei Männer im Gespräch, Judas erhält die Silberlinge versprochen, Vertreibung der Wechsler aus dem Tempel, Auferweckung des Lazarus mit Magdalena und Martha. Die beiden letzten Szenen gehören eigentlich nicht zur Passion, doch versuchte man offensichtlich, die provençalischen Heiligen in das Programm einzufügen. Im Mittelportal: sieben Jünger und Christus, Verleugnung Petri, Abendmahl und weitere, schwer

ABBILDUNGEN GEGENÜBER:
**St-Gilles**
Westfassade der ehemaligen Abteikirche, linkes (Johannes Evangelist, Petrus; darüber: Christus kündigt die Verleugnung Petri an) und rechtes (Jacobus Major, Paulus; darüber der Judaskuß) Gewände des Mittelportals

deutbare Szenen. Im rechten Gewände wird in bewegter Komposition die Gefangennahme erzählt, anschließend der Judaskuß. Es folgen nach rechts die Vorführung vor Pilatus, Geißelung und Kreuztragung, schließlich die Kreuzigung im südlichen Portaltympanon. Der Relieffries zeigt die Ereignisse nach Christi Tod: Gang nach Emmaus, Christus als Gärtner und Nolimetangere sowie die Fußwaschung durch Magdalena und der Besuch der drei Marien am Grabe.

Passion und Zeugenschaft durch die Apostel sind also in monumentaler Weise wiedergegeben; dieser heilsgeschichtliche Inhalt wurde durch die Majestasdarstellung im Haupttympanon mit dem Weltgerichtsthema noch komplettiert. Außerdem befinden sich auf den seitlichen Löwenpostamenten alttestamentarische Darstellungen (Kain und Abel, Simson mit dem Löwen, David und Goliath), die auf die Erfüllung des Heilsgeschehens im Neuen Testament verweisen.

Stilistisch müssen die Skulpturen von St-Gilles einerseits mit der römischen Tradition des Landes, andererseits aber auch mit der gleichzeitigen Bildhauerkunst im benachbarten Languedoc (Toulouse) in Verbindung gebracht werden. Gerne wüßte man jedoch mehr über ihre programmatische Funktion: Sie antizipieren gleichsam die Ziele der Pilger, wirken wie eine zugkräftige Unterstützung des Pilgerwesens. Außerdem zeugt die Integration der provençalischen Heiligen in das Passionsgeschehen auch davon, daß diese eng mit den zentralen Ereignissen der Schrift verbunden werden und somit an Prestige gewinnen sollten.

Gegenüber der Westfassade steht noch das sogenannte *Romanische Haus*, das seine Fassade aus der Zeit um 1200 behalten hat. Hier ist ein Museum untergebracht, in dem Arleser Sarkophage und vor allem weitere Reste der romanischen Skulptur bewundert werden können.

ABBILDUNGEN UNTEN UND GEGENÜBER:
**St-Gilles**
Westportal der ehemaligen Abteikirche, Szenen aus dem Relieffries: Fußwaschung Petri (unten); Christus vor Pilatus und Geißelung (gegenüber)

**Aigues-Mortes**
Hafenbecken (oben)
Stadtmauer (rechts)

## Aigues-Mortes

In der Absicht, einen eigenen Mittelmeerhafen zu gründen, erwarb der französische König Ludwig IX., der Heilige, seit 1240 vom Kloster Psalmodi Gelände in der Bucht der Eaux-Mortes. Er legte hier einen Hafen an, in dem er sich 1248 mit 35 000 Mann und 1500 Schiffen zum Kreuzzug einschiffte. Doch auf Zypern wurde das königliche Heer schon bald besiegt, die Kreuzritter kehrten zurück. 1270 versuchte Ludwig es noch einmal, schiffte sich mit einer Marseilleser Flotte in Aigues-Mortes ein; in Tunis jedoch erkrankte er an der Pest und starb. Von der gleichzeitig mit dem Hafen gegründeten Stadt entstanden unter Ludwig nur die Tour de Constance sowie eine Siedlung mit einem rechtwinklig geführten Straßennetz. Diese schachbrettähnlichen Anlagen wurden auch bei anderen gleichzeitigen Neustädten, den Bastides, angewandt, die vor allem in Aquitanien zur Besiedelung des zwischen den Engländern und Franzosen umstrittenen Gebietes gegründet wurden. Wie diese wurde auch Aigues-Mortes dadurch attraktiv gemacht, daß

ABBILDUNG S. 131:
**Aigues-Mortes**
Tour de Constance, Mitte 13. Jahrhundert
Rippengewölbe des Obergeschosses

den neuen Bewohnern zahlreiche Steuerabgaben erlassen waren. Drei Kirchen sorgten für das geistliche Wohl: die Pfarrkirche Notre-Dame des Sablons, ein Franziskanerkonvent und die Kirche der Mönche von Psalmodi.

Erst ab 1272 wurde die Stadt mit der gewaltigen Ringmauer befestigt. Unter Philipp IV., dem Schönen (1285–1314), wurde die Stadt bis Ende des 13. Jahrhunderts fertiggestellt. Doch schon etwa ein halbes Jahrhundert später begannen die Fahrrinnen zu versanden, und der Hafen wurde unbenutzbar. Die Stadt sank zur Bedeutungslosigkeit herab. Dies hat allerdings dazu geführt, daß eines der imposantesten Beispiele einer neugegründeten Planstadt des 13. Jahrhunderts bis heute in seiner Anlage kaum durch spätere Überbauungen gestört ist (nur die meisten Wohnhäuser wurden in späteren Zeiten durch bescheidene Neubauten ersetzt).

Etwa 2 km vor der Stadt erhebt sich als Vorposten die *Tour Carbonnière,* ein quadratischer Turm mit Bossenverkleidung, der im Zuge der Hafenbefestigung unter Philipp dem Schönen Ende des 13. Jahrhunderts errichtet wurde. Auch die Stadt selbst wird durch einen isoliert stehenden runden Turm, die *Tour de Constance,* dominiert. Hier lebt noch die Tradition des Donjons, des Wohnturms, weiter, denn der Turm ist zum einen eine eigenständige Festung, zum anderen enthält er im Inneren einen mit aufwendigen Rippengewölben gedeckten und beheizbaren Wohnbereich sowie eine Kapelle. Das ebenfalls rippengewölbte Obergeschoß (Abb. rechts) diente bis zum 18. Jahrhundert als Kerker für politische Gefangene. Dazu gehörten vor allem Hugenotten, wie etwa Marie Durand, die erst 1768 nach 38 Jahren Haft entlassen wurde und bald verstarb. Gertrud von Le Fort hat das Schicksal Durands, die ihre verzweifelte Devise *recicter* (widerstehen) in die Mauern eingeritzt hat, in der Novelle »Der Turm der Beständigkeit« beschrieben.

Die Stadt selbst bildet ein fast regelmäßiges Rechteck von ca. 570 x 300 m Ausdehnung. Vom Prinzip ähnlich ist der Anlage die um 1240 entstandene rechteckige Burg innerhalb der Oberstadt von Carcassonne. Nach außen vorspringende Rundtürme (Abb. S. 130 unten) sichern die Mauer in Abständen, in denen Bogenschützen jeden Angreifer sicher treffen konnten. Auch die fünf Haupteingänge werden von Rundtürmen gesichert. Die unregelmäßige Verteilung der Tore ist zum einen strategisch bedingt, zum anderen aus dem vor der Umringung entstandenen Straßenverlauf innerhalb der Stadtanlage zu erklären. Die teilweise bossierten Steinquader sollten die Durchschlagskraft von Projektilen verringen, vor allem signalisieren sie Stärke und Wehrhaftigkeit. Gußerker an den Türmen und Schießscharten an den Wehrgängen sind weitere Elemente dieses Militärbaus. Doch gibt es noch nicht, wie später im 14. Jahrhundert, die als eigener Mauerkranz aufgesetzten Maschikoulis, wie sie etwa beim Papstpalast in Avignon zur Anwendung kamen. Auf der Stadtseite verlief eine

Straße entlang der Mauer, damit die Verteidigung beweglich bleiben konnte. Breite Treppen erlaubten in den Tor- und den Ecktürmen ein rasches Besteigen der Wehrgänge. Obwohl alles der militärischen Funktion zu gehorchen scheint, waren in der neuen Stadt auch talentierte Bildhauer für den Bauschmuck beschäftigt. Die Gestaltung der qualitätsvollen, aufwendig mit Blattmasken dekorierten Schlußsteine in den Obergeschossen der Torflankentürme beispielsweise zeigt, daß nordfranzösische Künstler für dieses königliche Großprojekt in den Süden entsandt wurden. Das ausgeklügelte Verteidigungssystem, die Regelmäßigkeit des Gesamtplans und nicht zuletzt die qualitätsvollen Einzelformen (Rippenwölbung, Schlußsteine) machen Aigues-Mortes zu einem der frühesten und vollständigen Beispiele nordfranzösisch-königlicher Festungsarchitektur im – kurz zuvor von der Krone annektierten – Südfrankreich.

Nach Süden führt die D 979, von der man einen eindrucksvollen Blick auf die mittelalterliche Festung hat. Die hier gelegenen Salines du Midi können besichtigt werden; sie zeigen die Geschichte und die Methoden der Salzgewinnung.

## Salzgewinnung

Das Mittelmeer enthält keineswegs nur das lebenswichtige Kochsalz (Natriumchlorid), sondern einen hohen Prozentsatz anderer Salze (Magnesiumsulfat und -chlorid etc.). Zwischen dem 9. und 14. Jahrhundert wurden die Techniken entwickelt, um die verschiedenen Salze voneinander zu trennen. Dabei bedient man sich im Midi nur der durch die Einwirkung von Wärme und Wind bewirkten Verdunstung des in flache Salinen eingeleiteten Meerwassers. Dies führt sukzessive zur Konzentration, Sättigung und Kristallisierung der enthaltenen Salze.

Da jedes der Salze bei einem unterschiedlichen Sättigungsgrad ausfällt, können während der langsam steigenden Salzkonzentration in den Salzlakebecken die vor dem Kochsalz ausfällenden Salze extrahiert bzw. kann die bei der Kristallisation des Natriumchlorids noch enthaltene Flüssigkeit mit weiteren noch gelösten Salzen (Magnesiumchlorid und -sulfat) entfernt werden. Gemessen wird der Sättigungsgrad mit dem nach den sogenannten Baumé-Graden eingeteilten Aräometer; das Kochsalz kristallisiert dabei erst in recht hoher Konzentration (25 Bé) und kann dann mit rechenartigen Werkzeugen eingesammelt werden. Anschließend wird es getrocknet und nachbehandelt. Wesentlich für die Herstellung ist eine genaue Kontrolle der Salzkonzentration durch die Größe und Tiefe der Salinebecken und die Korrektur von Fremdwassereinflüssen (Niederschläge).

**Salines-de-Giraud**
Salzberge

# Zweitausend Jahre High-Tech

## Nîmes, Uzès und Pont du Gard

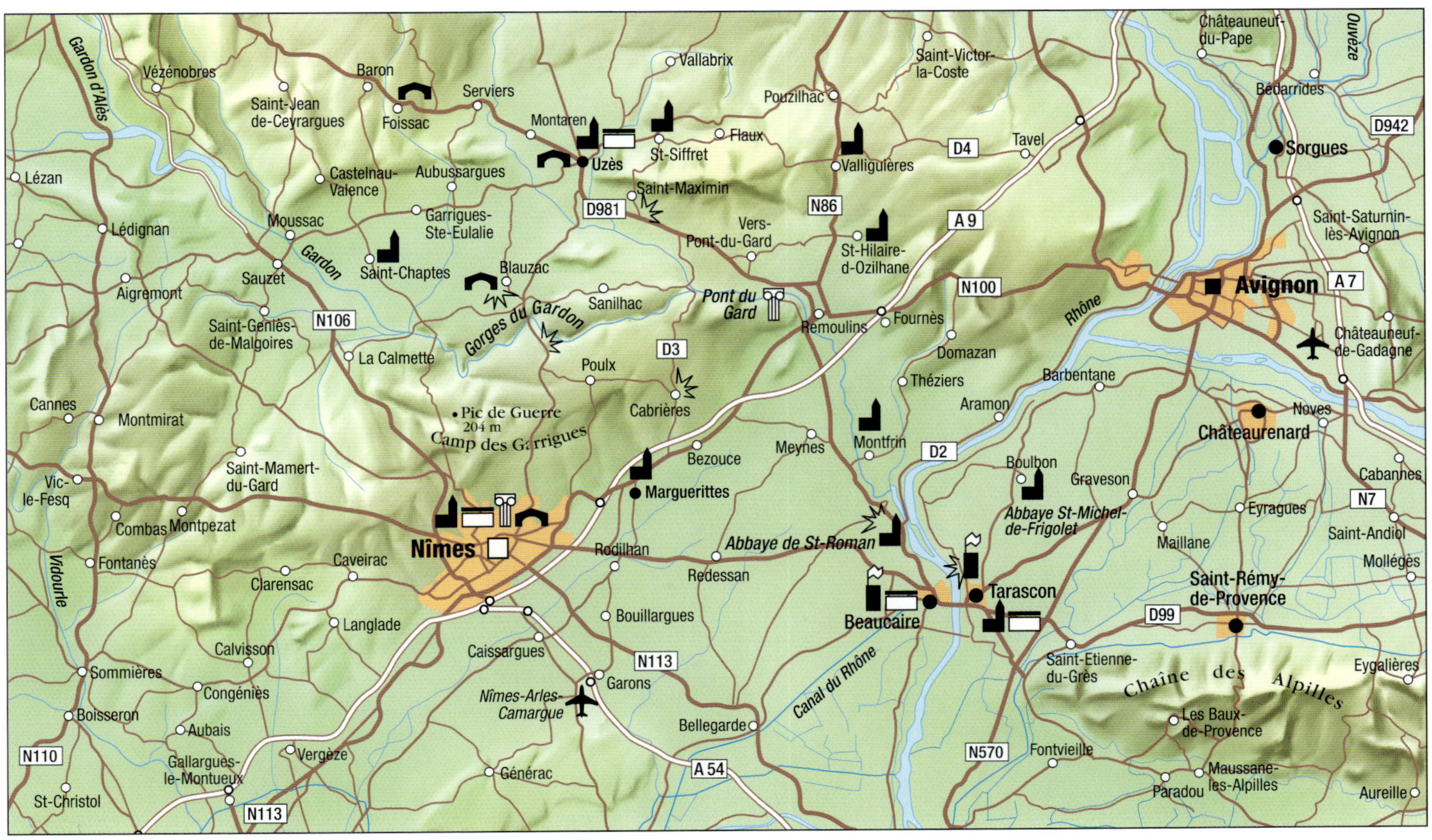


ABBILDUNG GEGENÜBER:
**Garrigue-Landschaft**
nördlich von Nîmes

## Nîmes

Ab dem 4. Jahrhundert verfügte der Stamm der Volsker über eine umfangreiche Siedlung von 24 Oppida, deren Hauptort Nemausus hieß. Als die Römer das Land eroberten, vollzog sich das, was auch bei anderen großen Städten beobachtet werden kann: Cäsar siedelte hier Veteranen an, unter anderem auch aus Ägypten. Münzen aus jener Zeit mit einem angeketteten Krokodil werden mit dieser Herkunft der neuen Bewohner erklärt. Augustus erhob die Siedlung 27 v. Chr. zur römischen Kolonie mit dem Namen Colonia Augusta Nemausus. Noch unter Augustus erhielt die Stadt eine Ummauerung und eine aufwendige Infrastruktur mit monumentalen öffentlichen Bauten. Die Blütezeit lag im 2. Jahrhundert. Diese wichtige Verwaltungsfunktion war auch die Voraussetzung dafür, daß es hier frühzeitig schon im 3. Jahrhundert, einen Bischof gab. Die Germaneneinfälle und das immer schlechter funktionierende Gemeinwesen führten dazu, daß ab dem 5. Jahrhundert Teile der Bevölkerung wieder auf das Land zogen. Die Stadt entvölkerte sich zunehmend. Als die französische Krone 1229 das Languedoc annektierte, wurde Nîmes französisch, doch erhielt es keinerlei Verwaltungsfunktion; die Verwaltungssitze wurden vielmehr in Beaucaire, Carcassonne und Toulouse errichtet.

Die Hugenotten fanden in der Stadt im 16. Jahrhundert eine ihrer Hochburgen. Ähnlich wie Genf konstituierte sich Nîmes als eigenständige Stadt der Reformation, was in den nächsten Jahrhunderten immer wieder zu blutigen Auseinandersetzungen zwischen Protestanten und Katholiken führte. Ab dem 15. Jahrhundert setzte die Stadt wirtschaftlich auf die Tuchfabrikation. In neuester Zeit ist Nîmes eine der am meisten expandierenden und fortschrittsbewußten Städte Frankreichs geworden und konzentriert sich auf High-Tech-Industrie und den tertiären Sektor. Zahlreiche moderne Stararchitekten erhielten große Aufträge, so etwa Jean Nouvel (Wohnkomplex Nemausus im Süden der Stadt, Boulevard du Général Leclerc) und Norman Foster (Carré d'Art, siehe S. 140). Trotz ihrer hervorragend erhaltenen antiken Monumente ist Nîmes also keine Touristenstadt, auch weist sie kaum Sehenswürdigkeiten aus dem Mittelalter oder der Neuzeit auf. Vielmehr ist die Stadt eine pulsierende, attraktive Geschäftsstadt, in der das Mittelmeerklima wirkungsvoll verhindert, daß sie zum Moloch werden könnte. Und die dreimal im Jahr stattfindenden Stierkämpfe (zu Pfingsten, zur Weinernte im September und im Februar) bringen klar zu Bewußtsein, daß die französische Hauptstadt weit entfernt ist.

Das römische Nemausus wurde nicht über einem Schachbrettplan angelegt, sondern entsprechend den hier zusammentreffenden Landstraßen, die alle auf das Forum führten. Der wichtigste Verkehrsweg war die von Arles kommende und nach Narbonne weiterführende Via Domitia. Die von 60 Türmen begleitete römische Stadtmauer folgte dem Landschaftsrelief. Im 12. Jahrhundert wurde sie nochmals verstärkt, 1786 schließlich geschleift; an ihrer Stelle wurden die Boulevards angelegt. Die beschriebenen Sehenswürdigkeiten folgen in ihrem Verlauf im Uhrzeigersinn zunächst den antiken Monumenten entlang den Boulevards, bevor sie zum Besuch der Innenstadtgassen einladen.

### Das Amphitheater

Das stattliche Amphitheater (Abbn. S. 137), eines der besterhaltenen seiner Art, wurde wohl am Ende des 1. Jahrhunderts errichtet, also zur selben Zeit wie die Arena in Arles und das Kolosseum in Rom. Die Westgoten bauten das riesige Gebäude zu einer Festung aus, die sich im Mittelalter zu einem Stadtviertel mit einer Kirche, Notre-Dame-des-Arènes, wandelte. Karl VI. richtete hier 1391 eine mit der Porte d'Auguste verbundene Burg ein. In den folgenden Jahrhunderten zogen immer mehr Menschen in Häuser, die auf den Sitzstufen der Arena errichtet worden waren. Das immense Gebäude formt ein Oval von 133 m Länge, 101 m Breite und 21 m Höhe. Den 60 Rundbogenarkaden ist im Erdgeschoß eine kräftige toskanische Pilastergliederung vorgestellt, im Geschoß darüber setzen toskanische Säulen auf hohen Piedestalen die Akzente. Die nach oben folgende Attika ist nur noch in Bruchstücken vorhanden. Dort sind noch an einigen Stellen die Kragsteine mit den Löchern zu sehen, in denen Masten für die Sonnensegel eingesetzt wurden.

1 Amphitheater
2 Kathedrale St-Castor
3 Musée du Vieux Nîmes
4 Archäologisches Museum
5 St-Baudille
6 Porte d'Auguste
7 Geburtshaus von Alphonse Daudet
8 Gebäude mit romanischer Fassade
9 Maison Carrée
10 Museum für zeitgenössische Kunst (Carrée d'Art)
11 St-Paul
12 Musée des Beaux-Arts
13 Fontaine Pradier
14 Römisches Kastell
15 Tour Magne
16 Dianatempel

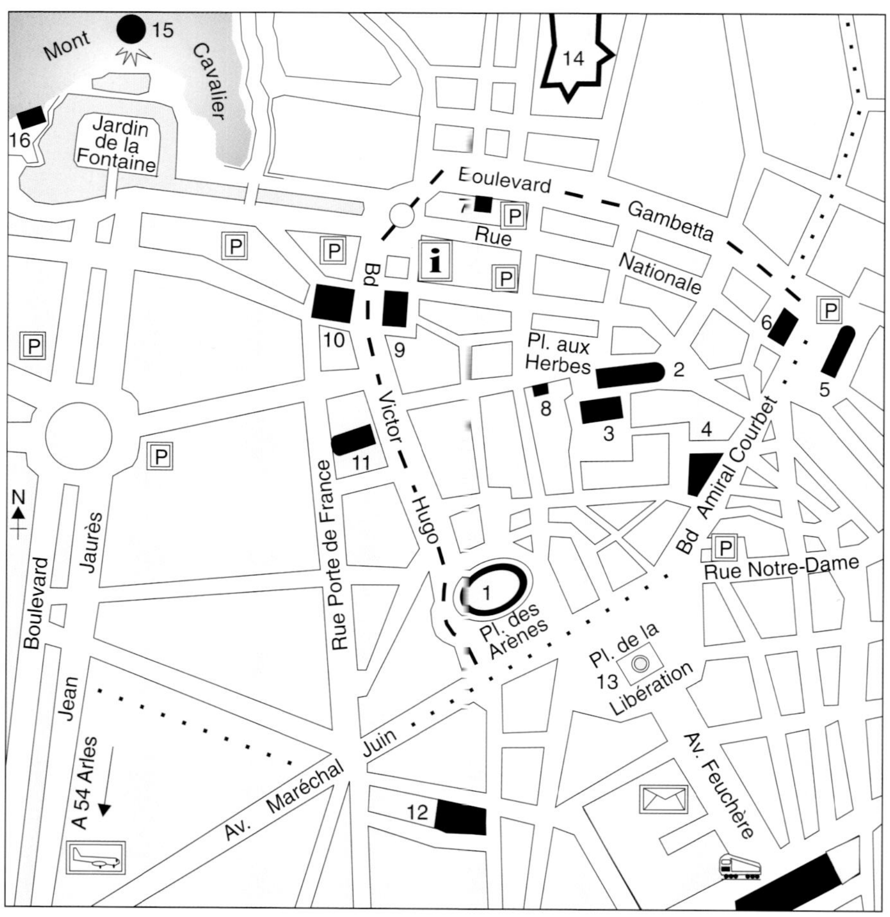

Das ganze Gebäude wird gestützt durch ein ausgeklügeltes System von Ringtonnen, die sich mit radial geführten Stollengängen durchdringen. Von hier gewähren insgesamt 162 Treppen mit 124 Ein- bzw. Ausgängen einen problemlosen Verkehr der Menschenmassen: 25 000 Besuchern bot die Arena Platz. Gemäß der sozialen Stellung der Besucher waren die Sitzstufen in drei verschiedene Niveaus eingeteilt: Vier Reihen umfaßte der erste, den Ehrengästen vorbehaltene Rang, jeweils zehn Sitzreihen zählten die folgenden Ränge. Die ovale Arena mit einer Länge von 69 m ist durch eine hohe Mauer von den Zuschauerreihen abgesetzt. Unter dem Sand verlaufen in Kreuzform zwei Stollen, die wohl zum Heranschaffen und Aufstellen von Requisiten dienten. Das Amphitheater war aber nicht nur ein reiner Zweckbau. Durch seine schiere Größe, die den städtischen Maßstab sprengte, demonstrierte es die Macht des römischen Imperiums ebenso wie durch die gewaltige logistische Leistung, die zu seiner Erbauung nötig war.

**Nîmes**
Amphitheater, Ende 1. Jahrhundert
Luftansicht (oben)
Detail der Außenmauern (links)

**Gladiatorenwettkämpfe und Stierkämpfe**
In den Amphitheatern fanden in der Antike die berüchtigten Gladiatorenspiele statt. Ursprünglich private Darbietungen, wurden sie seit dem 1. Jahrhundert v. Chr. und zunehmend in der Kaiserzeit zu einer öffentlichen, staatlich kontrollierten Volksbelustigung. Die Gladiatoren – Schwerverbrecher, Kriegsgefangene und teilweise auch Freigeborene – waren in Kasernen untergebracht und erhielten eine Ausbildung als Schwertfechter. Später differenzierten sich verschiedene Sparten aus: *Retiarii* mit einem Netz und einem Dreizack und *Laquearii* mit einem Lasso und einem Stock kämpften einzeln oder in Gruppen gegeneinander. Die *Bestiarii* hingegen mußten die Angriffe von wilden Tieren abwehren. Der Unterlegene hatte nur dann eine Überlebenschance, wenn er durch den Spielgeber begnadigt wurde. Das entsprechende Zeichen war das Heben des Daumens der geballten Hand. Heute finden in den antiken Amphitheatern häufig Stierkämpfe statt. Im 16. Jahrhundert in Spanien bereits bekannt, findet der Stierkampf vor allem im 18. Jahrhundert als volkstümliche Attraktion Verbreitung. Um die Mitte des 19. Jahrhunderts bürgert er sich auch in Südfrankreich ein und verbindet sich in den provençalischen Städten wie Nîmes und Arles mit den traditionellen Stierspielen (*Bious*) der Camargue. Die blutigen Corridas sind klassischerweise dreigeteilt: Zunächst reizen die Picadores den Stier mit ihren langen Lanzen, dann fügen ihm die Bandilleros mit ihren Widerhakenspießen Nackenwunden zu, und schließlich tritt der Torero mit seinem Stoßdegen und der Muleta dem Stier allein gegenüber, um ihn zu töten. In der Provence sind vor allem die unblutigen Spiele beliebt, bei denen eine große Anzahl von Stierkämpfern versucht, dem Tier Papierblumen – Kokarden – zu entreißen, die er zwischen den Hörnern trägt. Außerdem gibt es die Écarteurs und Sauteurs, die, teilweise mit gefesselten Füßen und verbundenen Augen, dem heranstürmenden Stier ausweichen. Die *Ferias* beschränken sich nicht auf die Arenen, sondern nehmen die gesamte Stadt ein.

**Nîmes**
Maison Carrée
3/2 v. Chr. vollendet

**Die Maison Carrée**

Mit der Maison Carrée verfügt die Stadt über ein weiteres, bemerkenswert gut erhaltenes römisches Gebäude (Abb. oben). Der Tempel war Bestandteil des Forums und von einer dreiflügeligen Säulengalerie über rechteckigem Grundriß eingefaßt. Am anderen Ende des längsgerichteten Platzes, gegenüber der Maison Carrée, erhob sich vielleicht das römische Kuriengebäude. Früher trug der Tempel auch die Bezeichnung *Capitol*, da er vom 11. bis 16. Jahrhundert den *Capitouls* genannten Ratsmitgliedern als Amtssitz diente. Nach einer wechselvollen Nutzungsgeschichte kam das Gebäude während der Revolution in den Besitz der Stadt; diese ließ es restaurieren und als Museum herrichten. Heute finden hier Ausstellungen zeitgenössischer Kunst statt. Die nach den Dübellöchern für die Bronzebuchstaben auf dem Fries der Vorderfront zu rekonstruierende Inschrift gibt an, daß der Tempel den Enkeln Augustus' geweiht war. Wenige Jahre später wurde ein Zusatz angebracht, um die Vergöttlichung des Brüderpaares auszudrücken. Demnach muß der Tempel im Jahre 3/2 v. Chr. vollendet gewesen sein.

Obwohl die absoluten Dimensionen des Tempels gering sind (15,5 m Breite, 26,4 m Länge, 17 m Höhe über dem Podium), ist dem Gebäude eine unmittelbar wirksame Monumentalität und plastische Kraft eigen. Es zeigt eindrucksvoll die Gesamtanlage eines römischen Podiumstempels und die hohe Qualität seiner Bauskulptur. Der Tempel erhebt sich über einem 15 Stufen hohen Podium; seine Vorderfront besteht aus sechs kanellierten Säulen, die einen Dreiecksgiebel tragen. Man beachte den fein reliefierten Rankenfries auf dem Gebälk und die aufwendig dekorierten Konsolen der Traufleisten. Damit steht er als eines der besten Beispiele dafür, wie in der frühen Kaiserzeit stadtrömische Konzepte und Ateliers in die römische Provinz exportiert wurden. Die Anlage eines von einem Säulenportikus umrahmten Tempels auf einem Podium hat seine Parallele im Augustusforum in Rom. Doch setzt

ABBILDUNGEN S. 141:
**Nîmes**
Dianatempel, 1./2. Jahrhundert (oben)
Tour Magne, 1. Jahrhundert (unten)

**Nîmes**
Norman Foster
Carré d'Art
Fassade mit Vorhalle (oben) und Innenansicht (rechts)

sich in Nîmes die Säulenhalle an den Cellawänden nur als Blendgliederung fort (Pseudoperipteros). Mit den augusteischen Bauten in Rom lassen sich auch viele andere Gemeinsamkeiten in der Ausführung feststellen, so im Stil der hervorragenden korinthischen Kapitelle. Daneben waren aber offensichtlich auch einheimische Ateliers angelernt worden, die die römischen Vorbilder kopierten, was sich an der schwächeren Qualität einiger Kapitelle ablesen läßt.

**Carré d'Art**
Neben dem antiken Tempel hat der englische Architekt Norman Foster im Ausstellungsgebäude Carré d'Art eine gelungene moderne Neuinterpretation des römischen Meisterwerks realisiert. Die kubische Gesamtstruktur, die Anlage einer hohen, von schlanken Stützen getragenen Vorhalle, die monochrome Farbigkeit: all dies antwortet auf Charakteristika des Tempels. Die eigentliche Überzeugungskraft gewinnt die Architektur aber im Inneren, denn sie scheint allein aus einer riesigen, aus durchscheinendem Glas gefertigten Treppe zu bestehen, die als zentrales Motiv die gesamte Gebäudehöhe durchmißt und Zugang zu den Ausstellungs- und Verwaltungsräumen gibt. Die Sammlung zeigt vor allem Objekte der Gegenwartskunst (Martial Raysse, Arman, Jean Tinguely, Gerhard Richter, Christian Boltanski) und wechselnde Ausstellungen. Drei Schwerpunkte pflegt das Museum besonders: die französische Kunst seit 1960, die angloamerikanische und deutsche Kunstszene sowie die *Identité méditerranéenne*. Von der Dachgeschoßterrasse bietet sich ein ungewohnter Blick auf die Maison Carrée.

**Der Dianatempel im Jardin de la Fontaine**
Die Römer errichteten um das keltische Quellheiligtum Nemausus am Fuß des Mont Cavalier eine aufwendige, auch der Verehrung der Nymphen gewidmete Anlage, von der heute noch der sogenannte Dianatempel zeugt (Abb. rechts). Die einstigen Bauten, die die gesamte Wasserversorgung der Stadt einbezogen, sind heute bis auf den großen Saalbau verschwunden. Dieser diente vom 10. bis 16. Jahrhundert als Kirche. In der Antike war er kein Dianatempel, sondern Teil des Nymphäums, das ca. 50 m östlich der Quelle errichtet wurde. Links und rechts war er durch Flügelbauten erweitert, über die heute aber kaum etwas bekannt ist. Der kleine Hauptsaal hatte eine markante architektonische Gliederung aus vorgestellten Säulen auf Postamenten. Die somit ausgegrenzten Wandfelder enthalten giebelbekrönte Rechtecknischen. Über einem Gebälk setzt ein Tonnengewölbe auf, das aus fünf Gurtbögen besteht; zwischen diese wurden in Falze Füllungen in Form von Steinplatten eingelegt. Solche Gewölbekonstruktionen müssen die romanischen Werkmeister vor Augen gehabt haben, als sie ab dem 11. Jahrhundert ihre gurtverstärkten Längstonnen ausführten.

Die nördlich des Saalbaus gelegene Quelle versorgt noch heute die Parks und Brunnen der Stadt mit Wasser. 1739–60 wurde der Bezirk in origineller Form architektonisch gefaßt. Die Ingenieure bzw. Architekten Jacques-Philippe Maréchal und Esprit Dardalhon legten einen weitläufigen Park an (Abb. S. 142/43), in dem sie die verbliebenen antiken Reste integrierten. Ein bedeutender Teil dieser schönen und umfassenden, nur zum Teil ausgeführten städtebaulichen Umgestaltung der Stadt ist die große Prachtallee, die heutige Avenue Jean Jaurès, die auf den Jardin de la Fontaine ausgerichtet wurde.

**Die Tour Magne**
Auf der Spitze des Mont Cavalier erhebt sich die Tour Magne (Abb. rechts), ein achteckiger, ursprünglich etwa 36 m hoher Turm, der in seiner ersten Ausführung Teil einer vorrömischen Befestigung war. Unter Augustus verstärkte und erhöhte man ihn und fügte ihn in die neue Stadtbefestigung ein. Von dieser gibt es in verbautem Zustand immerhin noch 30 Wehrtürme rund um die Altstadt. Früher führte eine noch in Ansätzen sichtbare Treppe auf das begehbare Sockelgeschoß. Deutlich sichtbar ist die Technik aus Gußmauerwerk, das aber außen und innen von Bruchsteinmauerwerk gefaßt ist. Außerdem sind zur Verstärkung Schichten aus Haustein angelegt. Von der oberen Plattform überblickt man die weit in die Fläche sich ausdehnende Stadt. Östlich von der Tour Magne hat sich im sogenannten *Castellum* der Endpunkt der großen römischen Wasserleitung aus den Cévennen (Pont du Gard) erhalten. Von einem runden Becken aus führten zehn bleierne Wasserleitungen von ca. 40 cm Durchmesser das Wasser zu verschiedenen Brunnen in der Stadt.

**Nîmes**
Jardin de la Fontaine
Seit dem 18. Jahrhundert faßt ein Barockgarten den Quellbezirk ein. Das Regenwasser sammelt sich in den zerklüfteten Felsen der Garrigue und tritt hier an der Quelle wieder hervor. In der Antike war der gesamte Bezirk als ein Heiligtum ausgestaltet.

**Nîmes**
Kathedrale Notre-Dame et St-Castor, Fassadendetail aus dem 12. Jahrhundert

### Die Porte d'Auguste

Die Porte d'Auguste in der Nordostecke der Altstadt ist ein durchaus typischer Vertreter römischer Stadttore, wie er sich zum Beispiel auch in der Porta Nigra in Trier erhalten hat. Zwei größere Tore ließen die Via Domitia in einen nachfolgenden Hof münden, von dem aus man über zwei weitere Portale die Stadt betrat. Für Fußgänger waren begleitende Öffnungen vorgesehen. Außen wurden diese Stadttoröffnungen durch halbrund vorspringende Türme gesichert.

### Die Jesuitenkirche

Die Jesuiten zogen 1596 in die Stadt ein, mußten sie aber wegen des Widerstands der Hugenotten 1621 wieder verlassen. 1629 wurde ein Kompromiß gefunden, demzufolge der Unterricht zu gleichen Teilen von Protestanten und Jesuiten erteilt werden sollte. 1673 realisierte der Ingenieur Mathieu de Morgues Kirche und Kolleg der Jesuiten. Die Kirche ist eine typische jesuitische Saalkirche mit eingezogenen Emporen und einer den Altarbereich hervorhebenden Flachkuppel. Im ehemaligen Jesuitenkolleg sind das naturgeschichtliche und das archäologische Museum untergebracht. In letzterem sind zahlreiche Zeugnisse aus der keltischen und römischen Vergangenheit der Stadt sowie originalgroße Rekonstruktionen eines gallischen und eines römischen Wohnhauses zu besichtigen.

### Die Kathedrale Notre-Dame et St-Castor

Der heutige Bau steht über römischen Fundamenten. Im 7. Jahrhundert wurde hier zunächst eine Kathedralgruppe aus drei Kirche erbaut: Notre-Dame, St-Etienne und das Baptisterium St-Jean. Während des 12. Jahrhunderts wurde wohl in mehreren Schritten eine neue Bischofskirche errichtet. Diese wurde in den Religionskriegen schwer beschädigt, im 17. Jahrhundert repariert. In den achtziger Jahren des 19. Jahrhunderts schließlich hat Revoil den ganzen Bau im *Style romano-byzantin* umgebaut, so daß von der ursprünglichen Anlage bis auf die Westfassade fast nichts erhalten ist. Auch diese stammt nur in ihrer unteren Hälfte und im Turm aus dem 12. Jahrhundert. Das Portal wurde im 17. Jahrhundert erneuert. Darüber war ein verstümmelt erhaltener Relieffries eingelassen, der Simson mit Löwen, Zacharias beim Opfer und die Greifenfahrt Alexanders d. Gr. zeigt. Nach oben abgeschlossen wird die Fassade durch einen Figurenfries von 17 Platten, sechs davon sind mittelalterlich (Abb. links). Diese zeigen Szenen der Genesis (unter anderem Verführung Adams, Sündenfall, Vertreibung aus dem Paradies, Kain erschlägt Abel). Im ehemaligen Bischofspalast befindet sich die lokalgeschichtliche Sammlung der Stadt.

Neben dem Amphitheater steht inmitten der Esplanade de Gaulle die *Personifikation der Stadt Nîmes* (Abb. unten), die der Bildhauer James Pradier (1790–1852) 1848 schuf. Weiter südlich hat das *Musée des Beaux-Arts* seit 1986 einen neuen, von J.-M. Wilmotte geschaffenen Präsentationsrahmen. Römische Mosaiken, vor allem aber Gemälde des 15. bis 19. Jahrhunderts, darunter Bassano, Rubens und Seghers, sowie zahlreiche Skulpturen von James Pradier bilden seine beachtlichen Bestände. Pradier war einer der erfolgreichsten Bildhauer der Epoche des Bürgerkönigs Louis-Philippe. Außer der Stadtallegorie von Nîmes schuf der Künstler auch solche von Lille und Straßburg für die Pariser Place de la Concorde.

**Nîmes**
James Pradier
Personifikation der Stadt Nîmes, 1848

ABBILDUNG GEGENÜBER:
**Uzès**
Kathedrale (überwiegend 17. Jahrhundert) mit der Tour Fenestrelle, 12. Jahrhundert

**Uzès**
Kathedrale, Außen- und Innenansicht (oben)
Blick auf Stadt und Landschaft (rechts)

## Uzès

Eine der reizvollsten Städte der westlichen Provence liegt etwas abseits auf einer Anhöhe: Uzès. Die römische Stadt Utetia war wohl vor allem ein militärischer Stützpunkt, der allerdings spätestens im 5. Jahrhundert in den Rang einer Bischofstadt aufstieg. Die mittelalterliche Stadtmauer läßt sich noch heute im Verlauf der Boulevards vorstellen. Dies zeigt, daß Uzès eine recht große Stadt war; ihre weltliche Grundherrschaft erhob Philipp VI. 1328 in den Rang einer Vizegrafschaft, die 1565 zu einem Herzogtum, 1572 schließlich sogar zu einer Pairie aufstieg. Die Stadt hatte sich 1546 der Reformation zugewandt und blieb eine protestantische Hochburg, bis Ludwig XIII. symbolisch in sie einmarschierte. Mit der Aufhebung des Edikts von Nantes 1685 mußte ein Teil der Bevölkerung die Stadt verlassen, und sie begann zu verarmen. Auch an der Industrialisierung und dem Tourismus seit dem 19. Jahrhundert hatte Uzès kaum Anteil. Dies hat heute den Vorteil, daß die insbesondere von Großbauten der Renaissance und des Barock akzentuierte, ursprünglich mittelalterliche Struktur der Stadt gut erhalten ist. Die sommerlichen Festivitäten versuchen vor allem durch Musikveranstaltungen dem schönen Stadtbild gerecht zu werden. In zweierlei Hinsicht spielt die Stadt auch in der französischen Literaturgeschichte eine Rolle: 1661 verbrachte Jean Racine im Alter von 22 Jahren ein Jahr bei seinem Onkel in Uzès, wo er die geistliche Laufbahn einschlagen sollte; doch schon bald kehrte er als Theaterdichter nach Paris zurück. Außerdem stammten der Vater wie der Onkel von André Gide (1869–1951) aus Uzès.

Das älteste und auf dem höchsten Punkt stehende Bauwerk ist der 42 m hohe Glockenturm der Kathedrale aus dem 12. Jahrhundert, die *Tour Fenestrelle* (Abb. S. 145 und oben links). Nach oben öffnet sich seine Wand immer mehr in größer werdenen Doppelarkaden. Der Turm erhob sich seit je als freistehender Campanile und zudem auf rundem Grundriß. Beide Charakteristika scheinen aus Norditalien oder den Pyrenäen übernommen worden zu sein.

Der Kirchenbau selbst wurde in den Jahren 1645–60 erneuert. Ein Querhaus teilt die dreischiffige Emporenhalle genau auf halber Länge. Intelligent wird die zentrale Position des Querhauses auch dadurch hervorgehoben, daß die unmittelbar anschließenden Joche mit quadratischen Kreuzrippengewölben gedeckt sind, während an den Extremitäten von Langhaus und Chor querrechteckige Gewölbe errichtet wurden. Das mittige Querhaus und die schlichte Pilasterordnung dieses frühen Barockbaus erinnern an die nordfranzösische Architektur dieser Zeit, etwa die Kirche der Sorbonne in Paris. Die Kreuzrippengewölbe hingegen führen mittelalterliche Traditionen weiter.

Die an der Peripherie der alten Stadt sich erhebende Kirche *St-Etienne* wurde 1765–78 nach Plänen von Pierre Boudon erbaut, um einen älteren, schon in den Wirren der Religionskriege beschädigten Bau zu ersetzen. Von diesem stammt noch der Turm auf der Nordseite. Der Neubau ähnelt in Grundriß und Fassade der Barockkirche Notre-Dame-des-Pommiers in Beaucaire.

**Der Herzogspalast**

Mitten in der Stadt liegt der Herzogspalast als eine äußerlich abweisende, hauptsächlich aus mittelalterlicher Substanz bestehende Wehrburg. An der Südwestecke erhebt sich als ältester Teil die Tour Bermonde, ein 43 m hoher Donjon, dessen Grundmauern vielleicht auf das 11. Jahrhundert zurückgehen. Im Osten liegt das Logis de la Vicomté, das unter anderem einen im 19. Jahrhundert stark erneuerten spätmittelalterlichen Kapellenturm enthält. Architekturgeschichtlich am bedeutsamsten ist der Trakt zwischen dem Kapellenturm und der Tour Bermonde (Abb. oben). Seine Fassade wurde wohl von dem bedeutenden französischen Renaissancearchitekten Philibert de l'Orme im dritten Viertel des 16. Jahrhunderts entworfen. In breite Fenster- und schmale Zwischenachsen gegliedert, entwickelt sich die Schaufront über drei Geschosse, deren Säulenordnung in der kanonischen Abfolge dorisch–jonisch–korinthisch ausgeführt ist. Die Fassade gehört zu den frühesten in Frankreich, die diese klassische Staffelung der Ordnungen

**Uzès**
Herzogspalast
Renaissancetrakt (Ende 16. Jahrhundert) zwischen der Tour Bermonde und dem Kapellenturm

ABBILDUNGEN OBEN UND LINKS:
**Uzès**
Place aux Herbes

übernehmen. Dabei gehen Klarheit und Plastizität der rhythmischen Gliederung sowie die Großteiligkeit der Elemente eher auf norditalienische als auf französische Vorbilder zurück.

Vor der südlichen Front des Palastes hat der Vicomte neben der Tour Bermonde ein weiteres Symbol seiner weltlichen Macht errichtet, die Tour d'Horloge (Abb. links), den Uhrturm, dessen Glockenschläge das Leben in der Stadt regulierten. In geringer Entfernung davon erhob sich einst das Symbol der konkurrierenden Machtinstitution, eine Burg des Königs. Von ihr ist heute nur noch die quadratische Tour du Roi übriggeblieben. Auf der Nordseite des Schloßplatzes schließt sich das 1773 erbaute Rathaus an, dessen beide über einen Innenhof passierbaren Trakte geschickt die Duché und die Boulevards verbinden.

Beschaulichkeit herrscht an dem von Arkadengängen des 17. Jahrhunderts gesäumten Marktplatz, der *Place aux Herbes* (Abbn. S. 148). An mehreren Stellen der Stadt findet man Renaissancefassaden des 16. Jahrhunderts, die die Hoffassade der Duché imitieren (Hôtel de Joubert et d'Avéjan am Ende der Rue de la République; Hôtel Dampmartin am gleichnamigen Platz).

## Die Garrigue

Die Garrigue ist eine in ganz Südfrankreich anzutreffende geologische Formation von einst bewaldeten, heute fast kahlen, zerklüfteten, hellen Sandsteinhügeln, zwischen denen sich kleine Vegetationsinseln aus Krüppelgewächsen, Lavendel und Ginster finden, die den charakteristischen würzigen Geruch der Provence erzeugen.

**Garrigue-Landschaft**
bei Pouzilhac

ABBILDUNG LINKS:
**Uzès**
Tour d'Horloge an der südlichen Front des Herzogspalastes

ABBILDUNG S. 150/51:
**Pont du Gard**

ABBILDUNG S. 152/53:
**Gorges du Gardon**

## Pont du Gard

Da die Nemaususquelle zur Wasserversorgung der Stadt Nîmes nicht ausreichte, errichteten die Römer wohl unter Agrippa, dem Schwiegersohn von Augustus, um das Jahr 20 v. Chr. eine lange Wasserleitung, die Wasser aus 50 km Entfernung von der Eure-Quelle in der Nähe von Uzès in den Cévennen heranführte. Über einen riesigen Aquädukt führten sie diese durch das bisweilen tief in die Bergfelsen eingeschnittene Gardtal. Die Brückenkonstruktion zählt zu den berühmtesten Zeugnissen der römischen Ingenieursbaukunst. Doch war der Äquädukt nicht die einzige technische Meisterleistung der Wasserleitung. Streckenweise verlief sie in bis zu 400 m langen Tunneln (vor allem zwischen Vers und Nîmes) sowie über sechs weitere Brückenkonstruktionen. Der Höhenunterschied zwischen Anfang und Ende der Leitung beträgt dabei nur 17 m, so daß ein sorgfältig nivelliertes Gefälle zwischen 17 und 56 cm pro Kilometer entsteht. Bis zum Pont du Gard ist das Gefälle größer; damit wurde erreicht, daß der Aquädukt nicht noch länger und höher gebaut werden mußte.

Die Konstruktion hat die Zeiten unter anderem deshalb so gut überstanden, weil sie trotz der Verkalkung der Wasserrinne und einer mangelhaften Unterhaltung lange Zeit in Benutzung blieb. Erst im 9. Jahrhundert rann hier kein Wasser mehr. Spätestens ab dem Mittelalter war eine Straße über der unteren Bogenreihe angelegt. Für die Durchfahrt waren die Pfeiler der zweiten Bogenreihe durchbrochen worden. In der ersten Hälfte des 19. Jahrhunderts plante man die Wiederherstellung der gesamten Wasserleitung und machte sich daher an eine genaue Vermessung des römischen Bauwerks.

Die Dimensionen sind gewaltig: In fast 49 m Höhe und in einer Länge von 275 m überquert die Wasserleitung den Gard. Drei übereinandergestellte Bogenreihen mußten dazu errichtet werden, deren oberste aus zahlreichen kleinen Bögen besteht. Die Breite der übereinandergestellten Brücken verringert sich von 6,36 auf 3,06 m für die oberste Bogenreihe, in der die Wasserleitung verläuft. Die größte Spannweite erreicht der untere Bogen direkt über dem Flußlauf: 24,5 m. Kein einziges mittelalterliches Gewölbe überspannt eine solche Weite! Die unteren Bögen sind aus riesigen Blöcken gemauert, die ohne Mörtel, nur durch ihr eigenes Gewicht zusammenhalten. In der zweiten Zone werden die Steinblöcke kleiner, doch werden sie nach ca. je vier Schichten wieder durch riesige Quader stabilisiert. Bemerkenswert sind die Vorkragungen an den Bogenanfängern: Hier wurden die Gerüste zum Aufmauern der Wölbkonstruktionen eingesetzt, und später konnte man die Kragsteine bei Reparaturarbeiten nutzen. Die Wasserrinne war einst 1,2 m breit und fast 2 m hoch; doch haben Kalkablagerungen ihren Durchmesser beträchtlich verringert. Nach ihrer Inbetriebnahme konnte die Wasserleitung jeden Tag etwa 20 000 $m^3$ Wasser nach Nîmes bringen.

# Vom Land des Ockers ins Gebirge der Waldenser

## Cavaillon, das Hochland des Vaucluse und der Luberon

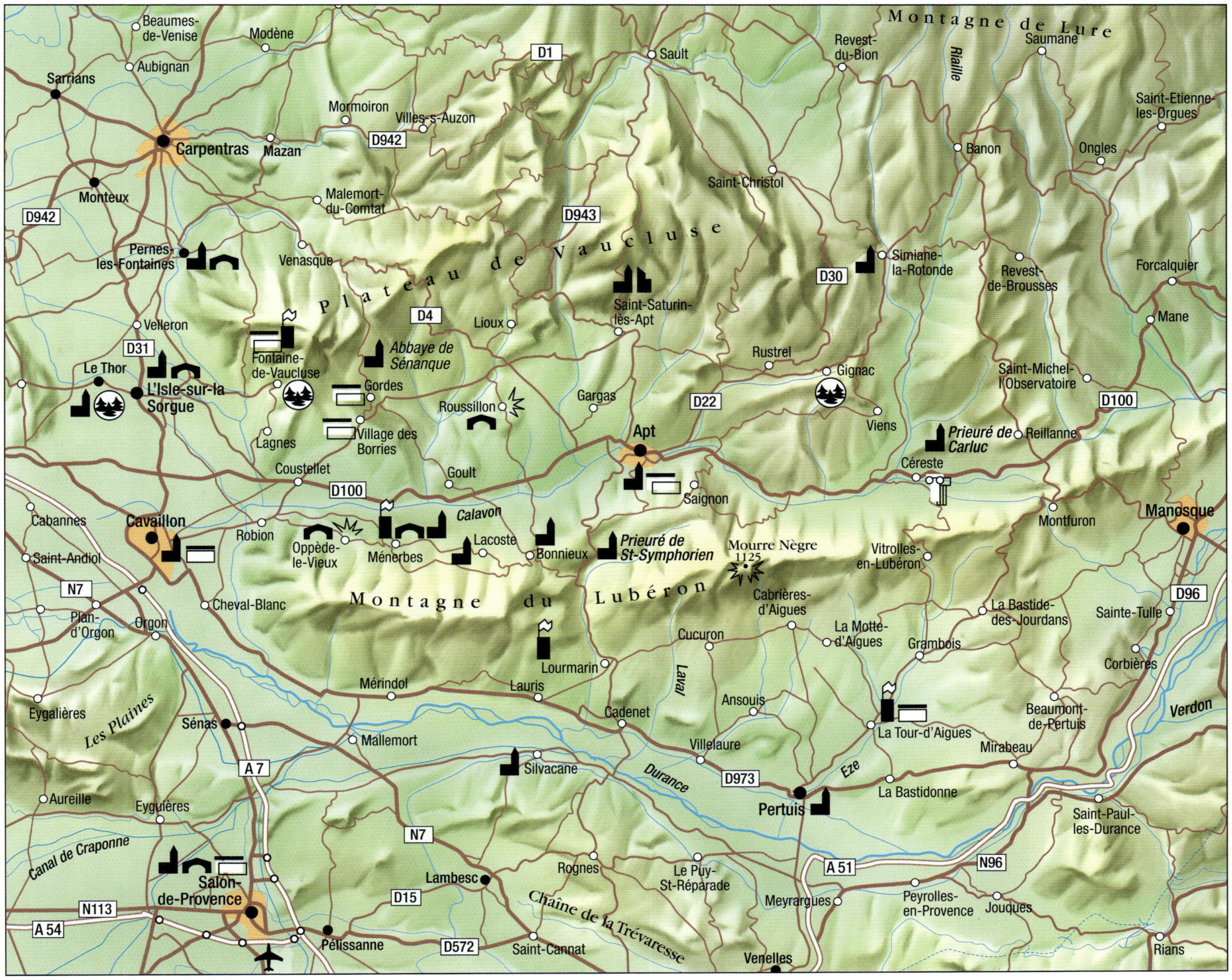


ABBILDUNG GEGENÜBER:
**Prieuré de Carluc** bei Céreste, Anfang 12. Jahrhundert

Cavaillon
Torbögen eines ehemals vierseitigen römischen Prachttors

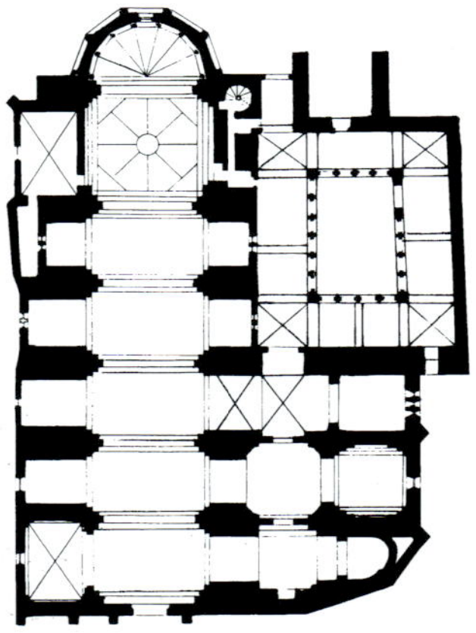

**Cavaillon**
Kathedrale St-Véran, 1. Drittel 12. Jahrhundert
Apsis und Grundriß

## Cavaillon

Auf dem Hügel St-Jacques lebten in vorgeschichtlicher Zeit die keltischen Cavarer, die Handel mit den Griechen in Massalia trieben. Römer siedelten sich im 1. Jahrhundert v. Chr. am Fuß des Hügels an und nannten ihren Ort Cabellio. Früh öffnete sich die Stadt dem Christentum, ab dem Ende des 4. Jahrhunderts gab es hier einen Bischof. 1274 kam die Stadt mit dem Comtat Venaissin an den Papst und wurde bis zur Revolution gemeinsam vom Bischof und einem päpstlichen Gouverneur regiert. Die Bedeutung Cavaillons liegt seit dem Mittelalter bis heute im Obstanbau und Obstvertrieb. Bereits 1235 gab es eine künstliche Feldbewässerung. Berühmt sind die Melonen von Cavaillon. Die heutige Stadt hat sich zwar sehr ausgedehnt, doch ihr altes Höhenprofil aus wenigen Stockwerken ziemlich einheitlich behalten. In den achtziger Jahren fällte man aus verkehrstechnischen Gründen die Platanen, die die Boulevards zu angenehm schattigen Korridoren gemacht hatten – ein Fehler, der heute hoffentlich nicht mehr gemacht würde.

Als einziges antikes Zeugnis erhebt sich an der Place du Clos ein römisches Prachttor (Abb. oben). Die zwei Bögen bildeten ursprünglich ein vierseitiges Tor. Im Inneren befand sich wohl ein Gratgewölbe aus zwei einander durchdringenden Tonnen. Ursprünglich stand der Bogen am antiken Forum und wurde 1880 an seinen heutigen Standort versetzt. Die Ornamentformen zeigen, daß das Monument – wie die Vergleichsbauten in St-Rémy und Carpentras – in spätaugusteischer Zeit gefertigt wurde.

### Kathedrale St-Véran

Die Kathedrale St-Véran wurde wohl im ersten Drittel des 12. Jahrhunderts errichtet und hat seither nur wenige Umbauten und Veränderungen erfahren. Allein die Restaurierung im 19. Jahrhundert hat eine umfangreiche Ausmalung und manche pseudoromanische Skulptur hinzugefügt. Die Apsis (Abb. unten links) ist ein eindrucksvolles Beispiel dafür, daß die romanischen Werkmeister nicht nur in den dekorativen Formen, sondern auch in der »klassischen« Proportionierung der Blendarkaden an die römische Bautradition anknüpften. Der antike Grundtypus der Kapitelle ist hier reichhaltig in Blattornamenten variiert. Der achteckige Turm über dem Kuppeljoch setzt über einem in der Provence einzigartigen runden Tambour auf. In diesem ist im Inneren die Kuppel untergebracht.

Auch das Innere (Abb. unten) verdeutlicht, wie getreu das römische Bauen weitergeführt wurde. Der einschiffige Bau wird von einer gurtverstärkten Tonne überwölbt, die ursprünglich auf gestuften Blendarkaden in den Seitenschiffen aufsetzte. Als provençalische Besonderheit sind, wie auch in Arles und Aix, Säulen unter den Gewölbeanfängern eingestellt. Die Blendarkaden wurden schon im 13. Jahrhundert geöffnet, um hier Kapellen anzubauen. Im Kuppeljoch leiten Trompen mit (erneuerten) Evangelistendarstellungen in den achteckigen Tambour über. Die achtseitige Kuppel wird von Wulstrippen gegliedert, eine Form, die ebenfalls an anderen provençalischen Bauwerken dieser Zeit zu finden ist. Der kleine Kreuzgang auf der Südseite ist gleichsam eine vereinfachte Version der prächtigen Anlagen in Arles, Montmajour usw. Das Tonnengewölbe wurde an einigen Stellen durch ein Rippengewölbe ersetzt.

### Die Synagoge

Die Synagoge wurde 1772/73 errichtet und ist bereits der dritte jüdische Kultbau an dieser Stelle. Vor allem die schöne Rokokofassade wurde damals neu gestaltet, das Innere mit dem längsrechteckigen Betsaal im Obergeschoß ist in den Grundmauern schon älter. Die gesamte Inneneinrichtung wirkt in ihrer exquisiten Ausstattung

**Cavaillon**
Kathedrale St-Véran
Innenansicht nach Osten

ABBILDUNG GEGENÜBER:
**Landschaft bei Cavaillon**

wie ein Salon im Stil Louis XV. Auf einer Empore befindet sich in einer Nische die heilige Lade mit der Thorarolle. Der »Stuhl des Mose«, vor dem die Kinder vor der Beschneidung präsentiert werden, steht erhöht auf einer großen Eckkonsole. Im Untergeschoß ist noch die Bäckerei vorhanden, in der das Mazzabrot gebacken wurde.

In der Kapelle des 1753 von J. H. Mollard erbauten *Hospitals* kann ein Museum besichtigt werden, das außer schönem Kunsthandwerk vor allem auch die Geschichtszeugnisse von Cavaillon und seiner Umgebung präsentiert. Reizvoll ist der Aufstieg zur kleinen romanischen Kapelle St-Jacques (Abb. rechts), wo sich einst das keltische Oppidum befand.

**Cavaillon**
Romanische Kapelle
St-Jacques, 12. Jahrhundert

## Le Thor

Das Städtchen besitzt einen der interessantesten Kirchenbauten der späten provençalischen Romanik: *Notre-Dame-du-Lac* wurde um 1200 errichtet und ist später kaum verändert worden, sieht man von dem Oktogon des Glockengeschosses ab, das 1834 aufgesetzt wurde. Auffällig am Äußeren (Abb. gegenüber) sind zum einen die Steilheit des Gebäudes, zum anderen die weit auskragenden Strebepfeiler. Dies erklärt sich daraus, daß im Langhaus zwei Gewölbe übereinandergestaffelt wurden. Das Dach ruht auf einem häufig zu findenden Spitztonnengewölbe; darunter aber wurde zudem ein Rippengewölbe eingezogen, dessen Last auch über die Strebepfeiler abgeleitet wird. Die Vorhalle auf der Südseite bietet einen reichen Aufwand an antikischem Dekor, doch wirkt dieser, anders als bei früheren provençalischen Bauten, wie aufgelegt. Dafür gibt es hier ein Rippengewölbe aus kräftigen plastischen, angespitzten Rippen. Auch im vierjochigen Inneren (Abb. links unten) zeigen die Rippen eine aufwendige Profilierung. Das Gewölbe wurde sicher nicht erst später eingezogen, denn die Strebepfeiler stehen im Verbund mit dem übrigen Mauerwerk. Das Rippengewölbe ist also ein auszeichnendes Merkmal, das als Entlehnung aus der nordfranzösischen Gotik in einen ansonsten romanischen Bau eingesetzt wurde. Wie stark die Kirche im übrigen an der lokalen Tradition anschließt, machen die Grundgegebenheiten deutlich: einschiffiges Langhaus, achtseitige Kuppel mit Trompen und Evangelistensymbolen. In der Apsis kann man feststellen, wie alte Bauweisen modernisiert wurden. Die Blendarkatur und die von Rippen geschmückte Apsiswölbung sind nicht ungewöhnlich. Neu sind aber die Schaftringe an den überlängten Säulchen und die fein profilierten Rippen, die sich in einem mit einem Passionslamm dekorierten Schlußstein treffen.

ABBILDUNGEN GEGENÜBER UND RECHTS:
**Le Thor**
Notre-Dame-du-Lac, um 1200
Außenansicht der Ostpartie mit Vierungsturm und Innenansicht nach Osten

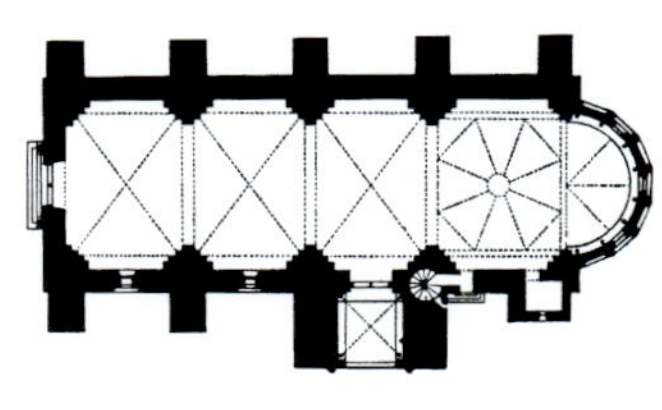

**Le Thor**
Notre-Dame-du-Lac
Gliederung des Chors nach Viollet le Duc (oben)
Grundriß

## Fontaine de Vaucluse

Die Quelle der Sorgue liegt nicht nur in einem äußerst malerischen Felsental mit einer anmutigen kleinen Stadt, in der eine romanische Kirche aus dem 12. Jahrhundert steht. Sie bietet zudem ein besonderes Naturphänomen, das immer noch nicht ganz geklärt ist. Wandert man in das Tal hinein, bemerkt man zunächst, daß der Oberlauf aus zahlreichen kleinen Felsspalten und Löchern gespeist wird. Am Ende des Tales aber befindet sich eine Höhle am unteren Ende des hier steil aufsteigenden Felsens. Der Wasserstand wechselt im Verlauf des Jahres, zumeist im Frühjahr steigt er rapide an, und das Wasser ergißt sich in einer gewaltigen Kaskade in das Tal. In der Quelle sammelt sich das Regenwasser, das aus einem

**Sénanque**
Kreugang (oben); Nordansicht der Klosteranlage (gegenüber)
Grundriß

ABBILDUNGEN S. 162/63
**Sénanque**
Klosterkirche nach Osten (S. 162)
Blick in die Vierung (S. 163)

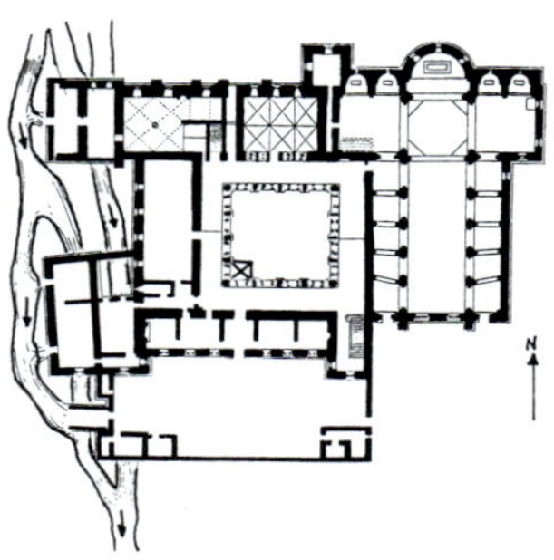

**Fontaine de Vaucluse**

ausgedehnten Bereich von 1240 km² durch Felsritzen, Spalten und Hohlräume in den Quelltopf geleitet wird. Dieser besteht keineswegs aus einer Vertiefung von nur einigen Metern; vielmehr führt ein Schacht in dem porösen Kalkgestein steil nach unten, der nach 308 m auf eine wasserundurchlässige Schicht trifft. Das Wasser im Schacht wird also immer wieder nach oben gedrückt, weil es offenbar durch den Zufluß aus kleineren, aber bis zu 667 m langen Spalten nicht auf andere Weise abfließen kann. Die Quelle war schon im Altertum berühmt, Strabo, Seneca und Plinius d. Ä. berichten von ihr. Petrarca erwählte den Ort zu seinem Landsitz, wo er 36 Jahre lebte. Seit 1869 wird die Quelle wissenschaftlich untersucht. 1985 erreichte hier der Deutsche Jochen Haselmeyer den Weltrekord im freien Tauchen mit einer Tiefe von 205 m.

Der Weg zur Quelle wird von weiteren Sehenswürdigkeiten gesäumt: einem Museum zur Geschichte der deutschen Besetzung und der Widerstandsbewegung 1940–45, dem Höhlenmuseum Norbert Casteret sowie einer Papiermühle.

## Sénanque

Im Jahr 1148 veranlaßte Bischof Alfant von Cavaillon die Gründung eines Zisterzienserklosters, das den ausgedehnten Grundbesitz der Lokalherren von Gordes erhielt. Die aus Mazan bestellten Mönche wählten in dem bewaldeten Tal einen Standort an dem Bach Sénancole, den sie aufstauten. Unterstützt auch durch die Grundherren von Venasque, blühte das Kloster rasch auf und bildete ein wichtiges Zentrum, von dem aus die Gegend landwirtschaftlich erschlossen wurde. Nachdem aber im 13. Jahrhundert die Städte immer wichtiger und die Bettelorden für Grablegen immer attraktiver wurden, begann die Bedeutung von Sénanque allmählich zu sinken. Nachdem im 15. Jahrhundert wieder eine gewisse Prosperität zu verzeichnen war, wurde das Kloster 1544 Opfer des Waldenseraufstandes (siehe hierzu S. 179). In der Revolution wurde die Anlage verkauft, 1854 übernahmen schließlich die Zisterzienser ihren alten Konvent wieder. Allerdings wurden sie infolge der antiklerikalen Politik des französischen Staates mehrfach vertrieben, bevor sie das monastische Leben 1989 endgültig wiederaufnehmen konnten.

Umgeben von Lavendelfeldern und den Anhöhen des Vaucluse, gehört das Zisterzienserkloster – zusammen mit seinen »Schwestern« Silvacane und Le Thoronet – zu den großen Berühmtheiten der Provence (Abb. rechts). Immer wieder ist man fasziniert von der klaren Anordnung und der geometrischen Aufteilung der Gesamtanlage, deren einzelne Bauteile bei aller Schlichtheit zudem in sichtbarer technischer Perfektion ausgeführt sind. Das weitgehende Fehlen von skulpturalem Dekor darf man nicht als Sparsamkeit auslegen. Sicherlich, der Ende des 11. Jahrhunderts von Robert von Molesme gegründete Reformorden hatte die strenge Regel des hl. Bernhard zu neuem Leben erweckt, und die Mönche lebten in der sprichwörtlichen zisterziensischen Askese. Auch hatten die Bauten auf unnötige Bauteile wie Türme sowie auf ablenkende bildlich-skulpturale Dekoration zu verzichten. Doch das perfekte Mauerwerk der Klostergebäude mit den fugenlos versetzten Quadern war gleichwohl aufwendig herzustellen, garantierte somit eine Solidität und Dauerhaftigkeit, die auch unmittelbar anschaulich wurde.

Die Klosteranlage ist so angeordnet, daß die Kirche nach Norden zeigt. Somit konnten die Kirche auf dem höchsten Punkt des Klosters angelegt und gleichzeitig ein Teil der Konventsgebäude an den Bach herangeführt werden, um dessen Wasser zu nutzen. Das Kirchengebäude war von außen nur durch kleine, einstmals Laien vorbehaltene Portale zu betreten, denn die Mönche selbst hatten direkt von den Konventsgebäuden Zugang zur Kirche. Ähnlich führt heute der Besichtigungsweg von den Klostergebäuden in die Kirche. Diese ist eine dreischiffige Basilika mit einem von einem Vierungsturm bekrönten Querhaus, von dem die Chorapsis und vier Nebenapsiden abgehen. Querhaus und Vierung

(Abb. rechts) sowie die Langhausseitenwände gehören zu einer ersten Bauphase um 1160. Während der Arbeiten am Langhaus (Abb. gegenüber) beschloß man gegen Ende des 12. Jahrhunderts eine Planänderung: Das Mittelschiff wurde höher als ursprünglich geplant ausgeführt, um in der Hochschiffswand Fenster unterbringen zu können. Die Pfeiler mußten nun verstärkt werden, so daß sie dicker als die Vierungspfeiler sind. Die Gewölbe der Seitenschiffe sind steigende Tonnen, die mittelschiffseitig einen höheren Ansatzpunkt haben als an den Langhausseitenwänden. Überall dominieren Spitzbogenkonstruktionen: Langhaus und Querhaus sind mit angespitzten Tonnen gewölbt, und die Arkaden des Mittelschiffs bilden ebenfalls leichte Spitzbögen aus. Faszinierend sind die geometrisch klaren, rechtwinkligen Pfeiler und Gewölbevorlagen. Aufwendig gerundete Basen- oder Dienstprofile waren gegenüber der perfekten technischen Ausführung des Mauerwerks ganz offenbar von nachgeordneter Bedeutung.

In den Kapellen des Querhauses sind jeweils rechts noch die Tabernakelnischen für das liturgische Gerät zu sehen. Das Wandnischengrab im Ostquerarm diente wohl als Ruhestätte der weltlichen Stifterfamilie, der Simiane, für dessen Seelenheil die Mönche beteten.

Der Kreuzgang (Abb. S. 160 oben), über fast quadratischem Grundriß angelegt, ist einer der besterhaltenen in der Provence. Der gute Erhaltungszustand wirkt auch deswegen besonders eindrücklich, weil alle Gänge einander gleichen. Jeweils drei kleine Arkaden über Doppelsäulen werden von einem mächtigen Überfangbogen auf Pfeilern eingefaßt. Dieses statische System erlaubt, das Tonnengewölbe der Gänge problemlos zu tragen. Im Gegensatz zum Kircheninneren entfaltet sich hier eine feine Dekoration, denn die auf schönen Basen aufsetzenden Säulchen zeigen in ihren Kapitellen einen flachen Reliefschmuck aus Palmetten und Ranken.

Am Nordflügel befindet sich der für Mönchsversammlungen und juristische Akte genutzte Kapitelsaal. Seine auf kantonierten Pfeilern und einem riesigen Kapitell aufsetzenden Gewölbe wurden wohl erst Anfang des 13. Jahrhunderts in den zunächst ungewölbten Raum eingesetzt. Nach Osten schließt sich ein Mönchsbau an, der als Scriptorium und Wärmeraum diente. Darüber befindet sich das über den gesamten Nordflügel reichende Dormitorium, der Schlafsaal der Mönche. Die beiden Türen in der Westwand gaben Zugang zu einem Abort direkt über dem Bach. Am Westflügel befand sich ursprünglich der Speisesaal, das Refektorium. Nach den Beschädigungen 1544 wurde es im 17. Jahrhundert wieder nutzbar gemacht, doch im 19. Jahrhundert zur Kapelle umgebaut. Ebenfalls aus dem 17. Jahrhundert stammt das große Gebäude für die Konversen, die Laienmönche, die im Kloster lebten und vor allem arbeiteten, aber nicht an den liturgischen Handlungen der Mönche teilnehmen durften.

ABBILDUNGEN GEGENÜBER:
**Dorf mit Bories**
bei Gordes

**Gordes**
Orts- und Schloßansicht von einem gegenüberliegenden Hügel

## Gordes

Das Städtchen Gordes, mit seinen Häusern und Gärten in die Hänge des felsigen Berges geschmiegt und von Schloß und Kirche überragt, gehört zu den schönsten landschaftlichen Kulissen der Provence (Abb. oben). Das Schloß wurde zwischen 1537 und 1541 unter Bertrand de Simiane als Ersatz für eine Anlage aus dem 12. Jahrhundert erbaut. Der langgestreckte Bau mit seinen mächtigen Rundtürmen steht noch ganz in der Tradition mittelalterlicher Wehranlagen. Doch die klare Gliederung der Platzseite in Geschosse mit gleich breiten Fenstern in je einer Achse und die Renaissancerahmen zeigen das Bestreben nach einer geordneten Schaufassade. Die Renaissanceformen, die ebenso in Lourmarin wiederkehren (siehe S. 182/83), gehören zu den frühesten nicht nur in der Provence, sondern in ganz Frankreich. Im Inneren führt eine in einen alten Wehrturm eingebaute Wendeltreppe zum großen Saal mit seinem imposanten Kamin.

Etwas westlich von Gordes liegt noch ein Dorf mit Bories (Abbn. S. 165), jenen charakteristischen, meist quadratischen oder auch runden steinernen Behausungen mit konisch zulaufenden Gewölben. Diese erzielen ihre Stabilität dadurch, daß jede der flachen Kalksteinplatten gegenüber der unteren Lage leicht nach innen kragt. Mörtel ist für diese Konstruktionsart nicht notwendig; wenn die Fugen mit Gras oder ähnlichem gefüllt wurden, so geschah dies allein zum Schutz vor Luftzug und Insekten.

Die Konstruktionsart ist im ganzen Mittelmeerraum verbreitet; *Trulli* heißen diese Häuser in Apulien, *Orris* in den Pyrenäen, *Casitats* in Spanien. Immer sind sie Behausungen für Bauern und Hirten, und zumindest in der Provence bildeten die Bories-Dörfer keine eigenständigen Gemeinschaften. Denn wenngleich auch die einzelnen Häuser wie bei Gordes zu Gruppen zusammengestellt sind, so verfügen die Dörfer doch weder über eine Kirche noch über einen Friedhof und finden sich meist in der Nähe größerer Orte. Die Bautechnik ist schon seit dem Neolithikum überliefert und wurde sogar im 19. Jahrhundert noch angewendet.

AMANDIER
TOUCHER

## Les Bouillons

Von Gordes aus gelangt man in Richtung Süden über die D 2, D 103 und D 148 zur historischen Ölpresse von Bouillons. Inmitten eines Parks in einem Gehöft hat sich die beeindruckende Konstruktion erhalten, die – zumindest in Einzelteilen wie dem riesigen Eichenstamm – auf galloromische Zeit zurückgeht.

Daneben ist ein Museum der Glasmalerin Frédérique Duran zu besichtigen, in dem man sich außerdem umfassend über die Geschichte der Glasmalerei informieren kann.

## Roussillon und Umgebung

Das schöne Dorf Roussillon liegt auf einer Felsenspitze, umgeben von glühend roten Ockerabhängen. Die Ockerpigmente prägen auch die reich variierten Rot- und Gelbtöne der Mauerputze in dem Örtchen. Vom kleinen Rathausplatz aus dem 18. Jahrhundert führt ein Sträßchen unter dem Beffroi hindurch zu der Felsenplattform, von der aus sich ein weites Panorama bietet. Von Roussillon aus kann man zu Fuß im *Colorado provençal* über Gargas, Rustrel und Gignac immer neue Formationen des Ockers erleben (siehe hierzu auch Abbn. S. 174/75).

**Les Bouillons**
Ölpresse mit Eichenstammkonstruktion aus gallorömischer Zeit

ABBILDUNGEN GEGENÜBER UND RECHTS:
**Roussillon**
Dorf mit Ockerfelsen

**Ocker**
Zwischen St-Pantaléon und Gignac erstreckt sich über 25 km nördlich von Apt ockerhaltiges Gestein, in Schichten von bis zu 15 m Dicke. Eisenoxyde, die an dem tonigen Sand einen Anteil von ca. 10 Prozent haben, verursachen die intensiven Färbungen, die über Gelb, Hellrot, Rotbraun bis hin zu Violett reichen können und der Landschaft ihr phantastisches Gepräge geben. Der Ocker wird hier seit 1780 abgebaut und findet bei der Farben- und Färbemittelherstellung, der Seifen- und der Papierproduktion vielseitige Verwendung.
Das Verfahren zur Ockergewinnung ist einfach: Der Sand wird gewaschen, anschließend wird der Ocker in Becken vom übrigen Quartz geschieden, an der Sonne getrocknet und zu Pulver gemahlen. Mit dem Aufkommen chemischer Farbstoffe ist der Abbau seit den dreißiger Jahren stark zurückgegangen; er gewinnt aber in jüngster Zeit wieder etwas an Bedeutung.

**Pont St-Julien** (bei Apt)
Römische Steinbrücke
aus dem 1. Jahrhundert

## Pont St-Julien

Der Pont St-Julien, der etwa 10 km westlich von Apt über den Coulon führt, ist eine fast vollständig erhaltene römische Steinbrücke (Abb. oben). Noch heute wird das Bauwerk aus dem 1. Jahrhundert benutzt. Drei weitgespannte Bögen tragen die von beiden Seiten ansteigende Fahrbahn. Der mittlere Bogen war dadurch höher und erlaubte Booten, ungehindert zu passieren. Die portalartigen Löcher in den Bogenzwickeln sollten bei Hochwasser die Wassermassen schneller abfließen lassen.

## Apt

Auch Apt war in römischer Zeit eine Kolonie, Apta Julia. Schon Ende des 3. Jahrhunderts wurde die Stadt Bischofssitz. Durch feindliche Einfälle zwischen dem 7. und 9. Jahrhundert völlig zerstört, erholte sich die Stadt erst wieder im 11. Jahrhundert. Doch auch die weitere Geschichte blieb ein dorniger Weg. Nach einem gewissen Aufschwung während des Avignoneser Papsttums erlitt die Stadt erneut große Schäden durch die Religionskriege und schließlich durch die Pest von 1720. Der landwirtschaftliche Aufschwung im 19. Jahrhundert wurde entschieden dadurch behindert, daß die erhoffte Eisenbahnanbindung nie realisiert wurde. Auch wenn die Stadt heute die »Hauptstadt der kandierten Früchte« ist, so merkt man ihr die leidvolle Vergangenheit durchaus noch an.

### Kathedrale Sainte-Anne

Das Kathedralgebäude erhebt sich nördlich des alten römischen Forums. Zu Beginn des 5. Jahrhunderts wurde die alte Forumsbasilika mit einem Kirchengebäude überbaut, das im 9. Jahrhundert vollständig zugrunde ging. Der Bischofssitz war bis Mitte des 11. Jahrhunderts in eine Kirche St-Pierre verlegt. Zu dieser Zeit begann der Wiederaufbau der Kathedrale, die aber schon im dritten Viertel des 12. Jahrhunderts einem neuen Gebäude, dem heutigen Mittelschiff, weichen mußte. Um 1200 folgten das südliche Seitenschiff, im 14. Jahrhundert das Pendant auf der Nordseite. Nach Entwürfen Mansarts wurde auf der Nordseite um 1660 die Annenkapelle erbaut. Das Äußere des Gebäudes ist größtenteils ver-

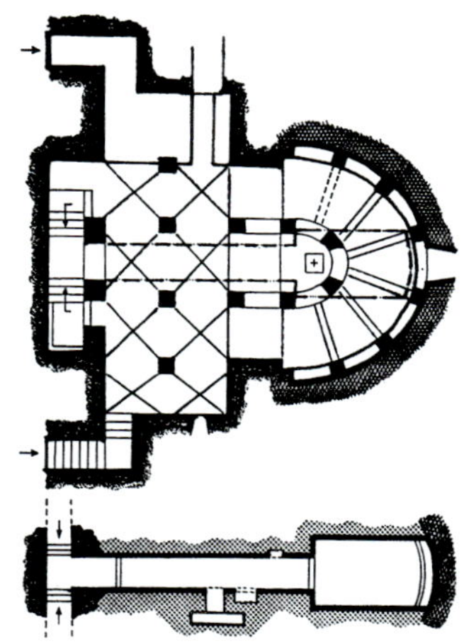

**Apt**
Kathedrale Sainte-Anne
Grundrisse von Ober- und
Unterkrypta

baut; auch das Innere bietet ein Konglomerat aus verschiedenen Epochen. Noch im 18. Jahrhundert wurden die romanische Tonnenwölbung und das Apsisgewölbe mit Kreuzrippengewölben versehen und Teile des Gebäudes mit einem reichen Stuckdekor überzogen. Die Kirche des 12. Jahrhunderts ist ein einschiffiger Bau mit ursprünglich nur drei Jochen, einem Seitenschiff (Abb. unten) und drei Ostapsiden (davon die südliche erhalten). Einige Ausstattungsstücke sind zu erwähnen, so die Glasmalereien des 14. Jahrhunderts in der Apsis (Maria mit dem Kind und Anna, umgeben von Urban V. und dem Bischof von Apt, Raymond Bot), der romanische Altar in der Südapsis und ein Arleser Sarkophag (um 400) in einer der Kapellen der Nordseite. In der Annenkapelle ist die Schatzkammer mit wertvollen Liturgika eingerichtet.

Unter der Vierung und der Mittelapsis befinden sich zwei interessante Krypten: Die sogenannte obere Krypta von Mitte des 12. Jahrhunderts (Abb. unten rechts) besteht aus einem quergelagerten Vorraum, an den nach Osten eine Umgangskrypta anschließt. In der Apsis steht ein vorromanischer Tischaltar. Nicht nur in ihrem Grundriß, sondern auch in ihrer hervorragenden Mauerbearbeitung mit großen Steinmetzzeichen schließt sich die Oberkrypta eng an die Unterkirche von Montmajour an. Bemerkenswert für Apt ist die Tatsache, daß die Gläubigen einst durch seitliche Zugänge von außen in die Krypta gelangten. Zur unteren Krypta kommt man über einen Zugang im Osten der Oberkrypta. Ein schmaler Stollen führt in eine rechteckige Kammer. Diese stößt im Osten auf gallorömisches Mauerwerk, Teil wohl der römischen Forumsbasilika. Die Unterkrypta muß zu den frühesten christlichen Bauten von Apt zählen, vielleicht war sie die Grabkammer der ersten Bischöfe Auspicius und Castor.

Der *ehemalige Bischofspalast* (um 1780) dient heute als Sitz der Sous-préfecture und der Stadtverwaltung. Die Porte de Saignon ist ein ehemaliges Stadttor des 14. Jahrhunderts. Das *Museum* wurde über den Resten des römischen Theaters erbaut und zeigt auch gallorömische Sarkophage und Mosaiken sowie Fayencen aus Apt.

An der Place Jean Jaurès steht das *Musée du Parc naturel régional du Luberon:* Hier ist alles zu besichtigen, was die Geschichte und die Landschaft des Luberon ausmacht.

**Apt**
Blick auf die Stadt und die umgebende Landschaft

**Apt**
Kathedrale Sainte-Anne südliches Seitenschiff, um 1200 (links außen), Oberkrypta, Mitte 12. Jahrhundert (links)

ABBILDUNG S. 170/71:
**Weinberge in der Umgebung von Apt**

ABBILDUNGEN GEGENÜBER, OBEN UND RECHTS:
**Landschaften mit Lavendelfeldern bei Sault**

ABBILDUNGEN S. 174/75:
**Ockerfelsen bei Rustrel**

## Nördlich und östlich von Apt

Nördlich von Apt erhebt sich bis zur Bergkette der Montagne de Lure, welche den Bergzug des Mont Ventoux nach Osten fortsetzt, die Hochebene des Plateau de Vaucluse. Hinter Apt steigt sie im Signal de St-Pierre auf 1256 m auf, nördlich davon erstreckt sich die Ebene, die langsam von ca. 600 auf 900 m Höhe ansteigt. Steineichen, Ginster und vor allem Lavendel gedeihen in dem verkarsteten, dünn besiedelten Gebiet. Es ist von zahllosen Spalten, Vertiefungen und Schluchten durchzogen, in denen das Regenwasser sich sammelt und in dem porösen Kalkgestein verschwindet. Erst in der Fontaine de Vaucluse tritt es in dem Quelltopf wieder zum Vorschein (siehe S. 159 f.). Zwischen Rustrel und Gignac verläuft entlang der D 22 der durch seine ockerroten Felsen und Steinbrüche berühmte *Colorado provençal* (Abb. S. 174/75). Die Schluchten der Nesque bieten sich an, um die Naturschönheiten des Plateau de Vaucluse zu erleben. Östlich davon gibt es zahlreiche pittoreske Dörfer mit schmalen Gassen und alten Burgruinen: Sault, Aurel, St-Trinit, St-Christol-d'Albion.

Die im dritten Viertel des 12. Jahrhunderts erbaute, ursprünglich einschiffige Kirche enthält im Chor einen überbordenden plastischen Schmuck im Halbrelief, der die Säulenschäfte der Blendarkatur überzieht. Dargestellt sind Tiere und Fabelwesen zwischen Weinranken.

**Simiane-la-Rotonde**
Donjon aus dem 12. Jahrhundert (oben)
Zierelement im ehemaligen Obergeschoß (rechts)

## Simiane-la-Rotonde

Auf einer Höhe von 600 m steht der kleine Ort, dessen einstige mittelalterliche Burg bis auf wenige Reste und den spektakulären Wohnturm (Abb. oben) verschwunden ist. Dieser Donjon teilte sich durch eine hölzerne Zwischendecke in zwei Geschosse, von denen das untere vermutlich als Waffenkammer und Lagerraum diente, während das obere, reicher ausgestattet, Wohn- und Repräsentationsbereich war. Dieser wird von einer zwölfseitigen, von Rippen getragenen Kuppel überwölbt (Abb. S. 177). Die Zone des ehemaligen Obergeschosses umgeben zwölf Arkadennischen, denen kräftige Halbsäulen als Auflager für Rippen vorgelegt sind. Die architektonischen und skulpturalen Formen gehen gut mit provençalischen Werken des ausgehenden 12. Jahrhunderts, insbesondere im Kloster Sénanque, zusammen. Der runde Donjon von Simiane gehört zu einem in der Provence seltenen Bautyp, doch wird seine Anlage bei der Tour de Constance in Aigues-Mortes wiederaufgenommen.

## Prieuré de Carluc

Nach Südosten gelangt man in das hübsche Oppedette und vor die südlich anschließenden, wild zerklüfteten Gorges d'Oppedette. In der Nähe von Céreste steht die Ruine der Klosteranlage Saint-Pierre-de-Carluc (Abb. S. 154). Das 1011 erstmals erwähnte Kloster vereint drei Kirchengebäude, die Maria, Petrus bzw. Johannes d. T. geweiht sind. Dies erinnert an frühchristliche Kathedralgruppen. Mit der Angliederung an die mächtige Abtei Montmajour zwischen 1114 und 1118 begann eine Blütezeit, in der die teilweise in den Fels getriebene pittoreske Anlage entstand.

**Simiane-la-Rotonde**
Donjon, Kuppel des ehemaligen Obergeschosses

## Luberon

Zwischen Cavaillon und Manosque erstreckt sich über eine Länge von 65 km der Gebirgszug des Luberon. Durch die Senke bei Lourmarin wird er in zwei Massive geteilt: im Westen der bis auf 700 m aufsteigende »Kleine Luberon« mit bizarren Formationen, die bisweilen an die Alpilles erinnern. Nach Osten zieht sich der »Große Luberon«, der im Mourre Nègre 1250 m erreicht. Seine beiden Abhänge unterscheiden sich deutlich voneinander: Die immer sonnenbeschienene Südseite fällt allmählich ab, hat ein mediterran geprägtes Klima und bietet reichlich Raum für Landwirtschaft. Ganz anders der Nordabhang, der immer wieder steil abfällt und wo die Temperaturen deutlich niedriger sind. In vorgeschichtlicher Zeit war der Luberon verhältnismäßig dicht besiedelt, denn sein Kalkgestein bot zahlreiche Höhlen und Unterschlupfe, in denen sich Menschen heimisch machen konnten. Später nahm die Bevölkerungszahl ab, seit dem Mittelalter bevorzugten die Menschen die großen Städte in der Umgebung der Berge. Hier bildeten sich kleine Grundherrschaften aus, die ihre Ländereien von ihren Burgsitzen aus kontrollierten. Im 16. Jahrhundert spielte sich in den Berglandschaften die grausame Verfolgung der Waldenser ab: 19 Dörfer, in denen man Anhänger der Sekte vermutete, wurden im April 1545 niedergebrannt, ihre Anführer ermordert. Insgesamt wurden dabei 3000 Menschen getötet, 600 zum Dienst auf der Galeere abgeführt. Danach kehrte Ruhe für die durch und durch agrarisch bleibende Landschaft ein, die auch vom einsetzenden Fremdenverkehr im 19. Jahrhundert nicht wahrgenommen wurde. Erst nach dem Zweiten Welt-

ABBILDUNGEN OBEN U. LINKS:
**Oppède-le-Vieux**

ABBILDUNGEN S. 179:
**Ménerbes**

krieg entdeckten vor allem Künstler und Intellektuelle die ruhige und schöne Landschaft. Um aber einem zerstörenden Massentourismus von vornherein Einhalt zu gebieten, wurden 1977 große Teile des Luberon als Naturschutzpark ausgewiesen (Parc naturel régional du Luberon).

## Oppède-le-Vieux

Oppède-le-Vieux ist vor allem ein geschichtsträchtiger und heute äußerst malerischer Ort auf einem Bergkegel (Abbn. S. 178). Die ganz oben gelegene Burg wurde einst vom Grafen Raymond VI. von Toulouse errichtet, ging dann an die Herren von Baux, dann an die Familie der Meynier, der auch der Initiator des Massakers an den Waldensern, Jean Meynier d'Oppède, entstammte. Nach der Schleifung der Anlage nach 1789 bietet sie sich heute nur mehr als malerische Ruine. Auch der Ort selbst war lange Zeit verlassen, doch die Wiederentdeckung des Luberon hat dazu geführt, daß er sich seit etwa einem halben Jahrhundert wieder mit Leben füllt.

## Ménerbes

Wie ein riesiges Schiff liegt Ménerbes mit der Zitadelle (13. Jh.) am »Bug« im Osten und einer weiteren Wehranlage am »Heck« in der Landschaft (Abbn. oben und links). Der Ort mit seinem Glockenturm aus dem 16. und der Kirche aus dem 14. Jahrhundert lockte in diesem Jahrhundert zahlreiche Künstler und Intellektuelle an, unter ihnen Picasso und dessen Geliebte Dora Maar, Albert Camus und Nicolas de Staël. Vor allem bei amerikanischen und japanischen Touristen gilt heute Ménerbes als eines der provençalischen Künstlerdörfer schlechthin.

**Die Waldenser**

Seit dem 12. Jahrhundert gibt es die Sekte von laikalen Wanderpredigern, die jede päpstliche Autorität strikt ablehnen und ein der Heiligen Schrift gemäßes Leben fordern. Initiator war der Lyoneser Kaufmann Pierre Valdes, der 1175 sein bürgerliches Leben aufgab, um das Evangelium zu predigen. Die um Valdès sich entwickelnde Bewegung wurde kirchlicherseits zunächst nicht abgelehnt. Doch schon 1184 wurden ihre Anhänger exkommuniziert. Nichtsdestoweniger begann sich das Waldensertum in Italien, Frankreich, der Schweiz, Österreich und Deutschland auszubreiten. Verantwortlich für diesen Erfolg waren eine gut funktionierende Infrastruktur und Amtshierarchie, die die Beherbergung und Ausbildung der Sektenmitglieder sicherstellten.
Die strikte Befolgung der Bibel läßt die Waldenser in vielen Aspekten wie eine vorreformatorische Bewegung erscheinen: Sie lehnten die päpstliche Autorität ab, ebenso die Marien- und Heiligenverehrung, die Doktrinen des Fegefeuers und das Ablaßwesen. So schlossen sich die meisten Waldenser im 14. Jahrhundert auch der Hussitenbewegung an. Vor allem die in den Tälern der Südalpen lebenden Waldenser nahmen 1532 den Genfer Protestantismus Calvins an. In der Provence teilten die Waldenser nunmehr das Schicksal der ab dem späten 16. Jahrhundert einsetzenden unerbittlichen Verfolgung der Reformierten durch die Anhänger der katholischen Liga. Der Luberon wurde 1545 Schauplatz der schrecklichen Ausrottung der in die Bergdörfer geflüchteten Glaubensanhänger.
Die Verfolgung der Waldenser war damit noch nicht beendet: Von der Aufhebung des Toleranzedikts von Nantes 1686 waren sie ebenso betroffen wie die Hugenotten. Bis in das 20. Jahrhundert hinein reichen die amtskirchlichen Repressionen gegen eine der ältesten kirchlichen Reformbewegungen, die erst heute als Teil der ökumenischen Vereinigung anerkannt wird.

## Bonnieux

Bonnieux mit seinen verwinkelten, eng von den Stadtmauern eingeschnürten Straßen und Häusern (Abb. unten) gehörte bis zur Französischen Revolution den Päpsten und folgte in seiner Entwicklung dem Schicksal Avignons. Von der Anhöhe aus hat man nicht nur einen beeindruckenden Fernblick. Hier steht auch eine alte Kirche, die über der ehemals hier befindlichen keltischen Siedlung erbaut wurde. Einige Teile der dreischiffigen Kirche stammen noch aus dem 11. Jahrhundert.

## Lacoste

Noch kleiner als Bonnieux ist Lacoste (Abb. gegenüber oben), das als protestantischer Ort lange Zeit in Erzfeindschaft mit seinem päpstlichen Nachbarort stand. 1716 kam das Städtchen unter die Herrschaft von François Gaspard de Sade, dem Großvater des berühmt-berüchtigten Marquis de Sade (1740–1814). Dieser residierte 30 Jahre auf dem umfangreichen Herrensitz, ließ darin ein eigenes Theater einbauen und mußte sich mehrmals hierher flüchten, um seiner drohenden Verhaftung zu entgehen. 1778 wurde er schließlich doch gefangengenommen; das Schloß fiel während der Revolution der Verwüstung anheim und wurde erst unlängst liebevoll restauriert.

## St-Symphorien

Außerhalb von Buoux, an der Abzweigung der D 113 von der D 943, steht einsam im Wald die einstige Prioratskirche von St-Symphorien (Abb. rechts). Es handelt sich um zwei romanische Kapellen, die im rechten Winkel aneinanderstoßen. Die kleinere wirkt wie ein Querhausarm, denn von ihrer Breitseite geht noch eine kleine Apsis nach Osten ab. Ein recht hoher Turm erhebt sich seitlich des Gebäudes, das wie eine vereinfachte Version von Notre-Dame-d'Aubune wirkt. Der elegante Turm ist nach oben hin immer weiter von Fenstern durchbrochen, die in Rechtecknischen eingelassen sind.

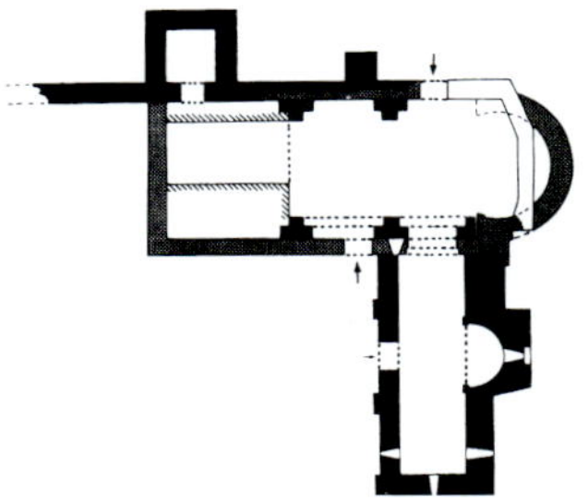

ABBILDUNG OBEN:
**St-Symphorien de Buoux**
Ehemalige Prioratskirche, Turm (spätes 12. Jahrhundert) und Grundriß

**Bonnieux**
Südwestansicht

ABBILDUNGEN GEGENÜBER:
**Lacoste**
Südostansicht (oben)
Felder bei Lacoste (unten)

**Albert Camus**
Albert Camus wird 1913 in Mondovi in Algerien geboren und wächst in einem volkstümlichen Viertel der damaligen französischen Départements-Hauptstadt Algier auf. Schon bald folgt er seiner Berufung zum Schriftsteller, um »Zeugnis abzulegen«. Er gründet ein eigenes Theater und engagiert sich Ende der dreißiger Jahre journalistisch auf der Seite der Volksfront. 1940 verläßt er Algerien, tritt in die französische Widerstandsbewegung ein, um gegen die Besetzung Frankreichs durch Nazi-Deutschland zu kämpfen. Es sind diese beiden Erfahrungen – die Distanz der afrikanischen Kolonie zum französischen Mutterland und die Selbstzerstörung der modernen Welt durch die faschistische Barbarei –, die Camus zu philosophischen Reflexionen und ihrer literarischen Umsetzung führen: »Der Mythos von Sisyphos« und »Der Fremde« erscheinen 1942. Immer wieder hat Camus auch später die Distanz beschrieben, die das emotional wahrnehmende Individuum von der undurchdringlichen und unerbittlichen Realität der Umwelt trenne, die von sich aus keine Sinnbezüge bereithalte. Hieraus könne das Leben keinen Sinn und keine moralische Wegweisung mehr erhalten; vielmehr solle die beständig erfahrene Konfrontation zwischen Individuum und Umwelt zum intensiven Gewahrwerden dieser absurden Situation führen. Daraus leitet Camus seine Forderung ab, die Würde des sich selbst verwirklichenden, leidenschaftlich lebenden Ich zum Maßstab des Lebens zu machen. Der unermüdlich tätige Sisyphos und der besessen schaffende Künstler werden zu Idealgestalten dieser Lebensauffassung. 1957 erhält Camus den Literaturnobelpreis. Kurz danach erwirbt er in Lourmarin ein altes Haus. Am 4. Januar 1960 stirbt der Schriftsteller bei einem Autounfall in der Nähe von Sens.

## Lourmarin

Das Schloß (Abb. S. 183 unten) wurde von Ende des 15. Jahrhunderts bis 1542 in mehreren Etappen von der Familie d'Agoult (siehe S. 189, La Tour d'Aigues) errichtet. Von der einst einen Viertelkreis umschreibenden Anlage fehlt heute der gesamte Ostflügel. Erhalten ist vor allem der dreigeschossige Nordwestflügel mit dem viereckigen Treppenturm. Dieser ist durch eine sehr frühe, zurückhaltende Renaissancedekoration (1525–42) gegliedert. In den Räumen gibt es schöne Kaminverkleidungen. Der niedrige Trakt östlich des Treppenturms gehört mit seinen spätgotischen Galerien und Fenstern noch zu den ersten Bauphasen um 1500. Die Pläne des italienischen Architekten Sebastiano Serlio (1548), die einen Ausbau des Schlosses zu einer Vierflügelanlage vorsahen, kamen nicht zur Ausführung.

**Lourmarin**
Ortsansicht (oben)
Grabstein Albert Camus' auf dem Friedhof von Lourmarin (links)

**Lourmarin**
Café im Ortskern und
blühender Garten (oben)
Schloß von Lourmarin
(links)

**Silvacane**
Westfassade der Klosterkirche, letztes Drittel 12. Jahrhundert (oben), Innenansicht nach Osten (rechts), Grundriß der Klosteranlage (unten)

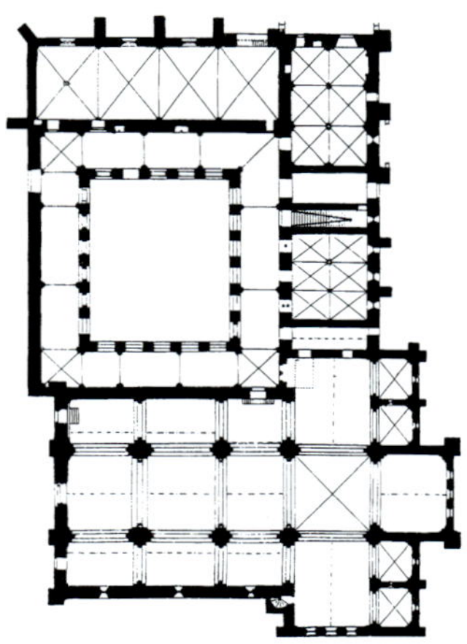

ABBILDUNG GEGENÜBER:
**Silvacane**
Seiten- und Mittelschiff der Klosterkirche

## Silvacane

Die baugeschichtlich letzte der drei großen Zisterzienserabteien (neben Le Thoronet und Sénanque) wurde 1144 vom Mutterkloster Morimond an der Stelle eines hier schon ab dem 11. Jahrhundert bestehenden Priorats von St-Victor de Marseille gegründet. Das Kloster blieb zunächst verhältnismäßig arm. Erst im letzten Drittel des 12. Jahrhunderts setzte eine reichere Förderung durch den lokalen Adel – Guillaume de Fuveau und Raimond de Baux – ein, der im Gegenzug erwartete, beim Jüngsten Gericht aufgrund der Gebete der Mönche die Strafen für seine Sünden erlassen zu bekommen. So wurde in den siebziger Jahren des 12. Jahrhunderts mit dem Bau der Kirche und eines großen Konvents begonnen, der sich bis Mitte des 13. Jahrhunderts hinzog. Wie die anderen Zisterzienserklöster der Region sank auch Silvacane seit dem 14. Jahrhundert zur Bedeutungslosigkeit herab. 1443 kam es an das Domkapitel von Aix, die Kirche wurde Pfarrkirche von La Roque-d'Anthéron. Nach der Revolution erwarb der Staat 1846 die Anlage und restaurierte die Kirche; Kreuzgang und Konventsgebäuden wurden erst ab 1945 wiederhergestellt.

Die Anlage folgt ziemlich genau der Anordnung des Klosters Sénanque (siehe S. 160 f.). Allerdings ist in Silvacane zu studieren, wie nunmehr modernste bautechnische Neuerungen vor allem im Bereich der Gewölbesysteme angewandt wurden. Wie in den beiden anderen Klosterkirchen haben wir es auch hier mit einem basilikalen dreischiffigen Langhaus zu tun (Abbn. links und S. 185), an das sich ein weit ausladendes Querhaus anschließt, von dem die Chorapsis und vier weitere Kapellen abgehen. Allerdings sind diese Ostteile nunmehr als jeweils quadratische Räume, nicht als runde Apsiden ausgeführt. Somit kann der Chor mit drei hohen Fenstern und einem Okulus darüber belichtet werden. Die Seiten sind mit den typisch provençalischen Blendarkaturen geschmückt. Vor allem aber erlaubte der rechteckige Grundriß, die Kapellenräume mit einem vierteiligen Kreuzrippengewölbe zu decken. Daß dies eine Innovation war, an der noch experimentiert wurde, kann man gut an der Entwicklung der Gewölbeformen von Süden nach Norden verfolgen: In den älteren südlichen Kapellen haben wir es mit dicken Wulstrippen ohne Schlußstein zu tun, während im Norden die Rippen schlanker werden und am Kreuzungspunkt eine schlußsteinähnliche Rosette aufweisen. Die Kreuzrippengewölbe waren nur für die herausragendsten Räume vorgesehen, denn das Querschiff wurde mit den vertrauten Spitztonnen überdeckt (das Rippengewölbe in der Vierung ist nachträglich ausgeführt worden). In der nördlichsten Kapelle befinden sich die Fragmente des Grabes von Bertrand de Baux, des Enkels des Klosterstifters.

Auch das erst Anfang des 13. Jahrhunderts erbaute Langhaus zeigt eine Spitztonne als Gewölbe. Dieses wird durch kräftige Gurte skandiert. Eine ähnliche Betonung einzelner Bogensysteme

**Silvacane**
Kapitelsaal (links)
Refektorium (S. 187 oben)
Kreuzgang (S. 187 unten)

kann man auch an den Pfeilern erkennen: Denn im Unterschied zu Sénanque und Le Thoronet sind dem stufigen Pfeiler Halbrundvorlagen als Auflager der Gurt- bzw. Scheidbögen vorgelegt. Diese starke Betonung von Jocheinheiten und die Anwendung moderner Rippengewölbe weisen schon in Richtung des gotischen Skelettbaus, wie er gleichzeitig in Nordfrankreich praktiziert wurde. Nicht von ungefähr spielte in Südfrankreich die Zisterzienserarchitektur eine wichtige Rolle beim Übergang von der Romanik zur Gotik. In Silvacane wird dies im übrigen auch dadurch bestätigt, daß einige Kapitelle knospenähnliche Formen aufweisen: Dies erinnert ebenfalls an das gotische Repertoire des Nordens.

Etwas unterhalb der Kirche liegt der Kreuzgang (Abb. rechts). Sein technischer Aufbau folgt prinzipiell demjenigen von Le Thoronet. Eine säulengestützte Doppelarkade mit einem Okulus im Zwickel wird von einem dicken Überfangbogen eingefaßt. Doch die Detailformen zeigen, daß der Kreuzgang von Silvacane in einer langen Bauzeit in der zweiten Hälfte des 13. Jahrhunderts errichtet wurde, und zwar vom an die Kirche anlehnenden Südflügel beginnend im Uhrzeigersinn zum Ostflügel. Die Konventsbauten im Osten selbst stammen schon aus der Bauzeit der Kirche: Im Erdgeschoß befindet sich der Kapitelsaal, dessen sechs rippengewölbte Joche auf zwei Freipfeilern aufruhen (Abb. S. 186). Es folgen nach Norden der Aufgang zum Obergeschoß und der Durchgang zum Garten (Parlatorium) sowie der auch als Wärmesaal und Schreibstube genutzte Mönchssaal, dessen Gewölbe analog demjenigen des Kapitelsaals gebildet ist. Darüber erstreckt sich das Dormitorium in ganzer Länge des Ostflügels. Der mit einer Spitzbogentonne gewölbte Raum ist heute in mehrere Einzelsäle unterteilt. Das kreuzrippengewölbte Refektorium am Nordflügel (Abb. oben) wurde im 14. Jahrhundert erneuert oder als einer der letzten Bereiche der Klosteranlage fertiggestellt. Vier Kreuzrippengewölbe decken den langgestreckten Saal ein, der durch zahlreiche Umnutzungen stark gelitten hat: Das Maßwerk des Rosenfensters im Westen ist nicht mehr erhalten.

ABBILDUNG S. 189 OBEN:
**Ansouis**
Schloßanlage, 1630

ABBILDUNGEN LINKS UND S. 189 UNTEN:
**La Tour d'Aigues**
Portalvorbau (links) und Fassadenreste des Renaissanceschlosses, Ende 16. Jahrhundert

## Ansouis

Auch in Ansouis ist als Hauptsehenswürdigkeit eine Schloßanlage zu besichtigen (Abb. rechts). Jeder der zahlreichen Lokalherren im Luberon baute seine Residenz dem Zeitgeschmack entsprechend aus. Ansouis war Sitz der Familie Sabran, Abkömmlinge der Grafen von Forcalquier, die die auf dem höchsten Punkt des Umlandes gelegene Anlage ab dem 13. Jahrhundert sukzessive ausbauten. Zu den ältesten Teilen gehört außer dem Unterbau des Donjon vom Beginn des 13. Jahrhunderts der innere Mauerring, hinter dem sich auch die Pfarrkirche des Ortes verbirgt. Nach dem völligen Verfall der Burg wurde ab 1630 ein neuer Wohntrakt errichtet, dessen regelmäßiger Baukörper auf hohem Sockelgeschoß die alte Festung mit einem an die Aixer Privathäuser des 17. Jahrhunderts erinnernden Prospekt regulierte. Die Rokokostuckierung und die kleine Gartenterrasse wurden gegen Mitte des 18. Jahrhunderts ausgeführt.

## La Tour d'Aigues

In La Tour d'Aigues steht eine der bedeutendsten Architekturen der Renaissance in Frankreich. Im frühen Mittelalter herrschten hier die Grafen von Forcalquier, im 13. und 14. Jahrhundert die Familie der Sabran, die mit der Errichtung einer Burg begann. Ihre Herrschaft ging 1410 an die Familie d'Agoult. Einer der Nachkommen, Jean-Louis-Nicolas Boulliers (gest. 1584), baute die Anlage zu dem anspruchsvollen Renaissanceschloß um, dessen Reste man noch heute bewundern kann (Abb. rechts unten). Durch ein Feuer und die Französische Revolution wurde die Bausubstanz stark dezimiert.

Auf der Höhe über dem Lèze-Tal steht das Schloß auf einem annähernd rechteckigen Grundriß von 60 x 80 m. Dieses Geviert geht im Prinzip auf die mittelalterliche Anlage zurück, doch wurde es mit verschiedenen aktuellen Motiven der französischen Renaissance verkleidet. So erhielt der Eingangstrakt auf der Innenseite eine offene Galerie mit Pilastergliederung, deren Basen noch sichtbar sind. Die ehemals zweigeschossigen Seitenflügel waren durch riesige doppelsäulige Portiken in Kolossalgliederung nach dem Vorbild des Schlosses Ecouen bei Paris akzentuiert. Der kolossale Donjon in der Mitte erhielt eine Verkleidung aus Bossenquaderwerk. Die zur Stadt gerichtete Westfront wurde ganz neu gestaltet: Die einst der Verteidigung dienenden Ecktürme wurden nunmehr zu Wohnpavillons, die den von Pierre Lescot ab 1546 erbauten Renaissanceflügel des Louvre zum Vorbild hatten. Der Dachaufbau mit von Fenstern flankierten Schornsteinen ist wiederum von Ecouen übernommen. Der Portalvorbau (Abb. S. 188) mit seinen rhythmisch angeordneten Kolossalpilastern, seinen Trophäenreliefs und dem großen bekrönenden Dreiecksgiebel übernimmt nicht nur italienische Renaissancevorbilder, sondern bezieht sich auch direkt auf die antiken Monumente der Provence (Trophäenrelief).

# Stadt und Berg des Malers Paul Cézanne

## Aix-en-Provence, Montagne Ste-Victoire und Salon-de-Provence

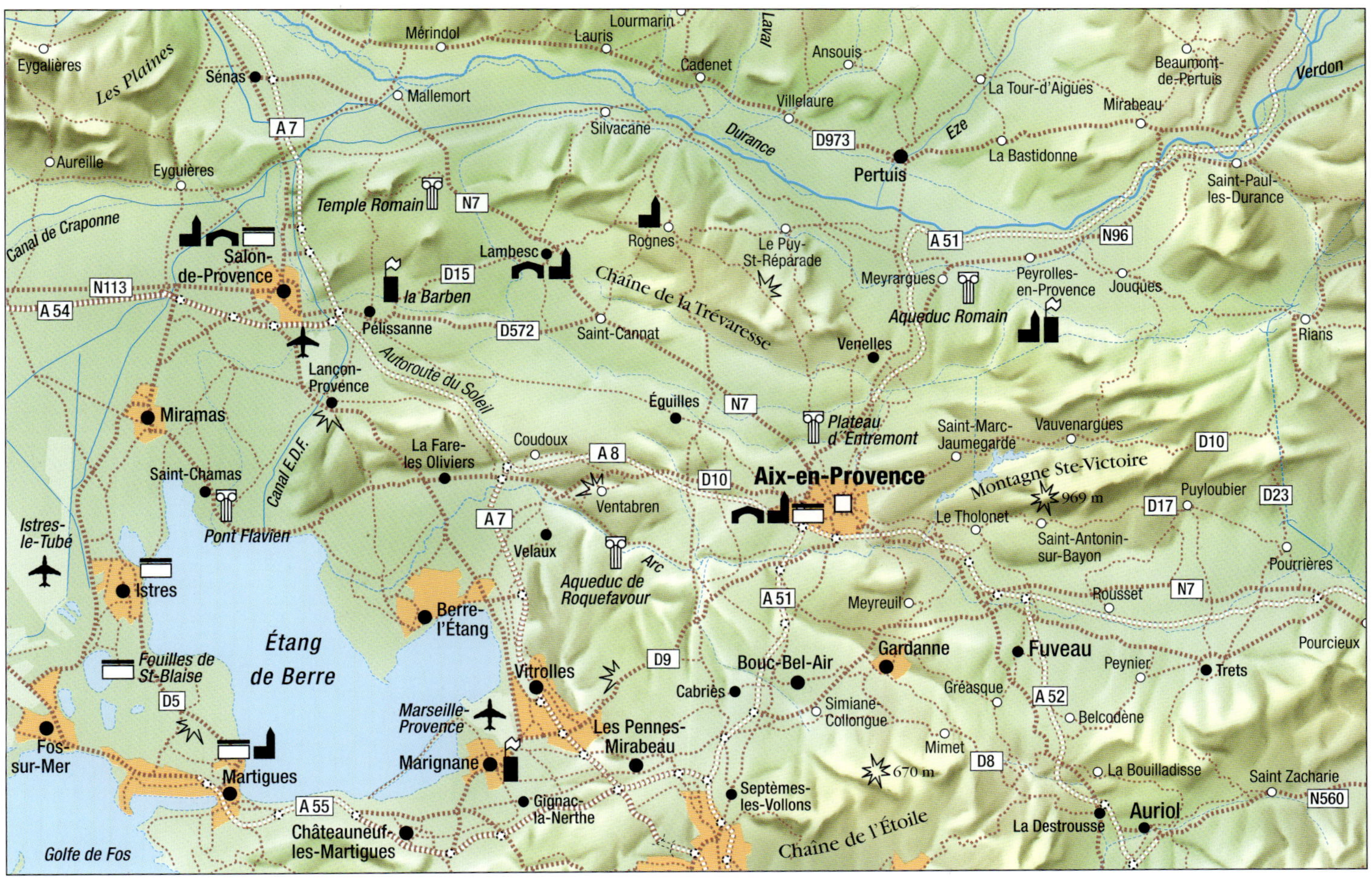


ABBILDUNG GEGENÜBER:
**Montagne Ste-Victoire**
bei Aix-en-Provence

## Aix-en-Provence

Strategisch überaus günstig hatten sich die Kelten seit dem 3. oder 2. Jahrhundert v. Chr. auf einem Vorgebirge nördlich des heutigen Aix angesiedelt. Von dieser Niederlassung aus, im Mittelalter Intermontes, dann Entremont genannt, störten die von den Römern als Saluvier bezeichneten Kelten immer wieder die griechischen Handelstätigkeiten in Marseille. So riefen die Griechen schließlich die Römer zu ihrer Unterstützung, und diese zerstörten 123 v. Chr. Entremont völlig. Zum Schutz vor keltischen Rachefeldzügen gründete der römische Heerführer Caius Sextius Calvinus südlich der keltischen Siedlung die römische, nach ihm benannte Stadt: Aquae Sextiae Saluviorum. Die Stadt war zunächst ein luxuriöser Villenvorort der reichen Griechenstadt Massilia. Doch nach dem Fall der griechischen Metropole stieg Aquae Sextiae zur Kolonie und im 3. Jahrhundert n. Chr. unter Diokletian sogar zur Provinzhauptstadt der 2. Narbonensia auf. Diese herausgehobene Stellung schlug sich auch in der kirchenhierarchischen Position von Aix nieder, denn seit dem Ende des 4. Jahrhunderts herrschte hier – nicht immer unangefochten – ein Erzbischof über die Diözesen der Kirchenprovinz Narbonensia II.

Die Ausdehnung der antiken Stadt ist heute kaum mehr im Stadtplan zu erkennen. Sie erstreckte sich als sich verschmälerndes Trapez von der heutigen Kathedrale aus nach Westen (nur noch die Avenue H. Pontier verläuft entlang der nördlichen römischen Befestigung). Über dem Forumsbereich entstand ab dem 6. Jahrhundert der Kathedralbezirk. Als in der zweiten Hälfte des 12. Jahrhunderts die Grafen der Provence Aix zu ihrem Hauptsitz machten, erwarben sie das Viertel südlich des Kathedralbezirks; im südöstlichen der römischen Stadttore wurde die gräfliche Burg errichtet. Als die Grafschaft 1246 an die königliche Seitenlinie der Anjou kam, begannen diese, hier eine Residenz ihrer gleichzeitig auch über das Königreich Neapel herrschenden Dynastie zu errichten. Doch ab dem beginnenden 14. Jahrhundert waren die Anjou ganz durch ihre politischen Geschäfte in Süditalien absorbiert.

Wie die meisten Städte der Provence litt auch Aix stark unter der Pest von 1348 und den *Grandes Compagnies* (siehe S. 53). Außerdem konnte sich die zweite Linie der Anjou unter Ludwig von Anjou die Stadt nur mit Gewalt und durch Zerstörung ganzer Stadtteile gefügig machen. Eine Blütezeit erlebte Aix erst unter dem mäzenatischen König René I., der hier eine seiner Residenzen errichtete, an der italienische Bildhauer, deutsche Sänger und Maler aus ganz Frankreich wirkten. Die Anjou mußten die Provence 1481

1 Kathedrale St-Sauveur
2 Ehem. Erzbischöfliches Palais: Musée des Tapisseries
3 Musée du Vieil Aix
4 Rathaus
5 Ste-Marie-Madeleine
6 Sextiusthermen
7 Pavillon Vendôme
8 Musée Paul Arbaud
9 Fontaine des Quatre Dauphins
10 Musée Granet
11 St-Jean-de-Malte

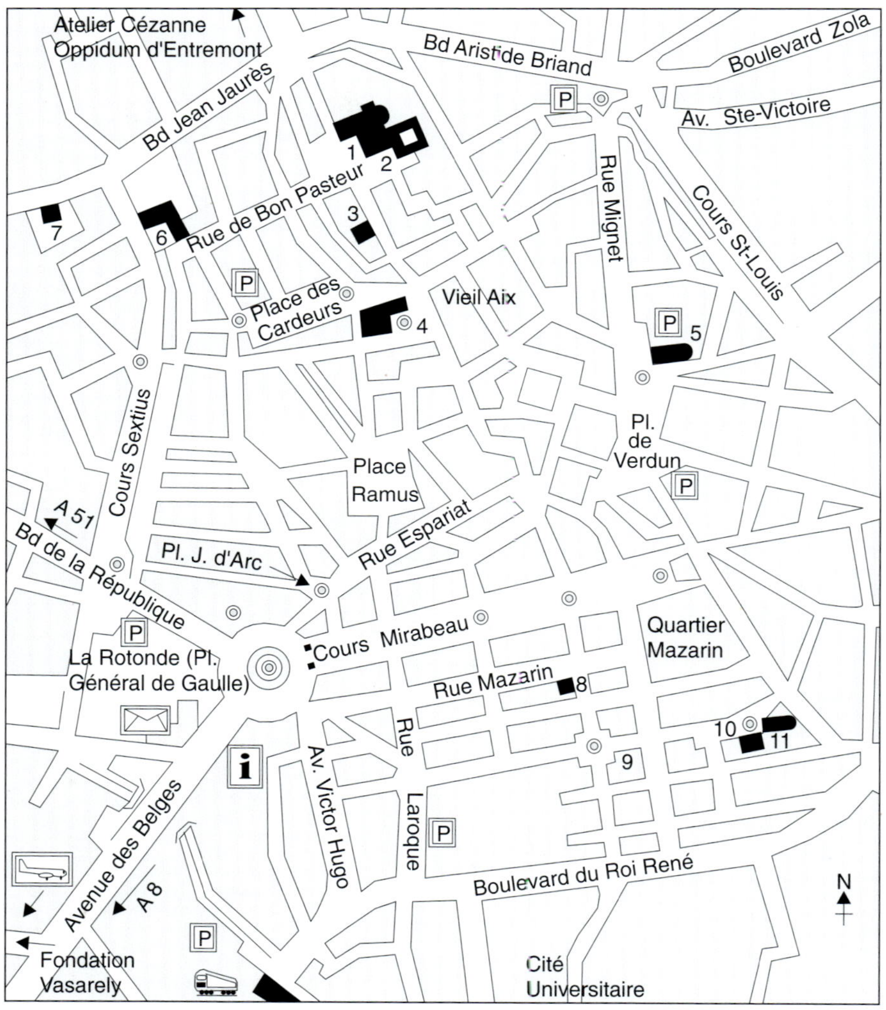

**Aix-en-Provence**
Fontaine des Quatre Dauphins
Brunnen von J.-C. Rambot, 1667

ABBILDUNGEN S. 193:
**Aix-en-Provence**
Cours Mirabeau (oben)
Detail des Brunnens auf der Place-du-Général-de-Gaulle (unten)

an die französische Krone abtreten, und schon bald, im Jahr 1501, gründete Ludwig XII. hier die Ständevertretung, das Parlament. Diese neue Stellung machte die Stadt zur politischen Hauptstadt der Provence; davon zeugen noch heute die Adelspalais und Stadterweiterungen, die den neuen Repräsentationsbedürfnissen von Aix mit Beginn der Neuzeit Rechnung trugen. Mit der Revolution wurde dem ein Ende gesetzt: Das einstige Verwaltungszentrum wurde zur Sous-Préfecture zurückgestuft, wirtschaftlich stieg das nahe gelegene Marseille wie ein Komet auf. Immerhin konnte Aix sein Appelationsgericht und seine bereits 1409 gegründete Universität behalten. Noch heute bildet sie – vor allem deren juristische Fakultät – einen die Stadt prägenden Faktor: Die Universität gehört heute zwar gleichermaßen zu Aix und Marseille, doch zahlreiche Einrichtungen befinden sich weiterhin in Aix, teilweise sogar inmitten des Stadtzentrums. Auch von zahlreichen Studierenden aus dem Ausland wird Aix bevorzugt.

So bietet sich Aix als eine einzigartige, überwiegend von jungen Menschen geprägte Stadt dar, die alle Facetten des *Savoir-Vivre* kennt: eine pittoreske Altstadt und mondäne Boulevards, wichtige kulturelle Einrichtungen und zahlreiche Festivals. Und wenn bei alledem die in- und ausländischen Touristen zwar immer dabei sind, so prägen sie doch niemals das Gesamtbild. Vor allem das 1948 gegründete *Festival international d'Art lyrique et de Musique* zieht jeden Sommer Opern- und Musikbegeisterte zu den Aufführungen inmitten der historischen Stätten. Die Kehrseiten der Attraktionen der Stadt und ihres neuen Aufschwungs zeigen sich vor allem in Richtung Marseille, wo die beiden Städte über ihre jeweiligen Vororte mit ihren Industrieansiedlungen beinahe zu einer riesigen Mittelmeermetropole zusammenzuwachsen drohen.

**Kathedrale St-Sauveur**

Die antike Stadt hat sich nur noch in wenigen unscheinbaren Resten erhalten. Um so größere Bedeutung kam den Ausgrabungen der letzten Jahrzehnte im Bereich der Kathedrale zu. Diese haben gezeigt, daß der Kathedralkomplex ab dem 6. Jahrhundert über dem Nordteil des römischen Forums entstand. An der Stelle der römischen Basilika an der Südseite des von Säulengalerien eingefaßten Forumsplatzes errichtete man das erste Kathedralgebäude, in der Nordwestecke des Platzes das heute noch bestehende Baptisterium. Das heutige Mittelschiff wurde in seiner Substanz um 1100 erbaut; im letzten Viertel des 12. Jahrhunderts folgte, zunächst als selbständige Pfarrkirche St-Maximin dienend, das südliche Seitenschiff. Gegen Ende des 13. Jahrhunderts erweiterte man das Mittelschiff durch die hochgotische Chorapsis und das Querhaus; die Einwölbung des bis dahin ungewölbten Mittelschiffs war bis Ende des 14. Jahrhunderts vollendet. In dieser Zeit wurde auch der Glockenturm errichtet, im 15. Jahrhundert folgte die Westfassade. Die nördlichen Kapellen entstammen verschiedenen gotischen Bauperioden, doch wurden sie 1697 zu einem einheitlichen Schiff (Notre-Dame-de-l'Espérance) ausgebaut.

Diese komplizierte Baugeschichte spiegelt sich schon an der uneinheitlichen Westfront wider. Im Süden führt ein typisch antikisierendes romanisches Portal in das Seitenschiff des 12. Jahrhunderts. Daneben schließt sich das sehr viel später durch den Baumeister Pierre Soquet 1504 begonnene Flamboyant-Portal vor dem Hauptschiff an (Abb. links). Die Portalskulptur wurde während der Revolution abgeschlagen, erhalten blieben aber die von Jean Guiramand 1508–10 geschnitzten hölzernen Türflügel, die die Propheten und Sibyllen zeigen. In kleinteiligem Realismus dargestellt, scheinen die Verkünder des Kommens Christi wie in ein gemeinsames Gespräch involviert. Spätgotische Baldachine, Fialen und anderes Ornament fassen dieses schöne Zeugnis der Renaissanceskulptur rahmend ein. Der Turm an der Nordflanke wurde in den zwanziger Jahren des 14. Jahrhunderts in Angriff genommen. Dabei verwendete man auch riesige römische Quadersteine.

Betritt man die Kathedrale, so gelangt man in den noch am besten erhaltenen romanischen Teil der Kirche, die ehemalige Pfarrkirche Corpus Christi oder St-Maximin. Sie wirkt in der Tat wie ein eigenständiger Kirchenbau, der ganz in den Gepflogenheiten der provençalischen Romanik ausgeführt ist: Die Spitztonne wird durch doppelte Gurtbögen gegliedert, die auf Vorlagen aufsetzen, welche in ihrem oberen Bereich von Säulchen begleitet werden. Das Baptisterium auf der Südseite steht aufgrund seines Grundrißtyps mit den Taufkirchen in Riez und Fréjus in enger Verwandtschaft. Das Aixer Bauwerk war ursprünglich als quadratischer Zentralbau mit innerer Säulenstellung errichtet worden. Im dritten Viertel des 11. Jahrhunderts wurden die Ecken aus-

ABBILDUNG S. 194:
**Aix-en-Provence**
Kathedrale St-Sauveur
Südseite: Flamboyant-Portal (Anfang 16. Jahrhundert) vor dem Hauptschiff; Grundriß der Kathedrale (unten)

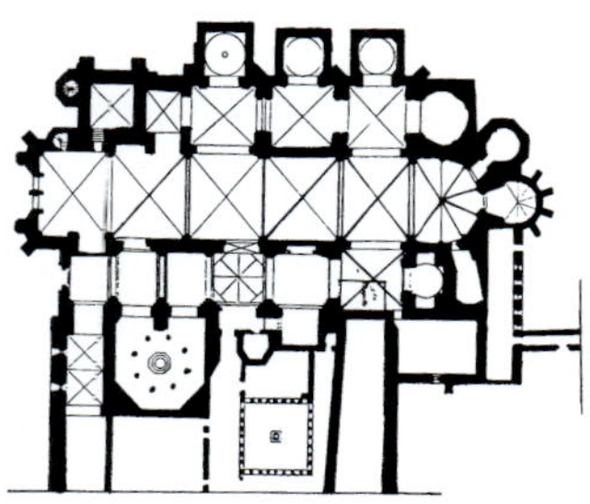

gefüllt und mit Nischen versehen, somit der heutige achteckige Bau geschaffen. Die Kuppel (Abb. oben) wurde 1577–83 erhöht. Die hohen Säulen aus grünem Cipollinomarmor beziehungsweise Granit sind sicher Spolien aus einem römischen Bauwerk. Sie umstehen das achteckige Taufbecken in der Mitte des Raumes. Es war ursprünglich mit Marmor verkleidet und bezog Wasser von einem Kanal von Nordwesten. Die Täuflinge schritten in das Becken, um sich dort durch Untertauchen und Ausgießen der Zeremonie zu unterziehen.

Das Baptisterium schränkt beträchtlich den Platz für den Kreuzgang ein, der Ende des 12. Jahrhunderts östlich der Taufkirche angebaut wurde. So ist er verhältnismäßig klein und einfach, doch ohne jeden Zweifel folgt er mit den Pfeilern mit großen Figurenreliefs dem Kreuzgangstypus, den wir etwa auch in Arles finden. Allerdings schwankt die Qualität der skulpturalen Ausführung erheblich. Offensichtlich waren mehrere Ateliers beschäftigt: Der Petruspfeiler in der Nordostecke zum Beispiel ist eine schematische Wiederholung des Arleser Vorbildes. Die gestalterische Vielfalt der teilweise hervorragenden Kapitelle ist vielleicht Ergebnis der Tatsache, daß Gestaltungselemente auch aus dem Languedoc, dem Rhônetal und aus Norditalien mitverarbeitet wurden. Szenische Darstellungen auf den Kapitellen finden sich im Westflügel: Bileam mit der Eselin und David mit Goliath. Szenen aus dem Leben und der Passion Christi zeigt der Nordflügel. Nicht ganz klar sind die Szenen im Ostflügel zu deuten.

Die gotische Kathedrale, das Mittelschiff der heutigen Anlage, wurde in die ältere Kanonikerkirche des 11. Jahrhunderts eingebaut. Insbesondere auf der Südseite der ersten drei Joche kann man erkennen, wie die gotischen Dienste in das alte Mauerwerk eingefügt wurden. Nach Osten wurde die Kirche gegenüber dem Vorgängerbau verlängert und mit einer polygonalen, durchfensterten Chorapsis geschlossen. Eigentlich wurde somit also eine einschiffige Kirche neben die ebenfalls einschiffige romanische Pfarrkirche im Süden gesetzt. Der gotische Bau folgt in diesem Typus, aber auch in seinen Architekturgliedern der Malteserkirche von Aix: Wir haben es hier mit einem der seltenen Fälle zu tun, bei denen graphisch dünne Dienst- und Rippenformen angewandt wurden. Offenbar wollte man sich damit gezielt auf die entwickelte Hochgotik in Nordfrankreich sowie im Languedoc (Kathedralen von Narbonne, Toulouse und Carcassonne) beziehen. Ähnliches gilt von den hohen, in der Provence überaus seltenen Maßwerkfenstern im Chor.

**Aix-en-Provence**
Kathedrale St-Sauveur
Baptisterium (4. oder 5. Jahrhundert), Blick in die Kuppel, Ende 16. Jahrhundert (oben), Säulen (unten)

## Spätgotische Malerei

Unter der Ausstattung der Kathedrale von Aix ragt das große Triptychon mit der Darstellung des brennenden Dornbuschs hervor (Abb. links), das von König René I. und seiner Frau Jeanne de Laval, die in Porträts auf den Seitenflügeln erscheinen, gestiftet wurde. Das Altarbild wurde 1475/76 von dem Maler Nicolas Froment (ca. 1435–84) für die Karmeliterkirche der Stadt gemalt, wo das Herz des Königs bestattet werden sollte. Die Tafel ist ein Hauptwerk der Malerei in Frankreich im 15. Jahrhundert und gleichzeitig ein eindrucksvolles Zeugnis für die Wertschätzung, die man der neuen Kunst in den Niederlanden entgegenbrachte.

Die Thematik des Bildes ist ganz auf Maria abgestimmt. So sitzt ungewöhnlicherweise die Madonna selbst im brennenden Dornbusch, was als Verweis auf ihre Jungfräulichkeit zu deuten ist. Die Haltung des dem Moses erscheinenden Engels erinnert an eine Verkündigungsdarstellung. Demselben Maler wird auch der Altar mit der Legende des hl. Mitre in der ihm geweihten Scheitelkapelle über dem Sarkophag des Heiligen zugeschrieben.

Unter den zahlreichen weiteren Ausstattungsstücken der Kathedrale seien die burgundisch beeinflußten Glasmalereien in den Fenstern der Chorscheitelkapelle erwähnt, die von Guillaume Dombet 1444 geschaffen wurden. Über dem Altar hängen Bildteppiche von 1511, die das Leben Christi schildern. In der westlichen Außenkapelle steht das Wandgrab des Erzbischofs Olivier de Pennart (gest. 1484) mit den Klagefiguren, den Pleurants, die den Betrachter daran erinnern sollen, ebenfalls für das Seelenheil des hier Ruhenden zu beten. Die Liegefigur wurde durch einen hl. Martin von einem anderen Grabmal ersetzt.

In der *Kirche Ste-Madeleine* hängt ein weiteres Hauptwerk der französischen Malerei des Spätmittelalters, eine monumentale Darstellung der Verkündigung an Maria (Abb. S. 197). Es ist wohl dem aus den Niederlanden stammenden Hofmaler des Königs René, Barthélémy d'Eyck – ein Verwandter des berühmten Jan van Eyck? –, zuzuweisen. Es verbindet auf eindrucksvolle Weise eine realistische, teilweise anekdotisch detailgenaue Naturwiedergabe mit einem – durchaus mittelalterlichen – monumentalen Darstellungsformat der Figuren. Diesen ist die perspektivisch gemalte Kirchenarchitektur gleichsam wie ein Rahmen zugeordnet. Die Innenräume sind daher auch nicht systematisch durchkonstruiert. Vielmehr erhält jeder der Protagonisten den ihm zustehenden Platz: Maria, die die Kirche selbst darstellt, nimmt gleich zwei Schiffe ein, das durch den Heiligen Geist von außen, die Lux nova, erhellt wird. Der Erzengel Gabriel wiederum erhält wie eine Baldachinfigur eine eigene Kapelle. Ursprünglich hatte die Tafel Seitenflügel, die die Propheten Jeremia und Jesaja zeigen. Diese Bilder befinden sich heute in den Kunstsammlungen von Brüssel beziehungsweise Rotterdam.

ABBILDUNG S. 196:
**Nicolas Froment**
Der brennende Dornbusch
Mittelteil eines Tryptichons, 1476
Malerei auf Holz, Höhe 410 cm
Aix-en-Provence, St-Sauveur

ABBILDUNG UNTEN:
**Barthélémy d'Eyck(?)**
Verkündigung Mariens
Mittelteil eines Tryptichons, um 1440
Malerei auf Holz, Höhe 155 cm
Aix-en-Provence, Ste-Madeleine

**Aix-en-Provence**
Place d'Albertas, 1742–46

### Barocke Profanbauten und Plätze

Hinter dem Kreuzgang der Kathedrale liegt der große, 1650–1730 errichtete Komplex des Erzbischofspalastes. Er birgt heute vor allem ein bedeutendes Museum von Wandteppichen, das *Musée des Tapisseries* (Abb. S. 199 oben rechts). Werke aus den Werkstätten von Beauvais, ein Zyklus mit Don-Quichotte-Szenen, und eine Serie mit »russischen« (= ländlichen) Spielen gehören zu den Hauptattraktionen.

Geht man nach Süden in Richtung auf den Cours Mirabeau, kommt man in der Rue Gaston Saporta an zahlreichen Aixer Stadtpalästen des 16. bis 18. Jahrhunderts vorüber. Im ehemaligen Hôtel d'Estienne de Saint-Jean von 1660–80 ist heute das *Historische Museum der Stadt* untergebracht.

Die Tour de l'Horloge, ein Torturm der mittelalterlichen Festung, steht im unteren Teil auf großen antiken Steinquadern. Ab dem 14. Jahrhundert diente das Bauwerk als Glockenturm der kommunalen Verwaltung, die ihren Sitz gleich nebenan hatte. Die Truppen Karls V. zerstörten das mittelalterliche Rathaus 1536; wie es danach wiedererrichtet wurde, wissen wir nicht. Der jetzige Bau des *Rathauses* (Abb. S. 199 unten) wurde 1655–70 von Pierre Pavillon ausgeführt. Die Straßenfassade der großen, um einen Hof angelegten Anlage baut sich in klassischer Weise in drei Etagen auf, deren Einzelelemente an die klassische französische Barockarchitektur erinnern. Originell sind dabei aber die stark rahmenden, strebepfeilerähnlichen Rustikalisenen an den Kanten und die überdeutliche Betonung der Mittelachse durch mehrere Giebel. Große Kartuschen über den Fenstern durchbrechen das Gebälk, in den Stockwerken darüber schaffen Ausbuchtungen über den Fenstern ein stark bewegtes Kranzgesims. Auf der Südseite des 1741 vor dem Rathaus angelegten Platzes steht der *Kornspeicher*, die Halle aux Grains, die mit eleganten jonischen Pilastern gegliedert ist (Abb. S. 200).

Um die schöne *Place d'Albertas* (Abb. oben), die 1742–46 von Georges Vallon auf Initiative des Privatmannes Jean-Baptiste d'Albertas angelegt wurde, gruppieren sich auf drei Seiten Ba-

ABBILDUNG LINKS AUSSEN:
**Aix-en-Provence**
Hôtel Caumont, 1720
Fassadendetail

ABBILDUNG LINKS:
**Aix-en-Provence**
Musée des Tapisseries,
1650–1730
Detail der Portalzone

ABBILDUNG UNTEN:
**Aix-en-Provence**
Rathaus, 1655–70
Schauseite

**Der Aixer Barock**
Mehr als alle anderen Städte der Provence ist Aix durch barocke Straßenanlagen und Stadtpaläste geprägt, denn das Parlament machte die Stadt zur Wohn- und Repräsentationsstätte des französischen Adels. In einer ersten Phase im dritten Viertel des 17. Jahrhunderts formen vor allem die Architekten Pierre Pavillon und Jean Claude Rambot Pariser Motive zu kräftigen, unkonventionellen Dekorationen um. Die Palasttypen allerdings bleiben parisersich: Dies zeigen die Straßenfassaden oder die oft zu beobachtende Anordnung der Hauptgebäude zwischen einem Hof und einem Garten. In einer zweiten Phase, von 1680 bis 1725, werden unter Laurent Vallon und Thomas Veyrier stärker italienische Elemente wirksam, etwa perspektivische Effekte und geschwungene Grundrißformen. Doch wird der plastische Dekor am Außenbau sparsamer, dafür eleganter. Bald verschwinden aufwendige Pilastergliederungen, nur das obere Abschlußgesims bleibt betont, und die Fenster erhalten kurvige Umrahmungen und reiche Bekrönungen.

rockfassaden, die im Sommer die Umrahmung für Konzerte abgeben. Etwas entfernt in der Rue Espariat erhebt sich das große *Hôtel Boyer d'Eguilles* über einem U-förmigen Grundriß. Mächtige Kolossalpilaster verleihen dem Stadtpalast ein monumentales Gepräge. Das Gebäude beherbergt ein Naturkundemuseum.

Etwas weiter nach Osten gelangt man zum *Palais de Justice*. In seinen Mauern stecken noch die Reste eines römischen Stadttors, das im Mittelalter zur gräflichen Burg ausgebaut wurde und in der Neuzeit als Sitz des Parlaments und weiterer hoher Verwaltungen diente. Ende des 18. Jahrhunderts aber wurde das gesamte Viertel nach Plänen von Nicolas Ledoux umgebaut und das Palais bis 1830 als kubischer Block mit großer Säulenkolonnade errichtet.

**Der Cours Mirabeau**

Die Flaniermeile von Aix und eine der berühmtesten Barockalleen Südfrankreichs ist der Cours Mirabeau (Abb. rechts). Platanen und Brunnen spenden den Cafés, Konditoreien, Restaurants und Buchhandlungen erfrischende Kühle. Angelegt wurde die Prachtstraße 1649 an der Stelle mittelalterlicher Befestigungen. Allerdings war die 38–44 m breite und 440 m lange Straße nicht eine Art Umgehung für eilige Fuhrwerke, sondern ein nach Westen (bis 1720) geschlossener Parcours, zu dem nur die feine Gesellschaft zur Promenade und Kutschfahrt zugelassen war. Handwerksbetriebe durften sich hier nicht ansiedeln. Mitte des 18. Jahrhunderts eröffnete das erste Café. 1778 wurde der Cours zur richtigen Straße, denn das nun errichtete Rondell im Westen bildete den Anschluß zu den Landstraßen nach Marseille und Avignon. 1830 tauschte man die Ulmen, die ursprünglich die Straße säumten, gegen Platanen aus. Der Cours Mirabeau, 1876 nach dem berühmten Aixer Abgeordneten ernannt, wird vor allem auf der Südseite von schönen Fassaden barocker Stadtpaläste begleitet, während auf der gegenüberliegenden Straßenseite der breite Bürgersteig den Restaurantterrassen gehört. Am Ostende steht ein Werk des Bildhauers David d'Angers von 1819–23: Es stellt König René mit einer Muskattraube – die er in der Provence eingeführt haben soll – in der Hand dar (Abb. links).

Noch vor Anlegung des Cours Mirabeau wurde die Stadt 1646–51 südlich der alten Stadtbefestigung um ein neues Stadtviertel mit regelmäßig geführten Straßenzügen erweitert, initiiert von Erzbischof Michel Mazarin, einem Bruder des berühmten Kardinals. Auch hier stehen noch zahlreiche barocke Stadtpaläste des 17. und 18. Jahrhunderts. Die Kreuzung der Rue du 4 Septembre und der Rue Cardinale erweitert sich zur *Place des Quatres Dauphins*, nach dem Brunnen mit vier Delphinen in der Platzmitte benannt (Abb. S. 192). Sehenswert ist das *Museum Paul Arbaud* (Rue du 4 Septembre) mit einer Sammlung vor allem von Fayencewaren der Provence.

**Aix-en-Provence**
Cours Mirabeau (oben)
Markt unter Platanen

**Aix-en-Provence**
Cours Mirabeau, König René mit Szepter und Muskattraube, 1819–23
Skulptur von David d'Angers

ABBILDUNG GEGENÜBER:
**Aix-en-Provence**
Ehemaliger Kornspeicher, 18. Jahrhundert
Fassadendetail

## St-Jean-de-Malte

Der Johanniterorden (seit 1530 Malteserorden), der 1180 zum Schutz der Jerusalempilger gegründet worden war, hatte in Aix eine Komptu-rei. Außerhalb der Stadttore gelegen, befand sie sich mit ihrer Kirche an der in Richtung St-Maximin und weiter nach Italien führenden Straße. Die Grafen von Barcelona erwählten hier sogar ihre Grablegen, und der letzte des Geschlechts, Raymond-Bérenger V. (1198–1245), stiftete sogar das Geld für einen Neubau der Kirche. Dieser wurde zwischen 1272 und 1278 realisiert, auch um nun als Grablege von Beatrix, der Witwe Raymond-Bérengers und Frau des neuen Machthabers, Karls I. von Anjou, zu dienen.

Der Kirchenbau gehört zu den frühesten provençalischen Beispielen, die die ab 1250 in Paris entwickelte, graphisch verfeinerte Rayonnantgotik übernehmen (Abb. links). Dies zeigt sich in den äußerst schlanken Dienstprofilen ebenso wie an den feinen Maßwerken (im Westen im 18. Jahrhundert verändert). Trotzdem bleibt die Kirche – wie auch die Kathedrale St-Sauveur – mit ihrem einschiffigen Grundriß und ihren schmalen Fenstern lokalen Traditionen treu. Bemerkenswert sind das Querhaus, der flach schließende Chor und der 67 m hohe Turm. Die Fassade wurde 1689 während der Anfügung des südlichen Treppenturms durchgreifend umgestaltet. Von den 1794 in der Revolution zerstörten Grabmälern wurde nur dasjenige von Alfons II., seines Sohnes Raymond-Bérenger IV. und dessen Tochter Beatrix von Savoyen im nördlichen Querschiff 1828 rekonstruiert.

## Musée des Beaux-Arts

In den ehemaligen Komtureigebäuden des Malteserordens befindet sich das Musée des Beaux-Arts (Abbn. S. 203), das eine der bedeutendsten Kunstsammlungen Frankreichs besitzt. Sie umfaßt sowohl antike Werke als auch wichtige Reste der mittelalterlichen Skulptur der Stadt. Hervorzuheben sind die großen keltoligurischen Skulpturen (3./2. Jh. v. Chr.), die aus dem Oppidum von Entremont stammen: ein hockender Krieger etwa oder vier Brustbilder von gepanzerten Figuren. Daneben sind hier Bilder der altniederländischen Malerei (Robert Campin, Dieric Bouts, Jan Gossaert) zu sehen, außerdem zahlreiche italienische (Signorelli, Correggio) und niederländische Werke des 17. Jahrhunderts (Rubens- und Rembrandtschule). Schließlich hat das Museum in jüngerer Zeit auch Gemälde des berühmtesten Sohnes der Stadt – Paul Cézanne – erworben.

Die Qualität der Kollektion geht auf eine kluge Erwerbungspolitik vor allem zu Beginn des 19. Jahrhunderts zurück. Der wichtigste Wohltäter gab dem Museum seinen heutigen Namen: François Granet (1775–1849), Sammler und Maler unter Napoleon Bonaparte, stiftete seinen Nachlaß seiner Geburtstadt. Auch die teilweise bemerkenswert »modernen« Bilder des einfachen Verhältnissen entstammenden Malers gehören zu den interessanten Begegnungen in dem Museum.

ABBILDUNG S. 202:
**Aix-en-Provence**
St-Jean-de-Malte, 1272–78
Westfassade

ABBILDUNG OBEN:
**Robert Campin**
Die Jungfrau im Glorienschein zwischen dem hl. Petrus und dem hl. Augustinus, angebetet von einem Stifter, ca. 1430–35
Öl auf Holz, 55 x 104 cm
Aix-en-Provence, Musée Granet

ABBILDUNG RECHTS:
**Aix-en-Provence**
Musée Granet (Musée des Beaux-Arts; ehem. Malteserkomturei, 1671), Fassadendetail

ABBILDUNG RECHTS AUSSEN:
**Ägyptische Relieffiguren**
Musée Granet, Eingangshalle

Aix-en-Provence
Fondation Vasarély, 1975–76

**Pavillon Vendôme**

An der Rue Van Loo lädt ein großer Garten zur Entspannung. Er umschließt den Pavillon Vendôme (Abb. gegenüber), ursprünglich ein Landschloß, das Pierre Pavillon 1664–67 für Louis de Mercœur, Duc de Vendôme, erbaute. Im 18. Jahrhundert wurde das Gebäude um ein Geschoß erhöht, 1730 zog hier der Maler J.-B. van Loo ein. Die klare Rechteckgliederung der Fassaden des rechteckigen Baublocks wird bestimmt durch die Abfolge der klassischen Pilasterordnungen (dorisch–jonisch–korinthisch). Charakteristisch für diese erste Stufe des Aixer Hochbarock ist der reiche, groß dimensionierte skulpturale Schmuck in Form von riesigen Vasen in den schmalen, hohen Nischen oder von mächtigen Atlanten zu seiten des Gartenportals. Im Inneren hat man eine Ausstattung der Zeit rekonstruiert, die den Rahmen für Ausstellungen und Festakte abgibt.

Auf dem Weg nach Norden, der zum Oppidum Entremont führt, kommt man in der Avenue Pasteur 6 an dem kuriosen *Mausoleum von Joseph Sec* vorbei. Es wurde 1792 für den glühenden Anhänger der Französischen Revolution in Form eines L als »Hymne an den Ruhm des Gesetzes« (franz. *Loi*) errichtet. 40 Reliefs erläutern das Hauptthema Afrika und das junge Europa. Weiter steigt die Avenue Paul Cézanne zum ehemaligen Atelier des Malers an (siehe S. 206–07).

**Entremont**

Bei der einige Kilometer nördlich der Stadt gelegenen Ausgrabungsstätte Entremont (Abb. rechts) lassen sich die Ursprünge von Aix verfolgen. Die seit 1946 unternommenen Grabungen veranschaulichen den hohen Stand der hier ab dem 3. Jahrhundert v. Chr. ansässigen Ligurer. Man sieht unter anderem zwei Befestigungsmauern mit eckigen bzw. runden Wehrtürmen, die eine Oberstadt sowie eine davor gelegene Stadterweiterung schützten. Hier finden sich die Grundmauern von kleinen, ohne rechten Plan angelegten Behausungen. Eine davon enthält noch den Deckel einer Ölpresse. Viel geordneter bietet sich die Oberstadt dar mit geraden Straßenzügen, einer Kanalisation entlang der Stadtmauer und regelmäßigen Hausgrundrissen. Daneben wurde der Grundriß eines großen, längsrechteckigen Gebäudes ausgegraben, dem offenbar ein Säulenportikus vorgestellt war. Welchem Zwecke dieses öffentliche Gebäude diente, bleibt allerdings unklar. Die reichen Skulpturenfunde dieser keltischen Stadt werden im Musée Granet gezeigt.

**Fondation Vasarély**

Westlich der Stadt, im Winkel zwischen den Autobahnen A 8 und A 51, liegt die Fondation Victor Vasarély (Abb. oben). Das 1975–76 erbaute Museum wirkt wie eine aus 16 starkfarbigen Sechseckkörpern zusammengefügte Skulptur des Künstlers. Die Fondation ist kein Museum im strengen Sinne, sondern präsentiert die didaktischen und praktischen Möglichkeiten der Farb- und Rasterexperimente des aus Ungarn stammenden Künstlers.

Aix-en-Provence
Ausgrabungsstätte Entremont

ABBILDUNG GEGENÜBER:
Aix-en-Provence
Pavillon Vendôme, 1664–67
Gartenfassade

**Paul Cézanne**
Die Lebensgeschichte des Wegbereiters der modernen Malerei (1838–1906) ist eng mit der Provence verbunden: Aus Landschaft und Licht der Provence bauen sich die kristallinen, lichthaltigen Bildkompositionen auf. In den 60er Jahren beginnt Cézanne zwischen der Provence und Paris zu pendeln. Doch seine zu dieser Zeit stark bewegten und dunkelfarbigen Bilder stoßen fast durchweg auf Ablehnung. Trotz persönlichem und stilistischem Anschluß an die Impressionisten bleibt seine Malerei von Spott und Ablehnung der Zeitgenossen begleitet. Mit seiner Lebensgefährtin Hortense Fiquet zieht sich der Maler Ende der 70er Jahre nach Aix zurück. Hier nun entstehen die Werke, die bald von den Begründern der Moderne als die Inkunabeln einer nicht mehr nur gegenständlichen Kunst verstanden werden. Immer wieder variiert Cézanne bestimmte Kompositionsvorlagen: Stilleben, Badende und provençalische Landschaften. Sie werden zu Motivvorlagen formaler Experimente mit bildnerischen Mitteln, die nunmehr das eigentliche Bildthema abgeben: Die Konzentration auf fein nuancierte Farbkompositionen läßt die Imitation von räumlicher Tiefe und Perspektive geradezu störend erscheinen, die Gegenstandskonturen lösen sich auf, der Malgrund selbst wird Thema. All dies begleitet Cézanne auch intellektuell reflektierend: Die Naturgesetze seien abstrahierend in Form von Zylindern, Kugeln und Kegeln aufzufassen und das Bild nicht als Nachahmung der Natur zu begreifen, sondern als eine Schöpfung, die sich parallel zur Natur vollziehe.

**Das Atelier Cézannes**
1901 erwarb der Maler ein kleines Terrain an der Traverse de Lauves und ließ ein Atelier nach seinen Vorstellungen bauen (Abbn. oben und gegenüber oben). 1906 starb er, doch in den wenigen Jahren entstand hier das so berühmte Spätwerk, in dem die Landschaften und Stilleben wie von immateriellen Kristallen gespiegelt erscheinen. Vom Atelier aus hatte Cézanne den Blick auf die Montagne Ste-Victoire, die in dieser Perspektive mit ihrer scharfen Nase erscheint. In immer neuen Variationen hat der Maler gerade dieses Thema von dem Atelier des Lauves aus bearbeitet. Zwar wird das Atelier nach dem Tod des Künstlers von dessen Nachkommen verwaltet, doch erst nach beinahe einem halben Jahrhundert wurde es 1954 der Öffentlichkeit zugänglich. Es ist natürlich eine Art Rekonstruktion, die hier geschaffen wurde, doch sie vermittelt gut die Atelieratmosphäre zu Beginn des Jahrhunderts, als der Blick auf die Montagne Ste-Victoire noch völlig unbehindert war. Um den weiteren Spuren des Malers in der Stadt folgen zu können, ist ein eigener Parcours ausgeschildert.

ABBILDUNGEN OBEN, LINKS UND GEGENÜBER OBEN:
**Aix-en-Provence**
Atelier Paul Cézannes

ABBILDUNG GEGENÜBER UNTEN LINKS:
**Paul Cézanne**
Stilleben mit Teller und Birnen, 1895–1900
Öl auf Leinwand, 38 x 46 cm
Köln, Wallraf-Richartz-Museum

ABBILDUNG GEGENÜBER UNTEN RECHTS:
**Paul Cézanne**
Stilleben mit Teller und Pfirsichen, 1895–1900
Öl auf Leinwand, 38 x 46 cm
Zürich, Privatbesitz, als Leihgabe im Kunsthaus Zürich

»Der Gedanke der Provence schlummert unter den Olivenbäumen, die kräftige Landschaft umringt ihn, der Duft der Pinien strahlt ihn aus, die Sonne preist ihn ... Doch eines Tages habe ich diesen Gedanken, den die rote Erde, die Felsen, die leuchtenden Pinien, die Ebenen und die Hügel an tausend Stellen zerstreut, wahrgenommen, als ich die Gemälde Cézannes betrachtete. Aus ihnen sprang er auf einmal in starker Ganzheit hervor, in seiner einzigartigen Pracht, die zugleich ländlich und mystisch ist, denn er herrscht in großartiger Wirklichkeit über das ganze Werk dieses von Klarheit ergriffenen Malers.« *(Joachim Gasquet, 1898)*

**Paul Cézanne**
Mont Sainte-Victoire, 1902–04
Öl auf Leinwand, 70 x 89,5 cm
Philadelphia, Philadelphia Museum of Art, The George W. Elkins Collection

**Die Umgebung von Aix-en-Provence**

Cézanne war unwiderstehlich von dem 1011 m hohen hellen Kalksteinmassiv angezogen, das sich östlich von Aix erhebt, die Montagne Ste-Victoire. Das Gebirge war für ihn jedoch nicht nur eine beeindruckende Naturformation, in der Sonnenlicht und Schatten eine unermeßliche Palette von Farben entstehen ließen, die im Bild umzusetzen waren. In der vielfachen Wiederholung des Bildgegenstandes wird dieses unwichtig. Umgekehrt gewinnt die Farbe des Malers Eigengewicht, sie baut eine eigene Struktur aus kleinen, meist rechteckigen Farbfeldern auf, die häufig keine klare Kontur mehr ausbilden, um damit Gegenstände eindeutig abzugrenzen. Vor allem in manchen, auf wenige Farbtupfer reduzierten Aquarellen der Montagne Ste-Victoire spielt der Malgrund, die Papierfarbe, eine gewichtige Rolle in der Farbkomposition.

Steil fällt das Gebirge nach Süden ab, während es sich nach Norden langsam abtreppt. 1989 hat ein Brand große Teile des Baumbestandes vernichtet. Die Anhöhen am Croix de Provence bieten ein unvergeßliches Panorama auf die Mittelmeerküste.

Entlang dem Stausee von Bimont gelangt man in das Tal des Infernet. Auf einer Felsanhöhe liegt das *Schloß Vauvenargues* (Abb. S. 211), das Picasso 1958 erwarb und wo er viel Zeit seiner letzten Lebensjahre verbrachte. In der Terrasse des Schlosses wurde er 1973 beigesetzt. Die große Schloßanlage des 16. und 17. Jahrhunderts wird von mächtigen runden Ecktürmen flankiert. Weiter in Richtung Westen gelangt man in die tief eingeschnittenen Schluchten des Infernet.

Die südlich des Gebirgsmassivs vorbeiführende Straße D 17 führt kurz vor Aix durch die Ortschaft Le Tholonet. Hierher fuhren um 1900 die Aixer, um am Fuß des Gebirges zu promenieren; auch Cézanne zog es zum Malen an diesen Ort.

Westlich von Aix auf der D 64 unterquert man an der Kreuzung von Straße und dem Fluß Arc den *Aqueduc de Roquefavour* (Abb. S. 210 unten). Das wie ein römischer Äquädukt erscheinende riesige Bauwerk, 1842–47 von dem Ingenieur Franz Mayor de Montricher erbaut, führt die 90 km lange Wasserleitung von der Durance nach Marseille über das Tal. Die Brückenkonstruktion ist mit 83 m fast doppelt so hoch wie der Pont du Gard.

ABBILDUNGEN GEGENÜBER:
**Mont Sainte-Victoire**
Ansicht von Westen (oben)
Landschaften am Fuß des Ste-Victoire-Gebirges

**Montagne Sainte-Victoire**
Südostansicht

**Aquädukt Roquefavour**
12 km westlich von Aix,
1842–47
Höhe 83 m, Länge 400 m

ABBILDUNG GEGENÜBER:
**Château de Vauvenargues**
Schloß aus dem 17. Jahrhundert, Begräbnisstätte Pablo Picassos, der in seinen letzten Lebensjahren dort wohnte

ABBILDUNG OBEN:
**Ventabren**
Malerisches Dorf zwischen Aix- und Salon-de-Provence

ABBILDUNG OBEN RECHTS:
**Ruine des Château Aureille**
bei Salon-de-Provence

ABBILDUNGEN RECHTS UND UNTEN:
**Olivenplantage**
bei Salon-de-Provence

## Salon-de-Provence

Der Name der Stadt geht wahrscheinlich auf einen hier ansässigen keltoligurischen Stamm, die Salliens oder Salyens, vielleicht aber auch auf die Salzgewinnung am Etang de Berre zurück. Die Stadt lag nicht an wichtigen Verkehrswegen; erst im Mittelalter gewann sie an Bedeutung. Der Arleser Erzbischof hatte hier im 10. Jahrhundert auf dem Felsen eine Fluchtburg, und auch die städtische Siedlung darum herum gehörte nicht etwa den Grafen der Provence, sondern war kirchliches Herrschaftsgebiet. Als das Königreich Provence 1032 an das Deutsche Reich kam, wurde Salon reichsunmittelbar. Der heutige Name der Burg, Château de l'Empéri (von Empereur, Imperator), erinnert noch daran. Ab dem 13. Jahrhundert entwickelte sich die Stadt zum Markt- und Handelszentrum. Sie erhielt eine kommunale Selbstverwaltung, die sich auch behaupten konnte, als die Stadt 1246 unter die Herrschaft der Anjou, einer Seitenlinie des französischen Königshauses, kam. Auch im 16. Jahrhundert wurden die Privilegien der Stadtverwaltung immer wieder bestätigt, und 1655 trugen die sogenannten Konsuln ihrer herausragenden Stellung durch den Bau eines neuen Rathauses Rechnung. Seit dem 15. Jahrhundert entwickelten sich in und um Salon der Olivenanbau und die Ölgewinnung. 1909 wurde die Region von einem schweren Erdbeben erschüttert, das zahlreiche Gebäude zerstörte und 60 Menschenleben forderte. Heute profitiert die Stadt vor allem auch durch den nahe gelegenen Militärflughafen. An Sehenswürdigkeiten kann sich Salon vor allem seiner wichtigen Monumente des 13. und 14. Jahrhundert rühmen. Außerdem wird im Sommer an verschiedenen Orten der Stadt ein renommiertes Jazz-Festival veranstaltet.

**Salon-de-Provence**
Château de l'Empéri,
13. Jahrhundert
Vorburg (links)
und Innenhof (unten)

Die Altstadt um St-Michel und das Schloß ist zu einer anheimelnden Fußgängerzone ausgebaut, die von schattigen Boulevards umgeben ist; hier in der Altstadt steht auch noch das *Wohnhaus von Nostradamus.* Außerdem wurde im *Musée Grévin de Provence* die Geschichte der Provence in 15 großen plastischen Schaubildern aus lebensechten Wachsfiguren nachgebildet.

*St-Michel,* die einzige romanische Kirche der Stadt, wurde um 1200 erbaut. Das Westportal ist als Block bündig in die Mauer eingefügt und wird von zwei Säulen begleitet. Deren Kapitelle zeigen Ansätze zu gotischen Knopsenkapitellen. Das kuriose Tympanonrelief (Abb. links), wie aus verschiedenen Platten zusammengefügt, zeigt oben den hl. Michael, der eine Schlange besiegt. Darunter ein Lamm mit einem Kreuz, Sinnbild für den Opfertod Christi. Die provinzielle Ausführung der figürlichen Skulptur kontrastiert – wie auch beispielsweise in St-Gabriel – auf eigenartige Weise mit der routiniert beherrschten Ornamentik. Das einschiffige Innere ist mit Rippengewölben eingedeckt, die vielleicht erst nachträglich eingezogen wurden. Aus der Bauzeit der Kirche aber stammt das Gewölbe der Apsis, das somit ein interessantes Beispiel einer frühen Übernahme der gotischen Bauweise in der Provence darstellt.

**Salon-de-Provence**
St-Michel, um 1200
Tympanondetail des
romanischen Westportals

### Das Château de l'Empéri

Das Château de l'Empéri (Abbn. oben und rechts) gehört zusammen mit dem Schloß in Tarascon, der Festung von Aigues-Mortes und dem Papstpalast in Avignon zu den interessantesten und größten mittelalterlichen Burganlagen der Provence. Auf der Felsenhöhe in der Stadt haben die Arleser Erzbischöfe ihre die Umgegend beherrschende Burg errichtet. Die heutige Anlage geht auf Erzbischof Jean des Baux (1233–58) zurück und ist später mehrfach verändert, aber nicht grundlegend umgebaut worden. Sie paßt sich dem felsigen Gelände an und besteht aus einer Abfolge von drei aufeinanderfolgenden Höfen. Man betritt die Anlage über eine Vorburg, die früher durch einen Graben von der Hauptburg getrennt war. Diese präsentiert sich zur Vorburg mit einer monumentalen Schaufront, an deren Südwestecke ein riesiger Turm, die Tour Pierre Cros, steht, dessen mit Wurfschächten versehene Wehrgalerie 1374–88 aufgesetzt wurde. In der Mitte der Burgmauer liegt das von einem Turmpaar gerahmte Portal. Diese Anordnung diente nicht nur zu Verteidigungszwecken; sie hatte auch einen repräsentativen Charakter, der etwa am mittelalterlichen Louvre (um 1200) vorgebildet war und später am Erzbischofspalast von Narbonne oder auch am Papstpalast in Avignon nochmals variiert wurde. Um 1500 wurden unter Jean Ferrier noch große Fenster in die Mauer eingelassen, um die dahinterliegenden Räume zu belichten: Die Funktion als Wehrarchitektur war damit endgültig zweitrangig geworden.

Der Portaldurchgang (mit einer Abdeckung aus geraden Steinplatten!) führt in den ersten Innenhof. Auch hier gehören die Pfeilerarkaden mit ihren Flachbögen und die großen Fenster zum Verschönerungsprogramm der Zeit um 1500. Der zweite Hof enthält die ältesten Teile der Burganlage; vor allem im westlichen Teil des Nordtraktes bemerkt man die starken Mauern der alten Festung aus dem 12. Jahrhundert. Im südlichen Teil des Traktes befindet sich beim Museumseingang die Burgkapelle. Sie stieg einst auf 10 m lichte Höhe auf und ist hier mit einer gurtverstärkten Tonne eingewölbt. Im 13. Jahrhundert wurde ein Zwischengewölbe eingezogen, so

**Salon-de-Provence**
Ehemalige Stiftskirche St-Laurent (14.–15. Jahrhundert), Innenansicht nach Osten (oben)
Sarkophag des Nostradamus, 16. Jahrhundert (rechts)

daß eine zweigeschossige Doppelkapelle entstand. Auf der Nordseite wird der Innenhof von einem mächtigen Saalbau abgeschlossen. Der auf der Hofseite nur als Ruine erhaltene Bau besaß im Erdgeschoß drei mit Tonnengewölben gedeckte Räume, darüber rippengewölbte Zimmer. Ein außen im Winkel zwischen Nord- und Ostflügel angelegter Treppenturm stürzte bei dem Erdbeben von 1909 ein. Das Museum des Schlosses zeigt eine umfangreiche militärgeschichtliche Sammlung, die die Epochen von Ludwig XIV. bis zum Ersten Weltkrieg umfaßt.

### St-Laurent

Nördlich der Altstadt liegt die ehemalige Stiftskirche St-Laurent. Dabei handelt es sich nicht, wie manchmal zu lesen ist, um eine frühere Dominikanerkirche, sondern ursprünglich um eine Pfarrkirche, die allerdings merkwürdigerweise erst 1550 in die Stadtumringung einbezogen wurde. 1345 wurde der Grundstein zu dem heutigen Gebäude gelegt, und zunächst wurde zügig daran gebaut. Doch die Vollendung im Westen geschah erst Ende des 15. Jahrhunderts. Bald darauf wurde die Kirche zur Stiftskirche mit einem Kolleg regulierter Chorherren erhoben. Von einem älteren Vorgängergebäude zeugen noch Spuren im Unterteil des Westturms, ansonsten ist der Bau ein schönes Beispiel der provençalischen Gotik des 14. Jahrhunderts. Kennzeichnend dafür ist der von Kapellen begleitete einschiffige Saaltypus, dessen Entwicklung ab Mitte des 13. Jahrhunderts im Languedoc seinen Ausgang nahm. Charakteristisch für St-Laurent sind die lagernde Breite des Langhauses, der leicht eingezogene Chor und das Fehlen von Kapitellen (Abb. links). Die rechteckigen Seitenkapellen sind zwischen die Strebepfeiler des Langhauses eingefügt. Mit diesen Merkmalen ist St-Laurent unmittelbar mit den etwa gleichzeitigen Avignoneser Kirchen St-Pierre und St-Didier in Beziehung zu setzen. Der großzügig von Spitzbogenarkaden durchbrochene Turm über dem Südportal zeigt eine in der Provence seltene, in Nordfrankreich und Deutschland hingegen häufige Lösung des Übergangs vom Quadrat zum Achteck: Vor dessen Diagonalseiten sind Fialen gesetzt, die die Kanten der Geschosse darunter fortführen.

### Die nördliche Umgebung von Salon

Das Château de la Barben (Abb. S. 215 oben) steht in einzigartiger Lage hoch auf dem Felsen. Das bis 1963 der Familie Forbin gehörende Gebäude hat eine wechselvolle Geschichte: 1630 zerstörten die Aixer die mittelalterliche Burg aus dem 12. und 14. Jahrhundert, mußten sie auf Anordnung des Parlaments aber bald wieder errichten. 1793 und bei dem Erdbeben 1909 erlitt der Bau starke Beschädigungen; dazu kam im 19. Jahrhundert eine Restaurierung, die mittelalterliche Formen mit Elementen der Renaissance und des Barock vermischte. Imposant sind die großen

**Nostradamus**
In Salon lebte lange Jahre der berühmte Arzt und Astrologe Nostradamus, der eigentlich Michel de Notredame hieß. 1503 in Saint-Rémy in der Provence geboren, übersiedelte er nach seiner Heirat mit einer Bürgerstochter 1547 nach Salon, wo er an seinen großen Werken arbeitete. Am 2. Juli 1566 starb er dort und wurde in St-Laurent begraben. Sein Sohn César sollte einer der wichtigsten Chronisten der Provence werden. Berühmt geworden sind seine Orakelsprüche, die »Prophéties de Michel de Nostredame«. Es handelt sich dabei um zwölf Centurien (Hundertschaften) von Voraussagen in gereimten Vierzeilern. In Wasserdampf und Räucherwerk entstanden die Visionen angeblich göttlicher Offenbarungen, die die Zukunft der damals bekannten vier Kontinente schildern und dabei bis in das 4. Jahrtausend n. Chr. reichen! Doch Nostradamus' Sprüche bleiben dunkel, voller Wortneuschöpfungen und Wortverformungen. Die »Prophéties« wurden bis in das 20. Jahrhundert hinein immer wieder aufgelegt; sie sind ein Klassiker des Okkultismus und der Esoterik. 1781 wurden sie auf den Index der katholischen Kirche gesetzt, weil in einigen Passagen der Untergang des Papsttums vorausgesagt wird.

Rampen, die zu diesem reizvollen Gebäude hinaufführen.

Lambesc galt im 16. Jahrhundert als zweite Hauptstadt der Provence, denn 1476 war die Stadt von König René I. zum Fürstentum erhoben worden. Eine Art Städteparlament versammelte sich hier jedes Jahr. Zahlreiche Häuser aus dem 16. Jahrhundert zeugen noch heute von der prosperierenden Vergangenheit dieser Stadt. Die Pfarrkirche, ein riesiges, von 1700 bis 1741 nach den Plänen von Laurent Vallon aus Aix errichtetes Gebäude, ist ein typisches Beispiel für den »Aixer Barock« des 17. Jahrhunderts. Die dreischiffige Basilika mit rund schließenden Querhausarmen zeigt innen eine schwere, reiche Stuckverzierung.

### Vernègues

Inmitten des Château Bas, eines Weinguts, stehen die beeindruckenden Überreste eines römischen Podiumstempels in einem in die Flanken des Hügels gemauerten Halbrund. Eine nahe Quelle könnte der Anlaß gewesen sein, hier einen solchen Kultbau zu errichten. Es handelte sich hierbei um einen auf einem hohen Unterbau stehenden, frontseitig ausgerichteten typischen Podiumstempel mit großer Freitreppe. Von dem ehemals viersäuligen Portikus steht noch die sechs Steinschichten hohe *Krepidoma* (Unterbau). Darüber erheben sich auf der Nordostseite eine Antenmauer und eine der vorgesetzten korinthischen Säulen (Abb. S. 216/17).

Die Kapitelle beweisen in ihren hervorragend gearbeiteten Einzelformen, daß der Tempel zu den frühesten römischen Monumenten in der Provence gehört, entstanden etwa um 20–10 v. Chr. An der linken Seite der Tempelcella wurde im Mittelalter die Kapelle St-Césaire angebaut. Von den beiden Burgen, die der Arleser Erzbischof auf diesem Gebiet besaß, ist spätestens seit dem schweren Erdbeben von 1909 nichts mehr zu identifizieren.

**Château de la Barben**
Burg aus dem 12. und 14. Jahrhundert

**Lambesc**
Fassadendetail der barocken Pfarrkirche, 1700–41

**Vernègues**
Ruine des römischen
Podiumstempels aus
der Zeit um 20–10 v. Chr.

**Pont Flavien**
Römische Brücke bei St-Chamas, 1. Jahrhundert

## Die südliche Umgebung von Salon

Lançon-Provence ist ein kleines Städtchen, das heute schon fast zu Salon zu gehören scheint. Es ist um eine mittelalterliche Burg herumgebaut, die auch in ihrem heutigen Zustand als Ruine imposant wirkt. Die runden Ecktürme, die Wurfschächte an den Mauerkronen und die hohen Blendbögen: all das erinnert an den älteren Teil des Papstpalastes in Avignon. Auf dem Friedhof steht die kleine romanische Kapelle St-Cyr (Abb. S. 219 unten).

St-Chamas besitzt eine sehenswerte Pfarrkirche (1660–69), die in der Grundrißanlage und den Rippengewölben den gotischen Traditionen der Provence folgt. Über die Touloubre führt noch heute eine römische Brücke, der Pont Flavien (Abb. oben). Zugang dazu geben triumphbogenartige Tore. Korinthische Pilaster tragen ein Gebälk mit feiner Reliefdekoration. Das Ganze ist stark restauriert, von den vier bekrönenden Löwen ist nur einer antik, die restlichen wurden im 18. Jahrhundert rekonstruiert. Auf dem Architrav eines der beiden Bögen wird ein Caius Donnius genannt, der als Priester der Roma und des Augustus die Brücke errichten ließ. In der Nähe befindet sich der Eisenbahnviadukt für die 1847 eingerichtete Verbindung Paris–Marseille.

## Etang de Berre

Der mit 155 km² größte der südfranzösischen Brackwasserseen war viele Jahrhunderte lang eine kaum von großen Ansiedlungen berührte Landschaft. Gleichwohl wurden die Vorzüge der geschützten Lage, die dennoch unschwer Zugang zum Mittelmeer erlaubte, schon früh erkannt: Jungsteinzeitliche und vor allem griechische Siedlungsreste zeugen davon. Der an seiner tiefsten Stelle 9 m tiefe See ist allseitig von hoch aufsteigenden Felsmassiven gerahmt und bot früher in seinen warmen, stehenden Gewässern eine ideale Umgebung für einen immensen Fischreichtum. An den Ufern entstanden deshalb zahlreiche kleine Fischerdörfer. Aber auch die Salzgewinnung war ein wichtiger Wirtschaftsfaktor. Seit Mitte des 19. Jahrhunderts allerdings wurde der Etang Teil der Hafenaktivität von Marseille. Nach dem

Ersten Weltkrieg wurde die Großstadt über den Marseille-Rhône-Kanal direkt an die Binnenschiffahrt angebunden. Dieser Kanal führt durch den unterirdischen Tunnel du Rove in den Etang de Berre und von dort über Fos und das Rhônedelta in den Fluß. Der Flugverkehr fand in den ruhigen Gewässern ideale Voraussetzungen für Wasserflugzeuge. Die Uferflughäfen von Istres und Marignane gehören deshalb zu den ältesten Frankreichs. Gleichzeitig entstanden rund um den Etang zahlreiche öl- und gasverarbeitende Industrien, in Fos wurde 1968 ein Tiefwasserhafen als Mineralölumschlagplatz eröffnet. Diese enorme Industrialisierung ging zu Lasten der Tier- und Pflanzenwelt sowie des Fremdenverkehrs. Bereits 1957 mußte der Fischfang wegen der Wasserverschmutzung innerhalb des Etang verboten werden, doch erst seit den siebziger Jahren gibt es Institutionen, die dafür Sorge tragen, daß die Umweltbelastungen eingedämmt beziehungsweise kontrolliert wird.

Wenngleich der Etang nicht gerade zu einem ausgedehnten Badeurlaub einlädt, so lohnt den-

**Etang de Berre**
Der an seiner tiefsten Stelle 9 m tiefe See ist allseitig von aufsteigenden Felsmassiven gerahmt.

**Lançon-Provence**
Romanische Kapelle St-Cyr, 2. Hälfte 12. Jahrhundert

ABBILDUNG OBEN:
**St-Chamas**
Ortsansicht mit Blick auf den Etang de Berre

ABBILDUNGEN S. 221:
**Fos-sur-Mer**
Blick über den Ort auf die Hafenanlage (oben)
Romanische Friedhofskapelle St-Sauveur, 10. und 12. Jahrhundert (unten)

noch seine Umfahrung, nicht zuletzt auch deshalb, weil die Hafen- und Industrieviertel heute bereits wie historische Monumente zum Etang de Berre dazugehören. Vor allem aber erhält man eine eindringliche Vorstellung davon, wie das Seeufer bereits seit Jahrtausenden ununterbrochen besiedelt ist. Das Zentrum von Istres ist geprägt von schönen Häusern des 17. und 18. Jahrhunderts, die Kirche von 1560 stellt ein typisches Beispiel des Manierismus dar. Im Museum werden die reichen Zeugnisse der antiken Vergangenheit des Etang und der Gegend um Istres gezeigt. Das Oppidum von Castellan (D 76 nach Westen) ist eine Besiedelung, die schon ab dem 8. Jahrhundert v. Chr. bewohnt war.

In St-Blaise gibt es eine kleine romanische Kapelle. Außerdem sind hier in der Nähe umfangreiche Ausgrabungen zu besichtigen, die die vorgeschichtliche und hellenistische Geschichte verdeutlichen. Vor allem die Mauern einer griechischen Befestigung sind von Interesse. Hier wurden nämlich stelenartige, bisweilen riesenhafte Steine wiederverwendet, die bereits von der vorgriechischen Bevölkerung angefertigt worden waren. Jungsteinzeitliche Bodenfunde haben diese frühe Besiedelung bestätigt. Bei einem kleinen Portal in der griechischen Mauer wurden in den Steinen große Löcher gefunden: Auch hier handelt es sich um wiederverwendete Steine, die wohl mit den ausgehöhlten keltischen Steinbalken in Marseille zu vergleichen sind. Die griechische Verteidigungsmauer, die im 2. Jahrhundert errichtet wurde, umfaßte die Anhöhe in Form eines Dreiecks. Riesige Steinblöcke wurden dazu mit äußerster Präzision behauen und ohne Hinzunahme von Mörtel versetzt; teilweise sind noch die griechischen Steinmetzzeichen zu erkennen. Die Reste der griechischen Mauer wurden schließlich während der Germaneneinfälle durch eine neue Befestigung überbaut. Im 13. Jahrhundert allerdings nahm die Stadt nur noch ein Fünftel des zur Verfügung stehenden Platzes ein, ein Jahrhundert darauf wurde sie bis auf die erwähnte Kapelle völlig zerstört.

Das alte Fos-sur-Mer, heute von einem riesigen Hafenkomplex umgeben, wartet mit einer sehr gut erhaltenen romanischen Friedhofskapelle auf (Abbn. rechts).

Martigues, aus drei Fischerorten zusammengewachsen, bietet außer seiner Kirche von 1625 noch zahlreiche Stadthäuser aus dem 17. und 18. Jahrhundert. Außerdem besteht seit kurzem ein dem Landschaftsmaler und Orientalisten Felix Ziem (1821–1911) gewidmetes Museum, das darüber hinaus auch Bilder weiterer provençalischer Landschaftsmaler zeigt.

In Marignane schließlich findet sich ein monumentales Schloß, das 1666 im Auftrag von dem Marquis von Marignane, Jean-Baptiste II Covet, ausgebaut wurde. Mit seiner hohen Sokkelzone, den alternierenden Giebeln und dem mächtigen Kranzgesims erinnert es an Bologneser Paläste.

**Wie ein Santon entsteht**

1. Vorbereitung des Tons
Die Tonerde aus der Tongrube wird gewässert und durchgesiebt. Die Flüssigkeit wird in spezielle Becken geleitet, wo sie ca. zwei Monate lang ruht. In der warmen Jahreszeit verdampft der Wasserüberschuß; die zurückbleibende Masse wird herausgeholt, sobald sie nicht mehr an den Fingern kleben bleibt, eingekellert und ein Jahr lang kühl und feucht gelagert.

2. Herstellung der Santons
Die erste Figur dient den nachfolgenden als Modell, von dem eine zweiteilige Preßform angefertigt wird: die Mutterform. Nach dem Trocknen entsteht daraus die Tochterform, so daß man schließlich die Santons in Serie herstellen kann. Für einige Figuren sind mehrteilige Formen erforderlich; dann werden die einzelnen Teile wie Arme, Hände, Kopf usw. mit Tonschlicker (flüssigem Ton) angeklebt.

3. Trocknen
Die aus der Form genommene Figur wird geglättet und entgratet. Das Trocknen muß sehr langsam (in Trockenschränken) geschehen: Ein zu schneller Feuchtigkeitsverlust würde zu Rissen im Ton führen. Je nach Größe der Figuren dauert es zwischen acht Tagen und zwei Monaten.

4. Brennen
Gut durchgetrocknet, werden die Santons vorsichtig in den Ofen geschoben. Er wird neun Stunden progressiv bis auf eine Temperatur von 960 °C aufgeheizt. Zum Abkühlen muß er 24–48 Stunden geschlossen bleiben. Erst dann können die Santons, die jetzt fest wie Ziegelstein sind, herausgenommen werden.

5. Dekorieren
Diese langwierige und kleinteilige Arbeit wird mit dünnen Pinseln und Ölfarbe ausgeführt. Dabei wird eine Farbe nach der anderen aufgetragen, und zwar mehrmals, bis alle Details stimmen. Dank der matten Farbe sind die Santons für lange Zeit unverwüstlich, und die Ölfarbe verleiht ihnen ihre anerkannt hohe Oualität.

ABBILDUNG LINKS:
Paul Fouque, Jahrgang 21, arbeitet an einem »Coup de Mistral«, dem »Mistralstoß«, dem ersten und berühmtesten *Santon,* der Bewegung einfing und aus 14 Formen zuammengesetzt wird.

ABBILDUNG GEGENÜBER OBEN:
Bauern und Bäuerinnen sowie Berufsstände, die mit Essen und Trinken zu tun haben, sind häufige *Santon*-Motive. Insgesamt fertigt das Haus Fouque 1800 verschiedene Figuren. Es ist die größte Sammlung der Welt.

ABBILDUNGEN GEGENÜBER UNTEN:
Im Atelier in Aix werden die Figuren nach 200 Jahre alten Prinzipien hergestellt. Das Zusammensetzen der komplizierteren will gelernt sein. Wenn die Figuren aus der Form kommen, ist der Ton noch weich, aber Ränder und Konturen sind unsauber. Dann müssen sie nachgearbeitet werden, bevor man sie trocknet und anschließend brennt.

## Santons/Krippenfiguren

Selbst im Sommer stößt man in der Provence auf *Santons,* bunte Tonfiguren, die alle erdenklichen traditionellen Berufe oder Aktivitäten darstellen und ein facettenreiches Bild dieser so reizvollen Provinz nachzeichnen. Viele dieser Figuren beziehen sich auf das Landleben, andere auf die *Métiers de bouche,* die für Ernährung und gastronomische Freuden sorgen. Da sieht man die Fischhändlerin und den Müller, die kürbistragende Bäuerin und den Jäger, den Angler und den Knoblauchbauern, die Gänsezüchterin und den Käsehändler, den Bäcker und den Koch, den Trüffelsucher und den Olivenpflücker, den Weinhändler und den Kastanienverkäufer und viele andere. Wer genau hinsieht, findet die Provençalin, die *Aioli* rührt, und eine andere, die die Zutaten für die *Pompe,* den Weihnachtskuchen, bereithält. All diese Figuren bereichern zu Weihnachten die Krippe, in deren Zentrum selbstverständlich das Jesuskind, die Jungfrau Maria und der heilige Joseph stehen.

Seit dem 16. Jahrhundert ist es Brauch, zum Weihnachtsfest Krippen in den Kirchen aufzustellen. Die Entstehung der *Santons* – nach dem provençalischen Wort *Santoum,* das kleiner Heiliger bedeutet – fällt in die Revolutionszeit. Damals blieben die Kirchen geschlossen, aber in den Familien bewahrte man die Tradition der Krippen. Jetzt machte man eben kleinere Figuren, und zwar aus jedem Material, das sich dafür anbot: aus Holz, Gips, Ton und aus Brotteig, bemalte sie oder kleidete sie in Stoffe.

Jean-Louis Lagnel stellte als erster Gipsformen nach Modellen her, mit deren Hilfe er aus Ton Serien von Figuren gießen konnte. Andere *Santonniers* blieben dabei, ihre Figuren zu bekleiden. Die erste *Santon*-Messe fand im Dezember 1803 in Marseille statt. Besonderen Auftrieb erhielt die Krippe durch das Hirtenspiel »Maurel«, in dem dargestellt wird, wie Jesus im 19. Jahrhundert in einem kleinen Dorf der Provence geboren wird. Damit erhielten neben den biblischen auch die provençalischen Gestalten Zutritt zu der Krippengemeinschaft, die zum Spiegel des Lebens der Familie wird.

Jedes Familienmitglied hat eine Figur, die es repräsentiert, während andere an Verwandte und Freunde erinnern. Die ganze Familie hilft, die Krippe mit Moos, getrockneten Pflanzen, Holzstücken und schönen Steinen auszustatten, die man gemeinsam am 1. Advent in der Natur sammelt. Ab dem 4. Dezember dürfen die Kartons geöffnet werden, in denen die Figuren verwahrt werden. Aber das Jesuskind kommt erst am 24. Dezember vor dem großen Souper dazu und die Heiligen Drei Könige erst an Epiphanias. Jedes Jahr wird die Krippe der Familie ergänzt, so daß sie über Generationen wächst und für ein provençalisches Weihnachten unentbehrlich ist. Eine richtige Krippe präsentiert das Bild einer ganzen Landschaft mit mehreren Häusern und Ställen, Mühlen und Brücken.

Knapp zwei Monate lang kann man sich an deren Anblick erfreuen, denn erst am 2. Februar, zum Lichtmeßfest, werden die Figuren für das kommende Weihnachtsfest sorgfältig wieder eingepackt und den Rest des Jahres über gelagert. Allerdings gibt es eine Reihe anderer Feste und Ereignisse, für die man bestimmte *Santons* aus ihrem Sommerschlaf holt, zum Beispiel Oliven- oder Weinlesefeste. Aber auch als ständige Dekoration behaupten sich *Santons* in vielen provençalischen Häusern und Gärten.

# Die ewig Rebellische

## Marseille und östliche Umgebung

1 Kathedrale de la Major
2 St-Laurent
3 La Vieille Charité
4 Musée des Docks Romains
5 Musée du Vieux Marseille
6 Rathaus
7 Les Carmes
8 St-Théodore
9 Arc de Triomphe
10 Museum d'Histoire de Marseille
11 St-Ferréol
12 Musée de la Marine
13 St-Vincent-de-Paul
Palais Longchamps mit
14 Musée des Beaux-Arts
15 Musée Grobet-Labadié
16 St-Trinité
17 Calvaire
18 Notre-Dame-du-Mont
19 Präfektur
20 Musée Cantini
21 Oper
22 Basilique St-Victor
23 Fort St-Nicolas
24 Fort St-Jean
25 Schloß
26 Leuchtturm

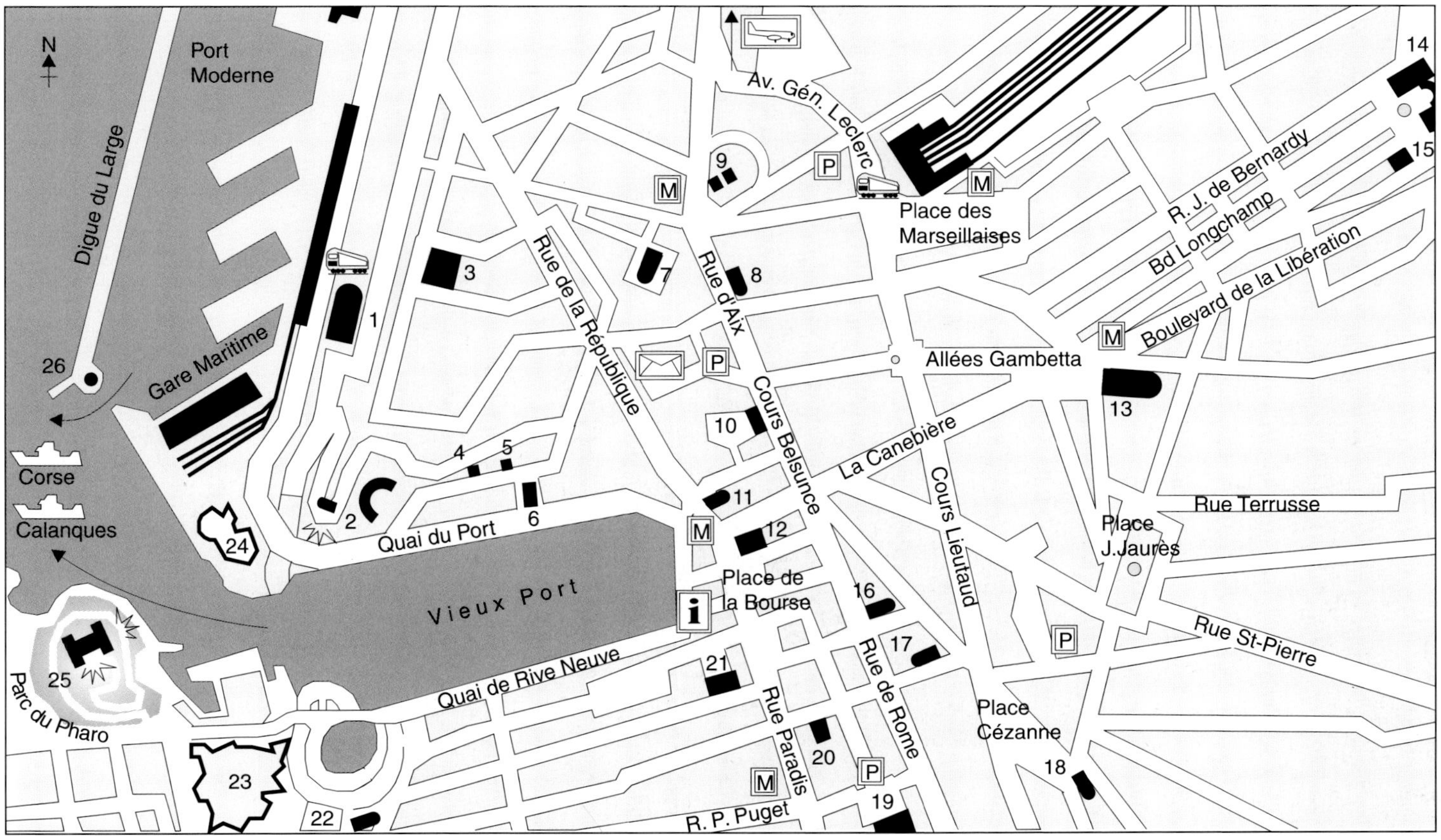


ABBILDUNG GEGENÜBER:
**Marseille**
Alter Hafen mit Blick auf die Wallfahrtskirche Notre-Dame-de-la-Garde, das Wahrzeichen der Stadt

**Marseille**
Boote im Alten Hafen

Marcel Pagnol, 1895 in Aubagne geboren und 1974 in Paris gestorben, hat mit Verve das liebevolle Bild vom humorigen und volkstümlichen Leben in der Provence gemalt. Die – häufig aber in Paris uraufgeführten – Theaterstücke spielen zumeist in der Provence und erzählen turbulent von den ebenso streitsüchtigen wie versöhnlichen, großsprecherischen wie verschlossenen, einfältigen wie bauernschlauen Menschen am Hafen von Marseille oder im provençalischen Hinterland. Schon in den dreißiger Jahren setzte Pagnol sein burleskes Erzähltalent auch in selbst inszenierten Filmen um, die manchmal auch Stoffe des befreundeten Jean Giono verwenden (»La femme du boulanger«, 1938).

## Zur Geschichte Marseilles

Viele negative Klischees umgeben seit langem die größte Stadt Südfrankreichs, die innerhalb des ganzen Landes hinsichtlich ihrer Einwohnerzahl sogar den zweiten Rang einnimmt. Die ewig rebellische Stadt, die verruchte Hafenmetropole, der Großstadtmoloch, das Einfallstor des Orients. Doch solch arg vereinfachenden Prädikate werden dem Reichtum der Stadt mit ihrer langen Geschichte kaum gerecht, in der sich seit fast 3000 Jahren die Kulturen des Mittelmeerraumes immer neu überlagert haben. Nur eins ist sicher wahr: Marseille ist nie die Stadt gewesen, die vornehmlich auf den Tourismus hätte setzen müssen. Dennoch geschieht auch in diesem Bereich gerade in den letzten Jahren sehr viel: Die Stadt legt immer mehr von ihrer antiken Vergangenheit frei, und ihre reichen Sammlungen werden neu und in ansprechender Weise präsentiert.

Die Stadt geht zurück auf eine bedeutende Handelsniederlassung, Massalia, die von der griechischen Kolonie Phokäa in Kleinasien um 600 gegründet wurde. Der Standort war ideal, denn die Bucht, der heutige sogenannte Vieux Port, bildete schon damals einen geschützten natürlichen Hafen. Rasch blühte die Niederlassung auf, als die Mutterkolonie 545/540 von den Persern zerstört wurde und viele Phokäer nach Massalia emigrierten. Von hier aus gründeten die Griechen weitere Handelskontore an der Küste: So etwa Olbia (Hyères), Antibes und Nizza. Ab dem 3. und 2. Jahrhundert begann sich die Stadt mit Rom zu verbünden, zunächst, um die nördlich, im Oppidum Entremont bei Aix, ansässigen ligurischen Saluvier abzuwehren. Als die Römer schließlich die Ligurer unterwarfen und den Handelskonkurrenten Karthago im Jahr 146 ausschalteten, entsprach dies durchaus den Interessen der griechischen Handelsniederlassung. Erst als die Römer Aquae Sextiae, das heutige Aix, gründeten, gab dies Anlaß zum Widerstand. Die Stadt stellte sich im römischen Bürgerkrieg auf die Seite von Cäsars Widerstreiter Pompejus und mußte dafür nach langer Belagerung mit der Abtretung der meisten ihrer Kolonien bitter bezahlen. Die ausgedehnten Besitzungen, die bis in die Alpilles reichten, wurden dem 46 v. Chr. gegründeten Arles übergeben. Schließlich erwuchsen mit den römischen Hafenstädten Fréjus und Narbonne gewichtige Handelskonkurrenten. Doch erst allmählich überformte das römische Leben die lange lebendige griechische Tradition. Die Römer machten die Sumpfgebiete östlich der Stadt bewohnbar und erbauten eine neue Stadtmauer, die bis 1040 erhalten blieb. Der Hafen wurde ausgebaut, am Osthang der Butte St-Laurent wurde ein Theater errichtet. In der Oberstadt bestand ein Forum mit Tempeln und weiteren öffentlichen Bauten.

Bereits spätestens ab 314 residierte ein christlicher Bischof in der Stadt, mit der Abtei St-Victor entstand im frühen 5. Jahrhundert ein wichtiges christliches Zentrum, das von entscheidender Bedeutung für die Christianisierung Galliens war. Zwischen dem 5. und dem 9. Jahrhundert gehörte Marseille verschiedenen Herrschaftsbereichen an und wurde durch die Überfälle von Sarazenen, Normannen und Piraten immer wieder bedroht. Seit dieser Zeit läßt sich ein wachsendes Bestreben nach städtischer Autonomie feststellen. Als im Königreich Burgund unter Boso 879 die Provence in drei Grafschaften (in Avignon, Arles und Apt) und mehrere Vizegrafschaften eingeteilt wurde, trug man der Selbständigkeit Marseilles insofern Rechnung, als hier ein Vicomte (Vizegraf) über das Hafenviertel eingesetzt wurde, während in der Oberstadt der Bischof der Grundherr war. Ende des 11. Jahrhunderts wurden die beiden Territorien sogar durch eine Mauer voneinander getrennt. 1159 erbte das Domkapitel überdies ein eigenes Stadtviertel, so daß die Stadt nunmehr dreigeteilt war. Gegen Ende des 12. Jahrhunderts taucht – vergleichsweise spät – ein sogenanntes Konsulat zur kommunalen Selbstverwaltung auf.

Der bestimmende Faktor dafür war, daß Marseille infolge der Kreuzzüge seine wirtschaftliche Rolle als Hafen- und Werftstadt hatte ausbauen können. Beim Tod des letzten Vicomtes Roncelin (1215) konnte nur der entschiedene Widerstand der Abtei St-Victor verhindern, daß die Kommune die vicomtalen Rechte übernahm. Das entstandene Machtvakuum füllten zunächst die Grafen der Provence. 1245 übernahm der in diese Funktion eingetretene Karl I. von Anjou, König von Neapel, gegen den Widerstand der Kommune gewaltsam die Herrschaft über die Unterstadt. 1257 erwarb er auch die Oberstadt. Ihre Residenz errichtete die Anjoudynastie allerdings in Aix, und die vollständig von den Anjou requirierte Marseilleser Flotte ging 1282 bei der Sizilianischen Vesper zugrunde. Mit dem 14. Jahrhundert begann ein rapider Niedergang, verursacht durch eine wirtschaftliche Rezession, die Piraterie und die Folgen des Hundertjährigen Krieges sowie die hohen Abgaben für die militärischen Unternehmungen der Anjou. 1423 schließlich vernichtete Alfons V. von Aragon in einem Rachefeldzug die Stadt. Mit dem Tod des Königs René I. von Anjou fiel Marseille 1481 an die französische Krone.

Bis zum 13. Jahrhundert hatte sich die Stadt auf ein Territorium ausgedehnt, das durch den heutigen Boulevard des Dames und den Cours Belsunce begrenzt wird. Die Südseite des Hafens war durch eine eigene Festung gesichert, in die 1363 auch die Klosterkirche St-Victor einbezogen wurde. Die Hafeneinfahrt konnte auf beiden Seiten durch Wehrbauten des 13. (Tour St-Jean) bzw. 14. Jahrhundert (Tour St-Nicolas) überwacht werden. 1666 beschloß man eine umfangreiche Neuplanung der Stadt. Die über die Jahrhunderte entstandenen Vorstädte wurden in eine großzügige Erweiterung und städtebauliche Regulierung des Stadtgebietes integriert. Die wichtigste der damals angelegten Achsen ist die berühmte Canebière. Dieser Neuplanung war ein steter wirtschaftlicher Aufschwung ab dem 16.

**Marseille**
St-Laurent, 12. und 18. Jahrhundert (Turm und Ostteile), in der Nähe des Alten Hafens

Jahrhundert vorangegangen, denn die Könige bauten Marseille zum wichtigsten französischen Handels- und Kriegshafen des Mittelmeers aus, der schließlich Freihafen wurde. Trotz einer verheerenden Pestepedemie mit 100 000 Toten hielt die Konjunktur bis in das 18. Jahrhundert an, und sie wurde begleitet von einem bedeutenden Kulturleben in der Stadt. Ein erstes Opernhaus wurde schon Anfang des 17. Jahrhunderts erbaut, 1683 richtete Lully eine Musikakademie ein. Die Académie de Marseille, ein Teil der Académie française, wurde 1726 gegründet, 1753 gefolgt von einer Kunstakademie. Die sozialen Unterschiede zwischen dem lokalen Adel und den zahllosen Arbeitern führten dazu, daß Marseille während der Französischen Revolution ein Zentrum der Auseinandersetzungen wurde. Die Terrorherrschaft der Deputierten regierte hier besonders hart, und zahlreiche kirchliche Gebäude wurden zerstört.

*Die Marseillaise:* Die von Rouget de L'Île komponierte Hymne an die französische Rheinarmee wurde zum erstenmal am 22. Juni 1792 im *Club des Fédérés* in Marseille intoniert. 600 Freiwillige aus der Hafenstadt, die sich aufgemacht hatten, das revolutionäre Volk von Paris zu unterstützen, ließen während ihres langen Marsches in die Hauptstadt das Lied unablässig als Marschmusik erklingen. Und es begleitete die Volkserhebung vom 10. August 1792, die zum Sturz der Monarchie führte. Bereits im September wurde das Lied vom Kriegsministerium als offizieller Marschgesang akzeptiert, doch Napoleon verbot ihn wieder. Erst die dritte französische Republik erhob 1878/79 die *Marseillaise* in dezidiertem Rückbezug auf die republikanischen Ideale der Französischen Revolution zur Nationalhymne.

Als die Engländer, um gegen Napoleon vorzugehen, die Seeblockade gegen Frankreich errichteten, traf das die Hafenstadt Marseille besonders hart. Erst unter der neu installierten Monarchie erhielt sie ihren Status als Freihafen zurück, und von nun an begann ein beispielloser Aufstieg: Der Handel mit den Kolonien, die Anbindung an die Eisenbahn im Jahr 1844, die Ansiedlung von großen Fabriken (Seife, Werftanlagen) brachten der Stadt eine wirtschaftliche Potenz, die bald auch in umfangreichen städtebaulichen Maßnahmen sichtbar wurde. Das Palais de Longchamps, die Promenade du Prado, die Börse, die neue Kathedrale und Notre-Dame-de-la-Garde sind nur einige der prunkvollen historistischen Bauten, die das Gesicht der Stadt auch heute noch prägen. Die Funktion der Stadt als »Tor zum Orient« führte dazu, daß sich hier zahlreiche Volksgruppen trafen: Süditaliener, Armenier, Korsen, Spanier lebten neben den Einheimischen bzw. vielen aus anderen Regionen stammenden Franzosen. Die wichtigen Verbindungen zur Levante hatten selbst ihre Auswirkungen auf die Architektur, die sich, etwa an einigen Stellen der Canebière, in orientalischer Mode gibt. Die schlechte Reputation der Stadt beruht vor allem auf politischen Wirren in der Zwischenkriegszeit: Eine korrupte Stadtregierung und spektakuläre politische Morde – 1934 wurden auf der Canebière König Alexander I. von Jugoslawien und der französische Außenminister Louis Barthou ermordet – erschütterten die Stadt, die schließlich zwischen 1939 und 1946 vom Staat aus regiert wurde. Der Zweite Weltkrieg ist eines der schrecklichsten Kapitel in ihrer Geschichte. Aus der Stadt, in der viele Juden wohnten und in der sich zahllose Flüchtlinge des Naziregimes aufhielten, wurden ab 1942 über 40 000 Menschen deportiert und ermordet. 1943 zerstörten die deutschen Besatzer aus Angst vor der Widerstandsbewegung das gesamte Wohnviertel nördlich des Alten Hafens. Und als im August 1944 die Alliierten die Stadt zurückeroberten, sprengten die Deutschen vor ihrer Kapitulation die Hafenanlagen und den Pont Transbordeur, der den Hafeneingang überbrückt hatte, in die Luft. Entsprechend schwierig war die Nachkriegszeit, in der zum einen lange vernachlässigte infrastrukturelle Verbesserungen (Sanitätswesen, Verkehr und vor allem Wohnungsbau) ausgeführt werden mußten, andererseits wegen des rapiden Rückgangs des französischen Kolonialbesitzes, der Veränderung des Mittelmeerhandels und der Krise im Schiffsbau sich die alte Rolle der Hafenstadt veränderte. Gleichzeitig erlebte Marseille bis in die siebziger Jahre einen rapiden Bevölkerungszuwachs von ca. 600 000 auf ca. 1 Million Einwohner. Mit der Modernisierung und dem Ausbau der Hafenanlagen nach Norden wurde eine Spezialisierung als Umschlagplatz für petrochemische Produkte eingeleitet, die das gesamte Umfeld um den Etang de Berre mit neu gegründeten Städten (Vitrolles) und den nach dem Ende des Zweiten Weltkriegs erneuerten Flughafen bei Marignane miteinbezog. Die Stadt setzt seither vor allem auch auf Spitzenforschung im technischen und naturwissenschaftlichen Bereich. Nicht zuletzt wird sie sich aber auch ihren reichen Hinterlassenschaften an archäologischen und architektonischen Zeugnissen aus all ihren Epochen bewußt und hat in den achtziger Jahren begonnen, die heruntergekommenen Stadtviertel zwischen Bahnhof und Altstadt zu sanieren. Für die Slums und Sozialwohnungshochhäuser in manchen Außenvierteln steht dies allerdings noch in weiter Ferne.

ABBILDUNGEN LINKS:
**Marseille**
Neuer Hafen mit Algerien-Fähre (oben)
Fort St-Nicolas (Mitte)
Marktszene (unten)

ABBILDUNG S. 228/29:
**Marseille**
Alter Hafen

ABBILDUNGEN GEGENÜBER:
**Marseille**
Altes Rathaus, 1653–72 (oben)

Vieille Charité (ab 1655) mit kuppelbekrönter Kapelle (1704) im Innenhof (unten)

**Marseille**
Blick auf die Bucht, den Alten Hafen und die Stadtteile in nördlicher und südlicher Hafennähe

**In der Umgebung des Alten Hafens**
Marseille ist eine ausgedehnte Stadt, die nicht nur über einige wenige herausragende Sehenswürdigkeiten verfügt. So sollte man ihre vielen Aspekte im Schlendern oder auch ab und an mit dem Bus oder der Tram/U-Bahn entdecken. Vieles ist gleichwohl im weiteren Umkreis des Alten Hafens zu sehen: die antiken Überreste, die Abtei St-Victor oder der Beginn der Canebière.

Die antike Stadt: Das hellenistische Marseille erstreckte sich auf dem felsigen Gelände nördlich des Alten Hafens bis zum heutigen Fort St-Jean. Die Uferlinie lag dabei bedeutend hinter ihrem heutigen Verlauf. Deshalb können die antiken Hafenanlagen heute mitten in der Stadt besichtigt werden. Am Centre commercial de la Bourse ist im sogenannten Jardin des Vestiges noch ein Teil der Stadtmauer zum Hafen zu besichtigen. Der tiefer gelegene Teil an der Börse war einst die äußerste Spitze des Hafenbeckens; daneben ein rechteckiges Süßwasserbecken und Reste von Dockanlagen. Im Westen verlief die Stadtmauer, von der noch zwei rechteckige Türme deutlich zu erkennen sind, die die Toreinfahrt einer – in römischer Zeit gepflasterten – Straße bildeten. Seitlich der Türme erstrecken sich die Reste der Stadtmauer mit einem weiteren Turm im Süden. Die Mauertechnik in Großquadern und die griechischen Steinmetzzeichen weisen den Hauptteil dieses Ensembles in hellenistische Zeit, wohl in das 2. Jahrhundert v. Chr. Im *Musée d'Histoire de Marseille,* über einem Teil des alten Hafenbeckens errichtet, setzt sich das Ausgrabungsgelände fort (Abb. unten). Kern der Sammlung ist der 19 m lange Rumpfboden eines römischen Handelsschiffes des 2. Jahrhunderts. Es war zwischen 160 und 220 im Hafen gesunken; 1974 wurden die Überreste wiedergefunden und in einer aufwendigen Prozedur in der Fundlage konserviert. Das Museum zeigt auch ein großes Modell des antiken Marseille und wird in Kürze weitere spektakuläre Schiffsfunde aus dem 6. Jahrhundert v. Chr. präsentieren können.

**Marseille**
Ausgrabungsgelände der antiken Stadt im Musée d'Histoire de Marseille

Die römische Stadt wurde mit einer das Stadtgebiet erweiternden Stadtmauer umgeben. Südlich der Rue Caisserie wurden riesige Vorratsgefäße gefunden, die bis zu 1,75 m Durchmesser und 2 m Höhe erreichten. Diese sogenannten *Dolia* enthielten Wein, Öl und andere Vorräte; sie waren Teil der römischen Dockanlagen an dieser Stelle. Im *Musée des Docks romains* sind diese noch an einer Stelle zu besichtigen, zusammen mit Resten von antiken Schiffen, Ankern usw. sowie dem fragmentierten Mosaik einer Badenden (3. Jh.). Das Museum steht auf dem Terrain des von den Deutschen 1943 zerstörten Stadtviertels. Dessen großzügige Wiederbebauung unmittelbar nach dem Krieg leitete Fernand Pouillon. Die mehrgeschossigen Häuser gruppieren sich um mehrere monumentale Achsen, die über breite Treppen und hohe Durchgänge den Hügel hinaufführen. Die Natursteinverkleidung, die einfachen schweren Formen und die zahlreichen allegorischen Reliefs machen deutlich, daß hier an die französische neoklassizistische Monumentalarchitektur der dreißiger Jahre angeknüpft wurde.

Von der ehemaligen Bebauung verdient zum einen das *alte Rathaus* Beachtung, das 1653–72 von Bernard Levieux errichtet wurde. Interessant ist vor allem die Fassadengestaltung (Abb. rechts): Im Mitteltteil sind die Obergeschosse leicht zurückgesetzt; da zudem eine Mittenbetonung fehlt, wirkt die Front wie die Projektion einer Dreiflügelanlage in eine Relieffläche. Zum anderen ist die *Maison Diamantée* von Interesse. Zwischen 1593 und 1620 von Nicola de Robbio erbaut, orientiert sich der Palast mit seinen diamantförmig geschliffenen Quadern an dem Palazzo dei Diamanti in Ferrara. Das Innere bietet eine manieristische Dekoration, die antike Motive mit organischen Formen des Marktlebens (Kohlblätter, Langusten) vereint. Das Haus enthält das *Musée du Vieux Marseille,* das die neuzeitliche Geschichte der Stadt dokumentiert. Dominiert wird das Hafenviertel an dieser Stelle von dem *Hôtel Dieu* (erbaut ab 1684) mit seinen übereinandergesetzten Arkadenfluchten.

Das von Treppenstraßen und engen Wegen durchzogene Quartier du Panier auf der Anhöhe nördlich des Alten Hafens ist der letzte verbliebene Teil des alten Marseille, der bislang vor allem von Arabern und Asiaten bewohnt wird. Lange Zeit verwahrlost, erfährt das Viertel in den letzten Jahren eine Sanierung, deren Mittelpunkt die *Vieille Charité* bildet (Abb. rechts). Der Bau wurde ab 1655 von Pierre Puget nach dem Vorbild in Lyon als Hospiz für Arme errichtet, 1704 war die Kirche der Anlage fertiggestellt, der 1863 eine Vorhalle angefügt wurde. Das Gesamtensemble ist nach wie vor ein Hort der Konzentration und Inspiration, denn das große Gebäudegeviert schließt das Gelände in einem riesigen Innenhof von dem umgebenden Viertel ab. In drei Geschossen umlaufen den Hof Arkadengänge, die die immer gut belichteten und belüfteten Verbindungswege zu der Vielzahl der dahinterlie-

genden Nutzräume abgeben. Schmuckstück der Anlage ist die in der Mitte sich erhebende kuppelbekrönte Kapelle. In den ovalen Hauptraum schneiden die ebenfalls ovalen Grundrisse von Eingangs- und Altarraum ein. In der Querachse sind zwei geräumige Kapellen durch je eine Kolonnade vom Hauptraum geschieden. Sämtliche Raumkompartimente werden durch ein äußeres Oval in Form eines Laufgangs zusammengefaßt. Die originelle Raumlösung wurde auch in der Chapelle de l'Oratoire in Avignon übernommen. Die gesamte Anlage wird seit Anfang der neunziger Jahre als Museums- und Ausstellungszentrum genutzt. Bedeutende Sammlungen afrikanischer, fernöstlicher, ägyptischer, griechischer und mittelalterlicher Kunst sind hier zu besichtigen. Insbesondere das ägyptische Museum mit seinen Beständen des Arztes Clot-Bey (Anf. 19. Jh.) vereint nach dem Louvre die bedeutendste Sammlung ihrer Art. Von großem Interesse für die Geschichte der Provence ist die Abteilung der keltoligurischen Fundstücke, vor allem aus Roquepertuse.

**Die Kathedrale**

Unterhalb der Vieille Charité erhebt sich direkt am Ufer die Kathedrale von Marseille (Abb. oben), fernab von den Zentren der modernen Stadt. Der in Farben prunkende Bau wurde 1852–93 von den Architekten Léon Vaudoyer, Henri Révoil und Henri Espérandieu ausgeführt. Über 140 m Länge erstreckt sich das Gebäude, im Inneren erreicht es 60 m Höhe. Es ist nur zu offensichtlich, daß der Aufschwung der Stadt im 19. Jahrhundert den Wunsch hatte entstehen lassen, in den Dimensionen und in der Synthese verschiedenster nobler Architekturmotive die »schönste nachmittelalterliche Kathedrale Frankreichs« zu verwirklichen. Der Umgangschor inspiriert sich an französischen romanischen Großbauten, die Kuppeln an der byzantinischen Baukunst, der Steinwechsel an italienischer mittelalterlicher Architektur.

Daneben nimmt sich der Altbau der Bischofskirche, Notre-Dame-de-la-Major, seitlich des neuen Bauwerks bescheiden aus, zumal sein Langhaus der ehrgeizigen neuen Architektur wei-

ABBILDUNGEN GEGENÜBER:
**Marseille**
Neue Kathedrale, 1852–93 (oben)
Rechts neben ihr ist noch ein Teil der ehemaligen Kathedrale Notre-Dame-de-la-Major (Mitte 12. Jahrhundert) zu sehen.
Innenansicht der Neuen Kathedrale nach Osten (unten)

chen mußte. Die um 1150 errichtete Architektur stellt trotz ihres fragmentierten Zustandes eines der anspruchsvollsten Beispiele der entwickelten provençalischen Romanik dar. Gestufte Arkaden tragen das basilikal erhöhte Mittelschiff. Der achteckige Vierungsturm erhebt sich über einem querrechteckigen Joch, das eigentlich gar kein richtiges Querhaus ist. Um zu einem regelmäßig achteckigen Grundriß des Turms zu gelangen, mußte über stufig nach innen geführten Bögen über den Arkaden das notwendige Auflager erreicht werden. In den Trompen in den Ecken befinden sich wie in einigen anderen provençalischen Kirchen Evangelistendarstellungen. Ebenfalls in vertrauter Weise ist die Innenseite der Chorapsis mit einer aufwendigen Blendarkatur geschmückt (Abb. unten). Der Lazarusalter im nördlichen Querarm wurde 1475–79 von Francesco Laurana und Malvito da Como geschaffen. Der eigentliche Altar steht in der linken der von zwei Segmentgiebeln bekrönten Doppelarkade; rechts ist unter einem Giebel der Reliquienschrein des Heiligen untergebracht. Auf dem Altar die Statuen von Lazarus zwischen Martha und Magdalena, der Sockel zeigt Szenen aus seiner Vita von seiner Auferweckung vom Tode bis zu seinem Wirken als Bischof und Märtyrer in der Provence. Der aus Neapel stammende Bildhauer verwirklichte hier im Auftrag des Königs René I. eine der ersten großen Renaissanceskulpturen auf französischem Boden.

Direkt bei der Kathedrale beginnen die Anlagen des Neuen Hafens, die sich kilometerlang nach Norden erstrecken. Eine besondere Attraktion unweit der Kathedrale sind die *Docks de la Joliette,* große Lagerhallen, die 1858–66 von dem Ingenieur Gustave Desplaces errichtet wurden. Die kühnen, aus Feuersicherheitsgründen nur aus Stein, Eisen und Glas bestehenden Hal-

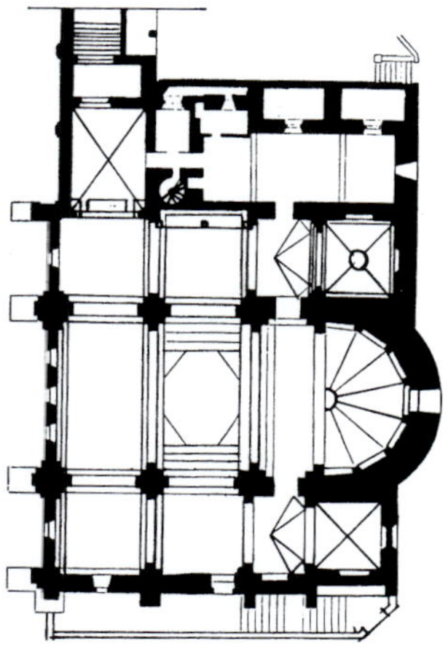

**Marseille**
Ehemalige Kathedrale Notre-Dame-de-la-Major
Grundriß (oben)
Blick aus der Vierung nach Nordosten (rechts)
Beweinungsgruppe (rechts außen)

**Marseille**
Neue Kathedrale
Abschluß des rechten Seitenschiffs

ganzen Abendland. Parallel dazu entstand unter den Äbten Wifried (1005–20) und Isarn (1020–47) eine neue Kirche. Die frühchristliche Basilika Notre-Dame blieb auf der Südseite daneben zunächst erhalten. Erst während eines weiteren Neubaus im 13. Jahrhundert wurde sie überbaut und in die Krypta einbezogen. Von diesem Neubau ist noch das heutige Langhaus erhalten. Papst Urban V. (1362–70), vormaliger Abt des Klosters, vergrößerte den Ostteil der Kirche und baute sie festungsmäßig aus. Nach der Revolution wurden bedeutende Teile der Architektur, etwa der romanische Kreuzgang und die Klausurbauten, abgetragen. Von diesen Anbauten befreit, bietet sich das Äußere deshalb heute kahl und schlicht (Abb. links). Die Wehranlagen (Zinnenkranz, Wurfschächte) verstärken diesen Eindruck noch. Von der Kirche des 11. Jahrhunderts sieht man noch den Unterbau der Tour d'Isarn auf der Nordseite, der aus riesigen Mauerblökken besteht. Der Turm enthält eine Vorhalle, durch die man die Kirche betritt.

Hier findet man mächtige Bandrippen unter den stark gebusten Gewölbekappen; sie gehören zu den frühesten Beispielen von Rippengewölben. Das Innere der Oberkirche aus dem 13. Jahrhundert bietet sich als dreischiffige Basilika von erstaunlicher Schlichtheit (Abb. unten). Doch ist diese eines der seltenen Beispiele einer provençalischen Architektur zwischen der großen romanischen Tradition und der gotischen Bauweise. Die romanischen Reminiszenzen zeigen sich in der Spitztonnenwölbung, die das Mittelschiff deckt. Sie scheint ursprünglich nicht vorgesehen gewesen zu sein, denn die Pfeiler enthalten durchaus Dienste für die Diagonalrippen eines Rippengewölbes, wie dies auch in den Seiten-

ABBILDUNGEN GEGENÜBER:
**Marseille**
St-Victor
Ansichten der Krypta
Blick in die Confessio (links oben und unten)
Detail des Baumsarkophags, Ende 4. Jahrhundert (rechts oben)
Sogenannter Lazaruskopf am Eingang der Felsengruft (rechts unten)

**Marseille**
St-Victor, 3. Viertel 14. Jahrhundert
Außenansicht von Nordosten (oben)
Grundriß (unten)

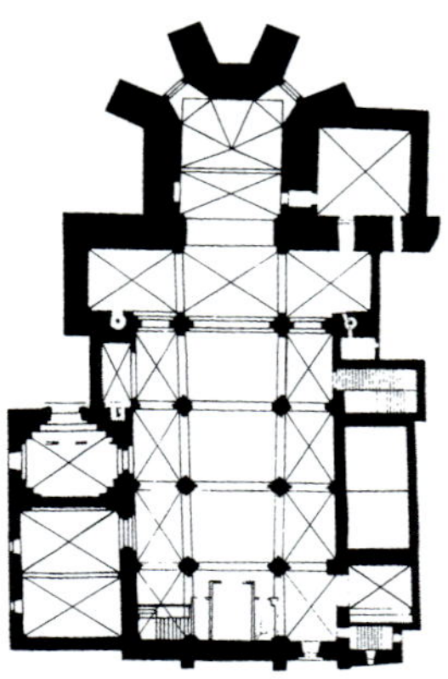

len dienen heute für Ausstellungen und Konzerte. Hier ist auch eine Dokumentation zur Höhle Cosquer und ihren spektakulären prähistorischen Malereien zu sehen, die 1991 in den Calanques entdeckt wurde.

### St-Victor

In kunsthistorischer Hinsicht stellt die Abtei St-Victor auf der Anhöhe südlich des Hafenbeckens das bedeutendste Monument der Stadt dar. Der hl. Victor, ein zum Christentum bekehrter römischer Offizier, soll unter Maximian in Marseille den Märtyrertod gestorben und auf einem Friedhof außerhalb der Stadt bestattet worden sein. Der Eremit Johannes Cassianus gründete Anfang des 5. Jahrhunderts hier ein Kloster, in dessen Nähe sich bald zahlreiche Christen begraben ließen. Ende des 10. Jahrhunderts wurde das Kloster straff organisiert. Ab 977 unter der Benediktregel, bildete sich unter dem Schutz der Vizegrafen im 11. Jahrhundert eine der mächtigsten Abteien des Abendlandes heraus, die wesentlichen Anteil an der klösterlichen Reformbewegung dieser Zeit hatte. Am Ende des Jahrhunderts verfügte die Abtei über Besitzungen im

**Marseille**
St-Victor
Mittelschiff nach Osten

schiffen ausgeführt wurde. Die Ostteile aus dem 14. Jahrhundert unterliegen deutlich der Absicht, die Kirche wie eine Wehranlage zu befestigen: Die über drei Meter dicken Mauern lassen nur äußerst schmale Fenster zu. Im Südseitenschiff befindet sich ein Sarkophag aus dem 5. Jahrhundert mit Gesetzesübergabe, Abrahamsopfer und Blindenheilung.

Vom Westende des Langhauses steigt man hinab zu der weitläufigen Krypta, die die ältesten Überreste der Klosteranlage enthält. Immer wieder ist dieser Teil verändert worden, so daß die genaue Entstehung der Unterkirche heute in mancher Hinsicht rätselhaft ist. Wesentlich ist, sich klarzumachen, daß hier zunächst die Abhänge eines alten Steinbruches bestanden, in dessen Vertiefungen Katakomben und Gräber angelegt wurden. Im 13. Jahrhundert wurde dieser Teil nach oben mit einem Gewölbe geschlossen, und man errichtete Pfeilerfundamente, um die Oberkirche darüber anlegen zu können. Der zentrale Teil ist die Confessio, die dreischiffige Kleinarchitektur unter dem Südseitenschiff der Oberkirche. Die sogenannte Chapelle Notre-Dame de Confession wurde im 5. Jahrhundert unmittelbar vor der Felswand als dreischiffiger Bau mit einer Apsis nach Norden angelegt. Die rechte Reihe der rechteckigen Pfeiler und die Arkaden mit Stuckdekoration (Weinranken und Trauben) entstammen noch dieser Zeit. Im 13. Jahrhundert entfernte man die Pfeiler des linken Seitenschiffs sowie die Apsis. Somit entstand eine allseitig einsehbare baldachinähnliche Architektur. Sie enthielt zwei aus dem 3. Jahrhundert stammende Gräber, die hier verehrt wurden. Hinter der Confessio führt ein unregelmäßig geformter Gang in den Felsen; hier sollen die Reliquien des hl. Victor aufbewahrt worden sein. Später wurden hier Lazarus und Maria Magdalena verehrt. Südlich der Confessio befand sich ein offenes Atrium. In seiner ursprünglichen Form setzte es die Struktur der kleinen Kirche fort. Der von rechteckigen Pfeilern umstandene Hof erreichte ca. 6 m Höhe, wie das noch vorhandene Abschlußgesims anzeigt. Später wurde das Atrium erhöht, und den alten Rechteckpfeilern wurden Säulen vorgelegt, die für die kleine Confessio viel zu hoch sind. Doch wie man sich diese Teile im einzelnen vorzustellen hat, bleibt bis heute ein Rätsel.

Ein weiterer alter Teil der Unterkirche, eine Memorialkapelle des 5. Jahrhunderts, liegt unter dem nördlichen Vorhallenturm der Oberkirche. Die mehrfach veränderte Ausbuchtung im Ostteil führt auf zeitlich nicht genau bestimmbares Mauerwerk aus großen Blöcken des 1. Jahrhunderts, die eventuell die Reste einer Mauer sind, die am Rand des Felsabhangs zum Meer als Schutz des Friedhofs angelegt worden war. In der Unterkirche sind mehrere Arkaden- und Baumsarkophage zumeist vom Ende des 4. Jahrhunderts aufgestellt, die sich durch ein kräftiges Relief und eine lebhafte Erzählweise auszeichnen. Der Sarkophag mit der Darstellung der *Traditio legis* (an der Ostwand der Krypta) hingegen zeigt

**Marseille**
Wallfahrtskirche Notre-Dame-de-la-Garde, 1853–70

die neue Gestaltungsweise des 5. Jahrhunderts, die durch Flachheit des Reliefs, eine gewissen Unfestigkeit der Figuren sowie die Betonung der Sinnbildhaftigkeit bestimmter Bildformeln charakterisiert ist. Beim Treppenaufgang in die Oberkirche befindet sich der Grabstein des 1047 verstorbenen Abts Isarn, eines der ersten figürlichen Grabmäler des Mittelalters. Die als Relief gearbeitete Liegefigur des Verstorbenen wird in der Mitte von einer Inschriftenplatte gedeckt, so daß nur Kopf und Füße Isarns zu sehen sind. Diese Darstellungsweise, die die Anwesenheit des Toten verbildlicht und gleichzeitig seine Verdienste im Text hervorhebt, hat Entsprechungen in der Buchmalerei derselben Zeit.

### Notre-Dame-de-la-Garde

Von St-Victor aus kann man auf den 162 m hohen Berg steigen, auf dessen Spitze 1853–70 die Wallfahrtskirche Notre-Dame-de-la-Garde (Abb. oben) an der Stelle einer mittelalterlichen Kapelle errichtet wurde. Diese war spätestens ab dem 13. Jahrhundert im Besitz des Klosters St-Victor, das von hier aus das Meer überwachen konnte. Seit Ende des 14. Jahrhunderts wird hier eine schutzbringende Madonnenstatue vor allem von Seeleuten verehrt. Architekt des heutigen Kirchenbaus war Henri Espérandieu, einer der Baumeister der Kathedrale. Wie bei dieser finden wir auch bei der – zum Wahrzeichen Marseilles gewordenen – Kirche Notre-Dame-de-la-Garde eine aufwendige Material- und Farbvielfalt sowie eine Mischung byzantinischer und italienischer Stilformen. Den Turm bekrönt eine weithin sichtbare, 9 m hohe Marienfigur. Das Innere ist mit Mosaiken und Fresken geschmückt. Die ganz in den Felsen gearbeitete Krypta enthält zahlreiche volkstümliche Votivgaben.

### La Canebière und Palais Longchamps

Die berühmte Canebière verbindet den Alten Hafen mit den östlich gelegenen Stadtteilen. Hier landeten Matrosen und Reisende aus aller Welt an, und hier entwickelten sich Handelsvertretungen, Hotels und Vergnügungsviertel. 1666 als Hauptstück der neuen Stadtregulierung begonnen, war sie zunächst eine Stichstraße des rechtwinkelig dazu angelegten Cours Belsunce. Bis 1928 wurde sie schrittweise auf ihre heutige Ausdehnung verlängert und ihre Breite im Lauf der Zeit mehrfach verändert. Heute lassen in ihrem unteren Teil noch einige Fassaden des 17. und 18. Jahrhunderts ihr ehemaliges Aussehen erahnen. Bezeichnend ist, daß die *Börse* im Jahr 1860 als prächtiger Auftakt der Straße unmittelbar in die Nähe des Quais plaziert wurde (Abb. unten). Die Börse ist der erste Bau in Marseille, bei dem Eisen für die Konstruktion verwendet wurde. Im Erdgeschoß ist heute das *Musée de la Marine et de l'Economie de Marseille* untergebracht. Etwas abseits nach Süden liegt die *Oper* von 1924 im Stil des Art déco. Die jonische Kolonnade entstammt noch dem Vorgängerbau von 1787. Der im Zweiten Weltkrieg stark zerstörte Cours Belsunce wird im Norden durch die Porte d'Aix abgeschlossen, ein 1825–39 von Penchaud nach dem Vorbild römischer Monumentalbögen errichtetes Stadttor. Die Canebière führt im Osten auf die *Kirche St-Vincent,* die in der Mitte des 19. Jahrhunderts im Stil der nordfranzösischen Hochgotik errichtet wurde.

Der die Canebière fortsetzende Boulevard Longchamps endet in einer großartigen stadtraumbeherrschenden Architektur, dem *Palais Longchamps* (Abb. gegenüber), das Henri Espérandieu 1862–69 realisierte. Die Verbindung

ABBILDUNG GEGENÜBER:
**Marseille**
Palais Longchamps, 1862–69
Im Mittelteil endet ein Kanal, der Marseille mit Wasser aus der Durance versorgt.

**Marseille**
Börse, 1860
Fassadendetail

PIZZERIA

MA 308247

aus einem riesigen künstlichen Wasserfall, einem Kunstmuseum und einem Naturkundemuseum bildet zugleich auch die Endstation eines Kanals, der die Stadt mit Wasser aus der Durance versorgt. Dieser tritt hier in einem neobarocken Brunnen zum Vorschein, umgeben von den Allegorien der Durance, des Weizens und des Weines sowie von mächtigen Stieren. Halbkreisförmig steigen darum herum zwei gegenläufige Treppen auf, die von Kolonnaden hinterfangen werden. In den Eckbauten sind das *Musée des Beaux-Arts* beziehungsweise das *Musée d'Histoire naturelle* untergebracht. Hinter dem Palais Longchamps erstreckt sich ein schöner Park mit einem kleinen Zoo. Das Palais ist ein gutes Beispiel für die monumentale Architektur, die an der Pariser Ecole des Beaux-Arts gelehrt wurde. Mit allen Mitteln einer klassischen Architektursprache (Säulen, Fenstern, Nischen) und darin integrierten skulpturalen Effekten wurde der Straßenraum in eine großartige Kulisse verwandelt, deren künstlerische Qualität erst seit kurzer Zeit wieder vollständig gewürdigt wird.

Das Kunstmuseum ist eines der bedeutendsten »Provinzmuseen« Frankreichs, unter anderem mit Werken von Perugino, Rubens, Le Sueur, Rigaud, Greuze, Vernet und Daumier. Gegenüber dem Palais Longchamps befindet sich das *Musée Grobet-Labadie,* das die Atmosphäre der bürgerlichen Kunstsammlungen des 19. Jahrhunderts vermittelt.

**Vallon des Auffes und Château Borély**

Das Meer erlebt man in Marseille vor allem an der über über fünf Kilometer sich erstreckenden Küstenstraße nach Süden. Die Anhöhe über der Südseite des Hafens beherrscht das *Château du Pharo,* das der – vor allem für den Ausbau des Louvre bekannte – Architekt Hector Martin Lefuel für Napoleon III. errichtete. Vom Park aus hat man einen hervorragenden Blick auf das alte Marseille und das dahinter sich erstreckende endlose Häusermeer. Die Corniche Président J.-F.-Kennedy ist Marseilles Uferpromenade, sie wird von schönen Sehenswürdigkeiten begleitet: etwa dem kleinen Fischerdorf Vallon des Auffes (Abb. gegenüber oben links), das inmitten der Großstadt Marseille eigenartig wirkt.

Weit im Süden folgt das Château Borély (Abb. oben). Der reiche Marseilleser Kaufmann Jean Borély beauftragte 1767 den Architekten Charles-Louis Clérisseau mit der Planung eines Landhauses. Da der erste Entwurf zu sehr wie eine italienische Landvilla wirkte, führte man schließlich eine typisch französische Schloßanlage mit deutlich betontem Mittelrisalit aus. Die Inneneinrichtung und die malerische Ausstattung der Erbauungszeit sind fast vollständig erhalten. Mitte des 19. Jahrhundert gestaltete der Pariser Gartenarchitekt Alphan um das Palais Borély eine große Gartenanlage, die Elemente des englischen Landschaftsgartens und des französischen Parks miteinander verbindet.

**Marseille**
Château Borély, 1767–78
Schloß- und Gartenanlage

ABBILDUNGEN GEGENÜBER:
**Marseille**
Fischerdorf Vallon des Auffes (oben links)

Fischmarktimpressionen am Rande des Alten Hafens (oben rechts und unten)

ABBILDUNGEN OBEN UND GEGENÜBER:
**Marseille**
Le Corbusier
Unité d'habitation, 1947–52
Frontal- und Schrägansicht aus der Nähe

**Le Corbusiers Unité d'habitation**
Noch etwas weiter im Süden, am Boulevard Michelet, steht eines der Hauptwerke von Le Corbusier. Die Unité d'habitation, 1947–52 gegen zahllose Widerstände errichtet, bildet eine Synthese seiner Architekturauffassung, zeigt aber auch deren Probleme. Das kastenförmige, von der Erde durch geschwungene Stützen getrennte Hochhaus war 1946 im Zuge der Wiederaufbaumaßnahmen in Auftrag gegeben worden. Es sollte als eine selbständige Untereinheit einer neuen Stadt dienen. Grundidee der Unité ist die Vereinigung von privaten »Zellen«, das heißt individueller, für Einzelfamilien geplanter Wohnungen, mit einem sich aus dem Zusammenleben aller Bewohner ergebenden öffentlichen Bereich, und zwar in einer verdichteten, rasterartigen architektonischen Struktur. So enthält der Block 337 Appartements in 23 Typen (meist Maisonnette-Wohnungen) für 1600 Menschen. Wie Flaschen in einem Regal sind die Wohneinheiten in das Stahlbetonraster eingeschoben. Im Inneren werden sie von einem »Straße« genannten Korridor erschlossen. Daneben gibt es auch eine Ladenstraße, ein Postamt und ein kleines Hotel. Die Dachterrasse ist mit einer Turnhalle, einem Kinderhort und einem Trainingsparcour ausgestattet. Diese auf die Architektur angewandte Sozialutopie einer autonomen Wohngemeinschaft orientiert sich an Lebensformen einerseits des Klosters, andererseits des Ozeandampfers, wie dies nicht zuletzt an den Dachaufbauten auch optisch zum Vorschein kommt. Indessen funktioniert dieses abgeschlossene System in der Unité nur noch teilweise, vor allem auch deshalb, weil das Haus eine Art bewohntes Museum geworden und seine Konzeption allen Bewohnern bewußt ist. Le Corbusier hat ähnliche Unités u. a. auch in Nantes, Firmigny und Berlin realisiert, die allerdings sehr viel schlechter funktionieren als bei diesem gepflegten Marseilleser Haus.

Noch weiter im Süden liegt an der Avenue d'Haïfa das 1994 eröffnete *Musée d'Art Contemporain,* ein aus jeweils einheitlichen Modulen bestehender Komplex, der der französischen Gegenwartskunst gewidmet ist (Daniel Buren, Arman, Martial Raysse).

**Marseille**
»Daumen«-Skulptur von César vor dem Musée d'Art Contemporain

ABBILDUNGEN GEGENÜBER UND RECHTS:
**Marseille**
Château d'If und Blick auf die benachbarte Felseninsel Ratonneau (rechts)

Von Marseille aus kann man auf die Felseninsel If übersetzen, die durch den Roman »Der Graf von Monte Christo« von Alexandre Dumas weltberühmt wurde. König Franz I. ließ die Insel 1524 als Festung zum Schutz der Stadt ausbauen. Das Fort folgt in seiner viereckigen Anlage mit drei begleitenden Rundtürmen, deren stärkster sich wie ein Donjon erhebt, noch mittelalterlichen Konzeptionen. Doch sind entsprechend der modernen Verteidigungstechnik die Türme vom Hauptbau abgesetzt und ihre Dächer als Terrassen zur Aufstellung von Kanonen ausgebildet. Eine eigene Zisterne und eine Kapelle zeigen, daß die Anlage völlig autonom war. Militärische Angriffe hatte sie allerdings nie abzuwehren, deshalb wurde sie vom 17. bis 19. Jahrhundert als Staatsgefängnis genutzt.

Ein einzigartiges Naturschauspiel bietet das bizarre Felsmassiv, das sich zwischen Marseille und Cassis erstreckt, das Massif des Calanques. Steile Felsnadeln aus blendend weißem Kalkstein stürzen hier in das blaugrüne Meer. Entstanden sind diese Formationen durch Verwitterung, als während der Eiszeiten der Meeresspiegel sank und stieg, das Terrain abwechselnd von Eis überdeckt oder von Wasser umspült wurde. Der letzte Wasseranstieg vor 10 000 Jahren überflutete die Höhlen, in denen sich mittlerweile Menschen eingerichtet hatten. Eine dieser Höhlen entdeckte 1991 der Taucher und Speleologe Herni Cosquer in der Nähe der Spitze des Cap Morgiou: Über einen unter Wasser gelegenen Tunnel gelangte er nach 175 m in eine große Höhle, in der die Bewohner vor 27 000 bis 19 000 Jahren zahlreiche Tiermalereien und Ritzungen angebracht hatten (siehe Marseille, Docks de la Juliette, S. 233 f.).

Die Calanques weisen ein besonderes Klima auf, denn sie sind vollständig der Sonne ausgesetzt und vom Mistral geschützt, Regen fällt hier äußerst selten, und so herrscht hier eine besondere Hitze und Trockenheit. Diese klimatischen Bedingungen haben eine spezielle Fauna und Flora entstehen lassen, die Calanques jedoch auch immer wieder in besonderem Maß einer Naturkatastrophe ausgesetzt, die Südfrankreich generell bedroht: dem Waldbrand. Von Cäsar, der 49 v. Chr. die Baumbestände abbrennnen ließ, bis zu einem verheerenden Feuer 1990 reicht die Unglücksgeschichte. Die Befahrung beziehungsweise Begehung des Felsenmassivs ist deshalb reglementiert. Drei mögliche Wege bieten sich an: Entweder kann man vom Landesinneren über die D 559 und verschiedene Fußwege an das Ufer gelangen oder von der Südspitze Marseilles beziehungsweise von Cassis aus einen Wanderpfad nehmen, der an dem Felsen entlangführt. Die dritte Möglichkeit ist, das Naturschauspiel vom Boot aus (ab Marseille oder Cassis) zu erleben. Natürlich sind die Calanques auch ein außergewöhnliches Paradies für Taucher, nicht zuletzt wegen der günstigen klimatischen Bedingungen. Doch machen sich auch hier aufgrund der Umweltverschmutzung gewisse Einschränkungen bemerkbar.

ABBILDUNGEN S. 244/45:
**Cassis**
Calanque de Port-Miou

ABBILDUNGEN LINKS:
**Cassis**
Ort und Hafen (oben)

**Cap Canaille**
Blick auf die Küste zwischen Cassis und La Ciotat

ABBILDUNG GEGENÜBER:
**Felsenbucht bei Cassis**

# Rote Felsen und blaues Meer

## Die Côte d'Azur von Bandol über St-Tropez bis Antibes

ABBILDUNG GEGENÜBER:
**Küste bei Cap Roux**

**Sanary-sur-Mer**
Hafenansicht

**Bandol**
Badestrand

Westlich von Toulon, durch die Halbinsel von Cap Sicié von der Stadt geschieden, liegen die Ferienorte Bandol und Sanary-sur-Mer. Sanary zog von Beginn des 20. Jahrhunderts bis in die 30er Jahre zahlreiche ausländische Künstler an.

ABBILDUNGEN GEGENÜBER:
**Toulon**
Ansichten der Stadt mit ihrem großen Hafen und der Halbinsel von St-Mandrier im Hintergrund

## Toulon

In römischer Zeit befand sich hier die kleine Siedlung Telo Martius, die auf die Purpurfärberei spezialisiert war. Wenngleich hier ab dem 5. Jahrhundert ein Bischof residierte, blieb die Stadt doch lange Zeit unbedeutend. Erst als die Provence 1481 an Frankreich fiel, begann sich Toulon zum Kriegshafen zu entwickeln, und dies prägte die Stadt ein halbes Jahrtausend lang. Als Ludwig XIV. eine eigene Flotte ausrüstete, wurde diese, einschließlich umfangreicher Werftanlagen, in Toulon stationiert. Die französische Kolonisierung Afrikas im 19. Jahrhundert ging vor allem über diesen Kriegshafen vonstatten. Der Preis, den die Stadt für diese markante militärische Prägung zu zahlen hatte, war hoch: Als die deutschen Truppen 1942 die bis dahin noch nicht besetzte »Freie Zone« Frankreichs eroberten, sabotierte die französische Militärflotte die Nutzung des Hafens durch Hitlers Truppen: 75 Kriegsschiffe versenkte man selbst im Hafen. Nach dem Krieg sollte die Beseitigung dieser Schiffsbarrikaden zehn Jahre dauern. Und auch bei der Landung der Alliierten in Frankreich im August 1944 war Toulon eine der wichtigsten Stellungen, die vom 19. bis zum 26. August nach heftigen Kämpfen eingenommen wurde. Während der Dekolonisation nach dem Krieg führte die ehemals zentrale Bedeutung der Stadt in der Kolonialzeit dazu, daß sich hier Tausende von Menschen, vor allem aus Algerien, niederließen. Erst seit kurzem, mit der Krise des Schiffsbaus, entdeckt die Stadt auch ihre touristischen Aspekte.

Die militärische Vergangenheit und die allzu rasch behobenen umfangreichen Zerstörungen während des Zweiten Weltkriegs machen Toulon nicht gerade zu einer attraktiven Stadt. Beeindruckend sind jedoch die Panoramablicke, die man von den umgebenden Hügeln – insbesondere vom Mont Faron im Norden – auf die riesige Bucht hat, in deren Mitte die Hafenstadt liegt (Abbn. oben und rechts). Sehenswert ist auch die

Altstadt zu seiten des Quai Cronstadt. Hier liegt die *Kathedrale Ste-Marie-Majeure*, die auf das 12. und 13. Jahrhundert zurückgeht. Im 17. Jahrhundert wurde der Bau beträchtlich nach Norden erweitert, unter weitgehender Beibehaltung der mittelalterlichen Formen. Fast am Rande des Hafenbeckens steht die *Kirche St-François-de-Paul* (1744) mit geschwungener Fassade. Westlich der Altstadt erhebt sich die *Kirche St-Louis*, ein strenger klassizistischer Bau, 1783–89 von Sigaud errichtet. Es dominieren hohe Säulen toskanischer Ordnung, die im Langhaus eine Kolonnade bilden, über der sich direkt, ohne Obergaden, die Tonne wölbt. Den Eingang zum *Arsenal* bildet seit 1738 ein Portal in Form eines Triumphbogens, geschmückt mit den Allegorien von Mars und Bellona (Abb. links). Nördlich davon war 1683 auf Veranlassung Colberts die Place d'Armes als großer längsrechteckiger Exerzierplatz geschaffen worden. Toulon hat mehrere Museen eingerichtet, die seine bewegte Geschichte dokumentieren, so das *Musée de la Marine* (am Arsenal) und das *Musée du Vieux Toulon* (im ehemaligen Bischofspalast).

ABBILDUNGEN OBEN:
**Toulon**
Altes Rathaus, Atlanten von Pierre Puget, 1656/57

ABBILDUNG LINKS:
**Toulon**
Arsenal, barocke Fassade mit allegorischen Portalfiguren (1738)

ABBILDUNGEN S. 253:
**Hyères**
Rob Mallet-Stevens
Villa de Noailles, 1924, Ansichten eines der Innenräume und des kubistischen Gartens von G. Guévrékian

Auf der Südspitze der östlichen Hafeneinfahrt erhebt sich die *Tour Royale,* ein Fort, das Ludwig XII. 1514–24 vom italienischen Festungsbaumeister Giovanni Antonio de la Porta errichten ließ. Die mächtige Anlage ist noch nicht, wie bald üblich, von Bastionen umgeben, die die Kanonen in sicherer Entfernung hinter den Linien hielten.

## Hyères

Die Griechen in Marseille gründeten hier um 350 v. Chr. eine Unterkolonie, der sie den Namen Olbia gaben. Die Römer bauten die Stadt zu einer Festung aus. Im Mittelalter verschob sich das Stadtzentrum an den Fuß der Anhöhe. Unter der Herrschaft der Herren von Vos leistete die Stadt Karl I. von Anjou bis 1257 Widerstand und dominierte später über das rivalisierende Toulon; ab 1532 war sie sogar Sitz eines Seneschalls. Doch im 17. Jahrhundert wurde dieser nach Toulon verlegt, und die Befestigungen mußten geschleift werden. Ein neuer Aufschwung kam im 19. Jahrhundert, als Hyères einer der beliebtesten mondänen Badeorte der Riviera war. Heute ist es aufgrund der besonderen Beschaffenheit der Strände an der Halbinsel von Giens vor allem ein Eldorado für Windsurfer.

*St-Louis,* ursprünglich die Kirche des Franziskanerkonvents außerhalb der Stadt, dürfte im 13. Jahrhundert errichtet worden sein. Nach außen sehr schlicht, enthält das dreischiffige Innere noch immer romanische Tonnengewölbe. Das Mittelschiff wurde nachträglich rippengewölbt. Auf der Colline du Castéou über der Stadt zeugen einige Ruinen noch von der ausgedehnten mittelalterlichen Burganlage. Unterhalb von dieser, am Rand des Park St-Bernard, steht einer der wichtigsten Bauten der modernen Architektur in Frankreich.

### Die Villa de Noailles

Die Villa wurde von der mäzenatischen Familie Charles und Marie-Laure de Noailles bei Rob Mallet-Stevens, dem nach Le Corbusier wichtigsten französischen Architekten der »Weißen Moderne«, 1924 in Auftrag gegeben. In Zusammenarbeit mit anderen Avantgardekünstlern entstand ein wahres gebautes Manifest des modernen Lebens: Gabriel Guévrékian entwarf einen kubistischen Garten, Pierre Chareau und Marcel Breuer konzipierten das Mobiliar, Jacques Lipschitz schuf die Gartenskulptur. Die Architektur entstand in der sukzessiven Erweiterung eines ersten Villenprojekts. Die geometrisch flächenhaften Bauformen folgen dem Relief des Abhangs und erzeugen im harten Licht der mediterranen Sonne ein markantes Muster von Licht- und Schattenflächen. Die Grenzen von innen und außen sind bewußt aufgehoben; ein ummauerter Garten ist wie ein Zimmer möbliert und mit Fenstern versehen. Von besonderer Bedeutung war ein Fitneßraum mit Swimming-Pool und Schaukeln. Man Ray drehte in der Villa 1929 einen der frühen Architekturfilme, »Les Mystères du Château au dé«.

**Hyères**
Blumengeschmücktes Portal eines Wohnhauses

**Porquerolles-Insel**
Botanischer Park

## Halbinsel von Giens und Hyères-Inseln

Am Strand von Almanarre, gegenüber der N 559, lag das antike Olbia, von dessen schachbrettartigem Grundriß noch einige Reste zu sehen sind. Die östliche Stadtmauer besteht aus riesigen Steinblöcken. Das hier gelegene Tor führte zum antiken Hafen, der heute vom Flugplatz überbaut ist. Nach Süden liegt die Halbinsel von Giens, ein besonderes Naturphänomen. Das Felsplateau von Giens ist nämlich durch zwei parallele Dämme mit dem Festland verbunden. Der westliche ist sehr schmal, und der Wind trägt alle Dünen ab. So fließt immer wieder Meerwasser in eine Lagune zwischen den beiden Dämmen. Dort gibt es ideale Bedingungen für Meeresvögel, vor allem auch Flamingos. Im nördlichen Teil wird vor allem Salz gewonnen. Der konstante und kräftige Westwind und der lange, einheitlich flache Strand des Westdamms bieten für Windsurfer ideale Bedingungen. Von La Tour Fondue an der Südostspitze der Halbinsel kann man auf die Inseln von Hyères übersetzen.

Die dicht bewaldeten, bis auf fast 200 m Höhe ansteigenden Eilande vor der Küste zwischen Hyères und Le Lavandou gehören zu den schönsten Naturerscheinungen der Provence. Die Griechen wie die Römer hatten hier Niederlassungen, um die Seefahrt zu kontrollieren. Doch vom 5. bis zum 16. Jahrhundert waren die Inseln Stützpunkte von Piraten. Verschiedene Versuche, diese zu vertreiben, scheiterten. Ende des 16. Jahrhunderts wurde allen neuen Bewohnern Steuerfreiheit gewährt, doch vergebens: Die Angst vor den Seeräubern überwog. Anschließend gedachte man, Kriminelle auf die Inseln zu verbannen und somit die Piraten zu vertreiben. Doch jene übernahmen nur allzu schnell deren Geschäfte. Erst unter Kardinal Richelieu wurde man der unerwünschten Bewohner Herr und konnte Befestigungen errichten. Zum letztenmal dienten die Inseln im Zweiten Weltkrieg militärischen Zwekken: Die Deutschen errichteten hier Bunker und Geschütze. Bei der alliierte Landung im August 1944 mußten also erst die deutschen Verteidigungsanlagen unschädlich gemacht werden. Im 19. Jahrhundert waren die Inseln als einzelne Landgüter verkauft worden.

Die Hautpinsel, die Île de Porquerolles, profitierte davon in ungewöhnlicher Weise, denn von 1911 bis 1971 war sie im Besitz eines belgischen Ingenieurs, der in Mexiko zu Reichtum gekommen war. Dieser wandelte die Insel in einen exotischen Garten um. Das Fort Ste-Agathe, unter dessen Mauern man anlandet, wurde 1532 erbaut. Davon zeugt noch der mächtige Eckturm der trapezförmigen Anlage. In der Folgezeit wurde sie bis ins 19. Jahrhundert immer wieder den neuen militärischen Erfordernissen angepaßt.

Die Île de Port-Cros ist in ihrer Gesamtheit ein Naturschutzgebiet, in der sich die Mittelmeerfauna und -flora ungestört entfalten kann. Auf der Südseite steigen die Felsklippen auf 195 m

ABBILDUNGEN GEGENÜBER:
**Halbinsel von Giens**
»Vogelparadies« am Etang des Pesquiers (oben)

**Porquerolles-Insel**
Cap d'Arme (unten links)
Felsenküste (unten rechts)

**Porquerolles-Insel**
Plage d'Argent

Höhe an; insbesondere auf der Nordseite bietet sich selbst für ungeübte Taucher die Möglichkeit, die Unterwasserwelt kennenzulernen.

Auf der Île du Levant, von der nur ein kleiner Teil im Westen zugänglich ist (der Rest ist Militärgebiet), wird seit Beginn unseres Jahrhunderts die Freikörperkultur als Ausdruck gesunden Lebens praktiziert. Der Arzt Durville gründete hier 1931 das FKK-Dorf Héliopolis (»Sonnenstadt«).

### Das Massif des Maures

Das Massif des Maures bietet wie das Massif de l'Esterel eine geologische Besonderheit, denn es besteht nicht, wie ansonsten an der Côte-d'Azur üblich, aus Kalk-, sondern aus Urgestein (vor allem Gneis und Schiefer). In drei Bergketten zieht sich das relativ flache, bisweilen wie ein Hochplateau wirkende Gebirge von Hyères bis auf die Höhe von St-Raphaël. Der natürliche Bewuchs wird nur an der Küste von Pinien und Nadelhölzern gebildet, im Landesinneren sind es vor allem Kastanien und Eichen. So pflanzte man hier vor allem im 19. Jahrhundert Korkeichen zur Produktion von Flaschenverschlüssen. In den letzten Jahrzehnten hat die Korkproduktion wieder an Bedeutung gewonnen, und so sieht man überall die zur Hälfte entrindeten Eichenbäume.

Im Arboretum von Gratteloup (an der N 98) wurde ein wahres *Baummuseum* geschaffen, in dem über 500 verschiedene Baumarten gepflanzt sind. Weitere Sehenswürdigkeiten sind die hoch gelegene *Kapelle Notre-Dame-des-Anges* und das Dorf Gonfaron: Hier ist ein kleines Museum zur Korkherstellung eingerichtet. In der Nähe, an der D 75, liegt das »Schildkrötendorf«: Hier versucht man, die früher im Massif des Maures verbreitete, inzwischen stark dezimierte griechische Landschildkröte wieder heimisch zu machen.

In landschaftlich beeindruckender Gegend liegt völlig abgeschieden, in der Nähe einer Quelle, das *Kartäuserkloster de la Verne* (Abb. S. 259 oben).

**Korkeiche und Korkgewinnung**
*Quercus suber* ist eine immergrüne Eichenart des Mittelmeergebietes, die bis in Höhen von 500 m heimisch ist. Da sie sehr viel Licht, aber auch eine gewisse Bodenfeuchtigkeit benötigt, stehen die Korkeichen meist in schütteren Wäldern mit dichtem Unterholz. Im Massif des Maures wird die Art vor allem seit dem 19. Jahrhundert gepflanzt. Der bis zu 20 m hohe Baum mit kurz gezähnten Blättern bildet eine starke Borke aus, die als Kork für Flaschenverschlüsse, Dekorations- und Dämmmaterial verwendet wird. In der von Waldbränden heimgesuchten Provence bietet der Baum im Rahmen von Wiederaufforstungen aber auch den Vorteil, sehr widerstandsfähig gegen Feuer zu sein. Der in den ersten Wachstumsjahren gebildete »männliche« Kork ist nicht verwendbar; seine äußerste Schicht wird jedoch abgezogen, sobald der Stamm etwa 10–15 cm Durchmesser erreicht hat. Darüber entsteht dann der dicke »weibliche« Kork, der erst nach 20 Jahren zum erstenmal abgeschält wird. Nach 8–12 Jahren ist wieder so viel Kork nachgewachsen, daß eine neue Schicht geerntet werden kann. Mit den Großerzeugern Spanien und Portugal kann die Provence bei der Korkernte zur Flaschenkorkenherstellung heute nicht mehr konkurrieren. Der meiste südfranzösische Kork wird daher zu Isolations- und Dekorationsmaterial weiterverarbeitet.

Gegründet 1170, stammen die heute zu sehenden Bauten zumeist aus dem 17. und 18. Jahrhundert.

Grimaud (Abb. links) ist der Stammsitz der Familie Grimaldi. Im 10. Jahrhundert erhielt Gibelin de Grimaldi den Ort, um ihn vor den Sarazenen zu schützen. Die Burg, die heute noch die Stadt mit ihren engen Gassen dominiert, wurde im 11. Jahrhundert errichtet.

Ansonsten ist die Gegend nur spärlich besiedelt; in der Spätantike diente sie als Rückzugsort zum Schutz vor den Sarazenen. Diese scheinen im 10. Jahrhundert in der Nähe der heutigen Ortschaft La Garde Freinet selbst eine Art Burg unterhalten zu haben. Im übrigen konzentrierten sich die Aktivitäten auf die Küste und das Meer, doch auch hier bestanden entlang der Corniche des Maures nur kleine Fischersiedlungen. Das Hinterland blieb fast menschenleer. In den letzten Jahrzehnten hat die Konzentration auf den Küstenstreifen mit seinen Badestränden und Buchten noch zugenommen.

**Massif des Maures**
Korkeichen

ABBILDUNG LINKS:
**Grimaud**
Ort mit Burg aus dem 11. Jahrhundert

**Massif des Maures**
Korkeichen (gegenüber)

Kartäuserkloster de la Verne und waldreiche Umgebung (rechts)

## St-Tropez

In St-Tropez soll der Legende nach der Leichnam des hl. Tropes, eines unter Nero im Jahr 68 hingerichteten römischen Soldaten, in einem Boot gestrandet und anschließend begraben worden sein. Das Städtchen, wahrscheinlich hervorgegangen aus einer griechischen Siedlung namens Athenopolis Massiliensum, blieb bis zum 15. Jahrhundert ein kleiner Fischerort, bis 1470 auf Befehl von René I. der Hafen ausgebaut wurde. Gleichzeitig siedelten sich hier 60 Familien aus Genua an. Der Aufschwung zum mondänen Badeort begann in der zweiten Hälfte des 19. Jahrhunderts, als zuerst die Impressionisten (v. a. Paul Signac), dann die französische Avantgarde (Cocteau, Colette) und schließlich die Stars aus Film und Showbusineß den idyllischen Ort entdeckten, der mittlerweile den starken Andrang kaum mehr bewältigt.

Dennoch ist die Altstadt dörflich und pittoresk geblieben, und auf der großen, von Platanen beschatteten Place Carnot wird weiterhin ein provençalischer Markt abgehalten. In der *Chapelle de l'Annonciade* am Hafen ist ein sehenswertes Museum eingerichtet, das viele Bilder der klassischen französischen Moderne zeigt: Bonnard, Vuillard, Braque, Matisse usw. Die Zitadelle über der Stadt wurde 1583 begonnen. Von dem regelmäßigen sechseckigen Bau mit flankierenden Türmen hat man einen hervorragenden Rundblick. Am Ausgang der N 98A aus der Stadt (da, wo sich die Fahrspuren trennen) errichtete der Architekt Georges Pinguisson (1894–1984) 1932 das *Hôtel Latitude* 43 als riesige Künstlerkolonie (Abb. unten links). Der weiße Baukörper ist durch durchlaufende Balkone, Rundfenster und bugartige Rundungen gekennzeichnet und ähnelt somit einem Ozeandampfer, was dem Ensemble ein modernes und mondänes Ambiente verleiht.

Im Inneren der Halbinsel von St-Tropez liegt der uralte, 1056 als Besitz von St-Victor in Marseille bezeugte Weinort Ramatuelle. Das auf fast kreisrundem Grundriß stehende Städtchen ist von modernen Bauten kaum gestört. Ein Geflecht von gekrümmten Gäßchen und Treppchen durchzieht die konzentrisch angeordneten Hausreihen. Um die Halbinsel herum verläuft von St-Tropez aus ein Fußweg, zumeist entlang der Küstenlinie. Angelegt wurde dieser Weg im 19. Jahrhundert für die Zöllner, die darüber wachten, daß hier keine Schmuggelwaren angelandet wurden. Heute führt der insgesamt über 20 km lange Weg über Felsen und Sandstrände bis hin zum Strand von Cigaro an der Südküste der Halbinsel, wo ein botanischer Garten eingerichtet ist.

**St-Tropez**
Hafenansicht und Ansicht der Bucht vor der Stadt (oben und gegenüber)
Hôtel Latitude 43, 1932 (links)

## Fréjus, das provençalische Pompeji

Bereits vor 49 v. Chr. gründete Cäsar das Forum Julii, vermutlich ein militärischer Stützpunkt an der Straße über das Esterelmassiv. Bald hatte die Stadt auch einen Hafen, denn Oktavian, der spätere Kaiser Augustus, ließ hier eine große Werft anlegen und die von ihm bei der Seeschlacht von Actium erbeuteten Kriegsschiffe Kleopatras hierherbringen. Kurz darauf wurde die Stadt den Veteranen der 8. Legion zugeteilt, und sie erlebte in der Folgezeit ihre höchste Blüte als Militärhafen und Sitz eines Präfekten. Um 374 installierte sich hier ein Bischof. Doch die folgenden Jahrhunderte waren gekennzeichnet durch einen deutlichen Bevölkerungsschwund und die Zerstörung der Stadt durch die von St-Tropez aus agierenden Sarazenen. Erst im 11. Jahrhundert kam wieder städtisches Leben auf, wie die Errichtung einer neuen, im Vergleich zur römischen Ausdehnung allerdings viel engeren Umringung anzeigt. Nur das Viertel in der Umgebung der Kathedrale wurde damals befestigt. Der Seehandel, vor allem mit Genua, ließ die Stadt bald wieder prosperieren, und so wuchs sie allmählich über ihre Stadtmauern hinaus. Im 16. Jahrhundert wurden die neuen, in Richtung auf die Porte des Gaules gewachsenen Stadtteile in eine größere Mauer einbezogen. Allerdings zählte auch jetzt das Stadtgebiet kaum ein Viertel der antiken Anlage! Der Hafen versandete immer mehr; im 17. Jahrhundert war er endgültig unbenutzbar, und das verbleibende Sumpfgebiet wurde ein Seuchenherd. Erst nachdem Anfang des 19. Jahrhunderts das alte Hafenbecken aufgefüllt wurde, konnte sich hier eine landwirtschaftliche Nutzung entwickeln. Fréjus stellte zu Beginn des 20. Jahrhunderts einen Meilenstein der Luftfahrt dar, denn 1911 wurde hier ein Flugplatz für Wasserflugzeuge eingerichtet, von dem aus Roland Garros 1913 zur ersten Überquerung des Mittelmeers (Fréjus–Bizerte) startete. 1959 wurde Fréjus Opfer einer der größten Umweltkatastrophen Frankreichs: Über 400 Menschen verloren beim Bruch des Staudamms von Malpasset (Abb. rechts) ihr Leben. Heute ist neben dem regionalen Umschlag landwirtschaftlicher Produkte (vor allem auch Blumen) der Sommertourismus wichtigster Wirtschaftsfaktor der Stadt.

Die ausgedehnte antike Stadt mit ihrem Hafen ist noch an vielen Stellen zu studieren, doch im Vergleich etwa zu Arles sind diese Überreste etwas weniger spektakulär. Der mit 22 ha sehr große Hafen hatte die Form eines Winkels; der nach Osten zeigende Schenkel bildete die Hafenausfahrt, die durch die heute noch zu sehende Lanterne d'Auguste markiert wurde. Ihr pyramidenförmiger Helm wurde wohl erst im Mittelalter aufgesetzt. Auch die Quaimauer ist noch gut zu sehen. Ein Kanal führte von hier aus weiter auf das offene Meer. Der andere Schenkel des Dreiecks stellte das eigentliche Hafenbecken dar. Der westliche Verlauf kann heute noch in den Positionen der Butte St-Antoine, der Porte d'Orée und der Avenue Aristide Briand verfolgt werden. Die Butte St-Antoine, deren Grundmauern noch teilweise vorhanden sind, war eine Art Plattform zur Sicherung des Hafens. Im Süden lag als Pendant dazu die sogenannte Plate-Forme, direkt unter ihr die Werftanlagen. In der Plate-Forme können noch heute unterirdische Teile der römischen Stadt besichtigt werden. Man sieht insbesondere die Überreste der Stadtbefestigung, einen Peristylhof sowie Teile einer kleinen Thermenanlage und einer Zisterne. Die Plate-Forme markiert die Ostspitze der über einem unregelmäßigen Viereck errichteten antiken Stadt. Unweit davon an der N 7 in Richtung Cannes stehen die beeindruckenden Überreste des Aquädukts, über den die Stadt ihr Wasser von der 40 km entfernten Quelle des Siagnole erhielt.

Ganz an der Westspitze der römischen Stadt erhob sich das *Amphitheater*, das besterhaltene antike Baudenkmal von Fréjus (Abbn. rechts). Aufgrund seines leicht unregelmäßigen Mauerwerks dürfte es bereits in der ersten Hälfte des 1. Jahrhunderts erbaut worden sein. Mit seiner Länge von 113 m und einer Breite von 82 m war es deutlich kleiner als die etwas später erbauten Amphitheater von Nîmes und Arles. Die ca. 2 m tiefe, mit Steinen gepflasterte Arena allerdings erreicht fast die Größe der entsprechenden Bauteile in Nîmes und Arles. Etwa 12 000 Zuschauer fanden in Fréjus auf 16 Sitzstufen Platz. Auf der Oberkante führte eine Säulenhalle mit hölzernem Dachstuhl um die Anlage, eine Besonderheit, die an den späteren Vergleichsbauten fehlt. Weil also das Amphitheater von Fréjus insgesamt einfacher war, konnte auf das komplizierte Laufgangs- und Korridorsystem in den äußeren Stützkonstruktionen verzichtet werden. Teilweise lehnt sich die Cavea auch an Terrainerhebungen an. Von der steinernen Außenfassade ist fast nichts mehr übrig, denn schon im Mittelalter verwendete man das Steinmaterial für die neuen Befestigungen.

**Der durchbrochene Staudamm von Malpasset**
Um der Wasserknappheit von Fréjus Herr zu werden, plante man ab 1856, das Wasser des Reyran auf der Höhe von Malpasset einige Kilometer im Landesinneren aufzustauen. Doch erst nach dem Zweiten Weltkrieg wurde die Idee realisiert, und bis 1954 entstand ein Stausee mit einem Fassungsvermögen von 50 Mio. $m^3$.
Am 2. Dezember 1959 fallen sintflutartige Regenfälle, und der Wasserspiegel im Stausee steigt beständig, ohne daß die Notflutung genügend Wasser abfließen lassen kann. Nachts um 21.10 Uhr schließlich bricht der Staudamm, und eine 55 m hohe Flutwelle wälzt sich innerhalb von 20 Minuten nach Fréjus, dabei Hunderte von Menschen, Tieren und Monumenten mit sich reißend. Die Überreste des nie wiederhergestellten Staudammes liegen unweit der Autobahn (D 37 von Fréjus, Parkmöglichkeit unter der Autobahn, anschließend Fußweg).

ABBILDUNGEN LINKS UND LINKS UNTEN:
**Fréjus**
Amphitheater, 1. Hälfte 1. Jahrhundert, Innen- und Außenansicht

## Der Kathedralbezirk von Fréjus

Den Mittelpunkt von Fréjus bildet der Kathedralbezirk mit Baptisterium, Kreuzgang und dem Bischofspalast. Heute ist er von Anbauten weitgehend befreit, und angenehme Plätze mit Cafés gruppieren sich um ihn. Die ältesten aufrechtstehenden Teile einer Bischofskirche, vor allem das Baptisterium, gehen möglicherweise auf den bis 433 amtierenden Bischof Leontius zurück. Nachdem Graf Guillaume de Provence 975 die Sarazenen vertrieben hatte, übertrug er 990 die Hälfte der Stadt inklusive des Hafens an Bischof Riculfe, der dadurch zum ersten bischöflichen Grundherrn in der Provence wurde. Der heutige Kathedralbau (Abb. links) muß aufgrund seiner Mauertechnik ab der zweiten Hälfte des 12. Jahrhunderts errichtet worden sein. Im 13. Jahrhundert folgte der Kreuzgang.

Man betritt den Komplex durch ein Portal von 1530 mit schönen Schnitzereien, die ähnlich wie am Kathedralportal von Aix spätgotische Formen und Renaissanceelemente verbinden. Westlich der anschließenden Vorhalle liegt das achteckige Baptisterium (Abb. S. 265 oben links). Die Seiten des unteren Geschosses werden abwechselnd durch Flachnischen und Halbrundnischen gegliedert. Dazwischen sind fast 4 m hohe Säulen eingestellt; sie wurden von einem römischen Bau wiederverwendet, desgleichen sechs der acht korinthischen Kapitelle. Im Obergeschoß wird das Acht- zu einem Sechszehneck. Im Gegensatz zu anderen frühchristlichen Baptisterien läuft in dem kleinen Gebäude von Fréjus kein eigener Umgang um das zentrale achteckige, ursprünglich mit Marmor ausgekleidete Taufbecken. In seiner grundsätzlichen Gestalt geht der Bau mit den frühchristlichen Taufkirchen in Aix, Marseille und Riez überein. Am meisten Ähnlichkeiten zeigen sich aber mit dem Baptisterium in Albenga an der ligurischen Küste, das wegen seiner Mosaiken in das 5. Jahrhundert datiert werden kann. Etwa um diesselbe Zeit muß wohl auch die Taufkirche von Fréjus errichtet worden sein.

An der Nordseite des Baptisteriums erhebt sich wie ein mittelalterlicher Palast das Capitou genannte Gebäude des Domkapitels, das um 1200 erbaut wurde. Die beiden gleichzeitig errichteten Schiffe der querhauslosen Kathedrale bewahren vielleicht noch die Erinnerung an eine frühchristliche Kirchengruppe. Der bestehende Bau wurde gegen Ende des 12. Jahrhunderts begonnen, das schmalere Nordschiff mit einer angespitzten Tonne gewölbt. Für die Einwölbung des Hauptschiffes entschied man sich aber zu einer veränderten Lösung, denn nachträglich, Anfang des 13. Jahrhunderts, wurde ein Rippengewölbe über drei quadratischen Jochen eingespannt (Abb. S. 265 rechts außen). Dazu mußte jeder zweite der bereits errichteten Pfeiler verstärkt werden, die Stütze dazwischen konnte aber entfernt werden. Von der Ausstattung verdient das 1441 von Flameng de Toulon geschnitzte Chorgestühl Beachtung (Abb. S. 265 unten links)

**Fréjus**
Kathedrale und Baptisterium, Außenansicht (gegenüber)

Baptisterium, 5. Jahrhundert, Innenansicht (rechts oben)

Holzschnitzerei am Portal der Kathedrale, 1530 (rechts Mitte)

Chorgestühl der Kathedrale, 1441 (rechts unten)

Kathedrale, Innenansicht (rechts außen)

ABBILDUNG LINKS:
**Fréjus**
Kathedrale, Nordseite des Seitenschiffs
Altarbild der hl. Margarethe von Jacques Durandi, 2. Hälfte 15. Jahrhundert

ABBILDUNGEN GEGENÜBER:
**Fréjus**
Kathedrale, Kreuzgang
Holzbalkendecke (oben)
Kreuzganginnenhof mit Brunnen (unten links)
Arkaden des Kreuzgangs (unten rechts)

Der kleine Kreuzgang sollte ursprünglich ein Rippengewölbe erhalten, doch wurde statt dessen eine Holzbalkendecke ausgeführt. In den quadratischen Zwischenflächen befinden sich erstaunlich gut erhaltene Malereien mit Drolerien. Im Kreuzgang ist das archäologische Museum der Stadt untergebracht, das insbesondere ein vollständig erhaltenes römisches Mosaik präsentiert.

ABBILDUNGEN LINKS:
**Fréjus** (Umgebung)
Moschee von Missiri, 1920er Jahre (oben)
Pagode Hong Hien, 1917 (Mitte und unten)

ABBILDUNGEN GEGENÜBER:
**Massif und Corniche de l'Esterel**
Mont Vinaigre (oben links)
Küste bei Agay (oben rechts und unten)

## Die Umgebung von Fréjus

Die nähere Umgebung von Fréjus hat einige bemerkenswerte Sehenswürdigkeiten zu bieten. In Richtung Le Muy nach Westen liegt die pittoreske Ortschaft Roquebrune-sur-Argens mit einer Kirche aus dem 16. Jahrhundert sowie einem Museum zur Ur- und Frühgeschichte der Region. Weiter nach Westen folgt ein kleines zerklüftetes Bergmassiv, die Rochers de Roquebrune, die den letzten Ausläufer des Massif des Maures bilden. Fährt man von Fréjus aus über die D 4 nach Norden, so kommt man an der Moschee von Missiri (Abb. oben) vorbei. Sie wurde für westafrikanische Soldaten gebaut, die in Fréjus stationiert waren; es handelt sich dabei um eine Nachbildung der Moschee Missiri in Djenné (Mali). An der N 7 erhebt sich östlich von Fréjus die Pagode Hong Hien, die 1917 für die vietnamesischen Soldaten in französischen Diensten errichtet wurde (Abbn. Mitte und links).

## Das Massif de l'Esterel

Das Massif de l'Esterel ist der Bergzug, der sich von Fréjus bis auf die Höhe von Cannes erstreckt (Abbn. S. 269–71). Wie das Massif des Maures gehört es nicht dem Kalkgestein der Alpenausläufer an, sondern bildet einen zerklüfteten Block aus leuchtend rotem, bisweilen auch bläulichem Porphyr. Gerade an der Küste, etwa auf der Höhe der Bucht von Agay und am Cap Roux, bietet sich ein einzigartiger Farbakkord zwischen dem Rot der Felsen, dem Blaugrün des Wassers und dem Tiefblau des Himmels. Das Gebirge steigt auch in der Nähe der Küstenlinie steil an: Die höchste Erhebung ist der Mont Vinaigre mit einer Höhe von 618 m.

Heute ist das Bergmassiv nur spärlich bewaldet und meist von niedrigem Krüppelgewächs überzogen. Das war nicht immer so, denn eigentlich müßten ähnlich wie im Massif des Maures Eichen und Kastanien die Klimavegetation bilden. Doch zahllose Waldbrände haben diese Wälder dezimiert. Heute versuchen die Forstbehörden, einen Mischwald entstehen zu lassen, der einerseits wenig anfällig für die Brandgefahr ist, andererseits den natürlichen Gegebenheiten entspricht und schließlich auch dem Reichtum der Fauna zuträglich ist: Außer Kork- und Steineichen sieht man hier deshalb Obstbäume, Zypressen, Schirmakazien und viele weitere Arten. Noch zu Beginn dieses Jahrhunderts war der l'Esterel praktisch unzugänglich; deshalb war er lange Zeit berüchtigt für die Banditen, die sich hierher zurückgezogen hatten. Vieles davon ist Legende: Mandrin, der im 18. Jahrhundert vor allem in Savoyen sein Unwesen als Straßenräuber trieb, war wohl nie an der Mittelmeerküste. Gaspard de Besse und seine Bande hingegen lauerten den Reisenden tatsächlich in der Nähe des Mont Vinaigre auf. 1780 wurden die Straßenräuber gefangengenommen und hingerichtet. Die Reisenden benutzten zur Durchquerung der Berge seit römischer Zeit die Via Aurelia bzw. die ihrem Verlauf folgenden späteren Wege. Noch heute benutzt die N 7 im Prinzip dieselbe Trasse. Um vom Massif des l'Esterel die Küste zu übersehen, bieten sich die Erhebungen an der Küstenstraße an: Der Sémaphore du Dramont, die Pointe de l'Observatoire oder die Pointe de l'Esquillon.

Ein Kuriosum liegt im Meer vor der Küste von Dramont: Die Île d'Or: 1897 wurde das winzige felsige Eiland vom Pariser Mediziner Auguste Lutand erworben. Dieser errichtete hier einen Festungsturm nach mittelalterlichem Vorbild und rief den Felsen zum eigenständigen Königreich aus. Der exzentrische König Auguste I. starb 1925, nachdem er eine der bekanntesten Figuren der mondänen Gesellschaft der Côte-d'Azur geworden war.

Auf fast 500 m Höhe über dem Meer kommt man auf die über Fußmärsche erreichbaren Erhebungen des Pic du Cap Roux (452 m) und des Pic de l'Ours (492 m). Das Mal Infernet mit dem Lac de l'Ecureuil ist eine klimatische Besonderheit, denn hier bleibt es immer kühl und angenehm.

ABBILDUNG S. 270/71
**Corniche de l'Esterel**
Cap Roux und Pic du Cap Roux

**Cannes**

Cannes war lange ein unbedeutender Fischerort. Die Vorgeschichte der Stadt spielte sich auf den vorgelagerten Inseln, den Îles de Lérins, ab. Auf der größeren der Inseln, Ste-Marguerite, gab es nach den antiken Schriftstellern eine römische Siedlung sowie einen Hafen. Dies ist durch die Funde von alten Mauern, Mosaiken und Keramik bestätigt worden, die aus der Zeit zwischen dem 3. Jahrhundert v. Chr. und dem 1. Jahrhundert n. Chr. stammen. Der hl. Honoratus, der 429 Bischof von Arles werden sollte, übernahm um 405 die Lebensart der seit dem 3. Jahrhundert im östlichen Mittelmeerraum verbreiteten Einsiedlermönche (Anachoreten) und zog sich auf Lerina, die kleinere, heute nach ihm benannte Insel zurück. Die hier entstehende Mönchskolonie gab sich eine Regel. Neben den vom hl. Martin von Tours bei Poitiers sowie vom hl. Johannes Cassianus gestifteten St-Victor in Marseille gehört also Lérins zu den frühesten Ordensgründungen in Gallien. Noch im 5. Jahrhundert verbreitete sich die Einsiedlerbewegung an anderen Orten der Provence (Vence, Cimiez) und im übrigen Gallien. 660 führte man die Benediktsregel ein. Den Reichtum des Klosters bezeugen unzählige Priorate, vor allem in der Provence, aber auch in Nordspanien und Italien. Zum Schutz vor den Sarazenen gründeten die Mönche auch eine Niederlassung auf dem Festland gegenüber den Inseln, die Keimzelle des heutigen Cannes. Der kleine Hafen blieb eine Dependance des Klosters bis 1788, als dieses säkularisiert wurde.

Der Aufstieg zum luxuriösen Erholungsort begann im 19. Jahrhundert. 1834 entdeckte der englische Adlige Lord Brougham Cannes als angenehme Stätte, um dem winterlichen Nebel in England zu entkommen. Zahlreiche Landsleute, bald aber auch Franzosen und vor allem Russen folgten seinem Bespiel, ein rapider Aufschwung setzte ein. Prosper Mérimée, Guy de Montpassant und Stéphen Liégeard frequentierten Cannes. Letzter, ein Romancier des 19. Jahrhunderts, ist heute kaum mehr bekannt; doch war er es, der in einem 1887 erschienenen Roman der so farbenprächtigen französischen Alpenküste den Namen Côte d'Azur gab. Seit den dreißiger Jahren kam Cannes auch als Sommerbadeort in Mode, und so stellte sich die Stadt ganz auf den Fremdenverkehr der gehobenen Klasse ein. Kaum woanders massieren sich die Luxushotels und -restaurants in einem solchen Maße wie hier, und kaum woanders bildet die Gastronomie solch einen Anteil an der lokalen Wirtschaft. Hinzugekommen ist auch eine intensive Aktivität als Kongreß- und Festivalstadt. Das berühmte internationale Filmfestival ist nur eine von vielen Veranstaltungen, die jedes Jahr stattfinden; andere sind zum Beispiel dem Musikmarkt, den Fernsehprogrammen usw. gewidmet.

Cannes ist geprägt durch seine großen Wohnanlagen und Hotels. Nicht wenige davon, vor allem entlang dem Boulevard de la Croisette, zeigen noch die aufwendigen, prunkvollen Fassaden der Belle Epoque. Der berühmte Boulevard selbst wurde schon 1868 angelegt und einige Jah-

Das internationale Filmfestival von Cannes sollte erstmals auf Initiative von Jean Zay, Kunstminister der Volksfrontregierung, am 1. September 1939 stattfinden, doch der Krieg verhinderte die Durchführung. Erst 1946 konnte die Idee der Festspiele wiederaufgenommen werden. Die Filme wurden im städtischen Casino gezeigt, und die ersten Schauspielerpreise erhielten Michèle Morgan und Ray Milland. Die Goldene Palme ging an »La Bataille du Rail« von René Clément, der Grand Prix de la Critique an »Brief Encounter« von David Lean. Schon 1947 stand ein eigenes Festspielhaus für das im Mai eines jeden Jahres regelmäßig stattfindende Festival zur Verfügung. Es ist eine Drehscheibe für Produzenten, Regisseure, Schauspieler, Filmverleiher und Journalisten. Gewöhnliche Filminteressierte haben nur zu einer Selektion Zutritt. Zusammen mit einer ungemein regen Beteiligung der öffentlichen Medien wird in Cannes über neue Filme entschieden, die strenge Auswahlkriterien erfüllen müssen: So müssen die Filme in den 12 Monaten vor der Festivalaufführung entstanden und dürfen noch auf keinem anderen Wettbewerb gezeigt worden sein. Das Festival von Cannes hat sich neben Venedig und Berlin als bedeutendstes Filmfestival etabliert.

re später mit Palmen bepflanzt. In dem strengen Winter 1985 gingen viele davon ein. Der Sandstrand, der unterhalb des Boulevards zum Baden einlädt, ist nicht ursprünglich; er wurde 1963 mit 125 000 m³ Sand aufgeschüttet und durch Molen vor dem Abschwemmen gesichert. Das heutige Festspielhaus ist das zweite Festivalpalais. Das erste, 1947 erbaute, stand etwas östlich am Boulevard und wurde 1990 abgerissen. Als das neue, von Pierre Braslawsky, François Druet und Hubert Bennet konzipierte Palais 1982 eröffnet wurde, erhob sich umgehend ein Sturm der Entrüstung: Der massige Klotz mit schlecht nutzbaren Innenräumen erhielt umgehend den Schimpfnamen »Bunker« und mußte sofort umgebaut werden: Eine große Glasscheibe im Norden nimmt nun etwas von der Schwere, die große Freitreppe wurde anders gestaltet und zahlreiche Räume im Inneren umgebaut. Links der Freitreppe sind Betonplatten angebracht, in denen die Größen des Filmgeschäftes ihren Handabdruck hinterlassen haben.

**Cannes**
Boulevard de la Croisette (oben)
Carlton Hotel am Boulevard de la Croisette (links)

Auf der Anhöhe in Cannes liegt die kleine Altstadt, der Suquet, wo die Mönche von Lérins ihre Niederlassung errichteten. *Sainte-Anne* ist eine einschiffige, vor allem in ihren oberen Partien beträchtlich veränderte Kapelle aus dem 12. Jahrhundert, die bis zum 16. Jahrhundert als Pfarrkirche diente. Als neue Pfarrkirche wurde zwischen 1521 und 1648 *Notre-Dame de l'Esperance* errichtet. Der Turm von Suquet wurde 1070 als Beobachtungsturm erbaut und 1385 umgestaltet.

## Die Îles de Lérins

Kleine Paradiese sind heute die Îles de Lérins, St-Honorat und Ste-Marguerite. Der Niedergang des abgeschiedenen Klosters auf St-Honorat begann schon im Mittelalter, nachdem es wiederholt von Piraten heimgesucht und geplündert worden war. Doch erst 1787 wurde die fast vollständig verlassene Anlage offiziell aufgelöst und an einen Privatmann verkauft. 1870 jedoch kehrten die Zisterzienser wieder, stellten die Gebäude wieder her und ersetzten die Kirche durch einen Neubau. Die ganze Insel gehört heute dem Kloster, das hier eine parkähnliche Landschaft aus Pinien angelegt hat. Die ruinöse Hauptkirche St-Honorat wurde 1876 durch einen neuromanischen Neubau ersetzt. Der dreischiffige, querhauslose Vorgängerbau war im letzten Drittel des 12. Jahrhunderts errichtet worden. In dem kleinen Museum und im Abteigarten sind Überreste der Abtei zu besichtigen. Die über die Insel verstreuten Einzelkapellen stellen Relikte des einstigen Einsiedlerlebens dar und dienten ab dem 12. Jahrhundert als Wallfahrtsziele. Von den sieben Kapellen sind die am besten erhaltene die Chapelle St-Sauveur im Nordwesten der Insel sowie die Chapelle Ste-Trinité (Abb. S. 275 unten links) im Südosten. Erstere ist ein achteckiger Zentralbau, der wohl schon Anfang des 11. Jahrhunderts errichtet wurde. Die etwa zur gleichen Zeit entstandene Dreifaltigkeitskapelle zeigt einen kleeblattförmigen Grundriß, wie er für Friedhofskapellen in der Provence typisch ist (vgl. Montmajour). Der eindrucksvollste Bau der Insel ist das Château St-Honorat an der Westspitze (Abb. S. 275 oben). Das befestigte Kloster wurde wohl Ende des 11. Jahrhunderts ein erstes Mal errichtet, die heute sichtbaren Bauteile stammen zumeist aus dem 13. Jahrhundert. Die Burg enthält dicht aneinander gefügt alle für ein Kloster notwendigen Einrichtungen: Zunächst plante man wohl nur einen großen Wohn- und Fluchtturm, der noch auf der Nord- und Westseite zu sehen ist. Im Inneren der Mönchsburg staffeln sich zwei Kreuzgänge übereinander, um die zwei Kapellen sowie Refektorium, die Schlafsäle usw. angelegt sind. Von der Dachterrasse hat man einen wunderbaren Blick auf die Insel und das Mittelmeer.

Die größere der Inseln, Ste-Marguerite, ist heute ein von vielen Spazierwegen durchzogener botanischer Garten. Schon im 15. Jahrhundert hatten Bewohner von Cannes damit begonnen, die Insel zur landwirtschaftlichen Nutzung abzuholzen, und Ende des 16. Jahrhunderts wurde ihnen

ABBILDUNG GEGENÜBER:
**La Napoule**
Pinienpark

ABBILDUNGEN RECHTS:
**Îles de Lerins/St-Honorat**
Château St-Honorat,
13. Jahrhundert (oben)
Kapelle Ste-Trinité, Anfang
11. Jahrhundert (unten links)
Kapelle Caprais, 12. Jahrhundert (unten rechts)

ABBILDUNG S. 278/79:
**Cap d'Antibes**

**Vallauris**
Ausstellungsstücke des Ateliers Madoura, einer der zahlreichen Töpfereien des Ortes, in dem auch die *Biennale Internationale de la Céramique d'Art* stattfindet

das Recht dazu vom Abt von Lérins offiziell verkauft. 1617 gab die Abtei auch die Grundherrschaft an den Gouverneur der Provence ab. Dieser ließ 1624–27 das Fort erbauen. Richelieu eroberte die Insel, 1712 baute Festungsbaumeister Vauban das Fort weiter aus. Von 1685 bis ins 20. Jahrhundert diente es auch als Staatsgefängnis; die Zellen werden heute bisweilen von Jugendgruppen gewohnt, die auf der Insel Urlaub machen. Das Fort besitzt ein kleines Aquarium und vor allem ein Museum, das die beeindruckenden Reste der Grabungsfunde zeigt, etwa einen römischen Schiffsrumpf, Amphoren, römische Keramik usw. Im übrigen achtet die Stadt Cannes seit dem 19. Jahrhundert darauf, daß die Insel als ruhiger paradiesischer Garten erhalten bleibt. Lediglich einige Restaurants an der Anlegestelle sind ein Zugeständnis an die leiblichen Bedürfnisse der Spaziergänger.

## Vallauris

Einige Kilometer nördlich von Cannes liegt Vallauris, das Mekka der künstlerisch gestalteten Keramik: Das antike Vallis aurea kam im 13. Jahrhundert als Priorat zum Kloster Lérins. Die Ortschaft wurde im 16. Jahrhundert auf schachbrettartigem Grundriß völlig neu wiederaufgebaut. Vor allem Töpfer waren unter den damaligen neuen Bewohnern, die zumeist aus Genua gekommen waren. Noch im 20. Jahrhundert war diese Handwerkstradition lebendig, und kein Geringerer als Picasso profitierte ab den fünfziger Jahren für seine Keramikwerke davon. Heute ist das ganze Städtchen von dieser Sparte des Kunsthandwerks geprägt, und es veranstaltet deswegen auch die Biennale Internationale de la Céramique d'Art. Die ehemalige, wohl noch aus dem 13. Jahrhundert stammende Konventskapelle beherbergt heute ein Pablo Picasso gewidmetes Museum. In der Krypta hängt eine riesige, 1952–54 ausgeführte Arbeit mit dem Titel »Krieg und Frieden«. Das Musée Magnelli und das Musée de la Poterie zeigen weitere Beispiele der keramischen Produktion, die außerdem von zahlreichen Ateliers betrieben wird.

## Antibes

Antibes ist eine Stadt, deren starke Befestigungsanlagen es verhindert haben, daß das alte Zentrum durch den modernen Fremdenverkehr überformt wurde. Hier gibt es weder eine Uferpromenade noch große prunkvolle Hotels. Gegründet wurde die Stadt schon im 5. oder 4. Jahrhundert v. Chr. als Handelsniederlassung der Griechen in Massilia. Unter den Römern blieb »Antipolis« ein strategisch wichtiger Ort, und bald gab es hier auch einen Bischof. 1244 allerdings wurde das Bistum nach Grasse verlegt, nachdem die Jahr-

**Antibes**
Kirche der Unbefleckten Empfängnis (17. Jahrhundert) und Durchgang zur Altstadt (oben)

Fort Carré, Ende 16. Jahrhundert (unten)

hunderte hinduch wiederholt Überfälle die Stadt unsicher gemacht hatten. Erst unter König François I. begann der Ausbau zur Festung, der bis in das 18. Jahrhundert fortgesetzt wurde. Im 20. Jahrhundert wurde Antibes vor allem wegen seiner Rosenzucht berühmt. Das Zentrum der Altstadt wird von dem direkt am Meer liegenden Château Grimaldi gebildet. Die Familie residierte hier vom 14. bis zum Beginn des 17. Jahrhunderts. Die Anlage wurde im wesentlichen im 16. Jahrhundert um einen viereckigen Donjon des 12. Jahrhunderts herum erbaut. 1928 zog das lokalhistorische Museum in die Festung ein. 1946 überließ die Stadt einen Teil der Räume Picasso, der sich zuvor an der Côte d'Azur niedergelassen hatte. Die Rohstoffknappheit der Zeit zwang den Maler, für seine großen Formate auf Zementfaserplatten zu malen. In dieser Technik entstanden riesige, Wandgemälden ähnliche Bilder, die Themen der antiken Mythologie (Kentaurentriptychon), Stilleben und das Leben der Fischer wiedergeben. Einige Jahre später schenkte der Künstler einige dieser Werke sowie zahlreiche keramische Arbeiten der Stadt Antibes, die somit den Grundstock des Picasso-Museums erhielt, das heute den Hauptteil der Festung ausmacht. Darüber hinaus sind hier weitere wichtige Werke von französischen Künstlern des 20. Jahrhunderts zu sehen, vor allem des abstrakten Malers Nicolas de Staël, der die letzten Jahre seines Lebens in Antibes verbrachte, bevor er 1955 im Alter von 41 Jahren durch Selbstmord aus dem Leben schied. Außerdem zeigt das Museum alte Stücke, vor allem das Altarbild einer Kreuzabnahme von 1539 von Antoine Aundi, das in der ehemaligen Kapelle aufgestellt ist.

ABBILDUNG S. 278/79:
**Cap d'Antibes**

**Antibes**
Frauenkopf: Picasso-Skulptur des städtischen Picasso-Museums im Château Grimaldi

ABBILDUNGEN LINKS:
**Antibes/Cap d'Antibes**
Jardin Thuret

ABBILDUNGEN S. 281:
**Biot**
Musée National Fernand Léger, 1960
Fassade mit großem Keramikmosaik (oben)
Mosaikdetail aus »Vögel auf gelbem Hintergrund« auf der Ostfassade (unten)

Neben dem Château erhebt sich die *Pfarrkirche* (Abb. S. 277 oben), ein Bau des 17. Jahrhunderts, der aber im Osten noch die alten romanischen Apsiden erkennen läßt. Im Südquerschiff hängt eine große Tafel einer Rosenkranzmadonna von Louis Bréa von 1515. Auf der anderen Seite des Yachthafens erhebt sich das *Fort Carré* (Abb. S. 277 unten), eine sternförmig auf dem ins Meer vorgeschobenen Felsen angelegte Festung, vielleicht von dem Festungsbaumeister Vauban geplant. Die regelmäßige Anlage gruppiert sich um einen runden Innenhof, von dem nach vier Seiten die spitz zulaufenden Bastionen abgehen.

Das *archäologische Museum* südlich der Burganlage zeichnet anhand vieler Fundstücke die 3000jährige Geschichte der Stadt nach. Seine Sammlung besteht vor allem aus unter Wasser geborgenen Objekten (Schiffsteile, Ladung etc.).

Noch weiter nach Süden folgt das Cap d'Antibes. Von seiner Anhöhe, der Colline de la Garoupe, bietet sich ein Panoramablick über die Alpen, die Küsten und das Meer. Nebenan liegt der *Jardin Thuret*, ein schöner botanischer Garten (Abbn. S. 280).

In St-Pierre bei Biot verbrachte der Maler Fernand Léger (1881–1955) die letzten Jahre seines Lebens. 1960 ist hier ein großzügiges, von André Svetchine entworfenes Museum eröffnet worden, das Werke aus allen Schaffensphasen des Malers zeigt. Die Eingangsfront wird von einem riesigen, nach den Entwürfen des Malers ausgeführten Mosaik von 45 m Breite und 9 m Höhe überfangen. Ursprünglich war dieses Werk für ein Stadion in Hannover vorgesehen. Das Museum ist also nicht nur ein neutrales Gehäuse, in dem die Gemälde des Malers präsentiert werden, sondern gleichsam selbst aus dessen großformatigen Werken – etwa den farbigen Bildfenstern – komponiert. 1987 wurde ein Seitenflügel an den Hauptbau angefügt.

# Juwele des hohen Mittelalters

## St-Maximin-la-Ste-Baume, Brignoles und Le Thoronet

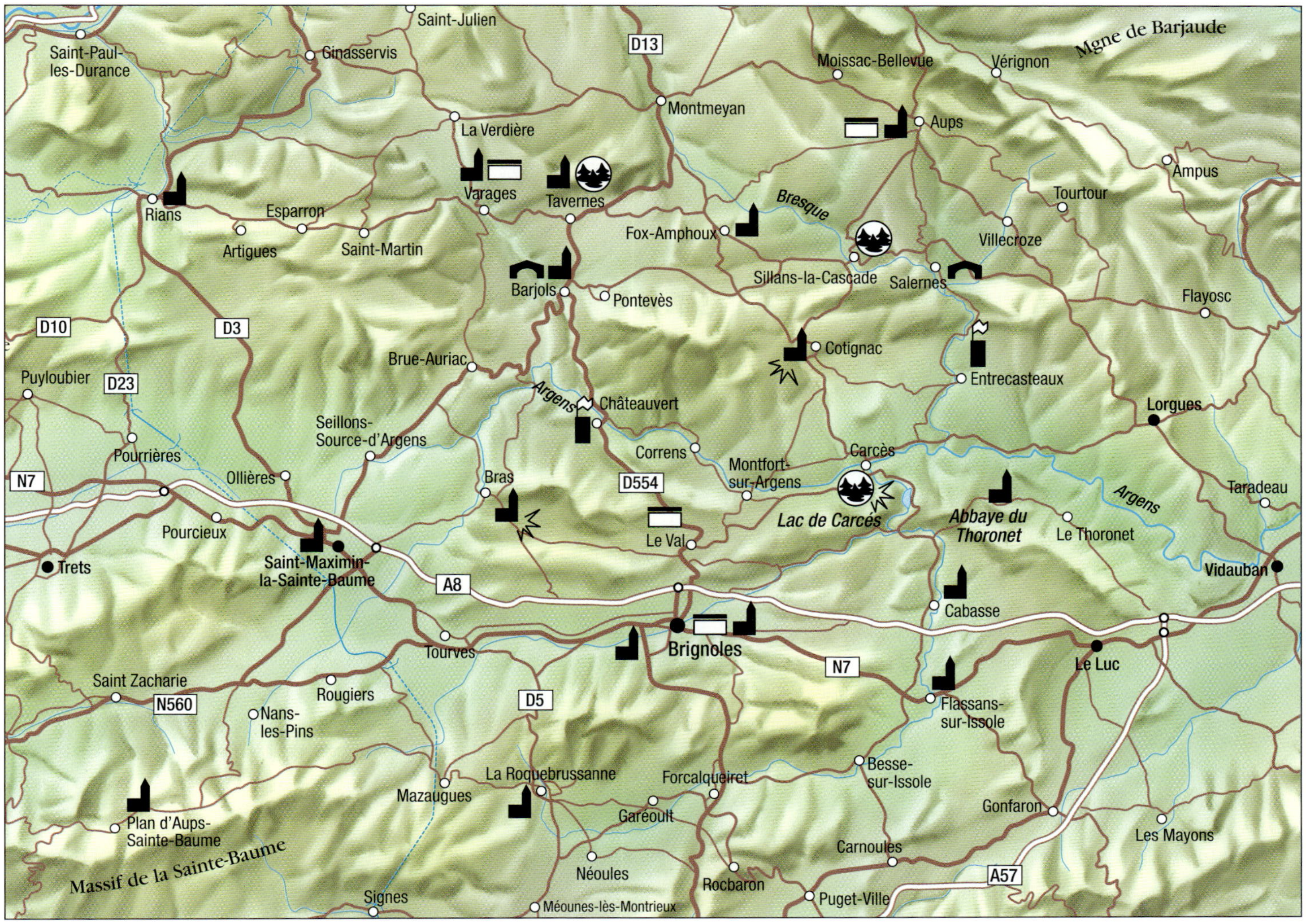


ABBILDUNG GEGENÜBER:
**Le Thoronet,** 1160–80
Kreuzgang

**St-Maximin-la-Ste-Baume**
Ansicht des Ortes und der Klosteranlage mit Kirche Ste-Madeleine (Ende 13.–16. Jahrhundert) von Südwesten

## St-Maximin-la-Sainte-Baume

St-Maximin-la-Sainte-Baume ist ein Ort, der für die provençalische wie für die französische Geschichte eine herausragende Rolle spielt. Schon von weitem sieht man die Klosteranlage, denn ihr riesiger Kirchenbau erhebt sich wie ein fremdartiges, großes Schiff in der Landschaft. Angeblich soll hier die hl. Maria Magdalena zusammen mit ihren Begleitern Maximin und Sidonius sowie ihrer Dienerin Marcella begraben sein. Zuvor soll Magdalena, die auf einem führerlosen Boot mit ihren Getreuen vom Heiligen Land in die Provence gelangt sein soll, ihre 30 Jahre währende Buße in der Grotte im Gebirge der Ste-Baume verbracht haben. Diese Legende erwachte schon im 11. Jahrhundert in der Provence, doch sie konkurrierte lange Zeit mit einer anderslautenden, noch im 13. Jahrhundert bestätigten Version der Heiligenvita. Demnach sollen sich die sterblichen Überreste der *Apostola apostolorum* im burgundischen Vézelay befinden. Um die Angelegenheit endgültig zu klären und um sich die Präsenz einer der angesehensten Heiligen der Christenheit zu sichern, ergriff Karl I. von Anjou, der 1246 Graf der Provence geworden war, entscheidende Maßnahmen. Diese hatte er auch dringend nötig, denn als Sohn König Ludwigs IX., des Heiligen, mußte seine Politik darauf gerichtet sein, seine in der Provence nicht unangefochtene Machtübernahme und seine neue zentralistische Politik auch geistlich zu legitimieren. So ließ er 1279 durch seinen Sohn Karl II. Grabungen in einer hier bestehenden Kirche durchführen, die zu dieser Zeit dem Kloster St-Victor in Marseille unterstand. Was man fand, ließ keinen Zweifel an der Echtheit der Reliquien: Die legendarischen Berichte wurden durch vier spätantike Sarkophage, die in einer Grabkammer standen und zudem noch auf ihren Vorderseiten Szenen aus den Viten der Heiligen zu zeigen schienen, bestätigt. Das Kloster wurde an die Dominikaner gegeben, außerdem plante man, hier die Grablege der Anjou sowie eine Universität einzurichten. 1295 schließlich bestätigte Papst Bonifaz VIII. die neue Legende und die Echtheit der Reliquien. Umgehend wurde nun mit dem Bau einer riesenhaften Anlage begonnen, die die Hauptkirche der Dominikaner in der Provence werden sollte. Bis 1337 waren allerdings

**St-Maximin-la-Ste-Baume**
Ste-Madeleine, Innenansicht nach Osten (gegenüber) und Grundriß (unten)

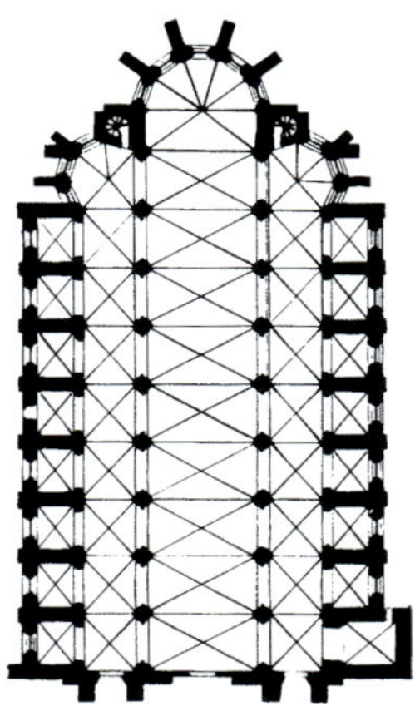

nur die Ostteile und drei der nördlichen Langhauskapellen fertig. Nur sehr langsam – denn die Anjou waren mittlerweile mehr und mehr auf ihren zweiten Hauptsitz Neapel konzentriert – folgten bis Anfang des 15. Jahrhunderts weitere Kapellen auf der Südseite, das Mittelschiff wurde im Osten eingewölbt. Aber erst im 15. Jahrhundert wurde der Kirchenbau bis 1550 wieder energisch vorangetrieben. Die Westfassade blieb jedoch bis heute eine Bauruine.

Die Dominikaner wurden während der Revolution vertrieben, 1858 kehrten sie wieder zurück. Im 20. Jahrhundert erwarb sich der Konvent einen unrühmlichen Namen, als er Zufluchtsstätte für rechtsextremistische Katholiken wurde, die für die Wiedereinführung der Monarchie kämpften. Auch aus diesen Gründen verließen die Dominikaner 1957 den Konvent, der 1966 von einem privaten Konsortium angekauft wurde.

Schon der Stadtplan macht deutlich, daß der Konvent das Zentrum und der Ausgangspunkt der Entwicklung der umgebenden Ortschaft war. Der Bau stellt sich als dreischiffige, basilikal gestaffelte Longitudinalanlage dar, die im Osten ohne Querhaus in einer Dreiapsidenanlage endet (Abb. S. 285). Während der Hauptchor in einem gewöhnlichen 5/7-Polygon schließt, sind die Nebenchöre bemerkenswerterweise als Diagonalkapellen gebildet. Das Langhaus enthält Seitenkapellen, die niedriger sind als die Seitenschiffe, so daß diese eine bemerkenswerte eigene Fensterreihe aufweisen. Alle Fenster sind als relativ schmale, zweibahnige Lanzetten ausgebildet. Somit sind kompakte Mauerflächen überall präsent; dies gilt auch für die Pfeiler, die im Grunde stehengelassene Mauern sind, deren Kanten abgefast und denen auffallend kräftige Runddienste vorgelegt sind. Dieses Baukonzept von stupender Einfachheit und Einheitlichkeit wurde auch noch für die drei etwas tieferen Westjoche im 16. Jahrhundert beibehalten. Der erste Bau-

**St-Maximin-la-Ste-Baume**
Ste-Madeleine von Südosten (ganz oben)
Kreuzgang, 14. Jahrhundert (oben)
Schmuckmedaillons des Chorgestühls, Ende 17. Jahrhundert (rechts)

**St-Maximin-la-Ste-Baume**
Ste-Madeleine
Krypta mit frühchristlichen Sarkophagen

meister wollte also nicht einen Bau schaffen, der die eleganten gotischen Formen der Zeit vorführt, wie das etwa in der Kathedrale von Aix zu beobachten ist. Überwältigende Größe bei maximaler Schlichtheit und Sparsamkeit: das war das Bauprogramm, das der Bauauftraggeber, Graf der Provence und König von Neapel, verwirklichen wollte.

Die Krypta, die eigenartigerweise in der Mitte des Langhauses liegt, präsentiert sich trotz einiger Änderungen prinzipiell so, wie man sie 1279 vorfand. Sie wurde schon unmittelbar nach ihrer Auffindung beinahe wie eine archäologische Fundstätte konserviert. In der tonnengewölbten antiken Grabkammer stehen vier Sarkophage (Abbn. oben). Der Magdalenensarkophag (wohl drittes Viertel 4. Jh.) zeigt fünf Arkaden, in denen das Anastasiskreuz und die Grabwächter, außerdem Wunderheilungen Christi zu sehen sind. Auf dem Maximinsarkophag (zweite Hälfte 4. Jh.) ist in der Mitte die Gesetzesübergabe an Petrus dargestellt.

Die monumentale Chorausstattung der Oberkirche wurde Ende des 17. Jahrhunderts angefertigt. Das hölzerne Chorgestühl mit 94 Sitzen wird durch Boiserien geschmückt, die in 22 Medaillons Heilige darstellen (Abbn. S. 286 unten). Auf dem üppigen Schalldeckel der Kanzel von 1756 die Verzückung der hl. Magdalena. In der nördlichen Seitenapsis steht der Passionsaltar des aus Venedig stammenden Antoine Ronzen von 1520. In der drittletzten Kapelle der Südseite wird der Chormantel des hl. Ludwig von Toulouse aufbewahrt, der 1297 kurz nach einem Besuch von St-Maximin im nahe gelegenen Brignoles starb. Der große Kreuzgang (Abb. S. 286 Mitte) gehört der ersten Bauphase der Kirche an. Wie diese zeigt auch er eine schlichte, fast derbe Formensprache. Große Teile im Westen der Konventsbauten wurden im 17. Jahrhundert umgebaut.

**St-Maximin-la-Ste-Baume**
Ste-Madeleine: Chormanteldetail des hl. Ludwig, 14. Jahrhundert (ganz oben)
Frühchristlicher Sarkophag des hl. Sidonius (4. Jahrhundert) aus der Krypta (oben)

## Das Massif de la Ste-Baume

In unmittelbarem Zusammenhang mit der Kultstätte der hl. Magdalena in St-Maximin steht auch der Gebirgszug, der in einiger Entfernung südlich der Stadt verläuft: das Massif de la Ste-Baume. *Baoumo* heißt auf provençalisch Höhle: Hier soll sich die Heilige in eine Grotte zurückgezogen und 30 Jahre lang in Buße gelebt haben. Doch der zwölf km lange und 1146 m hohe Bergrücken bietet vor allem auch geologische und botanische Besonderheiten. In der Ost-West-Erstreckung ähnelt das Gebirge dem Mont Ventoux, doch beim Massif de la Ste-Baume steigt die Südseite recht gleichmäßig an, während die Nordkante in einer 300 m hohen Felswand steil abbricht. Am Fuß der Nordseite erstreckt sich ein Hochplateau, das Plateau du Plan-d'Aups, auf dem sich ein großer, schütterer Wald angesiedelt hat, der eine botanische Rarität in dieser Klimazone ist. Die Wand des Gebirgsmassivs schafft ein relativ kühles Mikroklima, das Steineichen, Ulmen, Pappeln usw. zwischen den Kalkfelsen gedeihen läßt. Dennoch ist es fast ein Wunder, daß der Wald seit Jahrhunderten überlebt hat. Es war die Heiligkeit des Rückzugsortes von Maria Magdalena, die jahrhundertelang die Machthaber immer wieder dazu veranlaßte, hier jegliches Roden zu untersagen. Das gilt übrigens bis auf den heutigen Tag, und so ist der Fuß des Massif de la Ste-Baume ein ruhiges botanisches Paradies, das zu ausgedehnten Spaziergängen und Bergtouren einlädt.

Zum Grottenheiligtum in 886 m Höhe steigt man vom Carrefour des Trois Chênes oder von der nahe gelegenen Hostellerie in ca. 30 Minuten auf und gelangt zu einem an die steile Felsklippe gebauten Kloster. Auf einer kleinen Terrasse befindet sich der Ort der Buße; die Marmorstatue der Heiligen von Ch. Fossaty (Ende 17. Jahrhundert) ist in Wirklichkeit eine von vier Trauernden, die der Graf von Valbelle für sein Grabmal in der Kartause von Montrieux anfertigen ließ. In der Grotte selbst befindet sich eine Magdalenenfigur des 18. Jahrhunderts. Früher war es üblich, an Weihnachten nachts mit Laternen zur Magdalenengrotte aufzusteigen, aber auch heute noch ist die Wallfahrt intensiv. Die Verehrung der Grotte geht bis auf das 5. Jahrhundert zurück, als sich hier Mönche aus St-Cassien niederließen. Diese Aura von Heiligkeit spiegelt sich auch in der Legende der hl. Magdalena wider, die gleichsam in die Tradition der Eremitenmönche eingeordnet wurde. Die Pilgerfahrten zur Grotte sind ebenfalls älter als die Entdeckung des Grabes der Magdalena. Sie setzten schon im 12. Jahrhundert ein; 1254 besuchte König Ludwig der Heilige das Grottenheiligtum. Es war diese Tradition der Verehrung, die durch die Auffindung des Magdalenengrabes 1279 noch weiter ausgebaut wurde.

Von der Grotte kann man weiter aufsteigen auf den Gipfel des St-Pilon, von dem aus man einen großartigen Blick auf die Küste und das Landesinnere hat.

**Massif de la Ste-Baume**
»L' Hôtellerie« bei Plan-d'Aups-Ste-Baume, am Fuße der nebelverhangenen Nordwand des Massivs (oben)
Treppen zur Grotte der hl. Magdalena (unten)
Die Treppen haben 150 Stufen in Anlehnung an die 150 »Ave Maria« des Rosenkranzes.

ABBILDUNG GEGENÜBER:
**Massif de la Ste-Baume**
Tête de Roussargue

**Brignoles**
Musée du Pays Brignolais
Sarkophag aus La Gayole, ältestes christliches Monument Galliens aus dem 3. Jahrhundert (oben)

Merowingischer Cippus (rechts)

## Brignoles

Brignoles, eine charmante Marktstadt, erscheint seit dem 6. Jahrhundert in den Urkunden. Im Mittelalter errichteten die Grafen der Provence hier eine Sommerresidenz. Doch die Hauptaktivität der Stadt galt immer dem Handel mit den landwirtschaftlichen Produkten der Region, so insbesondere dem Wein und den berühmten Pflaumen von Brignoles. Außerdem gab es hier wichtige Gerbereien und Färbereien. In den Steinbrüchen von Candelon im Süden wird ein rotbrauner bis violetter Marmor gebrochen. Brignoles war im 19. Jahrhundert sogar der Hauptort (Préfecture) des Départements Var; nach verschiedenen Verwaltungsreformen ist er heute immerhin wieder Sitz einer Sous-Préfecture. Die beschauliche Stadt hat ihren alten ovalen Grundriß mit den engen Straßen fast vollständig erhalten. In der Mitte erhebt sich die im 15. Jahrhundert erbaute *Pfarrkirche St-Sauveur*, eine der typischen provençalischen breiten, querhauslosen Saalkirchen mit begleitenden Seitenkapellen. Im ehemaligen Grafenpalast aus dem 13. Jahrhundert ist heute das *Musée du Pays Brignolais* untergebracht. International berühmt ist es deswegen, weil es das älteste christliche Monument Galliens aufbewahrt, den Sarkophag aus La Gayole (Abb. oben). Das aus dem 3. Jahrhundert stammende Stück von erstaunlicher Qualität wurde wohl aus Italien importiert und im kleinen Sanktuarium Notre-Dame de la Gayole in La Celle (westlich von Brignoles) aufgestellt. Erhalten ist die Vorderfront mit einer einzonigen Friesdarstellung. Links eine Personifikation der Sonne in Form einer Büste, daneben ein angelnder Fischer. Um einen Baum mit Vögeln herum stehen drei Widder, es folgt ein Anker. Eine Frau erhebt betend die Hände, sie wird von einem Lamm begleitet. Als Pendant zur linken Seite ist rechts ebenfalls ein solcher Baum dargestellt. Die Mittelszene mit einer im Profil wiedergegebenen sitzenden Gestalt ist stark zerstört. Neben der Bruchstelle auf der rechten Seite sieht man einen Guten Hirten sowie eine weitere Gestalt. Ganz rechts grüßt ein auf einem Felsen sitzender Mann. Einige der Symbole – Fischer, Anker, Orantin, Guter Hirte – stellen christliche Sinnbilder dar, die jedoch zwischen heidnischen Personifikationen erscheinen, etwa dem Sonnenzeichen. Auf einem merowingischen *Cippus* hält sich eine nicht identifizierbare Person die Hände vor den Bauch: Die Steintafel wurde später als Fruchtbarkeitssymbol verehrt (Abb. rechts).

## Barjols und östliche Umgebung

Auf 250 m Höhe liegt der malerische Ort Barjols, der sich um eine heute zerstörte *Burg* und eine *Stiftskirche* herum entwickelte. Diese wurde 1060 von Erzbischof Raimbaud von Arles gegründet und um 1300 im Chorbereich neu errichtet. Das Langhaus wurde im 16. Jahrhundert nochmals erneuert. Für den Marcellusaltar im linken Seitenschiff wurde offenbar das romanische Tympanon als Antependium wiederverwendet. Zwei Engel tragen eine Mandorla, in der der Thronende Christus erscheint, begleitet von den Evangelistensymbolen. Aus den Wolken kommt die Hand Gottes. Farbspuren erinnern daran, daß die romanische Plastik einst farbig gefaßt war. Wie das Relief zu datieren ist, bleibt unklar. Möglicherweise handelt es sich hierbei aber um ein Stück, das vor den großen Tympanonreliefs in Arles oder St-Gilles, also zu Beginn des 12. Jahrhunderts, angefertigt wurde.

Östlich von Barjols gibt es mehrere wunderschöne Orte inmitten prächtiger Landschaften zu entdecken, in die sich nur wenige Touristen verirren: Das winzige, auf über 500 m Höhe liegende Dorf Fox-Amphoux erhebt sich auf einer bewaldeten Anhöhe. In der Nähe der kleinen Ortschaft Sillans-la-Cascade kommt man nach einem Fußmarsch am Waldrand zu einem versteckt gelegenen Wasserfall: In einer 45 m hohen Kaskade stürzt sich der Bach in das blaugrüne Wasser, das von Felsen und hohen Bäumen umstanden wird. Der Weinort Cotignac (Abb. S. 294/95), etwas talabwärts gelegen, wird von einer hohen, von Höhlen durchsetzten Felswand geschützt, die von mittelalterlichen Burgruinen bekrönt wird. Auch hier gibt es, etwas südlich gelegen, Wasserfälle.

**Barjols**
Ortsansicht (rechts oben) und zwei der 30 Brunnen von Alt-Barjols (rechts)

ABBILDUNG LINKS:
**Landschaft bei Barjols**

ABBILDUNG GEGENÜBER:
**Sonnenuntergang bei Fox-Amphoux**

ABBILDUNG S. 294/95:
**Cotignac**
In den 80 m hohen Tuffsteinfelsen sind zahlreiche Höhlen getrieben.

## Le Thoronet

Raymond von St-Gilles, Graf von Toulouse, gründete 1136 bei Tourtour (Diözese Fréjus) das Kloster Notre-Dame-de-Florièges. 1160 wurde es ca. 15 km weiter südlich an seinen heutigen Standort verlegt. Hier fließt ein kleiner Bach, den man nutzen konnte, und der kühle Wald, der heute die Abtei umgibt, erinnert daran, daß es sich auch im 12. Jahrhundert schon um ein abgeschiedenes Gebiet handelte, das durch die Mönche erst zur landwirtschaftlichen Nutzung bereitet wurde. Reich mit Stiftungen und Schenkungen dotiert, verzeichnete das Zisterzienserkloster einen raschen Aufschwung, so daß um 1200 alle Klostergebäude und die Kirche errichtet waren. Doch mit der allgemeinen Abnahme der wirtschaftlichen Bedeutung der Zisterzienser im Midi seit dem 13. Jahrhundert verfiel auch Le Thoronet zunehmend. Immerhin baute man im 15. Jahrhundert ein neues Refektorium, und zu Beginn des 18. Jahrhunderts erhielt die Kirche eine barocke Stuckdekoration. In der Revolution aufgehoben und verkauft, wurde das Kloster 1854 vom Staat erworben. Die 1873 einsetzenden Restaurierungen beseitigten radikal alle neuzeitlichen Veränderungen, so daß der heutige optische Eindruck von Nüchternheit und Strenge sich sofort mit der Vorstellung einer besonderen asketischen Lebensweise der Mönche verbinden kann. In der Tat verboten die Bauvorschriften der Zisterzienser figürlichen Bauschmuck, weil er die Sinne ablenkt, sowie ehrgeizige und kostenaufwendige Bauteile wie vor allem hohe Kirchtürme. Trotzdem waren Kirchenbauten wie die von Le Thoronet stets Unternehmungen, die mit dem höchsten Aufwand durchgeführt wurden. Schon die langwierig herzustellenden, exakt behauenen Steinquader und die großen Gewölbe machen das heute noch anschaulich.

Die wie stets bei den Zisterziensern der Jungfrau Maria geweihte Kirche dürfte wohl in den Jahren 1160–80 errichtet worden sein. Der basilikal gestufte Aufbau des Langhauses und das weit auskragende Querschiff treten nach außen in klaren Formen hervor, die jeden Schmucks – etwa in Form von Bogenfriesen – entbehren. Die im Inneren rund schließenden Querhauskapellen sind in ein außen gerade abschließendes Mauermassiv eingelassen, welches von einem Pultdach geschützt wird. Im Inneren muß man sich als wichtigen, heute fehlenden Einbau den Lettner vorstellen, der im Langhaus den Mönchsbereich von einem vergleichsweise bescheidenen Bereich im Westen abtrennte, der von den Laienbrüdern betreten werden konnte. Interessant sind die Pfeiler des dreijochigen Langhauses, die mit der Arkadenmauer eine Ebene bilden und somit eng an römische Aquäduktkonstruktionen anschließen. Das Querschiff ist niedriger und schmaler als das Mittelschiff. Eine eigentliche Vierung ist also nicht vorhanden, denn die Langhaustonne wird bis an die Chorwand durchgeführt.

**Le Thoronet**
Heutige Ausstattung der Klosterkirche: romanische Madonna

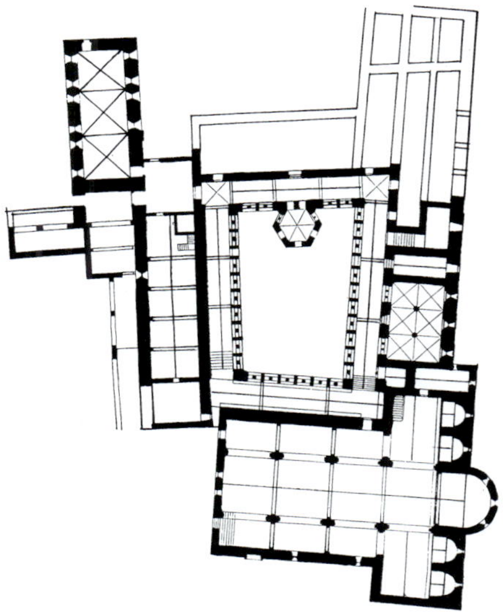

**Le Thoronet**
Klosterkirche, 1160–80, Innenansicht nach Osten (gegenüber)
Grundriß der Klosteranlage (rechts)

**Le Thoronet**
Kreuzgang
Außenansicht (links)
Innenansicht (gegenüber)

Einer der berühmtesten Äbte von Le Thoronet war Foulques de Marseille. Aus einer Genueser Kaufmannsfamilie stammend, wurde er zunächst ein berühmter Troubadour. Noch Dante erwähnt den Poeten lobend. Foulques sang etwa in Aix, am Hof von König Alfons II. von Aragon, Graf der Provence, sowie am Hof von Raymond VI., Graf von Toulouse. Der höfische Minnedienst und die Befreiung des Heiligen Landes sind die beliebtesten Themen seiner Lieder. 1196 trat Foulques in den Zisterzienserorden ein, 1201 erhielt er die Abtswürde über Le Thoronet. Als er fünf Jahre später zum Bischof von Toulouse ernannt wurde und in dieser Funktion bis zu seinem Tod 1231 wirkte, unternahm Foulques die gewaltige Aufgabe, gegen die im Languedoc weit verbreiteten häretischen Bewegungen, die Katharer und Albigenser, vorzugehen bzw. das gesamte kirchliche Leben in seiner großen Diözese zu reformieren. Unter anderem begann er einen neuen, anspruchsvollen Kathedralbau, der mit einer riesigen Rippenwölbung eingedeckt wurde. Das »Neue Bauen«, das Foulques in der provençalischen Zisterzienserabtei hautnah miterlebt hatte, wurde nun auch in ganz anderen Regionen Südfrankreichs wirksam.

ABBILDUNG S. 300:
**Le Thoronet**
Kapitelsaal

ABBILDUNG UNTEN:
**Le Thoronet**
Dormitorium

Auch der Kreuzgang zeigt schmucklos-glatte Mauern und Gewölbe. Der Südflügel mit seiner Rundtonne wurde wohl mit der Kirche errichtet. Ost-, Nord- und Westflügel sind mit Spitztonnen eingewölbt. Die kräftigen Gewölbegurte ruhen auf blockartigen Konsolen. In der Nordost- und Nordwestecke hat man kräftige Kreuzrippengewölbe angewendet. Deren Rippenanfänger sind als kompliziert geschnittene Steine in die Mauer eingelassen. All dies spricht dafür, daß diese drei Flügel des Kreuzgangs erst um 1200 errichtet wurden. Die Kreuzgangsarkaden verzichten auf die aus den romanischen Kreuzgängen der Provence bekannte Rhythmisierungen durch große Überfangbögen. Die Anordnung der Mönchsbauten folgt dem verbreiteten Schema: An das Querschiff schließt die Bibliothek an. Die Mönche nutzten beim Lesen die im südlichen Flügel erhaltene Steinstufe, im Winter saßen sie im Kapitelsaal. Im Wärmeraum arbeiteten die Schreiber. Über dem dreieckigen, von einer Säule gestützten Sturz der Eingangsöffnung ist eine kleine Nische zum Aufstellen einer Lampe eingelassen. Etwas tiefer als der Kreuzgang liegt der Kapitelsaal. Zwei stämmige Säulen mit zweireihigen Blattkapitellen stützen das große Rippengewölbe. Die untersten Rippensteine sind in einer aufwendigen Technik aus einem Block geschlagen. Die Rippenwölbung ist neben der Kapitellskulptur das wichtigste Mittel, diesen nach der Kirche ranghöchsten Raum der Klostergemeinschaft auszuzeichnen. Hier fanden die Abtswahl, die Einkleidung der Novizen, die Erläuterung der Ordensregel usw. statt. Das anschließende Parlatorium diente auch als Durchgang in den Garten. Es folgt die Treppe zum Schlafsaal. Das letzte Portal führte in einen nicht mehr vorhandenen Raum, der sich nach Norden erstreckte. Am nördlichen Kreuzgangsflügel ist das sechseckige Brunnenhaus angelegt worden. In der Nordwand sind noch die Zugänge zu Refektorium, Küche und Wärmeraum zu erkennen. Im Obergeschoß des Ostflügels befand sich das Dormitorium; von diesem Schlafsaal konnten die Mönche über eine Treppe direkt in das Querhaus der Kirche gelangen. In der Südostecke des mit einer Spitztonne eingewölbten Saals wurde später ein Raum abgemauert, der als Archiv und Schatzkammer diente. Darüber war für den Sakristan ein kleiner Raum mit einem Fenster zum Kircheninneren eingerichtet. Von hier konnten die Messe mitverfolgt und die Glocken zum rechten Moment geläutet werden. Der Speicher, der westlich vor dem Kreuzgang steht, wurde vermutlich um 1200 erbaut. Die hier erhaltene große Presse und die beiden Vorratsbehälter erinnern daran, welch enorm wichtigen Faktor die Zisterzienserklöster im Wirtschaftsleben der Region darstellten.

In der Flucht der Speicherwestwand steht der Konversenbau, der gleichzeitig auch die Portalvorhalle enthält. Das Refektorium im Untergeschoß ist ein dreijochiger Saal. Die etwas grob auf Konsolen aufsetzenden Rippen sollten bewußt technisch einfacher sein als die Rippengewölbe im Kreuzgangsbereich, ganz der verhältnismäßig geringeren Wertigkeit des Konversensaales entsprechend. Im Obergeschoß befindet sich das Refektorium der Konversen. In der Nordwand gibt es eine Tür, die auf die Latrinen unmittelbar über dem hier vorüberfließenden Bach führte.

**Château Entrecasteaux**
Schloß- und Gartenansichten

## Château Entrecasteaux

Über dem Tal der Bresque erhebt sich das Schloß von Entrecasteaux, das über die kleine Ortschaft mit ihren alten Häusern und engen Sträßchen herrscht. Der Ort war ab dem 14. Jahrhundert Lehen der Grafen der Provence, im 16. Jahrhundert kam er an die Grignan: Deshalb wohnte hier zeitweise die Madame de Sevigné (siehe S. 22). Im 18. Jahrhundert schließlich fiel die Grundherrschaft an Bruni d'Entrecasteaux, der 1791 den Auftrag zu einer Peru-Expedition erhielt, von der er nie zurückkehren sollte.

Das, was heute vom Schloß zu sehen ist, stammt größtenteils aus dem 16. und 17. Jahrhundert. Am Fuß des Felsens erstreckt sich ein schöner französischer Garten, der von Le Nôtre entworfen wurde. Daß das Schloß nicht längst verfallen ist, verdankt es dem schottischen Maler Jan McGarvie-Munn, der eine Restaurierung initiierte, die 1982 glanzvoll abgeschlossen wurde.

Zu besichtigen sind die Räume im Erdgeschoß, wo Werke von McGarvie-Munn ausgestellt sind, ebenso die alte Küche und Nebengebäude des Schlosses. Die Erben des Künstlers bemühen sich darüber hinaus, Entrecasteaux durch Konzerte und Ausstellungen zu einem Kulturzentrum zu machen.

# Der ewige Glanz der Belle Epoque

## Die Côte d'Azur von Nizza über Monaco bis Menton

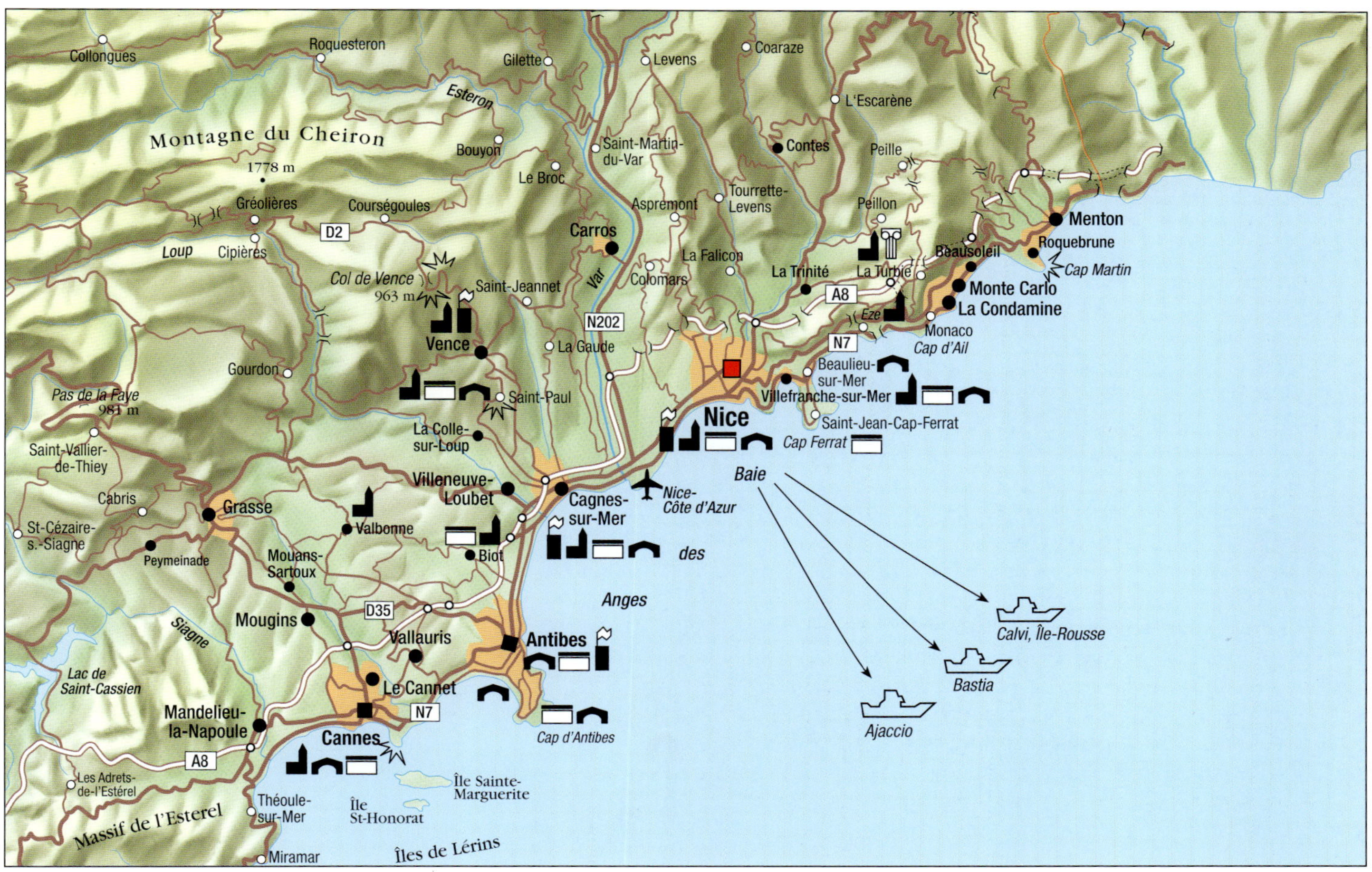


ABBILDUNG GEGENÜBER:
**Nizza**
Küstenstraße und Teil des Hafens

1 Rathaus 2 St-François-de-Paule 3 Oper 4 Galerie-Musée Raoul Dufy 5 Chapelle de la Miséricorde 6 Palais Grimaldi 7 St-Suaire 8 St-Jacques 9 Ste-Réparate 10 Uhrenturm 11 Palais Lascaris 12 St-Martin-St-Augustin 13 Theater 14 Musée d'Art moderne et d'Art contemporain 15 Place Garibaldi 16 Friedhof 17 Schloß 18 Orientierungstafel 19 Aufzug 20 Musée des Beaux-Arts 21 Musée Masséna 22 Casino Ruhl 23 Musée d'Histoire Naturelle 24 Palais des Arts du Tourisme et de Congrés Acropolis 25 Musée Chagall

A Kloster Notre-Dame
B Musée Matisse (Villa des Arènes)
C Musée Archéologigue

## Nizza und die Seealpen

Nizza, die »Königin der Riviera«, ist zweifellos der Hauptort der Côte d'Azur, und dies seit zweieinhalb Jahrtausenden: Doch bereits aus der Steinzeit, vor ca. 400 000 Jahren, sind Siedlungsreste östlich des heutigen Hafens nachgewiesen. Um 600 bestanden zwei keltoligurische Oppida, eines in Cimiez im Norden, ein anderes auf der steilen Anhöhe an der Küste. Die Griechen aus Marseille gründeten hier im 6. Jahrhundert eine Handelsniederlassung mit dem Namen Nikaia. 154 v. Chr. schlugen die Römer die keltischen Ligurer, deren Raubzüge immer wieder die griechische Kolonisierung gestört hatten. Die Römer siedelten sich im heutigen Cimiez an und bauten Cemenelum zur Garnisons- und Verwaltungsstadt aus. Seit dieser Zeit existierten eine griechische und eine römische Stadt in unmittelbarer Nachbarschaft nebeneinander.

Beide Orte wurden in frühchristlicher Zeit Bischofssitze, für Nizza ist dies für das Jahr 314 belegt. 465 wurden die Bistümer vereinigt und Nizza als Bischofssitz bestätigt. Ab dem Ende des 10. Jahrhundert gehörte die Stadt zur Grafschaft Provence, die Stadtherrschaft teilten sich jedoch bald der Bischof und der Abt der Benediktinerabtei von St-Pons am Ostabhang des Hügels von Cimiez. Die Bedeutung Nizzas als Seehandelszentrum ließ bereits zu Beginn des 12. Jahrhunderts eine autonome Stadtverwaltung, das Konsulat, entstehen, das bis 1230 überdauerte. Zu diesem Zeitpunkt übernahm Graf Raymond-Bérenger V. die Stadtherrschaft, doch schon 1246 fiel sein gesamtes Herrschaftsgebiet an das Haus Anjou. Von Zwistigkeiten im Hause Anjou begünstigt, konnte Nizza sich 1388 der Grafschaft Savoyen anschließen, wo es – seit 1526 eine eigene Grafschaft – trotz mehrerer Belagerungen durch die Franzosen blieb. Im Zuge der Französischen Revolution wurde die Stadt Teil von Frankreich, doch schon bald darauf, beim Wiener Kongreß 1814, wurde sie dem Königreich Sardinien zugeschlagen. Nach dem Krieg Frankreichs gegen Österreich 1859 ging mit Savoyen

ABBILDUNGEN GEGENÜBER:
**Nizza**
Promenade des Anglais, Strandpromenade (oben)
Hôtel Westend (unten)

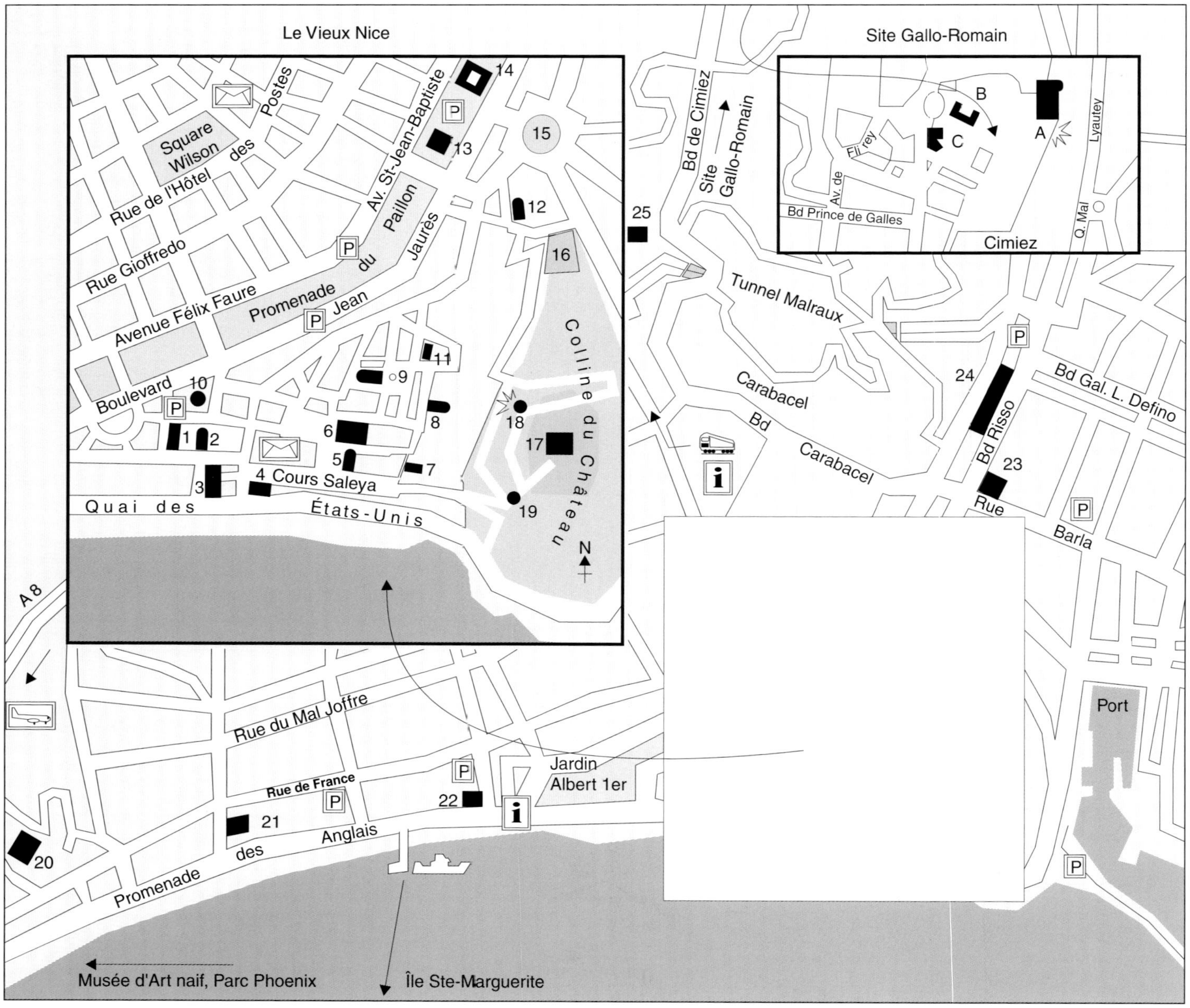

auch Nizza 1860 per Volksabstimmung endgültig an Frankreich.

Dank der Wertschätzung als Wintererholungsort – ab dem 18. Jahrhundert insbesondere durch die Engländer – bekam die Stadt ab dem 19. Jahrhundert zentrale Bedeutung als mondänes touristisches und kulturelles Zentrum. Große Boulevards, Theater, Casino, prunkvolle Hotels und Etagenwohnhäuser sowie extravagante Villen prägen seither ihr Bild. Zu der Zeit wurde Nizza auch Zielort der Eisenbahnverbindungen aus den italienischen Alpen und aus Paris und besitzt heute einen der wichtigsten französischen Flughäfen. Und schließlich ist Nizza unbestritten der kulturelle Mittelpunkt der Côte d'Azur – mit einer Universität, einem Konservatorium und einer Kunsthochschule sowie einer bedeutenden zeitgenössischen Kunstszene.

Nizza ist eine Großstadt, deren Sehenswürdigkeiten und Attraktionen teilweise weit voneinander entfernt über das Stadtgebiet verstreut liegen. Es gibt immer wieder neue Entdeckungen zu machen. Insbesondere zwischen der Küste und dem Bahnhof erheben sich viele Art-déco-Wohnhäuser, aber auch öffentliche Bauten und Kirchen aus der ersten Hälfte des 20. Jahrhunderts. Man merkt, daß dieser Stadtteil erst recht spät bebaut wurde, und in der Tat liegt er ja auch in einiger Entfernung von der Altstadt im Osten.

Eine ähnliche Beobachtung ist an der berühmten Promenade des Anglais zu machen: Die großzügig breite Uferpromenade, die zum Schlendern, Schauen, Baden, Skaten oder Ausruhen einlädt, ist in ihrem Urbestand zwar schon sehr alt, wurde aber erst schrittweise bebaut. Um dem verbreiteten Betteln zu begegnen, sammelte Lewis Way 1820 Geld zur Bezahlung der Armen, die eine schmale Uferstraße anlegten. Zwanzig Jahre

**Nizza**
Hôtel Negresco an der Promenade des Anglais

später übernahm die Stadtverwaltung die Initiative, verlängerte die Straße bis nach Baumettes und taufte den »Camin dai Anglès« offiziell »Promenade des Anglais«. Immer wieder wurde die Straße verlängert, 1930 auch um das Doppelte verbreitert und mit Grünanlagen und Palmen bestückt. 1965 schließlich führte man den Boulevard bis zum Flughafen. Im Osten sind die im 19. Jahrhundert entstandenen Häuser und Hotels meist noch schlicht, ist das Wandrelief zurückhaltend. Nach Westen hin häufen sich hingegen die prunkvollen Ensembles.

Ein besonders markantes Beispiel, das Hôtel Negresco (Abb. oben), wurde 1912 von dem Stararchitekten der Belle Epoque, Edouard Niermans, neben dem *Musée Masséna* errichtet. Das Musée Masséna – im Stil der italienisierenden Villen des ersten Kaiserreichs (Napoleon I.) errichtet – entstand 1901 als Winterresidenz für Victor Masséna, Herzog von Rivoli. Heute befinden sich dort eine Napoleon-Sammlung und vor allem viele Werke der Malerschule von Nizza des 15. und 16. Jahrhunderts. Noch weiter nach Westen und etwas von der Uferlinie abgesetzt liegt das ebenfalls sehr sehenswerte *Musée Jules Chéret*. Es ist in einem großen Palazzo im Stil der italienischen Renaissance untergebracht und wurde 1875 für den russischen Fürsten Leo Kotschubey erbaut. Dort finden sich Bilder des 17.–20. Jahrhunderts, vor allem französischer, niederländischer und italienischer Schulen (Carle van Loo, Fragonard, Dufy etc.). Den Schwerpunkt der Sammlung jedoch bilden Werke des Malers Jules Chéret (1836–1932), der in zahlreichen Gebäuden der Côte d'Azur vor und um 1900 die malerische Ausstattung schuf. Die virtuose Eleganz und die verfremdende Farbigkeit seiner malerischen Sprache setzte er aber auch bei Plakaten ein, für deren Entwicklung Chéret als Pionier gilt.

Auf Initiative der Zarin Maria Feodorovna hin errichtete der Sankt-Petersburger Architekt M. T. Preobrajenski für die russische Gemeinde in Nizza eine *russisch-orthodoxe Kathedrale*, die 1912 vollendet war. Der farbenprächtige Kuppelbau (Abb. S. 309 oben links) folgt den Moskowiter Kirchenbauten des 16. und 17. Jahrhunderts, vor allem der Basiliuskathedrale. Auch das Innere mit

**Nizza**
Russisch-orthodoxe Kathedrale St-Nicolas, 1912, Detailansicht der Kuppel

der Ikonostase und den zahlreichen Ikonen erinnert an einen russischen Bau dieser Zeit.

1865 wurde der Hauptbahnhof fertiggestellt, dessen lichterfüllte Stahlkonstruktion noch immer als Bahnsteighalle dient. Wie in der Form eines Fächers erschließt sich von hier aus die Neustadt in Richtung der Promenade des Anglais bzw. der Promenade du Paillon und der Place Masséna. Entlang dem Flüßchen Paillon, das Alt- und Neustadt trennt, wurden die Place Masséna und der anschließende Jardin Albert Ier 1836–50 von Joseph Vernier angelegt. Die Arkaden, die den großen Platz säumen, haben die Turiner Plätze zum Vorbild. 1879–82 überbaute man den Fluß und schuf somit einen breiten Boulevard zu zwei weit auseinanderliegenden Straßen. Zwischen diesen stand auf dem heutigen Espace Masséna das Casino von Nizza, das 1979 abgerissen wurde, um einer gestaffelten Anlage aus hängenden Gärten Platz zu machen. In der weiteren Fortsetzung des Boulevards nach Norden gelangt man zum *Musée d'Art moderne et d'Art contemporain* beziehungsweise zum neuen Theater (Abb. S. 307 unten). Auf einer Plattform stehen die beiden von Yves Bayard und Henri Vidal entworfenen und ab 1989 sukzessive eröffneten Gebäudekomplexe einander gegenüber: Der Theaterbau ist ein abstrakter achteckiger Block, dessen Form sich als Negativ im Hof des Museumskomplexes wiederholt. Dieser wird gebildet aus vier großen Kuben, die an die Diagonalseiten des Achtecks gesetzt sind. Die bedeutende Sammlung ist konsequent auf die amerikanische und französische Gegenwartskunst (seit 1960) ausgerichtet und unterstreicht damit auch Nizzas Rolle als eines der französischen Zentren der 60er-Jahre-Kunst, insbesondere der Kunst der »Nouveaux Réalistes«. Der aus Nizza stammende Yves Klein schuf seine

**Nizza**
Musée d'Art moderne et d'Art contemporain

blauen Abklatsche ebenso auch in seiner Heimatstadt wie der in Nizza geborene Arman seine Assemblagen aus Alltagsgegenständen.

Auf der anderen Seite des Paillon erstreckt sich die berühmte Altstadt von Nizza. Mit ihren farbigen Häuser- und Kirchenfassaden macht sie deutlich, daß die Stadt lange Zeit mehr mit der italienischen als mit der französischen Kultur verbunden war. Die Altstadt ist auch heute noch von der Renaissance und vom Barock geprägt, weil zum einen die Bevölkerung erst allmählich vom Felsenplateau hinabzog und an dessen Fuß siedelte und zum anderen die Stadt sich im 19. Jahrhundert vor allem an der Uferlinie bzw. nach Westen hin ausdehnte.

**Nizza**
Theater (eröffnet 1989) und Museum (Architekten: Yves Bayard und Henri Vidal)

**Nizza**
Skulptur im Jardin Albert Ier

ABBILDUNGEN GEGENÜBER:
**Nizza**
Chapelle de la Miséricorde, 1736, Westfassade (oben links)

Kathedrale Ste-Réparate
Westfassade (oben rechts)
Innenansicht (unten links)
Portaldetail (unten rechts)

ABBILDUNGEN RECHTS:
Kirche St-Jacques, barockes Wanddetail (oben)

Kirche St-François-de-Paul, Innenansicht (unten)

### Nizzas Barockkirchen

Im 16. Jahrhundert wurde die Kathedrale von der felsigen Anhöhe in die Pfarrkirche *Ste-Réparate* (Abbn. gegenüber oben und unten rechts) in der heutigen Altstadt verlegt. 1649 präsentierte der Architekt Jean-André Guibert einen Plan für einen kompletten Neubau, der 1699 eingeweiht werden konnte. Die heutige Fassade wurde allerdings erst in den Jahren 1825–30 hinzugefügt. Der Grundriß – dreischiffiges, tonnengewölbtes Langhaus und eine Dreikonchenostanlage mit bekrönender Kuppel – folgt im wesentlichen römischen Vorbildern. Auffällig ist aber die reichhaltige Stuckdekoration, deren Farbigkeit auf Weiß, Blau und Gold gestimmt ist. Weitere Beispiele für die üppigen Formen und reichen Polychromien des Barock in Nizza bieten die Kirchen *St-Jacques* (Abb. rechts), *St-François-de-Paul* (Abb. unten rechts) und die *Chapelle de l'Annonciation.*

An dem schönen, lang gestreckten Blumenmarkt liegt die *Chapelle de la Miséricorde* (Abb. gegenüber oben links) von 1736. Der Auftakt, den die nach außen geschwungene Fassade gibt, setzt sich im reich modulierten Inneren fort: Ein Längsoval wird durch die Vorhalle und den Chor erweitert und seitlich durch ebenfalls ovale Seitenkapellen begleitet. Vorbild für die Konzeption der komplizierten Grundrißfigur und der durch sie bedingten gekrümmten Bögen und geometrischen Durchdringungsfiguren war unverkennbar die piemontesische Barockarchitektur unter ihrem Hauptmeister Guarino Guarini. In der Sakristei sieht man außer einem Altar der Malerschule von Nizza die *Vierge de la Miséricorde,* eine um 1430–40 geschaffene Schutzmantelmadonna des aus Montpellier stammenden Malers Jean Marailhet. Seitlich der Madonna die hll. Cosmas und Damian bzw. Sebastian und Gregor, darüber Christus als Schmerzensmann. Unmittelbar hinter der Kapelle steht der Palast der Präfektur, der Mitte des 17. Jahrhunderts als Palais des sardinischen Königs errichtet wurde.

### Nizza im Überblick

Im sogenannten *Château,* der 92 m hohen steilen Anhöhe, hat Nizza einen natürlichen Aussichtspunkt, von dem der Blick über die roten Ziegeldächer der Altstadt und die gleichmäßige Krümmung des Meeresufers bis hin zum Flughafen streift oder auf das Treiben am Hafen östlich des Bergs fällt. Hier ist ein Volkspark angelegt, in dem künstliche Kaskaden, deren Gischt vom Wind in alle Richtungen zerstiebt wird, Kühlung spenden. Auf der Spitze sind Teile der alten Stadt ausgegraben worden. Über griechischen und römischen Resten (Podiumstempel) wurde im 12. Jahrhundert die dreischiffige Kathedrale errichtet, die nachfolgend allerdings vom Palast des Grafen (später Herzog) von Savoyen überbaut wurde. Auf der Meerseite des Felsenabhangs erlaubt ein Aufzug schnelles Auf- und Absteigen. Von hier aus erreicht man außerdem das *Musée de la Marine* mit zahlreichen Schiffsmodellen.

ABBILDUNG S. 312/13
**Nizza**
Baie des Anges (Engelsbucht) und Stadt von der Anhöhe des sogenannten Château aus

ABBILDUNGEN LINKS UND GEGENÜBER:
**Nizza**
Ansichten des sogenannten Blumenmarkts

PERSIL
20F
BASILIC
20F
ROUILLE
20F
CURRY
MADRAS
20F
ROMARIN
20F
PÂTES-RIZ
SAUCE TOMATE
20F
ANETH
20F
AIL
MOULU
20F

TAGINE
NICOISE DE
NICE
48F
LE KG

**Marc Chagall**
König David, 1950–51
Öl auf Leinwand, 194 x 133 cm
Nizza, Musée national Message Biblique Marc Chagall

An dem auf die Anhöhe von Cimiez führenden Boulevard de Cimiez liegt in der Nähe der Stadtautobahn das Musée Marc Chagall, das unter anderen 17 riesenhafte Bilder des Malers zur biblischen Botschaft (1955–58) beherbergt (Abb. oben). Chagall vermachte 1966 ein Teil seines Werkes dem französischen Staat, der 1972 ein vom Architekten André Hermant konzipiertes Museum errichten ließ. Um die genannten Bilder gruppieren sich weitere wichtige Werke mit biblischem Inhalt, die der Maler vor allem in seinem Spätwerk schuf. In der Umgebung der Museums und entlang der Straße finden sich noch einige prächtige Luxusresidenzen aus der Zeit um 1900 (Hausnummern 35, 39, 46 etc.).

**Die Anlage von Cimiez**

Die römischen Anfänge der Stadt und der Übergang zum Christentum lassen sich in der Anlage von Cimiez auf dem Mont Gros verfolgen (Abbn. rechts und S. 317). Ab 13 v. Chr. verband die Via Julia die Stadt Cemenelum mit dem italischen Mutterland; zu dieser Zeit wurde die Stadt Hauptsitz für den Militärbezirk der Seealpen. Doch sie blieb im Rang eines *Municipiums*, also ohne die Bürgerrechte, die im Stadttypus einer *Colonia* gewährt wurden. Eine erste Phase intensiver Bautätigkeit läßt sich in der zweiten Hälfte des 1. Jahrhunderts nachweisen. Ende des 2. und im 3. Jahrhundert strukturierte man die Stadt völlig um und versah sie mit großen öffentlichen Gebäuden, deren Reste heute zu besichtigen sind. Als im Zuge einer Verwaltungsreform die Provinzhauptstadt nach Embrun verlegt wurde, sank die Bedeutung von Cimiez rasch. Zwar bildete sie noch einen Bischofssitz, doch dieser wurde 466 mit dem von Nizza vereinigt.

Die relativ geringe Ausdehnung der antiken Stadt kann durch die außerhalb gelegenen Nekropolen erahnt werden. Demnach war die in Nord-Süd-Richtung etwa 600 m messende Stadt im 3. Jahrhundert hauptsächlich von großen öffentlichen Gebäuden eingenommen. Vom Straßensystem sind noch Teile zweier Ost-West-Straßen (Decumanus I und II) mit ihrer Pflasterung zu erkennen (unmittelbar parallel zur Avenue Monte Croce bzw. in der Flucht des Musée Matisse). Am besten erhalten sind nördlich des Decumanus I die Nordthermen vom Beginn des 3. Jahrhunderts. Man betritt zunächst das Schwimmbad, das einst von einer Säulengalerie umgeben war. An der Nord-Ost-Ecke befanden sich die Latrinen mit den Abflußkanälen. Den eigentlichen Eingang in die Thermen bildete ein rechteckiger Säulenhof nördlich des Schwimmbades, an den sich das Frigidarium westlich anschloß. Von diesem lange als Bauernhof genutzten Gebäude stehen die Mauern noch bis an den Gewölbefuß. Gut sind noch die Ansätze der Gurtbögen zu erkennen, die dazwischen eingelegten Platten bildeten die Tonnenwölbung. Das Mauerwerk aus Haustein mit Ziegelschichten war ursprünglich mit Marmorplatten verkleidet. An der nördlichen Schmalseite befand sich das Kaltwasserbecken, im Zentrum des Raumes stand die Statue der Antonia Minor (heute im Museum). Weiter nach Westen gelangt man in das schmalrechteckige Tepidarium mit dem später angefügten runden Schwitzbad. An eini-

ABBILDUNGEN LINKS UND GEGENÜBER:
**Nizza-Cimiez**
Römisches Ausgrabungsgelände
Nordthermen, Sommerbad (links)
Frigidarium der Nordthermen (oben rechts und unten links)
Amphitheater (unten rechts)

gen Stellen ist das Hypokaustensystem noch gut zu erkennen, das unter dem von kleinen Ziegelpfeilern getragenen Fußboden Heißluft in die Hohlziegel der Seitenwände blies. Auf der anderen Seite des Decumanus I wurden in der zweiten Hälfte des 3. Jahrhunderts die Ostthermen angelegt. Größe und Raumabfolge entsprechen in etwa den Nordthermen.

Der Decumanus II wird von Wohnbauten gesäumt, die zur Straße hin Werkstätten und Verkaufsräume enthielten. Zusammen mit den Ostthermen war westlich von diesen eine weitere Thermenanlage errichtet worden, die wohl Frauen vorbehalten war. Interessant ist vor allem der Umbau dieses Komplexes zur Kathedralkirche im 5. Jahrhundert. Im Frigidarium wurde eine Ostapsis angelegt, deren Mauern mit der Sitzbank gut zu sehen sind. Vom Altar sind noch die Sokkelplatte mit vier Vertiefungen für die Säulchen des Tisches zu sehen. Die Hypokaustenanlage wurde aufgefüllt, die Mauern zwischen den an die Apsis anschließenden Thermenräumen wurden niedergelegt, so daß ein längsgerichteter Saalbau entstand. Nördlich davon wurde aus dem alten Heizraum das Baptisterium. Innerhalb des leicht trapezförmigen Raumes umgab ein achteckiger Säulenzentralbau das Taufbecken. Für den Täufling befanden sich östlich des Baptisteriums ein Raum zur Fußwaschung und eine Garderobe. Die Kathedralgruppe zeigt also ähnliche Elemente wie andere frühchristliche Kirchengruppen der Provence. Als Bischofskirche war sie aber nur einige Jahre in Gebrauch, da der Bischofssitz, wie bereits erwähnt, Mitte des 5. Jahrhunderts nach Nizza verlegt wurde.

Die zahlreichen Ausgrabungsfunde werden in dem Museum auf dem Grabungsgelände präsentiert, zusammen mit weiteren vorgeschichtlichen und antiken Stücken der Region. Hervorgehoben seien außer einer hellenistischen Silensmaske aus Bronze und der Statue eines tanzenden Satyrs (1. Jahrhundert) die umgestürzt im Schwimmbassin gefundene Statue der Antonia minor (38 v. Chr.–37 n. Chr.), der Frau des Drusus und Nichte des Augustus.

Außerhalb des eingezäunten Grabungsgeländes befindet sich das Amphitheater (Abb. rechts außen). Es lag an der Nordwestecke der antiken Stadt und folgte in seiner Ausrichtung nicht dem Straßennetz, sondern der römischen Straße von Nizza in die Alpen. Durch dessen periphere Lage war das enge Stadtinnere frei von dem Gedränge der Besucher, Kämpfer, Tiere und Lieferanten. Die Anlage ist ungewöhnlich klein (67 x 56 m). Ein erster Bau, aus Bruchsteinen gefügt, enthielt nur drei Sitzstufen, die etwa 500 Personen Platz boten. Vielleicht erhöhten hölzerne Stufen das sehr geringe Fassungsvermögen. Das Amphitheater in Cimiez war demnach eine relativ einfache, zudem sehr frühe Version dieses Bautypus, wie es dem Rang der Stadt als Municipium wohl angemessen war. Im 3. Jahrhundert wurden neun weitere Stufenreihen hinzugefügt, die die Kapazität auf 4000 Plätze erhöhten.

**Nizza-Cimiez**
Musée Matisse, 1993/Villa des Arènes, 1670

ABBILDUNG GEGENÜBER:
**Nizza-Cimiez**
Franziskanerkloster, neugotische Fassade (1850)

**Musée Matisse und Franziskanerkloster**

In der Nähe des Amphitheaters führt eine große, leicht geschwungene Freitreppe hinunter in einen Hof, der den neuen Eingang des Musée Matisse in Nizza bildet (Abb. oben). Der neue, unterirdisch gelegene Flügel wurde von Jean-François Bodin konzipiert und 1993 eröffnet. Geschickt hat es der Architekt vermieden, daß die baulich gelungene Erweiterung die Umgebung des eigentlichen Museums verstellt: ein schönes, leuchtend rotes Palais, das der genuesische Konsul von Nizza 1670 erbauen ließ.

Henri Matisse lebte von 1917 bis 1954 in Nizza und vermachte der Stadt bedeutende Stücke seines Werkes. In der Tat sind hier alle Etappen seines Schaffens in zahlreichen Beispielen nachzuverfolgen; darüber hinaus veranstaltet das Haus Sonderausstellungen.

Am anderen Ende des Parks, der das Musée Matisse und die Ausgrabungsstelle umgibt, liegt das Kloster der Franziskaner, das selbst ebenfalls einen schönen Park aufweist. Die Bettelmönche kamen 1543 hierher, nachdem ihr Konvent in Nizza bei einer Beschießung zerstört worden war. Zuvor hatten die Benediktinermönche von St-Pons das Kloster bewohnt. Die Kirche ist im Kern spätromanisch, im 13. Jahrhundert wurde sie mit Rippen gewölbt und beim Einzug der Franziskaner schließlich mit Renaissanceformen ausgekleidet. Um 1850 fügte man noch die phantasievolle neugotische Westfassade hinzu (Abb. gegenüber). Im Inneren hängen drei wichtige Werke von Louis Bréa, dem Hauptvertreter der Malerschule von Nizza: eine Pietà, eine Kreuzigung und eine Kreuzabnahme, die von den Franziskanern zwischen 1475 und 1512 in Auftrag gegeben worden waren. Gerade in den beiden letzten Werken wird anhand der Landschaftsdarstellung, der Rhetorik der Gesten und der fein komponierten Komposition deutlich, in welchem Maße hier die neuen Bildmittel der italienischen Renaissance wirksam wurden.

Nahe dem Gipfel des Mont Gros leuchtet hoch über Nizza in strahlendem Weiß das *Observatoire:* Der leidenschaftliche Astronom Raphael Bischoffsheim ließ die Sternwarte 1880–87 von keinem Geringeren als Charles Garnier und Gustave Eiffel errichten. Das Teleskop von 76 cm Durchmesser und 18 m Länge war damals das leistungsstärkste seiner Art. Über dem Eingang der tempelähnlichen Architektur befindet sich eine große Bronzedarstellung des Sonnengottes Apollo, der den Sternenkreis verläßt. Der Erbauer hatte das Observatorium zunächst der Universität von Paris gestiftet; erst 1972 ging es an die Hochschule von Nizza.

**Villefranche-sur-Mer**
Kapelle St-Pierre,
Fassade (oben)
Bucht von Villefranche (rechts)

## Villefranche-sur-Mer

1295 gründete Karl II. von Anjou in der geschützten Bucht das Städtchen, indem er die Bewohner des nahen Montolivo an die Stelle des alten römischen Hafens Olivula umsiedelte. 1557 bauten die Herzöge von Savoyen hier eine Seefestung: Kurz zuvor hatten die Türken in der Bucht einen Landungsversuch unternommen. So blieb Villefranche bis heute ein Flottenstützpunkt. Hauptsehenswürdigkeit ist die kleine romanische Fischerkapelle St-Pierre (Abb. oben), die 1957 von Jean Cocteau ausgemalt wurde. Die elegant geschwungenen, von der Keramikmalerei inspirierten Linien bedecken alle Wände mit Szenen aus der Petrusgeschichte. Die ineinander verwobenen Szenen von verschiedenem Maßstab schaffen eine surreal-poetische Räumlichkeit.

ABBILDUNGEN LINKS
UND GEGENÜBER:
**Cap Ferrat**
Villa Ephrussi de Rothschild (Villa Île-de-France), 1905
Gartenfassade der Villa und Ansichten der Gartenanlage

## Cap Ferrat und Beaulieu-sur-Mer

Das Cap Ferrat, eine schmale, recht weit ins Meer sich erstreckende Halbinsel, enthält auf kleinem Raum zahlreiche Attraktionen, etwa einen kleinen Zoo oder einen Rundwanderweg, auf dem die gesamte Halbinsel entlang der Küste umschritten werden kann. Geradezu spektakulär ist die *Luxusvilla Ephrussi de Rothschild,* die die Baronin Béatrice Ephrussi de Rothschild 1905 hier errichten ließ. Obwohl die berühmtesten Architekten der Zeit das Projekt konzipieren wollten, war es doch wohl die exzentrische Baronin selbst, die immer wieder in die Architektur eingriff. So entstand ein Musterbeispiel des Eklektizismus. Um einen großen Arkadenhof gruppiert sich eine Vierflügelanlage, die von außen vor allem Formen der italienischen Frührenaissance aufnimmt, jedoch auch gotische Wimpergarkaden aufweist. Im Inneren enthält das Haus eine mit Sorgfalt zusammengestellte französische Rokokoausstattung, hinter der sich teilweise moderne Hygieneeinrichtungen verbergen (Badezimmer). Den Hauptteil nimmt eine immense Sammlung von Kunstgegenständen und Gemälden aus allen Zeiten ein, in der jedoch Porzellan und Malerei ebenfalls des 18. Jahrhunderts überwiegen. Die märchenhafte Palastanlage wird ergänzt durch eine wahre Kollektion von unterschiedlichen Gartenanlagen: Um einen französischen Garten auf der Gartenseite der Villa (Abb.

**Beaulieu-sur-Mer**
Villa Kerylos, 1902
Innenhof (oben) und
Salon (rechts)

S. 323 oben) gruppieren sich unter anderem ein italienischer Renaissancegarten, eine Sammlung provenzalischer und exotischer Gewächse, ein spanischer und ein japanischer Garten.

In Sichtweite davon kann der Alternativentwurf geschmackvollen Bauens und Wohnens besichtigt werden. Der Archäologe Théodore Reinach errichtete 1902 zusammen mit dem Architekten Emmanuel Pontremoli in Beaulieu-sur-Mer eine Villa, in der die griechische Antike wiederauferstehen sollte, die *Villa Kérylos* (Abbn. oben und rechts). Während es Ephrussi de Rothschild an dem In- und Aneinanderfügen verschiedener Stile gelegen war, hat Reinach sich peinlich genau darum bemüht, sein archäologisches Wissen in eine moderne Fassung griechischen Lebens des 5. vorchristlichen Jahrhunderts umzusetzen. Direkt über dem Wassser gelegen, spendet ein von dorischen Säulen umstandener Innenhof Licht und Luft. Darum herum gruppieren sich unten das Arbeits- und Eßzimmer sowie der Salon und ein Gemeinschaftsbad. Im Obergeschoß sind die Wohnräume. Besonders eindrucksvoll ist das Ensemble deshalb, weil die gesamte Inneneinrichtung erhalten ist; sie versucht ebenfalls griechische Möbel getreu zu rekonstruieren, um wahres antikes Leben zu ermöglichen: Im Speisezimmer etwa nahm man das Essen auf Klinen liegend zu sich. Dabei wurden aber auch Erkenntnisse der modernen Hygiene umgesetzt: Seitlich des Peristylhofes befindet sich ein mit Marmor ausgekleidetes Gemeinschaftsbad, im ersten Stockwerk gibt es eine Dusche in griechischen Formen.

ABBILDUNG LINKS:
**Èze**
Blick auf das Dorf und Cap Ferrat (im Hintergrund)

## Èze

Die Küstenstraße über die Petite Corniche von Nizza nach Monaco führt über das Cap-d'Ail: Ursprünglich ein kleines Küstendorf von La Turbie, legte der Baron von Pauville hier 1879 den Grundstein für eine Winterurlaubsstation, die sich bald zu einer der Keimzellen für die touristische Erschließung der Küste entwickeln sollte. Ein Fußweg (rechts vom Bahnhof) erlaubt, die bizarren Küstenformationen hautnah zu erleben.

Am Alpenabhang entlang der Landstraße über die Moyenne Corniche liegt auf einer Felsennadel auf 427 m Höhe der Ort Èze (Abb. links), der auf keltoligurische Zeit zurückgeht. Berühmtester Gast der pittoresken, touristisch entsprechend stark frequentierten Ortschaft war Friedrich Nietzsche. Der deutsche Philosoph schuf hier den dritten Teil von »Also sprach Zarathustra«. Ein ihm gewidmeter Pfad führt hinunter an die Küste. In der Kirche hängt ein spanisches Kruzifix von 1258. Der schöne exotische Garten, der an der Stelle der Befestigungen angelegt wurde, enthält vor allem Sukkulenten und Kakteen.

## Monaco

Der an drei Seiten steil ins Meer abfallende Felsen und die durch ihn gebildete Bucht waren schon von den Phöniziern, Griechen und Römern als idealer natürlicher Hafen mit gut zu verteidigender Festung genutzt worden. Dennoch entwickelte sich hier lange Zeit keine größere Stadt. 1162 wurden die Genuesen von Kaiser Friedrich Barbarossa mit dem gesamten Küstengebiet von Nizza bis nach Ventimiglia an der heutigen italienischen Grenze belehnt. Als in Genua – wie in vielen italienischen Städten – ab dem 13. Jahrhundert kaisertreue (ghibellinische) und papsttreue (guelfische) Adelsparteien um die Macht kämpften, zog sich die größte der guelfischen Familien, die Familie Grimaldi, 1291 nach Monaco zurück. Die Schwächung Genuas durch den Kampf mit Venedig stärkte die Autonomie der Grimaldi, die Ende des 14., Anfang des 15. Jahrhunderts unbestrittene Herren von Monaco wurden. Im 16. Jahrhundert waren die spanischen Habsburger die Schutzherren des kleinen Fürstentums, 1641 jedoch verbündeten sich die Grimaldi mit Frankreich. 1792 erklärten die Bürger Monaco zur Republik, ein Jahr später erfolgte die Vereinigung mit Frankreich. Beim Wiener Kongreß allerdings wurde es wie Nizza Sardinien zugeschlagen. Erst 1860 ging der Hauptteil des Gebietes an Frankreich zurück; davon ausgenommen blieb Monaco, das seither ein eigenständiges Fürstentum unter dem Schutz Frankreichs bildet. Lebensfähig konnte der Zwergstaat nur dadurch sein, daß er auf massiven Geldimport von außen setzte. Deshalb erließ Fürst Karl III., Hauptinhaber der durch ihre Spielbank berühmt gewordenen Société des Bains de Mer, den Monegassen die ansonsten üblichen Einschränkungen beim Geldglücksspiel. Für die reiche Klientel an der Côte d'Azur aber wurde Monaco mit seinem Casino zu einem Magnet, wo sie ungehindert der Spiellei-

ABBILDUNGEN GEGENÜBER:
**Monaco**
Tribunal, Anfang 20. Jahrhundert (oben)
Institut oceanographique, 1899–1910 (unten)

**Monaco**
Fürstenpalast
Ostflügel, 17. Jahrhundert

denschaft mit unbegrenzten Einsätzen frönen konnte. Die Berichte über reiche Adlige, die hier im Selbstmord endeten, weil sie ihren gesamten Besitz innerhalb einer Nacht verspielt hatten, sind keineswegs nur literarischer Fantasie entsprungen. Insbesondere durch Albert I. (1889–1922) wurde Monaco aber auch zu einem Zentrum von Musik und Theater, der Meeresforschung und des Sports: Die *Ballets russes* von Diaghilev gaben in Monte Carlo ihre ersten Aufführungen zu Beginn des Jahrhunderts, der Unterwasserforscher Jacques Cousteau leitete das Musée océanographique, und die berühmte Rallye Monte Carlo wurde 1911 zum erstenmal ausgetragen. Die Befreiung der Monegassen von direkter Besteuerung hat Monaco zu einem Steuerparadies werden lassen, das nicht nur reiche Privatiers, sondern vor allem auch Unternehmen anzieht. Städtebaulich ist dies an den vielen über 30 Stockwerke hohen Hochhäusern zu sehen, die in den Nachkriegsjahren entstanden und das Stadtbild prägen. Um den Autoverkehr zu erleichtern, wurden die Eisenbahn und der Bahnhof unter die Erde verlegt. Seit den achtziger Jahren verfolgt man eine andere Strategie, die das Stadtbild weniger beeinträchtigt: Lager, Keller, Parkplätze werden seither in riesigen Hohlräumen angelegt, die in den Felsuntergrund gegraben werden. Die Altstadt unterliegt bei alldem einem strengen Denkmalschutz.

Der Fürstenpalast in Monaco (Abb. oben) wurde als genuesische Festung im 13. Jahrhundert begonnen und immer wieder ausgebaut. Ab den zwanziger Jahren des 16. Jahrhunderts erhielt er sein heutiges repräsentatives Gepräge. Von dem Vorplatz aus sieht man rechts noch drei Türme mit Schwalbenschwanzzinnen als stark erneuerte Reste der mittelalterlichen Anlage. Die Flügelbauten, die seit dem 16. Jahrhundert einen vier-

**Monaco**
Luxusvillen am Meer

eckigen Hof umgeben, sind in einfachen Formen gehalten. Der Ostflügel hingegen wurde 1632 von Honorius II. Grimaldi in aufwendiger Art errichtet. Im Inneren des Hofes führt eine Paradetreppe aus weißem Marmor auf ein Loggiengeschoß, dessen Decken von Orazio Ferrari (1605–57) aus Genua mit Wandmalereien geschmückt wurden. Dargestellt sind die Taten des Herkules. Die stark erneuerten Außenfresken auf der gegenüberliegenden Hofseite sollen von Luca Cambiaso (1527–85) ausgeführt worden sein. Die Innenräume enthielten bis zur Revolution eine reiche Barockausstattung; Fürst Charles III. hat diese ab 1865 durch zahllose alte Stücke wiederhergestellt.

Die *Kathedrale* errichtete der Architekt Charles Lenormand in den Jahren 1875–84, nachdem Monaco zum Bistum erhoben worden war. Die Wahl des Baustils fiel auf ein Idiom, das am ehesten an die burgundische, nicht etwa die provençalische Romanik erinnert. In diesem Stil waren Religiosität und architektonischer Reichtum am besten gemeinsam auszudrücken. Im südlichen Querschiff der Kathedrale steht der Nikolausaltar, der um 1500 in der Werkstatt von Louis Bréa angefertigt wurde.

Das *Musée océanographique* ist zweifellos das anspruchsvollste und spektakulärste Museum der Stadt. Von 1899 bis 1910 wurde an dem klassizistischen Gebäude des Architekten Delafortrie gebaut, um die reichhaltige Sammlung aufzunehmen, die Fürst Albert I. auf zahlreichen wissenschaftlichen Meeresexkursionen zusammengetragen hatte. Damals wie heute enthält der Museumskomplex nicht nur eine Schausammlung, sondern ist ein bedeutendes Forschungszentrum zur Untersuchung der Meere. Die Sammlung allerdings ist beeindruckend: Zahlreiche Aquarien, dessen größtes mit 40 000 Litern Fassungsvermögen zugleich eines der ältesten ist, zeigen Tausende von Fischarten und anderen Meeresbewohnern. Gleichen Rang kann die zoologische Sammlung von Walskeletten, Riesenkrabben, Meeresschildkröten usw. beanspruchen. Schließlich ist eine Abteilung der Geschichte der Meereserkundung gewidmet. Daneben sind das erste Unterseeboot und eine Rekonstruktion des Titanic-Unglücks zu besichtigen.

Oberhalb des Prinzenpalastes ist ein großer botanischer Garten angelegt, der Jardin exotique, in dem dank des besonders milden Klimas in Monaco vor allem auch Pflanzen aus Übersee, beispielsweise monumentale Kakteen, gedeihen. Von hier aus besteht ein Zugang zu einer Tropfsteinhöhle, der Grotte de l'Observatoire, die, wie Grabungen gezeigt haben, vor ca. 200 000 Jahren von Menschen bewohnt war. Ergänzend dazu ist im Jardin exotique das Musée d'Anthropologie préhistorique zu besichtigen, das anschaulich von der erstaunlichen vorzeitlichen Fauna und der menschlichen Besiedelung der Côte d'Azur berichtet. Hier lebten auch Elefanten und Mammuts; zahlreiche Funde von Homo Sapiens sind im Museum präsentiert.

CEZANNE GIA

## Monte Carlo

Das prunkvolle Spielcasino (Abb. links) ist schon baulich höchst typisch für die Repräsentation von Großbürgertum und Adel am Ende des 19. Jahrhunderts: Der Bau vereint nämlich das Spielcasino und die Oper, die über ein gemeinsames Foyer miteinander verbunden sind. Außerdem wurde er von dem Architekten Charles Garnier entworfen; von ihm stammt auch die Große Oper in Paris aus den Jahren 1861–75.

1863 hatte François Blanc ein erstes Casino auf dem Plateau des Spélugues eröffnet, das bald überaus erfolgreich war und unter Fürst Karl III. gleichsam verstaatlicht wurde. Ein weiterer Bau von 1868 im Stil einer Villa von Palladio war schnell zu klein, und so wurde 1878 dem berühmten Architekten der Pariser Oper der Auftrag zu einem neuen Gebäude erteilt. Schon ein Jahr später wurde es eröffnet. Alles ist hier darauf gerichtet, in Farbe, Oberflächenreiz und opulenter skulpturaler Form einen festlichen Rahmen für das noble Publikum abzugeben. So ist beispielsweise der Zuschauersaal der Oper wie ein Festsaal viereckig gestaltet, wohingegen die Bühne wie eine bewegte Wanddekoration wirkt. Der Spielsaal ist mit festlichen Deckengemälden ausgestattet und an den Seiten nach außen ausgebuchtet. Ähnlich ist auch der Zuschauersaal in Paris gestaltet. Allegorische Figuren tänzeln oder ruhen entspannt auf den großformigen und reich farblich variierten Architekturdekorationen, von denen vor allem die riesigen Okuli charakteristisch sind. Die Roulettespieler und Opernbesucher nahmen gleichsam teil an dieser theatralischen Inszenierung orientalischen Prunks. Vor allem die Frauen mit ihren erlesenen Gewändern und ihrem glitzernden Schmuck waren der Pracht des Spielcasinos, das Reichtum mit allen visuellen Mitteln erfahrbar machte, hervorragend angepaßt.

In Richtung Menton liegt ein japanischer Garten, der streng nach shintoistischen Prinzipien angelegt ist. In ihm sind eine japanische Brücke und ein Zen-Garten Teil eines komplexen symbolischen Ganzen.

## Roquebrune-Cap-Martin

Roquebrune-Cap-Martin war eine wichtige Station im Leben von Le Corbusier, der als der größte Architekt des 20. Jahrhunderts bezeichnet wird. Unweit der Stelle, wo er 1965 beim Baden im Meer einem Herzschlag erlag, hatte er sich 1956 ein Feriendomizil gebaut, das wie eine ironische Fußnote im Gefüge der prächtigen Villen wirkt. Das *Cabanon* (Hüttchen) nämlich ist nur 3,66 x 3,66 m groß und zudem eine einfache Holzplankenkonstruktion. Für den Architekten stellte der Bau dennoch eine Art Urzelle bequemen und komfortablen Wohnens dar, denn die Ausstattung im Inneren war multifunktional; alles bemaß sich nach dem *Modulor,* einem Proportionssystem auf der Grundlage des Goldenen Schnittes. Man erreicht das Cabanon über einen Fußweg vom Bahnhof von Cap-Martin über den Strand.

**Roquebrune-Cap-Martin**
Ansicht von Alt-Roquebrune (oben)
Promenade Le Corbusier (rechts)

ABBILDUNGEN GEGENÜBER:
**Monte Carlo**
Casino, 1878, Fassade (oben)
Detail der linken Seitenfront (unten)

ABBILDUNG LINKS:
**La Turbie**
Trophée des Alpes, 7 v. Chr.

ABBILDUNG GEGENÜBER:
**Peillon**
Bergdorf im Hinterland von Monaco

Hoch über Cap-Martin liegt der historische Kern von Roquebrune (Abb. S. 333 oben). Von 1355 bis 1861 war der Ort im Besitz der Grimaldi, die hier eine bestehende Festung genutzt und ausgebaut hatten. Die Burg zeigt am großen Donjon noch die unteren Teile dieser bemerkenswert alten Anlage. Im 12. Jahrhundert wurde ein weiterer Donjon aufgestockt, die Anlage im 15. Jahrhundert schließlich umgestaltet. Der kleine Rundgang in der Burg gibt eine Vorstellung vom Funktionsprinzip dieser Festung, die vorrangig militärischen Zwecken diente: Ein Gefängnis, die Waffenkammer, Zinnenkränze und Wehrgänge machen dies klar. Dazwischen liegen eine Küche und ein Gemeinschaftssaal. Geräuschsimulationen und schemenhafte Figuren tun ein übriges, um die Atmosphäre in einer solchen mittelalterlichen Festung zu vermitteln.

## La Turbie

Zu Ehren des Augustus ließ der römische Senat im Jahre 7/6 v. Chr. auf der Paßhöhe von La Turbie an der Grenze zum römischen Gallien ein monumentales Siegeszeichen errichten (Abb. links). Die Inschrift der *Alpium Tropaea* führt rühmend die 45 unterworfenen Völker auf. Die Unterwerfung der Alpenstämme unter Augustus war Bedingung dafür, das bereits unter Cäsar eroberte Gallien an das römische Italien anzubinden. Zu diesem Zweck wurde im Jahre 12 v. Chr. mit dem Bau der Via Julia Augusta begonnen, die zwischen Ventimiglia und Cimiez über die Seealpen führte. Im 12. Jahrhundert wurde das Monument zu einem befestigten Castrum ausgebaut. Später diente La Turbie als Donjon und als Wachturm. Anschließend verfiel es, ein Sprengungsversuch 1705 führte zu weiteren Zerstörungen der Anlage. Erste Grabungen begannen 1905, doch erst 1929–33 führte Jules Formigé eine weitgehende Sicherung und Rekonstruktion des Baus durch, die von dem Amerikaner Edward Tuck großzügig finanziert wurde.

Von allen Seiten ist das riesige Bauwerk zu sehen. Der Unterbau besteht aus einem quadratischen, leicht aufgesockelten und mit einem Kranzgesims abgeschlossenen Mauersockel in exakter Großquaderung. Darüber erhebt sich ein Rundtempel, von dessen 24 Säulen einige rekonstruiert wurden. Die glatten Säulen tragen Kapitelle von toskanischer Ordnung. Sie waren offenbar auf Fernsicht berechnet, denn aus der Nähe betrachtet, erscheint ihre Ausarbeitung nicht sehr sorgfältig. Über einem Attikageschoß folgte ein elfstufiges Pyramidendach, das von einer Figur des Augustus mit zwei Gefangenen bekrönt gewesen sein soll. Neben dem Monument befindet sich ein kleines Museum, das weitere Überreste verwahrt und die Wiederherstellung dokumentiert. Da das Monument so stark zerstört war, ist zu bezweifeln, daß die Rekonstruktion von Formigé originalgetreu ist. Monumentale Tendenzen der klassizistischen Moderne des 20. Jahrhunderts scheinen den Restaurator beeinflußt zu haben.

**Menton**
Altstadt und Hafen

## Menton

Die pittoreske Altstadt von Menton bewahrt mit ihren engen Gassen und sich gegenseitig stützenden Häusern einen Charme, der daran erinnert, daß die Stadt jahrhundertelang oberitalienisch geprägt war. Wie Roquebrune war auch Menton bis 1860 im Besitz der Grimaldi. Heute ist die Stadt nicht nur ein Bade- und Erholungsort, sondern ein gediegenes Zentrum der Künste: Das Museum an der Ausfallstraße nach Westen verwahrt bedeutende Werke, wie etwa eine Madonna des Magdalenenmeisters (13. Jh.) und einen Altar von Louis Bréa (um 1500). Im August veranstaltet die Stadt ein Kammermusikfestival, das auch auf den Plätzen unter freiem Himmel stattfindet. Den Kern der Altstadt bildet ein podiumähnlicher Platz, der einen schönen Blick auf Strand und Meer gestattet und nach Süden und Westen hin von zwei Kirchenfassaden eingefaßt ist. St-Michel (1619–75) mit seinen drei Portalen und dem über Voluten eingezogenen Obergeschoß sowie den stark plastischen Türmen ist im Inneren eine dreischiffige tonnengewölbte Basilika von verschwenderischer Pracht. Im rechten Winkel dazu, aber um 20 Stufen erhöht, ist die Kirche der Unbefleckten Empfängnis (1687) dem Platz zugewendet (Abb. oben).

**Menton**
Kirche St-Michel, 1619–75 (linke Seite), mit Kirche der Unbefleckten Empfängnis, 1687 (oben)
Blick von der Altstadt auf den Strand (links)
Altstadtgasse (unten)

## Das Hinterland der Côte d'Azur

Zu den beeindruckendsten Erlebnissen eines Aufenthaltes an der französischen Riviera gehören die Exkursionen in die Alpen, deren steile Kalkabhänge sich auf der Höhe von Monaco und Roquebrune bis unmittelbar an die Küste heranschieben. Die Täler wurden schon im 19. Jahrhundert zu Verkehrswegen für die Eisenbahn ausgebaut. Eine der Strecken verbindet Nizza mit Digne und bietet noch heute all jenen eine Alternative, die mit der Eisenbahn von Norden an die Küste fahren wollen. Die einspurige Linie führt vor allem durch unberührte Landschaften, kleine Ortschaften und alte Bahnhöfe. »Pinienzapfenzug« (»Train des pignes«) wurde die Eisenbahn genannt, als sie nach 25jähriger Bauzeit 1911 schließlich eröffnet wurde: Der Höhenunterschied von fast 1000 m, den die Bahn auf der 151 km langen Strecke überwindet, machte natürlich zahlreiche Serpentinen notwendig, die die Geschwindigkeit so reduzierten, daß der Heizer während der Fahrt die Pinienzapfen von den Bäumen hätte pflücken können, um seine Lokomotive zu heizen. Besondere Bedeutung hatte die Linie während des Krieges, denn über sie wurde während der Bombardierungen des Küstenstreifens die Versorgung der Côte d'Azur bewerkstelligt. Heute setzt die private Eisenbahngesellschaft moderne Triebwagen ein, und die Fahrt zwischen Digne und Nizza dauert gerade drei Stunden.

In Nizza fahren die Züge in einem eigenen Bahnhof nördlich des Hauptbahnhofs ab. Das alte Bahnhofsgebäude droht immer mehr zu verfallen, nachdem es durch eine moderne Architektur ersetzt wurde. Folgt man der Eisenbahntrasse, die zunächst entlang dem Var-Tal führt, so kann man auf der Höhe von Plan-du-Var in die Schluchten des Vésubietals abbiegen. Nach einigen Kilometern geht es steil in die Höhe in das kleine Städtchen Utelle (Abb. rechts). Noch heute erinnert die Abgeschiedenheit des in luftiger Höhe liegenden Ortes daran, daß das Hinterland von Nizza mit der Küste kaum etwas zu tun hatte. Die Orte in den Bergen waren fast völlig autark. Hier steht eine schöne dreischiffige Kirche aus dem 16. Jahrhundert mit wiederverwendeten romanischen Kapitellen. Sie ist ganz mit manieristischem Stuck ausgekleidet. Der immer enger werdenden Straße folgend, erreicht man schließlich das Madonnenheiligtum von Utelle, eine Wallfahrtskirche, die auf eine Stiftung spanischer Matrosen zurückgehen soll, die 850 aus einem Seesturm gerettet worden waren. Unvergleichlich ist von hier aus, auf 1174 m Höhe, der Blick auf Nizza ebenso wie auf die endlosen, schneebedeckten Alpengipfel.

Ein weiteres Monument der Eisenbahngeschichte, das zugleich ein einmaliges landschaftliches Erlebnis bietet, ist die Strecke von Nizza nach Cuneo (auf der italienischen Seite). Schon vor der Angliederung Nizzas an Frankreich hatte es Pläne für eine solche Linie über die Alpen gegeben, doch zunächst wurde nur eine Teilstrecke von Cuneo aus gebaut (1864). Aus strategischen Gründen war auf französischer Seite lange gezögert worden, die Strecke fortzuführen, und so wurde lediglich die Trasse von Nizza nach Sospel als Stichbahn ausgeführt. 1909 schließlich ließ man sich von der wirtschaftlichen Bedeutung des Unternehmens überzeugen und begann, die Lücken der Strecke zu schließen. 1928 wurde sie eingeweiht und bald darauf elektrifiziert. Nunmehr bestand eine durchgehende Eisenbahnlinie durch die Westalpen, die um ein Drittel kürzer war als die weiträumige, etwa 900 km lange Umfahrung über Genf, Lyon und Marseille. Doch der Krieg führte zur fast vollständigen Zerstörung der Linie. Erst bis 1979 konnten die Schäden beseitigt und die heute gut genutzte Linie wieder in Betrieb genommen werden. Zur Überwindung des bewegten Bergreliefs sind zahlreiche Brücken und vor allem Tunnel nötig – al-

ABBILDUNGEN RECHTS:
**Breil-sur-Roya** (oben)
**Utelle,** Ortsansicht (Mitte)
Ausstattungsdetail der Wallfahrtskirche von Utelle (unten)

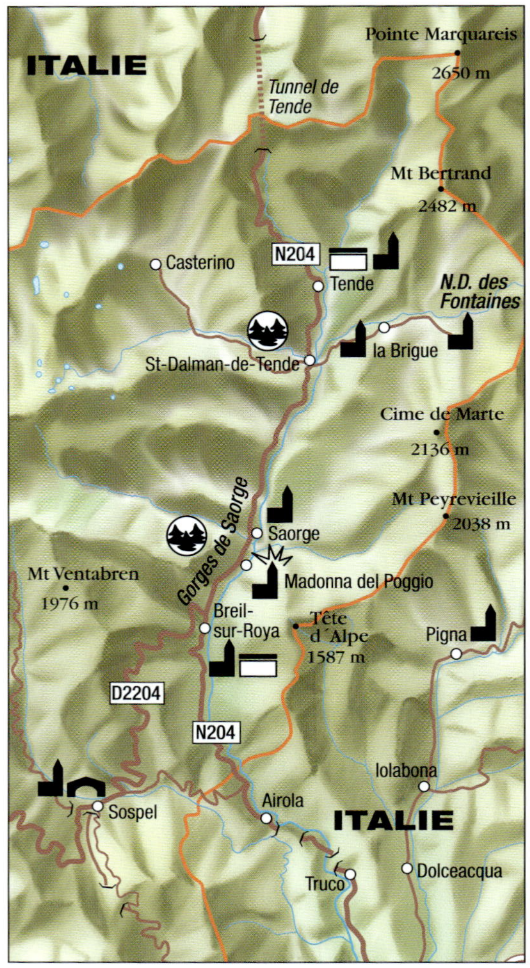

lein auf französischer Seite 50, was mehr als die Hälfte der Strecke ausmacht. Einige von ihnen sind spiralförmig im Felsen angelegt, so daß sich der Zug unterirdisch nach oben schraubt.

Die malerischen Städte, die der Zug passiert, sind nicht nur wegen ihrer pittoresken Bahnhöfe interessant: Sospel beispielsweise, sehr schön auf beiden Seiten des Bévera gelegen, hat in seiner Kathedrale St-Michel ein äußerlich karges Bauwerk, das im Inneren jedoch in einer prunkvollen Dekoration aus dem 17. Jahrhunderts erstrahlt. Hier hängen auch zwei Retabel der Malerschule von Nizza (um 1500).

Saorge war einst die Festung, die die Paßstrecke vom Tende kontrollierte. Neben den alten Häusern, die teilweise aus dem 15. Jahrhundert stammen, ist hier vor allem die Kapelle La Madone del Poggio (Abb. oben links) zu nennen, ein noch aus dem 11. Jahrhundert stammendes Bauwerk, das in der Apsis fragmentierte Wandmalereien aus der Werkstatt des Jean Baleison zeigt.

Saint-Dalmas-de-Tende war vor dem Zweiten Weltkrieg die Grenzstation zwischen Frankreich und Italien. Davon zeugt noch ein riesiger palastartiger Bahnhof, der heute wie ein Relikt aus vergangenen Zeiten den Bahnsteig säumt.

Die Kirche von La Brigue, einem Alpenstädtchen, ist ein Bau, der, obwohl erst gegen Ende des 15. Jahrhunderts begonnen, sich wie ein romanisches Gebäude ausmacht. Im Inneren befinden

ABBILDUNGEN LINKS:
**Saorge**
Kapelle La Madone del Poggio, 11. Jahrhundert (oben)

**Tende**
Bergdorf vor der Steilwand des Riba de Bernou (unten)

ABBILDUNGEN S. 341:
**Bei La Brigue**
Wallfahrtskirche Notre-Dame-des-Fontaines
Wandmalereien des späten 15. Jahrhunderts

ABBILDUNG S. 342/43:
**Saorge**

sich im Kreuzigungs- und im Geburtsaltar (um 1510) zwei wichtige Werke der Schule von Louis Bréa.

Einige Kilometer von La Brigue entfernt befindet sich die Wallfahrtskapelle *Notre-Dame-des-Fontaines*. Seit dem 14. Jahrhundert ist hier eine Marienwallfahrt bezeugt. Die sieben Quellen, in deren Nähe die Kapelle errichtet ist, sollen einst versiegt sein, doch nach Anrufung der Gottesmutter wieder zu sprudeln begonnen haben. Und beim Bau der Kirche soll sich das Wasser mit einemmal in Wein verwandelt haben ... Spektakulär ist die vollständig erhaltene wandfüllende Ausmalung der recht großen Kapelle (Abbn. oben und rechts). Eine Inschrift an der Nordwand nennt den Kleriker Jean Canavesio als Maler. Der aus dem Piemontesischen stammende Künstler wird gegen Ende des 15. auch an anderen Orten in Ligurien genannt. Die Malereien sind nicht in Fresko-, sondern in Temperatechnik ausgeführt. Ihren hervorragenden Erhaltungszustand verdanken sie der Tatsache, daß sie jahrhundertelang von einer Putzschicht bedeckt waren, die erst im 20. Jahrhundert entfernt wurde. Drei Themenkreise sind abgebildet: An der Stirnwand das Marienleben und die Kindheit Christi, an den Seitenwänden die Passion Christi und an der Westwand das Jüngste Gericht. Im Chor selbst hat bereits um 1480 vermutlich der Maler Jean Baleison Szenen aus dem Marienleben ausgeführt. Sind hier die Figuren recht großformatig und von einer gewissen eleganten Stilisierung; so entfalten die Malereien im Langhaus alle Formen drastischen Erzählens: Mimik und Gestik der Figuren sind ganz darauf abgestellt, die Passion wie ein volkstümliches Theaterstück zu inszenieren. Dabei bediente sich der Maler auch spannungssteigernder Effekte. So können manche Protagonisten und ihre Taten über viele Bilder hinweg verfolgt werden: Der Soldat etwa, der Jesus ans Kreuz nagelt, kann schon zuvor immer wieder anhand seines Hammers identifiziert werden. Und als Warnung an den Betrachter sticht auf der Nordwand die großformatige Darstellung des gehenkten Judas ins Auge, dem die Eingeweide aus dem Bauch hervorquellen.

# Provençalische Düfte

## Grasse, Vence und Draguignan

ABBILDUNG GEGENÜBER:
**Tourettes**
Dorf bei Fayence (zwischen Grasse und Draguignan)

**Cagnes-sur-Mer**
Musée Renoir

## Cagnes-sur-Mer

Cagnes, hübsches altes Zentrum einer heute etwas zersiedelten Gegend, hat seine Ursprünge bereits im 5. Jahrhundert, als die Mönche von Lérins hier eine Dependance gründeten. Im 14. Jahrhundert kam die Ortschaft an die Familie Grimaldi, die ein mächtiges Schloß erbaute, das um 1620 seine heutige Gestalt erhielt. Das Innere enthält u. a. eine bedeutende Ausmalung (Sturz des Phaëton von Carlone) und ein Museum des Olivenanbaus, von dem Cagnes früher hauptsächlich lebte, sowie eine Sammlung moderner Kunst. Das Schloß wie auch die Kirche St-Pierre nebenan sind Teil der fast vollständig erhaltenen Festungsmauern aus dem 13. Jahrhundert, die die winzige Altstadt von gerade 100 m Durchmesser umlaufen.

Etwas abseits auf den Collettes liegt das Anwesen, auf dem der Maler Auguste Renoir (1841–1919) ab 1907 seine letzten Lebensjahre verbrachte. Schon um 1900 war er mit seiner Familie in die Nähe von Grasse gezogen. Obwohl zunehmend an den Rollstuhl gefesselt, widmete sich der Künstler in Cagnes auch der Skulptur. Mit der Hilfe von Richard Guino entstand z. B. die berühmte »Siegreiche Venus«, deren Bronzeabguß im Garten des Museums zu sehen ist.

**Renoir-Guino**
Vénus Vitrix (Detail, 1915–16)
Cagnes-sur-Mer, Musée Renoir
Erst im hohen Alter kommt Renoir auf Anregung des Kunsthändlers Vollard zur Skulptur. Lebendige Natürlichkeit ist in eine klassizistische, an der griechischen Antike (Venus von Arles im Musèe de l'Arles Antique!) orientierte Form übertragen.

ABBILDUNG GEGENÜBER:
**St-Paul-de-Vence**

**St-Paul-de-Vence**
Fondation Maeght
Skulpturengarten
Mobile von Alexander Calder

## St-Paul-de-Vence

St-Paul-de-Vence ist eines jener alten Städtchen, deren mittelalterliche bzw. frühneuzeitliche Bausubstanz fast vollständig erhalten ist: Starke, unter François I. ausgebaute Befestigungsmauern umfassen die auf einer Anhöhe sich erhebende Stadt. Die Kirche auf der höchsten Stelle stammt aus dem 12. und 13. Jahrhundert. Ursprünglich einschiffig, wurde sie um 1300 mit zwei Seitenschiffen zu einer breit gelagerten Hallenkirche erweitert. Kräftige, zusammen mit den Erweiterungen ausgeführte Rippengewölbe decken die Kirche ein. Das Mittelschiff erhielt 1740 sein heutiges Gratgewölbe.

In der Nähe von St-Paul auf dem Hügel *des Gardettes* hat inmitten eines Kiefernwaldes die Gegenwartskunst ein bedeutendes Zentrum erhalten. Aimé Maeght, ursprünglich Lithograph von Werken der modernen Kunst, ließ hier ein anspruchsvolles Museum entstehen, das vor allem eine exquisite Sammlung von Werken von Joan Miró, Giacometti, Alexander Calder, Julio Gonzalez, Pierre Bonnard und anderen enthält und bedeutende Sonderausstellungen veranstaltet. 1964 wurde der von dem katalanischen Architekten Josep Lluis Sert entworfene Museumsbau eröffnet. Der verhältnismäßig niedrige, dafür breit gelagerte und um mehrere Höfe gruppierte Bau bildet eine gelungene Synthese mit den großen organischen Formen der zahlreichen Kunstwerke insbesondere der sechziger Jahre. Ziegelmauerwerk, Glaswände und Betondecken bilden jeweils eigenständige Elemente, die wie die Kunstwerke in den umgebenden Park greifen und in die Natur übergehen. Besonders markant sind die Formen des Daches, das aus großen halben, nach oben gewandten Betonzylindern besteht. Auch hier veranschaulicht der Architekt in großer Geste das Eingreifen des Gebäudes in den Himmel, dem es sich gleichsam zu öffnen scheint, anstatt alleine das Innere zu umhüllen. Doch die Dachaufbauten haben durchaus eine praktische Funktion, denn sie bündeln das einfallende Licht, um es durch Öffnungen nach unten als beinahe konstante Belichtung der Ausstellungsräume zu leiten. Dabei hat der Architekt Wert darauf gelegt, jedem Saal eine eigene Lichtsituation zu verleihen: Der Chagall-Raum etwa wirkt »mystischer« als der helle Miró-Saal. Ein von Joan Miró gestaltetes Labyrinth begleitet das Museumsareal. Zahlreiche urtümliche große Skulpturen nehmen hier als Wasserspeier, Brunnenfiguren oder Waldbewohner gleichsam Leben an. Die Kapelle auf dem Gelände, dem Gedächtnis eines jung verstorbenen Sohnes von Maeght gewidmet, besteht zum Teil aus mittelalterlichem Mauerwerk. Auch hier geht es um eine harmonische Verbindung von Neuem mit Bestehendem.

ABBILDUNGEN GEGENÜBER:
**St-Paul-de-Vence**
Fondation Maeght
Museumsbau (1964) von Josep Lluis Sert und Giacometti-Hof (oben)
Skulpturengarten (unten)

**Vence**
Altstadtgasse (oben)
Kathedrale: Chorgestühl, Mitte 15. Jahrhundert von Jacques Bellot geschnitzt (oben rechts)

## Vence

Vence gehört mit St-Paul-de-Vence zu den berühmten Reisezielen in der Provence. Dies hängt vor allem damit zusammen, daß beide Orte auch von der Küste aus schnell erreichbar sind und trotzdem den Charakter von hoch gelegenen und – einstmals – kaum berührten Voralpenstädtchen haben. In der Tat läßt sich in Vence die alte Stadtanlage auf ovalem Grundriß noch klar erkennen. Durchschreitet man die ehemalige Befestigung – etwa durch die Tour du Peyra (um 1200) auf der Westseite –, so gelangt man in enge Straßen, in denen manche Hausfassade wie eingezwängt erscheint. Dazwischen öffnen sich immer wieder überraschende, unregelmäßige Plätze.

Vence kann auf eine lange Geschichte zurückblicken: In der römischen *Civitas Vintium* gab es ab dem 4. Jahrhundert einen Bischof. Diese kleinste Diözese Frankreichs bestand bis zur Revolution. Die Bischöfe teilten sich seit dem 11. Jahrhundert die Stadtherrschaft mit lokalen Adligen, ab 1231 bis zur Revolution mit Abkömmlingen der Grafen der Provence, der Familie Villeneuve. Gegenüber dem verkehrsmäßig günstiger gelegenen Grasse geriet Vence bald ins Hintertreffen. – Die Kathedrale liegt im Zentrum der Stadt und gehört in ihrer Bausubstanz, die wohl aus dem 11. Jahrhundert stammt, zu den alten erhaltenen Kirchenbauten der Provence. Allerdings ist das Gebäude innen wie außen stark umgebaut. Auf der Westseite kann man im unteren Bereich noch die flachen Lisenen des Urbaus sehen. Hier sind auch Reliefplatten mit Flechtbandornamenten eingelassen, die als Reste von karolingischen Altarschranken aus dem Vorgängerbau gedeutet werden. Das Innere des dreischiffigen, querhauslosen Gebäudes (ursprüglich mit Dreiapsidenschluß) wurde bei der Restaurierung 1824 völlig entstellt: Eine neue Hauptwölbung wurde eingezogen, die mittelalterlichen Halbrundvorlagen abgeschlagen und die Wandfläche mit einem einheitlichen Putz eingeebnet. In den Seitenschiffen können noch ungefüge, an den Kanten einfach abgeschrägte Kapitelle, außerdem Gurtbögen ausgemacht werden. Reliefplatten mit Flechtbandornamentik sind auch noch im Bereich von Chor, südlichem Seitenschiff und Turmkapelle vorhanden. In der Mitte des 15. Jahrhunderts schnitzte Jacques Bellot aus Grasse das schöne, schon bald auf die Westempore umplazierte Chorgestühl (Abb. oben).

Auf der anderen Seite des Tals liegt das Dominikanerinnenkloster, dem der Maler Henri Matisse aus Dank für seine Pflege bei den Schwestern die von ihm entworfene und ausgestaltete Chapelle du Rosaire stiftete (Abb. gegenüber). 1951 wurde das Ensemble, das Architektur, Ausmalung, Glasfenster und liturgische Geräte umfaßt, geweiht. Das Gebäude ist auf einem winkelförmigem Grundriß angelegt. Die Nonnen erhalten somit einen für sie reservierten Raumteil, von dem aus sie an den Messen teilnehmen können, ohne von anderen gesehen zu werden. Die bildnerische Ausgestaltung setzt die Glaubensinhalte so weit in bildliche Zeichen um, daß daraus fast hieroglyphenartige Chiffren werden.

Besonders faszinierend in diesem Zusammenhang ist die Wandgestaltung des Langhauses in schwarzen Pinselzügen auf weißer Keramik. Der Schriftzug »Ave« fügt sich zur graphisch ganz ähnlich kürzelhaften Darstellung der Madonna. Der Kreuzweg auf der gegenüberliegenden Seite besteht aus ineinandergefügten Bildkürzeln, bei denen bisweilen nur anhand der beigefügten Zahl der Leidensstation das dargestellte Bildthema rekonstruiert werden kann. Insgesamt bildet diese simultane Veranschaulichung der Passion aber ein komplex komponiertes »Schrift-Bild«. Bemerkenswert dabei ist, wie Matisse sich so weit von überbrachten Bildformeln der religiösen Malerei löst, daß diese gerade noch erkennbar bleiben: Dem Maler ging es also darum, die allseits bekannten Darstellungsformen – etwa der Madonna, der Kreuzigung usw. – nicht lediglich zu »abstrahieren«, sondern zu einem gleichsam voraussetzungslosen Bild-Text umzuwandeln.

**Vence**
Rathausfassade

ABBILDUNG GEGENÜBER:
**Vence**
Chapelle du Rosaire oder Chapelle Matisse (1947–51) im Dominikanerinnenkloster von Vence

»Trotz aller ihrer Unvollkommenheiten betrachte ich sie als mein Meisterwerk – das Ergebnis einer lebenslangen Suche nach der Wahrheit.«
HENRI MATISSE

## Grasse, die Hauptstadt der Parfümerie

Recht spät, um das 10. Jahrhundert, entstand hier auf dem steilen Felsen ein Dorf am Kreuzungspunkt von Verkehrswegen, die in die Alpen bzw. am Fuß des Gebirges entlang führten. Das Machtvakuum in dieser Gegend erleichterte eine weitgehende Autonomie der Stadt, die sich unter den Schutz der Genuesen stellte und erst 1227 der Grafschaft Provence einverleibt wurde. Mit dieser ging die Stadt 1481 an Frankreich. Das 16. Jahrhundert war eine Zeit des Schreckens: 1536 wurde Grasse von den Truppen Kaiser Karls V., ein weiteres Mal während der Religionskriege 1589 geplündert. Weil im bergigen Umland vor allem Viehzucht betrieben werden konnte, entwickelte sich Grasse ab dem Mittelalter zu einem Zentrum der Gerberei und der Handschuhmacherei.

Hierin sollte die Zukunft der Stadt liegen. Als im 17. Jahrhundert die Mode der parfümierten Handschuhe aufkam, verfügte die Stadt reichlich über alle zur Herstellung notwendigen Rohstoffe – die Essenzen von Rosen, Jasmin, Orangen usw. lieferten reichlich der Boden und das Klima der Provence. Die Parfümerie entwickelte sich ab dieser Zeit zum wichtigsten Wirtschaftszweig der Stadt. Als Anfang des 19. Jahrhunderts die Pariser Parfümerien ihre Produktion steigerten, reagierte Grasse, indem es sich auf die Herstellung der Duftessenzen konzentrierte, die auch heute noch in alle Welt exportiert werden, um dort weiterverarbeitet und verfeinert zu werden. Früher bediente man sich zur Gewinnung der Essenzen der Destillation, heute werden sie mit Hilfe eines Lösungsmittel aus den Blüten extrahiert. Für drei Kilogramm Jasminextrakt benötigt man etwa eine Tonne Blüten.

Die florierende Stadt hat sich heute ungehemmt in die Umgebung ausgedehnt, so daß die mittelalterliche Altstadt beinahe etwas fremd wirkt. Diese Entwicklung wurde noch gefödert, ohne daß man sich um die Sanierung der engen Häuser und Gassen gekümmert hätte. Seit einigen Jahren allerdings ist man sich der Bedeutung

ABBILDUNGEN GEGENÜBER:
**Grasse**
Parfümfabrik Molinard (oben)
Parfümfabrik Fragonard
Ausstellungsstücke (unten)

**Grasse**
Kathedrale Notre-Dame (1244)
mit Altstadt und Bischofspalast

ABBILDUNG GEGENÜBER:
**Grasse**
Kathedrale Notre-Dame
Innenansicht nach Osten,
Grundriß (unten)

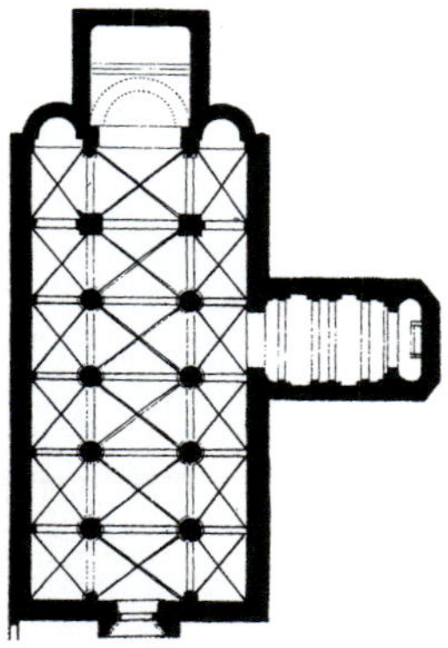

**Grasse**
Kathedrale Notre-Dame, Sakramentskapelle mit dem Gemälde *Fußwaschung Petri* von J. H. Fragonard, 1755

**Peter Paul Rubens**
*Dornenkrönung Christi,* 1601 (eines der drei Rubens-Gemälde in der Kathedrale von Grasse)

dieser Hinterlassenschaft bewußt: Teile der Altstadt sind nun zu fein herausgeputzten Fußgängerzonen geworden.

Auf einem Felsenvorsprung erhebt sich die aus leuchtend weißem Kalkstein erbaute Kathedrale. Errichtet wurde sie 1244 mit der Verlegung des Bischofssitzes von Antibes nach Grasse. Das Innere, eine dreischiffige Basilika ohne Querhaus, folgt Bautypen aus Ligurien und überrascht durch eine extreme Nüchternheit, die durch deutliche Spuren eines verheerenden Brandes während der Revolution an den Rundpfeilern einen weiteren Akzent erhält. Die Kathedrale ist mit starken Bandrippen gewölbt und erinnert somit etwa an die Bischofskirche von Fréjus. Der Chor wurde Anfang des 18. Jahrhunderts rechteckig ausgebaut. Die wahrlich spektakuläre Ausstattung besteht aus einem Gemälde der Fußwaschung Petri, einem Frühwerk des aus Grasse gebürtigen Rokokomalers Jean-Honoré Fragonard, sowie insbesondere drei Gemälden von Peter Paul Rubens, die im Südseitenschiff hängen.

Die *Dornenkrönung Christi,* die *hl. Helena* und die *Kreuzaufrichtung* wurden 1599 von Erzherzog Albert für die Helenakapelle von S. Croce in Gerusalemme in Rom in Auftrag gegeben und 1601/02 gemalt. Nach wenigen Jahren waren die Gemälde durch die Feuchtigkeit in der Kapelle bereits so stark beschädigt, daß sie 1614–15 restauriert werden mußten. Von der Kreuzaufrichtung wurde eine Kopie angefertigt. Anfang des 19. Jahrhunderts wurden die Kopie und die beiden originalen Bilder verkauft und von einem Bürger aus Grasse, M. Pérolle, erworben, der sie 1827 dem Hospiz der Stadt vermachte. Seit 1972 hängen die Bilder in der Kathedrale. Bei diesem Zyklus handelt es sich um nichts Geringeres als den ersten öffentlichen Auftrag an Rubens. Seine italienischen Erfahrungen sind den Bildern klar zu entnehmen; vor allem bei der *Dornenkrönung* (Abb. rechts) kann man studieren, wie Rubens in den Lichteffekten und der Komposition Vorbilder von Tizian weiterentwickelte.

Direkt neben der Kathedrale erhebt sich der ehemalige Bischofspalast, in dem heute das Rathaus untergebracht ist. Die Bausubstanz ist im wesentlichen mittelalterlich; in der Bischofskapelle aus dem 13. Jahrhundert befindet sich heute das Standesamt.

Die Parfümherstellung kann in Grasse ausgiebig besichtigt werden. Zum einen gibt es das *Musée international de la Parfumerie,* das sehr anschaulich die über 3000 Jahre alte Geschichte der Erzeugung von Düften verfolgt. Zum anderen laden verschiedene Parfümerien – Fragonard, Molinard, Galimard – zum Besuch ihrer Betriebe. Die Villa-Musée Fragonard ist ein ansehnliches Haus vom Ende des 17. Jahrhunderts. Alexandre Maubert, der Cousin des Malers Jean-Honoré Fragonard, erwarb es im folgenden Jahrhundert. Heute sind hier Originalwerke oder auch Kopien des berühmten Künstlers und seiner Familie ausgestellt (z. B. der Zyklus »Fortschritte der Liebe im Herzen eines Mädchens«).

**Die Route Napoleon**
Grasse ist eine wichtige Station auf dem Weg, den Napoleon I. 1815 auf der Rückkehr aus seiner Verbannung von Elba nach Paris genommen hatte. Zahlreiche mit einem Adler gekennzeichnete Gedenktafeln und Wegweiser bezeichnen die Route, die nicht etwa, wie man glauben könnte, eine von dem Kaiser angelegte Straße bildet. 1932 wurde der von Golfe-Juan ausgehende, über Grasse, Sisteron und Grenoble führende Gedenkweg eingerichtet. Nach der Niederlage Napoleons in den Befreiungskriegen und den darauf folgenden innenpolitischen Krisen war der Kaiser 1814 abgesetzt worden, am 6. April dankte er selbst ab. Er wurde auf die Insel Elba verbannt, über die er unter Beibehaltung seines Titels als Souverän regieren durfte. Kaum ein Jahr später griff der Herrscher noch einmal nach der Macht: Am 1. März 1815 landete er bei Golfe-Juan und bewegte sich mit seinen Truppen teilweise auf Feldwegen über die Voralpen in Richtung Paris. Dadurch wich er den militärischen Widerständen, denen er auf der Rhônetrasse begegnet wäre, geschickt aus. Doch schon während seines Marsches gewann er schnell wieder die allgemeine Sympathie, in Grenoble bereits wurde er von der Bevölkerung enthusiastisch empfangen. Die in Paris folgende zweite Amtszeit als Kaiser der Franzosen war allerdings eine »Herrschaft der hundert Tage«, deren rasches Ende durch die endgültige Niederlage Napoleons in der Schlacht von Waterloo (18. Juni 1815) bereitet wurde. Er wurde auf die Insel Sankt Helena verbannt, wo er 1821 starb.

**Gorges du Loup**
Wasserfall von Courmes

Das Hinterland von Grasse steigt in nordöstlicher Richtung schroff und zerklüftet an. Hier gibt es zahlreiche Ausflugsmöglichkeiten, z. B. nach Cabris, St-Vallier-de-Thiey und Caussols. Den Schluchten des Loup kann man entweder im Tal entlang der D 6 folgen und passiert dabei die Wasserfälle von Courmes. Oder aber man nimmt die hoch gelegene D 3, die bei dem am Rand einer Felsenklippe gelegenen Dorf Gourdon vorbeiführt, in dem sich ein mächtiges Schloß aus der Zeit um 1600 erhebt. In Bar-sur-Loup gibt es die Kirche St-Jacques mit einer bemerkenswerten Ausstattung: einen eine Tafel mit dem hl. Jacobus aus der Malerschule von Nizza (15. Jh.) und einen Totentanz: Tanzende Paare aus allen Ständen werden von den Pfeilen des Todes getroffen. All das wird auf Provençalisch von den beigefügten Gedichtinschriften erläutert.

Gréolières besteht aus zwei Ortsteilen: Die alte, aus dem 11./12. beziehungsweise 14. Jahrhundert stammende Festung in Gréolières Haute wurde um 1400 aufgegeben; statt ihrer wurde im bequemer erreichbaren, tiefer gelegenen Gréolières Basse eine neue Festung errichtet, die im 17. und 18. Jahrhundert umgestaltet wurde. In der romanischen Kirche mit ihrem untersetzten Turm befindet sich eine schöne Altartafel mit der Darstellung der hll. Stephanus, Johannes d. Täufers und Antonius. Über die D 2 und die D 802 erreicht man Gréolières-les-Neiges.

**Gorges du Loup**
Schlucht im bergigen Hinterland von Grasse

ABBILDUNGEN LINKS:
**Valbonne**
Dorfplatz mit Auberge provencale (oben)

**Fayence**
Altstadtgassen des Ferienortes zwischen Grasse und Draguignan, in dem sich viele Kunsthandwerker niedergelassen haben (unten)

ABBILDUNGEN S. 359:
**Mons**
Altes Dorf auf einem Felsgrat im einsamen Bergland westlich von Grasse (oben)

**Roche Taillée**
Teilstück eines römischen Aquäduktsystems bei Mons (unten)

## Valbonne

Mönche der Kongregation von Chalais, einer kleinen, nach zisterziensischem Vorbild organisierten Mönchsgemeinschaft, siedelten hier 1199 und errichteten einen Konvent. Im 14. Jahrhundert ging er an die Abtei von Lérins. Ab dem 16. Jahrhundert förderte die Abtei die Wiederbesiedelung der in der Zwischenzeit verlassenen Ortschaft. Der Ort wurde als Planstadt über einem rechteckigen Rasterschema errichtet, das inklusive des zentralen, von Arkaden gesäumten Platzes noch vollständig erhalten ist. Die Klosterkirche von ca. 1200 erinnert in ihrer nüchternen Ausgestaltung an Zisterzienserkirchen. Das einschiffige, mit einer Spitztonne gewölbte Langhaus wird von einem Querschiff abgeschlossen, von dem ein flach schließender Chor abgeht.

## Von Grasse nach Draguignan

Auf der Route von Grasse nach Draguignan passiert man zunächst den Lac de Saint-Cassien, der zahlreiche Möglichkeiten zu ruhiger Erholung und sanften Wassersportaktivitäten bietet. Der künstliche See wurde 1964–67 als Trinkwasser- und Löschwasserspeicher sowie zur Stromgewinnung angelegt.

Unweit davon, am Rande der Voralpen, liegen einige schöne alte provençalische Orte: Montauroux, Callian, Fayence, Seillans und Bargemon. Zwar hat auch hier der Fremdenverkehr Einzug gehalten, vor allem in Form von Sommer- und Wintergästen aus ganz Europa, die hier über eigene Zweitwohnsitze verfügen. Damit blieb aber insgesamt der alte Charme der Orte gut intakt. In dem direkt an Fayence angrenzenden Dorf Tourettes – das jahrhundertelang immer wieder im Streit mit der Nachbarstadt lag – erbaute der aus dem Ort stammende Ingenieur Alexandre Fabre 1840 ein großes Schloß, das das ganze Tal beherrscht. Fabre war zuvor 25 Jahre lang in Rußland tätig gewesen und durch den Straßenbau vermögend geworden.

Nördlich von hier in Richtung Mons ist ein interessantes römisches Industriedenkmal zu besichtigen: Die *Roche Taillée* (Hinweisschilder an der D 37 vor der Überquerung des Fil) waren Teil eines Aquäduktsystems, das Wasser nach Fréjus brachte. Um die Wasserleitungen an dem steil abfallenden Abhang entlangzuführen, wurden teilweise brückenartige Kragkonstruktionen gebaut. An einigen Stellen aber höhlten die römischen Ingenieure über eine Länge von 50 m den Fels einfach aus, so daß bis 10 m hohe und 3,60 m breite steile Schluchten entstanden, in denen das Wasser geführt werden konnte (Abb. rechts).

Das kleine Städtchen Mons (Abb. oben) ist einer der wenigen Orte in der Provence, die vom modernen Leben ausgespart geblieben scheinen. Es erstreckt sich entlang einem Felsengrat; dementsprechend hat man von hier aus, insbesondere von der Place Saint-Sébastien, eine weite Aussicht auf das Umland. Der im 11. Jahrhundert entstandene Ort wurde 1348 verlassen, 1468 durch eine Kolonie Genueser Einwanderer aber wieder besiedelt. Als Schutzwall wurde eine lange Mauer aus Bruchsteinen errichtet, die den Bewohnern den Spitznamen »Les Chinois du Var« (Chinesen des Var) einbrachte. Der örtliche Dialekt, das *Figoun,* wird von einigen Einwohnern noch heute gesprochen.

In dem hübschen Städtchen Seillans verbrachte der Maler Max Ernst die letzten Jahre seines Lebens. Bereits ab dem 2. Jahrhundert lebten hier Römer. Im Mittelalter gehörte Seillans zu St-Victor in Marseille; im 19. Jahrhundert wurden Blumen als Parfümerierohstoff gezüchtet. Östlich der Stadt steht ein Juwel romanischer Baukunst, die Kapelle Notre-Dame-de-l'Ormeau (13. Jh.).

## Gorges de Pennafort

Kaum bekannt ist die Schlucht von Pennafort, die östlich von Draguignan von der D 25 aus zu besichtigen ist (Fußweg nach Süden von der Stelle, an der die Straße den Bach überquert). Zwar erreicht sie bei weitem nicht die Dimensionen der Gorges du Verdon, doch ist man hier in unmittelbarem Kontakt mit den ausgewaschenen Felsen, dem sprudelnden Bachlauf und mehreren Wasserfällen. Geologisch ist die Schlucht eine Besonderheit, weil sie Steine verschiedener Erdformationen aufweist; so findet man hier Gneis und Granit, Diorit und porphyrartige Minerale. Deren rote Farbtöne bieten dem Besucher auch ein Schauspiel der Farben.

Südlich, in der Nähe von Le Muy (an der D 54), gibt es einen weiteren Wasserfall, den Saut du Capelan, an dem die Nartuby 35 m in die Tiefe stürzt, in einer Felsspalte verschwindet und erst nach etwa 100 m wieder an die Erdoberfläche hervortritt.

## Draguignan

Draguignan wurde unter François I. zu Beginn des 16. Jahrhunderts ein wichtiger Verwaltungssitz. Diese Position konnte die Stadt noch ausbauen, als sie während der Revolution Hauptort des neugeschaffenen Départements Var wurde. Erst 1974 wurde diese Funktion Toulon übertragen, um der Bedeutung der Hafenstadt auch verwaltungsrechtlich Rechnung zu tragen. Zum Ausgleich wurde Draguignan Zentrum der Artillerieentwicklung und -erprobung. Von der Blüte der Stadt im 19. Jahrhundert zeugt noch die unvollendet gebliebene neugotische Kirche St-Michel, die 1869 von Henri Revoil errichtet wurde. An der höchsten Stelle der Stadt erhebt sich die Tour de l'Horloge (Abb. links), die 1663 einen zerstörten Stadtturm ersetzte. Südlich der Stadt liegt das charmante Städtchen Trans, in dem zwei alte Steinbrücken über das Flüßchen Nartuby und sein steiniges Bett führen. An der Stelle einer alten Burg entstand 1799 das kleine Rathaus.

**Landschaft bei Le Muy** (oben)

**Draguignan**
Tour de l'Horloge (links)

ABBILDUNGEN GEGENÜBER:
**Gorges du Pennafort**
Ansichten der kaum bekannten Schlucht östlich von Draguignan

# Erhabene Natur

## Durance-Tal und Gorges du Verdon

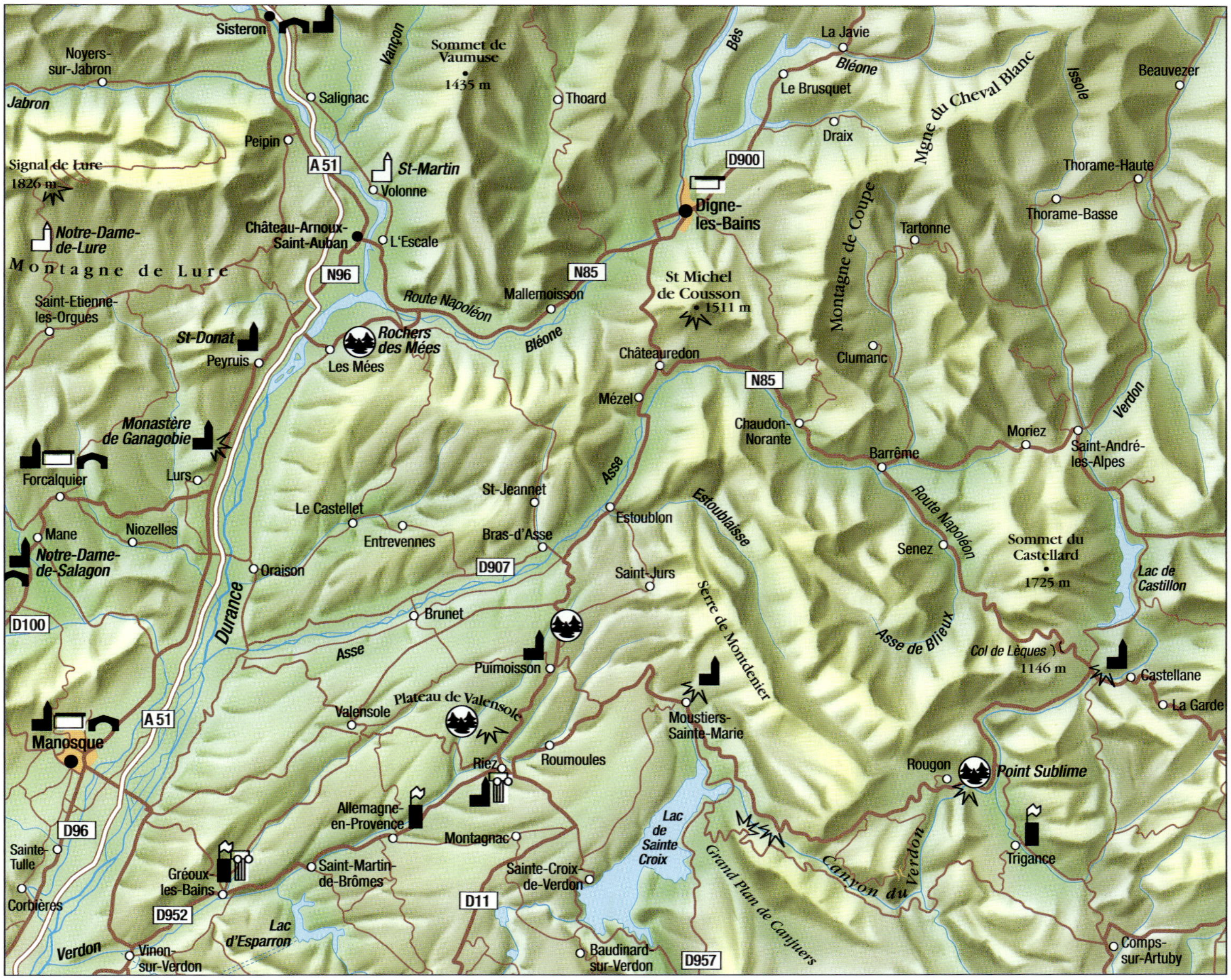


ABBILDUNG GEGENÜBER:
**Gorges du Verdon**

**Durance-Flußlandschaft**
bei Manosque

Der Mistral, ein eisiger Wind, wurde früher gemeinsam mit dem Aixer Parlament und den Überschwemmungen der Durance zu den Geißeln der Provence gezählt; entsprechend leitet sich sein Name von *Maestre,* »Meister«, ab. Der schönste Sonnenschein verliert seinen Reiz, wenn die unablässig wehenden Böen an Bäumen, Häusern und Kleidung zerren. Der rauhe Fallwind aus Nord bis Nordwest wird durch die Verengung des Rhônetals (nach dem Düsenprinzip) noch verstärkt und erreicht dann, vor allem im Winter und Frühling, Sturmstärke mit Geschwindigkeiten von 150 km/h. Er entsteht durch ein atlantisches Hochdruckgebiet und ein Tiefdruckgebiet über dem Golf von Genua und ist Vorbote eines Kaltlufteinbruchs im westlichen Mittelmeer.

## Das Durance-Tal

»Der Mistral, das Parlament und die Durance, das sind die Geißeln der Provence«, sagt ein altes provençalisches Sprichwort. Nur noch der Mistral ist von diesen drei Nöten geblieben, das Parlament in Aix seit der Revolution aufgelöst und die Durance gebändigt. Der Fluß, einer der wichtigsten Wasserabflüsse der Südalpen und nach der Saône der mächtigste Seitenarm der Rhône, war früher gefürchtet für seine flutwellenartigen Hochwasser. Diese waren Ergebnis des provençalischen Klimas, in dem es meist nur zweimal im Jahr, im Frühling und im Herbst, regnet. Dann aber sind es sturzbachartige Unwetter, die alle Wasserläufe binnen weniger Stunden zu reißenden Flüssen machen. Da die Durance zudem noch über die Hälfte ihres Wassers aus der Schneeschmelze gewinnt und im Verdon einen weiteren wichtigen Zulauf hat, summieren sich diese Faktoren im Frühjahr zu einer wahren Naturkatastrophe, bei der Deiche überflutet und Häuser, Tiere und Menschen mitgerissen wurden. Daher blieb die Sohle des Durance-Tales frei von jeder Ansiedlung. Die Versuche, die Hochwasser einzudämmen, reichen denn auch schon in das 13. Jahrhundert zurück. Seit dieser Zeit versuchte man, durch Bassins und Seitenkanäle die Wasserfluten etwas zu beherrschen und gleichzeitig dadurch die Ebenen des Comtat Venaisson oder um Aix zu bewässern. Die entscheidenen Schritte wurden im 19. Jahrhundert durch zwei konkurrierende Kanalbauten unternommen: Als Marseilles unaufhaltsamer Aufstieg zur Handelsmetropole im Gange war, wurde 1834-51 von der Durance ein 84 km langer Seitenkanal nach Marseille abgezweigt. Weit vorausschauend, war seine Kapazität so berechnet, daß er auch einem weiteren Anstieg der Bevölkerung gewachsen war. So versorgt der Kanal noch heute die Mittelmeermetropole mit Wasser. Wenig später, 1857–75, wurde aus dem Unterlauf des Verdon ein Kanal zur Wasserversorgung von Aix abgezweigt. Ab 1948 schließlich machte man sich an die technisch diffizile Aufgabe, die Gebirgsgewässer aufzustauen und damit zu kontrollieren: Die Wasser der Durance wurden südlich von Embrun im Lac de Serre-Ponçon aufgestaut, die Wasser des Verdon sammeln sich westlich der Gorges du Verdon im Lac de Ste-Croix. Wenngleich die Schaffung dieser künstlichen Seen beträchtliche Natureingriffe darstellen, so sind die damit verbundenen Vorteile für diese wirtschaftlich ansonsten benachteiligte Voralpenregion doch nicht zu übersehen: Die verbesserten Bewässerungsmöglichkeiten lassen etwa den Obstbau prosperieren, und auch für die Bekämpfung der weitflächigen Waldbrände sind

**Manosque**
Glockenturm (oben) und Ansicht der Altstadt (unten)

die riesigen Wasserreservoirs von unschätzbarem Wert. Vor allem hat sich dank der beiden künstlichen Stauseen ein sanfter Tourismus eingestellt, dem die im Sommer überfüllten Strände der Meeresküste fremd sind. Dörfer, die ehemals in luftiger Höhe an Berghängen lagen, wurden nunmehr Orte mit einem Seeufer.

## Manosque

Manosque ist heute ein wichtiges Verwaltungszentrum der Südalpen, und seit den fünfziger Jahren liegt in der unmittelbaren Nähe eine Nuklearforschungsstation. Die eng bebaute Altstadt aber atmet immer noch die Atmosphäre, die durch die Bücher von Jean Giono in aller Welt bekannt geworden ist: weltabgeschieden, etwas verschroben und urwüchsig. Ursprünglich war die Stadt nur eine Burg der Grafen von Forqualquier, die später in den Besitz des Johanniterordens überging. Zum Schutz vor den plündernden Söldnerheeren wurde im 14. Jahrhundert ein eng gezogener Mauerring um die Stadt gelegt. Die mittelalterliche Struktur der Altstadt ist heute noch gut zu verfolgen: Sie gruppiert sich um die beiden Hauptkirchen, *St-Sauveur* und *Notre-Dame-du-Romigier.* Beide Kirchen sind im Kern romanisch, doch wurden sie später stark umgebaut und überformt. In Notre-Dame dient heute ein frühchristlicher Altar (Anfang 5. Jh., Abb. oben), der auf der Frontseite zeigt, wie die Apostel das Kreuz verehren. Auf den Schmalseiten Adam und Eva bzw. die Drei Jünglinge im Feuerofen, die als alttestamentarischer Hinweis auf die Auferstehung Christi gesehen wurden.

**Manosque**
Notre-Dame-du-Romigier
Schmalseite eines frühchristlichen Altars: Adam und Eva, Anfang 5. Jahrhundert

**Jean Giono**
Weltberühmter Sohn der Stadt Manosque ist Jean Giono, ein Schriftsteller, der früher bisweilen als bloß folkloristischer Autor mißverstanden wurde. In der Tat bilden in seinen zahlreichen Romanen (»Der Hügel«,1929; »Der Husar auf dem Dach«,1934; »Bleibe, meine Freude«,1935) die Menschen und die Landschaft der provençalischen Voralpen immer wieder das wichtigste Thema. Und wiederholt spielt gerade auch seine Heimatstadt, in der er 1895 geboren wurde und 1970 starb, eine zentrale Rolle. Doch kann man die Schilderung der derben, einfachen Menschen mit ihren skurrilen Charakteren niemals als bloßes humoristisches Sittengemälde verstehen. In kunstvoll einfacher, blockhafter Sprache vorgestellt, verkörpern diese Gestalten Archetypen, die Leidenschaften, Liebe, Verachtung und Leid als ursprüngliche Lebensformen erfahren. Nicht umsonst finden sich immer wieder direkte Anspielungen auf die antike Mythologie, die gleichsam in der Provence niemals untergegangen zu sein scheint. Und dies wird von Giono auch entschieden als Kritik der modernen Zivilisation begriffen: Obwohl er in den zwanziger Jahren den Kommunisten nahestand, entwickelte er sich bald zu einem scharfen Kritiker jeder Form von politischem Totalitarismus und der modernen Massengesellschaft. Insofern ist Giono als einheimischer Intellektueller wichtig, denn er rückt mit der ihm eigenen Kompetenz das Bild der Provence als pittoresker Kulisse des Volkstümlichen zurecht, wie es viele seiner Pariser Kollegen im 19. Jahrhundert gezeichnet hatten. Diese Landschaft ist ganz und gar eigenständig und geradezu Symbol einer ursprünglichen Lebensauffassung.

Am Boulevard E. Bourges wurde 1840 eine klassizistische Konventskirche erbaut; 1992 wurde hier die *Fondation Jean Carzou* eröffnet; der 1907 geborene armenische Maler hatte zuvor die gesamte Kirche in einem fantastisch-surrealistischen Idiom ausgemalt. Dargestellt ist insbesondere das Thema der Apokalypse. In unmittelbarer Nähe, an der mittelalterlichen Porte Saunerie, hat die Stadt ihrem berühmtesten Sohn, dem Dichter Jean Giono, ein Museum gewidmet.

## Forcalquier

Forcalquier war im 11./12. Jahrhundert Hauptsitz eines der drei großen Grafengeschlechter in der Provence, welches 1209 durch Heirat mit den Grafen der Provence verschmolz. Von den Zerstörungen der *Grandes Compagnies* im 14. Jahrhundert und der Religionskriege im 16. Jahrhundert hat sich die Stadt erst in der zweiten Hälfte des 19. Jahrhunderts wieder erholt. Das Théâtre de l'Athénée und der rund geschwungene Viadukt für Straße und Eisenbahn zeugen noch heute davon. Von 1486 bis zur Revolution war die Hauptkirche der Stadt, *Notre-Dame-du-Bourguet*, Nebenkathedrale von Sisteron. Sie stellt sich heute als ein Konglomerat aus Bauteilen verschiedener Epochen dar. An das ursprünglich einschiffige Langhaus des 12. Jahrhunderts baute man im folgenden Jahrhundert eine gotische Vierung und einen polygonalen Chor an. Damit gehören diese Bauteile zu den frühesten Zeugnissen der Gotik in der Provence. Im 17. Jahrhundert schließlich wurde das Langhaus durch Seitenschiffe erweitert. Zwei Glockentürme korrespondieren miteinander, einer stammt aus dem späten Mittelalter, der andere aus der Barockzeit. Zu den frühen Bauwerken der Gotik in der Provence zählt auch der ehemalige Konvent der Franziskaner (Cordeliers), die bereits 1236 in der Stadt eine Niederlassung gründeten. Die restaurierten mittelalterlichen Bauteile (Kirche, Kreuzgang) stammen aus dem 13. und 14. Jahrhundert. Im Norden der Stadt liegt der Friedhof der Stadt, der in Form eines wunderschönen französischen Parks angelegt ist, in dem hohe Buchsbaumhecken eine Art Labyrinth bilden.

Südlich von Mane steht eine weitere Kostbarkeit romanischer Architektur in der Provence, die ehemalige Prioratskirche *Notre-Dame-de-Salagon* (Abbn. gegenüber). Die St-André in Villeneuve-lès-Avignon unterstehende Klosterniederlassung gehörte im Mittelalter zu den reichsten der Region. Erbaut wurde das Kloster über den Resten einer antiken Villenanlage. Im 16. Jahrhundert erneuerte man die Konventsgebäude. Doch nach der Revolution verfiel die Anlage, wurde als Bauernhof genutzt und erst vor kürzerer Zeit wieder restauriert. Das Portal stuft sich dreifach und von aufwendigen kannelierten Säulen begleitet in die Westwand. Die Kirche vom Ende des 12. Jahrhunderts zeigt einen sehr seltenen Grundriß: An das dreijochige Hauptschiff schließt nördlich ein einziges, etwas schmaleres Seitenschiff an. Die Kapitelle zeigen qualitätsvolle korinthisierende Formen; an einem der Freipfeiler auf der Seitenschiffseite ist ein für die Provence seltenes Kapitell mit szenischer Darstellung angebracht. An verschiedenen Stellen des Mauerwerks haben die beim Kirchenbau beschäftigten Handwerker kleine unbeholfene Zeichnungen in den Stein geritzt, die Jagdszenen, einen Engel etc. darstellen. 400 m westlich des Klosters führt über die Laye eine alte Steinbrücke, die wohl gleichzeitig mit dem Kirchenbau errichtet wurde.

**Forcalquier**
Ansicht der Stadt mit der Wallfahrtskirche Notre-Dame-de-Provence auf der Anhöhe

ABBILDUNGEN GEGENÜBER:
**Ehemalige Prioratskirche Notre-Dame-de-Salagon,**
Ende 12. Jahrhundert (oben und unten links)
Mittelalterliche Steinbrücke über die Laye in der Nähe der Prioratskirche (unten rechts)

### Ganagobie

In völliger Einsamkeit liegt hoch über dem Durance-Tal das Benediktiner-Priorat Ganagobie. Es wurde von Bischof Jean III. von Sisteron gegründet und an das mächtige Kloster Cluny übergeben. Dank der Zuwendungen der Grafen von Forcalquier erlebte das Priorat vom 12. bis zum 14. Jahrhundert eine Blütezeit. Danach verfiel es – trotz einer vorübergehenden Wiederbelebung im 17. Jahrhundert – völlig, bis Ende des 19. Jahrhunderts Benediktiner hier wieder einzogen. Eine umgreifende Restaurierung wurde ab 1957 vorgenommen.

In vorgeschichtlicher Zeit bestand hier ein keltoligurisches Oppidum, von dem zahlreiche Scherbenfunde zeugen. Im Mittelalter gab es außerdem ein kleines Städtchen nordöstlich des Klosters, von dem noch einige Ruinen stehen. Das Westportal der Klosterkirche (Abb. gegenüber) überrascht vor allem wegen der ungewöhnlichen, wellenförmig geschwungenen Profile des Gewändes und der Archivolten. Diese Formen sind allerdings nicht ursprünglich, sondern gehen auf eine zeitlich nicht zu bestimmende Restaurierung zurück, bei der man Steine, die ursprünglich als Dienstprofile gedient hatten, um 90° drehte und aufeinanderschichtete. Das Tympanonrelief zeigt Christus in mandelförmiger Aureole mit segnend erhobener Rechter, umgeben von den geflügelten Evangelistensymbolen. Am Türsturz erscheinen die zwölf Apostel. Das Programm ist also dasselbe wie etwa in Arles oder St-Gilles, doch in kürzelhafter Ausführung. Die bildhauerische Ausführung kann sicher nicht als Meisterleistung gelten, wenngleich sie um eine lebhafte Gebärdensprache bemüht ist. Auch der Grundriß der Kirche – einschiffiges Langhaus, Querhaus und Dreiapsidenanlage – ist durchaus üblich, allerdings wurde das Querhaus ungewöhnlicherweise zweischiffig angelegt. Die Ostteile wurden allerdings in der Revolution abgetragen und erst 1975 wieder rekonstruiert. Den wichtigsten Teil der Ausstattung bilden die 1893–98 entdeckten und dokumentierten, 1975 schließlich freigelegten Bodenmosaiken in den Apsiden und im Querhaus. Zahlreiche fantastische Wesen sind hier dargestellt: Greifen, ein Kentaur, ein Elefant, der einen Turm trägt. Es geht in den Bildern wohl um den Kampf des Guten gegen das Böse: In der rechten Apsis erscheint ein Ritter, der gegen einen geflügelten Drachen vorgeht. Um das Chorrund läuft eine Inschrift, die dazu auffordert, sich an den Stifter der Mosaiken und den »Werkstattleiter« zu erinnern: Prior Bertrand und Petrus Trutbert. Die einzelnen Steine sind recht große Stücke aus Ziegelstein, weißem Marmor und einer Art dunklen Basalts.

Der Kreuzgang zeigt wiederum Verwandtschaft zu den Kreuzgängen in Arles und Montmajour. So gibt es auch in Ganagobie eine – nicht gedeutete – Gewandfigur an einem der Eckpfeiler (Südwestecke). Die Säulenkapitelle zeigen wie auch in Vaison-la-Romaine meist figürlichen Schmuck, doch muß man sich bei der Beurteilung immer bewußt sein, daß große Teile auch des Kreuzgangs bei der Restaurierung vollständig erneuert wurden.

Das kleine Hochplateau lädt dazu ein, bei kurzen Spaziergängen einen Blick in alle Richtungen zu werfen: in Richtung auf das Durance-Tal ebenso wie auf das in Richtung Westen gelegene Forcalquier.

**Ganagobie**
Klostergarten
Seit 1992 wird das Kloster wieder von Benediktinern bewohnt.

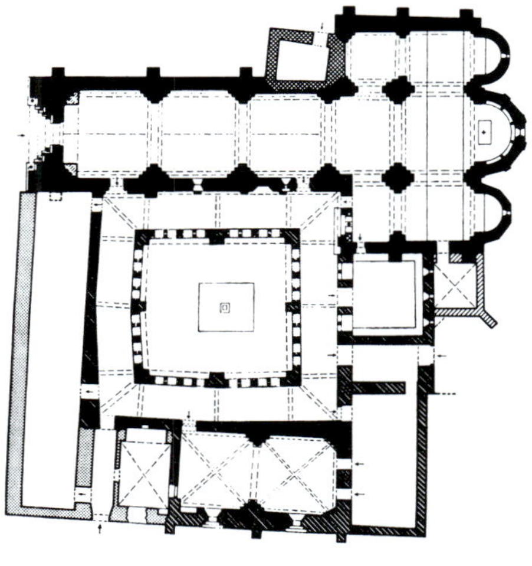

ABBILDUNG GEGENÜBER:
**Ganagobie**
Benediktiner-Priorat Notre-Dame-du-Puy, 12. Jahrhundert, Westportal der Klosterkirche
Grundriß der Klosteranlage (rechts)

ABBILDUNGEN LINKS UND GEGENÜBER:

**Ganagobie**

Bodenmosaiken in der Klosterkirche, 1122: Die Mosaiken von Ganagobie bedecken eine Fläche von etwa 70 m² und sind damit das größte zusammenhängende romanische Bodenmosaik in Frankreich.

Weiter nördlich trifft man entlang dem Tal auf noch ein bemerkenswertes Monument der provençalischen Romanik, die kleine Kirche *St-Donat-le-Bas* (oder Eglise majeure), eine der wenigen Beispiele für die frühe Romanik in der Provence. Hier soll sich im 5. Jahrhundert der Einsiedler Donatus niedergelassen haben und auch begraben sein. Graf Wilhelm II. der Provence übergab 1018 die hier entstandene Klostergemeinschaft an St-André in Villeneuve-lès-Avignon. St-Donat besteht eigentlich aus vier Kirchen (Eglise majeure und Eglise mineure de St-Donat-le-Bas, St-Donat-le-Haut und ein Oratorium). Offensichtlich hatte man dem Heiligen an seinem ersten Aufenthaltsort (St-Donat-le-Haut) und über seiner Grabstätte (St-Donat-le-Bas, Eglise mineure) je eine Kirche errichtet, letztere ergänzt durch den großen Bau der Eglise majeure (Abb. rechts), um die Pilger angemessen aufnehmen zu können. Sie ist die größte und einzige vollständig erhaltene Kirche des Komplexes: eine dreischiffige Basilika mit Querhaus, an das die drei Apsiden ansetzen. Alles ist gedrungen und eng: das Mittelschiff mißt gerade 4 m Breite, die Seitenschiffe nur 1,5 m. Die Kirche ist aus kleinteiligem Mauerwerk errichtet, das nur an den Kanten größere Steine verstärken. Die schlanken Rundpfeiler besitzen nach unten abgerundete Basen; Kapitelle fehlen. Eine gurtlose Tonne deckt das Mittelschiff. Die Vierung wird von einer Quertonne überwölbt. Der Bau dürfte wohl Mitte des 11. Jahrhunderts entstanden sein und zeigt dem heutigen Besucher, wie die Bautradition beschaffen war, die die Werkmeister des 12. Jahrhunderts mit ihrem Rückgriff auf die Antike so verfeinerten. – Auf der anderen Seite des Bergbachs, innerhalb einer eingestürzten Höhle, wurde St-Donat-le-Haut errichtet. Heute sieht man eine Ruine aus dem 12. Jahrhundert. Aus Platzgründen gehen die drei Apsiden von der Seite des Langhauses ab.

Auf der anderen Seite der Durance erheben sich über eine Länge von über 2 km steile Felsnadeln, Les Mées, die bis 100 m hoch aufsteigen (Abb. gegenüber). Gebildet sind sie aus angeschwemmtem Gestein, das sich stellenweise zu einer zementartigen Masse verfestigt hatte, die weit weniger von der Erosion in Mitleidenschaft gezogen wurde als der Rest des Flußtales. Schauerliche Sagen umgeben die Mées: Sie seien bußfertige Pilger oder Mönche, die versteinert wurden, als sie einen unzüchtigen Blick aus ihrer Kapuze wagten.

Um den Fuß eines Felsgrates herum gruppiert sich das Dorf Volonne, ehemals beherrscht von einer Burg auf der Anhöhe. Im Norden findet sich die Kirche *St-Martin*, die im 11. Jahrhundert ein Priorat von St-Victor in Marseille, später die Pfarrkirche des Dorfes war. Die äußerst einfache, fünfjochige Kirche von Ende des 11. Jahrhunderts ist ein weiteres Beispiel für die frühe romanische Baukunst in der Provence (Abb. rechts). Die drei Schiffe der heute ruinösen Kirche enden unmittelbar in je einer Apsis. Bemerkenswert sind die recht schlanken Rundpfeiler und die weiten Arkadenschritte.

ABBILDUNGEN GEGENÜBER:
**Les Mées**
Bizarre Felsformation der »Rocher des Mées« in der Nähe des Ortes

ABBILDUNGEN RECHTS:
**St-Donat**
Kirche St-Donat-le-Bas (Eglise majeure), 1. Hälfte 11. Jahrhundert, Nordostansicht (oben)

**Volonne**
Ruine St-Martin, Ende 11. Jahrhundert (unten)

## Sisteron

An der Stelle, wo der Buëch in die Durance mündet, versperrte einst ein riegelartiger Felsen den weiteren Flußverlauf nach Süden. Mit der Zeit schuf sich das Wasser einen Durchbruch, der zu einer Flußenge geworden ist, an der auf beiden Seiten die Felsengrate steil vom Flußbett aus ansteigen. Der 70 m breite Rocher de la Baume auf dem linken Ufer ist derart ausgewaschen, daß tiefe Felsrillen steil nach unten führen. Schon früh entstand auf dem Westufer eine Etappe an der hier vorbeiführenden Via Domitia, die die Römer ausbauten und Segustero tauften. Die Grafen von Forcalquier unterhielten hier vorübergehend eine ihrer Residenzen. Im 16. Jahrhundert baute man die schon lange bestehende Festung über der Stadt aus. 1944, als die Alliierten den Rückzug der deutschen Besatzer beschleunigen wollten, wurde die Altstadt von Sisteron durch Bombenangriffe stark zerstört. 300 Bewohner kamen dabei ums Leben.

Etwas außerhalb der immer noch bzw. wieder pittoresken Altstadt liegt die *Kathedrale Notre-Dame* (Abb. unten). Der Bau des späten 12. Jahrhunderts wurde ursprünglich durch zwei weitere Kirchen, St-Thyrse und St-Jean, sowie einen Kreuzgang ergänzt. Notre-Dame ist ein wichtiges Beispiel für die Übernahme von Motiven, die aus der Lombardei bezogen wurden. Dies gilt zum Beispiel für den Grundriß: eine dreischiffige Basilika mit drei Apsiden am Ostende, aber ohne Querhaus. Auch das gestreifte, zweifarbige Mauerwerk im Osten und Westen geht auf italienische Vorgaben zurück. Das Westportal ist in einer eigenartigen Blendarkatur eingelassen, deren seitliche Bögen durch die Strebepfeiler wie abgeschnitten werden. Ein ähnliches Portal gibt es an der Kathedrale von Embrun. Lombardisch ist schließlich der Vierungsturm, dessen Oktogon von einer Zwerggalerie umzogen wird. Im Inneren bietet sich die Kathedrale schlicht und ohne Bauschmuck. Wie in St-Donat ist das Langhaus nicht als Basilika mit höher aufsteigendem Mittelschiff, sondern als Halle gebildet, in der alle Gewölbe auf einer Höhe aufsetzen.

**Sisteron**
Altstadtansicht mit Zitadelle (Ende 16. Jahrhundert) auf der Anhöhe

Kathedrale, Ende 12. Jahrhundert, Westfassade (nebenstehend)

**Gebirgslandschaft bei Sisteron**
Blick nach Norden auf die Montagne de Gache

Die Zitadelle über der Stadt (Abb. S. 374/75) wurde vom Festungsingenieur König Heinrichs IV., Jean Erard, am Ende des 16. Jahrhunderts umgestaltet, doch blieben dabei Teile der alten Burg des 13. Jahrhunderts und die Kapelle des 15. Jahrhunderts erhalten. 1842–52 wurde die Festung nochmals verstärkt, dabei auch eine Treppe in den Felsen geschlagen, die in 365 Stufen von der Durance heraufführt. Auf dem Plateau der Festung gibt es ein Freilichttheater, in dem im Sommer Festivals, »Les Nuits de la citadelle«, veranstaltet werden. Zu jeder Jahreszeit aber bietet sich von hier oben die umgebende Landschaft als beeindruckendes Naturtheater, insbesondere auch die Felsenformationen auf der anderen Flußseite, jener »Stein gewordene Alptraum« (Abb. gegenüber).

Von Sisteron aus kann man schöne Ausflüge in die Berge links der Durance unternehmen. Dabei folgt man kleinen Flußtälern, in denen unberührte Ortschaften liegen. Clamensane und Bayons liegen im Tal der Sasse. Schöne Ausblicke hat man von Valernes und Sigoyer (an der D 304). Steil steigt die D 3 an, zur linken Hand trifft man am Défilé de Pierre-Écrite auf eine rätselhafte Inschrift, die in den Felsen geschlagen wurde: Der römische Präfekt Claudius Postumus Dardanus berichtet hier, wie er sich um das Jahr 415 mit seiner Familie und seinen Anhängern in die Wildnis zurückgezogen habe, um hier nach seiner Bekehrung zum Christentum eine Gemeinschaft mit dem Namen Theopolis (»Gottesstadt«) zu gründen. Das Problem dieses interessanten Zeugnisses liegt darin, daß bisher keine archäologischen Funde gemacht wurden, die mit dieser Ortschaft in Zusammenhang gebracht werden können. Nach St-Geniez geht es rechts ab zu einer kleinen romanischen Kapelle, *Notre-Dame du Dromon*, mit einer winzigen Krypta (Fußmarsch).

Lohnend ist auch der Besuch der Schluchten der Méouge, die nordwestlich von Sisteron in den Buëch mündet. Und schließlich erhebt sich südwestlich von Sisteron die Montagne de Lure, die die Bergkette des Mont Ventoux fortsetzt. Bis auf 1826 m führen immer enge werdende Bergstraßen. Somit ist dieser Gebirgszug fast genauso hoch wie der Mont Ventoux, doch im Gegensatz zu diesem beinahe menschenleer. Auf der flach abfallenden Südseite, ein Paradies seltener Kräuter, liegt auf halber Höhe das Chalaisanerkloster Notre-Dame-de-Lure (Abbn. S. 378/79).

ABBILDUNG GEGENÜBER:
**Sisteron**
Felsmassiv auf der stadtgegenüberliegenden (östlichen) Seite der Durance

ABBILDUNGEN OBEN:
**Chalaisanerkloster Notre-Dame-de-Lure,** gegründet 1165, und Naturumgebung

ABBILDUNG RECHTS:
**Montagne de Lure**
In der Nähe des Gipfels des Signal de Lure (1826 m)

**Allemagne-de-Provence**
Ehemalige Wehrburg, Ende 15./Mitte 16. Jahrhundert zu einem Schloß im Renaissancestil umgebaut

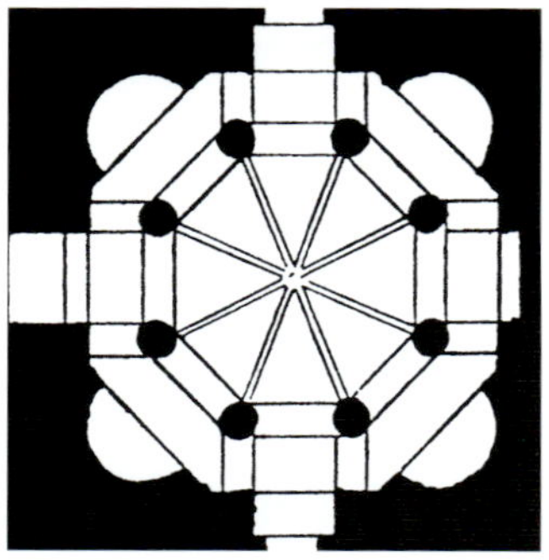

**Riez**
Baptisterium, 5. Jahrhundert, Grundriß

## Entlang dem Verdon-Tal

Die warmen Quellen von Gréoux-les-Bains kannten bereits die Römer. Im Mittelalter gehörte die Thermalstation der Abtei St-Victor, später dem Templerorden, der hier eine mächtige Festung errichtete, deren Ruine noch heute die Stadt überragt. Der moderne Badebetrieb setzte Anfang des 19. Jahrhunderts ein.

Allemagne-en-Provence war Besitz derer von Castellane, die hier Ende 15./Mitte 16. Jahrhunderts ein Schloß auf winkelförmigem Grundriß errichten ließen (Abb. oben).

Das kleine Städtchen Riez gehört zu den frühesten in Gallien nachweisbaren Bischofssitzen. Eine erste Kathedrale wurde vermutlich im 5. Jahrhundert dort errichtet, wo heute noch das Baptisterium steht. Im frühen Mittelalter verlegte man die Stadt auf die Anhöhe St-Maxime im Nordosten, die besser zu verteidigen war. Eine neue Bischofskirche, Notre-Dame-de-la-Sed, wurde errichtet. Doch schon im 13. Jahrhundert wird diese als Pfarrkirche erwähnt, denn die Bevölkerung war inzwischen an den Fuß des Hügels umgesiedelt und hatte mit Bau und Befestigung einer neuen Stadt begonnen. Eine dritte Bischofskirche entstand; die Stadt auf der Anhöhe verfiel. Die heutige Stadt enthält noch Reste ihrer einstigen Befestigungen, die Pfarrkirche zeigt noch Spuren ihrer Erbauung im 16. Jahrhundert (Glockenturm).

In einer angenehmen parkartigen Anlage können die römischen und frühchristlichen Monumente besichtigt werden. Vier Säulen mit einem Gebälk zeugen von einem *römischen Podiumstempel,* dessen Front nach Süden ausgerichtet war (Abb. gegenüber). Die ca. 6 m hohen Säulen bestehen aus einem gräulichen Granit, der in der Gegend um Esterel gewonnen wurde. Die sorgfältige Ausarbeitung der Kapitelle ist trotz der Verwitterung heute noch zu sehen.

Unweit davon entfernt erhebt sich als äußerlich etwas unförmiger Mauerblock das *Baptisterium.* Der ganze Bau ist leider durch Sicherungsmaßnahmen und Restaurierungen etwas verunstaltet; ursprünglich war er von einem Säulenportikus umgeben. Über achteckigem Grundriß erhebt sich der Zentralbau um das Taufbecken und einen Kranz aus acht Säulen, die einen Umgang absondern. Die Kapitelle, Spolien aus einem römischen Bauwerk, trugen wohl einen hoch aufsteigenden Tambour, der mit einer kleinen Kuppel abgeschlossen wurde. Der heutige Abschluß stammt aus romanischer Zeit. In der Achse und in der Breite der Taufkirche wurde östlich davon die Kathedralkirche angelegt, deren Fundamentreste auf der anderen Seite der Straße zu sehen sind. Es handelte sich um ein wohl dreischiffiges, schmales Gebäude mit einer von Sitzstufen umlaufenen Chorapsis. Die Ka-

ABBILDUNG GEGENÜBER:
**Riez**
Ruine (vier Säulen) eines römischen Podiumstempels, 1. Jahrhundert

**Die Fayencen von Moustiers**
Im 17. Jahrhundert beschränkten sich die Töpfer der Stadt darauf, einfache Töpferwaren mit dem lokalen feinen Ton herzustellen. Die Fayencetechnik wurde 1679 von Antoine Clérissy und dessen Sohn Pierre hier eingeführt. In Zusammenarbeit mit der Malerfamilie François Viry und dessen Söhnen Gaspard und Jean-Baptiste brachten sie die Produktion von Moustiers auf jenes weltweit geschätzte Qualitätsniveau. Die Vorbilder ihrer in Monochromblau auf weißem Email gezeichneten Darstellungen fanden sie meist in den Stichen des Florentiners Antonio Tempesta. Die Familie Clérissy bestimmte bis in das 18. Jahrhundert die Produktion; bald gab es 50 Ateliers mit 400 Beschäftigten. Im fortgeschrittenen 18. Jahrhundert kommen durch Joseph Olérys bald mehrfarbige Kompositionen, Grotesken- und Girlandenmuster sowie mythologische Szenen in Mode, unter den Brüdern Jean-Baptiste und Louis Ferrat ab 1761 auch Chinoiserien und Abbildungen natürlicher Blumen.

**Moustiers-Ste-Marie**
Wallfahrtskapelle Notre-Dame-de-Beauvoir (12. und 15. Jahrhundert) in der Schlucht hinter dem Ort

thedralgruppe wurde gegen Ende des 5. Jahrhunderts offenbar über einem großen öffentlichen Gebäude der römischen Stadt angelegt und erinnert in dieser Anordnung stark an den frühchristlichen Kirchenkomplex in Fréjus.

Auf dem Plateau de Valensole, über Riez, erstrahlen im Frühjahr und Sommer rund um die Ortschaft Puimoisson die blühenden Mandelbäume und die Blüten des wilden Mohns. Später wird diese Farbpracht abgelöst von den Violettakkorden der Lavendelfelder, die hier überall bestellt werden (Abbn. gegenüber).

## Moustiers-Ste-Marie

Das Städtchen Moustiers-Ste-Marie ist in eine beeindruckende Naturkulisse gebettet: zwischen hohe, kahle Felswände (Abb. S. 384/85). Der Ort ist uralt, denn 435 siedelte der hl. Maximin, zuvor Einsiedlermönch in Lérins und anschließend Bischof in Riez, einige Mönche hier in den Bergen an. Sie lebten vermutlich in Grotten und erbauten eine kleine Marienkapelle. Aus Furcht vor den räuberischen Einfällen gaben die Mönche ihre Niederlassung jedoch auf; erst im 11. Jahrhundert kamen wieder Brüder aus Lérins und gründeten hier ein Priorat. Moustiers war ein wichtiges Verwaltungszentrum der Grafen der Provence, die Stadt war stark befestigt und hatte sich, wie alle größeren Städte der Region, eine eigene kommunale Regierung gegeben. Eine Blütezeit erlebte sie im 17. Jahrhundert, vor allem dank der Papierherstellung und der weltweit berühmten Fayencewaren. Die Tonwarenindustrie florierte bis zur Mitte des 19. Jahrhunderts, bevor etwa 100 Jahre später dieses Handwerk wiederentdeckt und die Brennöfen neu angeheizt wurden. Voraussetzung zur Tonwarenherstellung waren mehrere Wasserläufe aus den Bergen, Rioul und Maïre. Diese zerteilen die Stadt in mehrere, zum Teil stark ansteigende Viertel, die untereinander durch zahlreiche Brücken verbunden sind. Die Pfarrkirche zeigt im saalförmigen Langhaus die reiche plastische Wandgliederung der provençalischen Romanik. Beim Chor, im 14. Jahrhundert angefügt, wurde nicht ein polygonaler, sondern ein flacher Chorschluß gewählt. Ein Fayence-Museum informiert über die Tonwarentechnik und ihre Geschichte in Moustiers.

Über viele Stufen führt ein Weg in der Schlucht hinauf zur Wallfahrtskapelle *Notre-Dame-de-Beauvoir* (Abb. oben). Dabei kommt man unter dem Wahrzeichen der Stadt hindurch, einem in 200 m Höhe an einer Kette zwischen zwei Felsspitzen aufgehängten Stern, dem *Cadeno*. Angeblich soll er im 13. Jahrhundert von einem Johanniterritter namens Blacas zum Dank für seine wundersame Befreiung aus der Gefangenschaft hier aufgehängt worden sein. Die Wallfahrtskapelle steht dort, wo die Mönche des 5. Jahrhunderts ihr Marienheiligtum errichtet hatten. Das Langhaus entstammt dem 12., der Chor erst dem 15. Jahrhundert.

ABBILDUNGEN GEGENÜBER:
**Landschaften auf dem Plateau de Valensole** bei Puimoisson

ABBILDUNG S. 384/85:
**Moustiers-Ste-Marie**
Ansicht des Ortes vor dem Felsmassiv

**Ste-Croix-de-Verdon**
Ortschaft über dem See (oben)

**Lac-de-Ste-Croix**
Verdon-Stausee (rechts)

## Gorges du Verdon

Der Lac de Ste-Croix, ein großer, von Bergen gesäumter See, entstand als letzter der künstlichen Stauseen im Jahr 1975. Das hier liegende Dorf Salles-sur-Verdon verschwand dabei und wurde auf dem östlichen Ufer neu errichtet. Nicht gerettet wurde eine große römische Brücke, die heute in 50 m Tiefe auf dem Grund des Sees liegt. Das Örtchen Ste-Croix (Abb. oben), das den Namen gab, lag früher in luftiger Anhöhe; heute besitzt es einen gepflegten Badestrand.

Unmittelbar östlich des Lac de Ste-Croix beginnen die Gorges du Verdon, jene tiefen Felsschluchten, die zu den bedeutendsten Naturformationen ganz Europas zählen. Der Verdon entspringt auf 2500 m Höhe am Col d'Allos, wendet sich bei Castellane nach Westen, um sich anschließend über 25 km durch die engen und bis zu 700 m hohen Felsschluchten zu winden. Im Lac de Ste-Croix wird der Fluß ein erstes Mal aufgestaut, es folgen noch weitere Staustufen bis zur Mündung in die Durance. Daß der Fluß sich in seinem Mittellauf ausgerechnet durch dieses riesige Kalkmassiv durchgefressen hat, anstatt sich einen Umweg zu suchen, liegt wohl daran, daß das Felsplateau früher viel niedriger lag. Hier hatte sich der Verdon ein natürliches Bett gegraben, als im Tertiär das Kalkmassiv durch den seitlichen Druck der benachbarten Erdschichten immer weiter nach oben gehoben wurde. Der Fluß wusch sukzessive das bestehende Tal immer weiter und weiter aus. Außerdem führte er damals viel mehr Wasser als heute und war ein reißender Strom.

Um den Grand Canyon du Verdon (Abbn. S. 388–90) zu verfolgen, kann man oben auf dem Kalkplateau entlangfahren. Sowohl die Nord- wie die Südroute bieten immer wieder schwindelerregende Einblicke in die heroischen Felslandschaften, in denen sich unten als dünnes Band der Verdon windet. Von dem auf der Nordseite gelegenen Ort La Palud-sur-Verdon aus kann man eine eigens angelegte Rundstrecke befahren, die Route des Crêtes, die haarscharf an den Klippen entlangführt. Überall bieten die teilweise mehre-

ABBILDUNGEN RECHTS
UND GEGENÜBER:
**Gorges du Verdon**

re hundert Meter hohen Felswände ideale Herausforderungen für Kletterer. In der Nähe des Aussichtspunktes Point Sublime, am Tunnel de Tusset, führt eine Stichstraße hinunter in die Nähe der Talsohle zum Couloir Samson. Mit Proviant, festem Schuhwerk und einer guten Taschenlampe ausgerüstet, ist es von hier aus möglich, dem Fluß unten in der Schlucht, auf dem Sentier Martel, zu folgen. Der Weg führt durch mehrere Tunnel und erlaubt, über Leitern an die Baume-aux-Pigeons, eine riesige Höhlenöffnung von 30 m, heranzukommen. In einer Flußkehre liegt der Einfluß eines Nebenarms, des Artuby, der sich ebenfalls tief in eine Schlucht eingeschnitten hat.

## Castellane

Am anderen Ende der Verdonschluchten liegt Castellane. Ursprünglich war die Siedlung auf einem der Felsen um die heutige Stadt angelegt; dort lebte der keltoligurische Stamm der Suetrii, die von den Römern wegen der salzigen Quellen in der Nähe Salinae genannt wurden. In der Zeit der Invasionen flüchteten sich die Bewohner auf den steilen Felsen vor der Stadt; seit dieser Zeit besteht der Name Petra Castellana. Schon im 5. Jahrhundert residierte in Castellane ein Bischof, doch ein Jahrhundert später wurde der Sitz nach Senez verlegt. Ab dem 12. Jahrhundert war die Stadt der Stammsitz eines der nobelsten französischen Adelsgeschlechter, der Castellane.

Die ehemalige Pfarrkirche *St-Victor* wurde im 15. und 17. Jahrhundert im Norden durch weitere Seitenschiff erweitert. Der Hauptbau von Mitte des 13. Jahrhunderts fällt dadurch auf, daß er wie die Kathedralen von Grasse und Fréjus mit dicken Bandrippengewölben eingedeckt ist. Lohnend ist der steile Aufstieg auf die 180 m hohe Felsnadel mit der Kapelle *Notre-Dame-du-Roc*. Am Fuß des Felsens führt eine mittelalterliche Brücke über den Verdon. Jedes Jahr am 31. Januar feiert die Stadt die Fête du Pétardier (Geschützmeister) zu Ehren von Judith Andrau, die 1586 durch ein waghalsiges Manöver den Artillerieangriff der Hugenotten abgewehrt hatte.

**Castellane**
Stadt und Kapelle Notre-Dame-du-Roc auf der Höhe

ABBILDUNG S. 392:
**Stechginster**
Im Frühling und Frühsommer bietet der blühende Stechginster das am weitesten verbreitete und schönste Gelb in der Provence.

ABBILDUNG GEGENÜBER:
**Gorges du Verdon**

# Kurzbiographien

**Augustus** ursprünglich Gaius Octavius, nach seiner Adoption Octavian (63 v. Chr.–14 n. Chr.), erster römischer Kaiser. Nach der Ermordung Cäsars 44 v. Chr. wird er als dessen Adoptivsohn zunächst Konsul. Der Sieg über seinen Mitregenten Antonius in der Seeschlacht von Actium macht Octavian 30 v. Chr. zum Alleinherrscher mit dem Beinamen Augustus. Durch die neue zentralistische Regierungsgewalt gelingt dem Princeps (Kaiser) eine durchgreifende Neuorganisation des Römischen Reiches, und er initiiert eine umfassende kulturelle Blüte. Die Auswirkungen dieser Politik sind auch in der Provence an zahlreichen römischen Monumenten noch heute zu ersehen.

**Benedikt XII.** eigentlich Jacques Fournier (um 1285–1342), Papst. Der Zisterzienser wird 1327 Kardinal, 1334 Nachfolger Petri. Unter ihm festigt sich die Allianz mit dem französischen König und die Gegnerschaft zum deutschen Kaiser, Ludwig dem Bayern. Dies drückt sich u. a. darin aus, daß Benedikt den Bau der Papstresidenz in Avignon in Angriff nimmt.

**Benedikt XIII.** eigentlich Pedro de Luna (um 1342–1423), Gegenpapst von 1395 bis 1423. Während des Abendländischen Schismas wird er von der in Avignon verbliebenen französischen Kardinalspartei zum Gegenpapst gewählt. Trotz anfänglicher Erfolge kann er sich nicht durchsetzen, wird mehrmals für abgesetzt erklärt und in Avignon belagert.

**Bonifaz VIII.** eigentlich Benedetto Gaetani (um 1235–1303), Papst. Nach der spektakulären Abdankung Cölestins V. besteigt Bonifaz 1294 den päpstlichen Stuhl und betreibt eine aggressive Politik zur Durchsetzung der Vorrangstellung des Papsttums über die weltliche Macht. Dies führt zu erbitterter Gegnerschaft des französischen Königs und großer Teile des französischen Episkopats. Die daraus entstehende Polarisierung trägt indirekt zur Schwächung des Papsttums nach dem Tod von Bonifaz und zur Übersiedelung der Päpste nach Avignon bei.

**Bréa, Louis** (um 1450–1523), provençalischer Maler. Bedeutendster Vertreter der Malerschule von Nizza in der Übergangszeit von Spätgotik zu Renaissance.

**Bonaparte, Napoleon** (siehe S. 356)

**Cäsar, Gaius Julius** (100–44 v. Chr.), römischer Feldherr und Staatsmann. In ständiger Auseinandersetzung mit der römischen Oligarchie gelingt es ihm, zusammen mit Licinius Crassus und Pompejus das sogenannte Triumvirat als zentrale römische Machtkonstellation einzusetzen. Durch zahlreiche siegreiche Feldzüge erreicht Cäsar die Ausdehnung und Festigung des Römischen Weltreichs. Dazu gehört vor allem auch die Unterwerfung der Stämme zwischen Pyrenäen und Rhein (58–52 v. Chr.), also auch der gallischen Bevölkerung in der Provence. Zur Sicherung der Gebiete werden Kriegsveteranen in teilweise neugegründeten Städten angesiedelt. Die Ausschaltung seiner Mitregenten führt zu scharfer innenpolitischer Opposition, der Cäsar schließlich selbst zum Opfer fällt, als er 44 v. Chr. von Brutus ermordet wird.

**Camus, Albert** (siehe S. 182)

**Canavésio, Jean** (Giovanni; tätig 2. Hälfte 15. Jahrhundert), provençalisch-ligurischer Maler. Er kann für mehrere Altarwerke und Freskenzyklen nachgewiesen werden, so z. B. für eine Passion und ein Jüngstes Gericht (1482) in Pigna (Ligurien), ein Polyptychon mit Madonna und Heiligen (Turin, Gal. Sabaudia) usw. Auf heute französischem Gebiet liegen die von ihm ausgemalten Kapellen von Notre-Dame-des-Fontaines (Abb. S. 341) und St-Etienne in Saint-Etienne-de-Tinée. Die drastisch und reichhaltig erzählenden Bilder Canavésios verarbeiten provençalische, oberitalienische und niederländische Bildtraditionen.

**Cézanne, Paul** (siehe S. 206)

**Chéret, Jules** (1836–1932), französischer Maler und Graphiker. Er verwendet als einer der ersten die Farblithographie zur Plakatgestaltung. Seine duftigen Neorokokomalereien in teilweise eigenartig verfremdeten Farben sind ein Charakteristikum der Belle-Epoque-Innenausstattungen an der Côte d'Azur, vor allem in Nizza.

**Clemens IV.** eigentlich Guy Foulque (gest. 1268), Papst. In St-Gilles in der Provence geboren, wirkt er zunächst als Berater König Ludwigs IX., 1257 wird er Bischof von Le Puy, 1259 Erzbischof von Narbonne, 1261 Kardinal, 1265 schließlich Papst. Als Papst belehnt er Karl I. von Anjou, Graf der Provence, mit dem Königreich Sizilien und unterstützt somit in entscheidender Weise die französische Vormachtstellung im westlichen Mittelmeer.

**Clemens V.** eigentlich Bertrand de Got (gest. 1314), Papst. Ab 1295 Bischof von St-Bertrand-des-Comminges, ab 1305 Papst. Unter dem politischen Einfluß König Philipps IV. stehend, revidiert Clemens die cäsaropapistische Politik seines Vorgängers Bonifaz VIII. (Cäsaropapismus heißt: Der weltliche Herrscher ist zugleich auch geistliches Oberhaupt.) In Absprache mit dem König hebt der Papst den Templerorden auf, dessen Vermögen Philipp zugute kommt. Außerdem setzt sich Clemens V. als erster Papst in Avignon fest, ohne dort allerdings eine neue Residenz zu errichten.

**Clemens VI.** eigentlich Pierre Roger (1292–1352), Papst. Der Benediktinermönch ist zunächst u. a. Erzbischof von Sens und von Rouen, außerdem Kanzler König Philipps VI., seit 1338 Kardinal. Nach seiner Wahl zum Papst 1342 kauft er die Grafschaft Venaissin und erweitert den Papstpalast auf das Doppelte seiner Größe. Damit scheint Avignon endgültiger Papstsitz zu werden, wenn auch der Romgedanke z. B. von Petrarca weiter verfochten wird. Clemens wirkt entscheidend dabei mit, daß der böhmische König als Karl IV. den Kaiserthron besteigen kann.

**Clemens VII.** eigentlich Robert de Genève (1342–94), Gegenpapst. Der frühere Bischof von Thérouanne und von Cambrai wird 1371 Kardinal. Nachdem die Wahl von Urban VI. für ungültig erklärt worden war, einigt sich die französische Kardinalspartei auf Robert de Genève als neuen Papst. Als Gegenpapst baut er Avignon als mit Rom konkurrierende Papststadt weiter aus.

**Cocteau, Jean** (1889–1963), französischer Schriftsteller. Cocteau wirkt auch als Regisseur, Graphiker, Kostümbildner. Obwohl beeinflußt von Dadaismus und Surrealismus, bearbeitet er immer wieder klassische Stoffe der antiken Mythologie (»Orphée«, »Antigone« usw.). Werke von Cocteau, der zeitweise in Menton lebte, sind in der Provence vielerorts zu sehen: Cocteau-Museum in Menton, Ausmalung der Kapelle in Villefranche-sur-Mer (Abb. S 320) und des Rathauses von Saint-Jean-Cap-Ferrat.

**D'Eyck, Barthélémy** (tätig Mitte 15. Jahrhundert), Buch- und Tafelmaler. Der am Hof König Renés I. von Anjou, Grafen der Provence, tätige Maler stammt möglicherweise aus der Familie des niederländischen Malers Jan van Eyck. Barthélémy werden einige Werke zugeschrieben, die zu den bedeutendsten Erzeugnissen seiner Zeit zählen, so vor allem eine Illustrationsfolge des von René I. selbst verfaßten allegorischen Ritterromans »Le Livre du Cuer d'amours espris«, ebenso die Verkündigung Mariens in Aix (Abb. S. 197)

**Daudet, Alphonse** (1840–97), französischer Schriftsteller. In seinem Werk schildert er Schicksale verschiedener Menschen aus allen sozialen Schichten, in »Briefen aus meiner Mühle« und in »Wundersame Abenteuer des edlen Tartarin von Tarascon« beschreibt er humorig das Leben in der Provence.

**Fabre, Jean-Henri** (siehe S. 28)

**François I.** (1494–1547), französischer König (ab 1515). Nach dem Sieg über die Schweizer bei Marignano ist die Politik des Königs vor allem auf die Abwehr der habsburgischen Vormachtstellung unter Kaiser Karl V. gerichtet. Auch über die provençalische Küste versuchen die kaiserlichen Truppen vorzudringen, was aber an den unter François verstärkten Befestigungswerken scheitert. Der König kann als erster französischer Renaissancefürst gelten, dessen umfassende Förderung der Künste sich u. a. auch darin zeigt, daß er berühmte italienische Künstler wie Cellini, Leonardo und Primaticcio nach Frankreich beruft.

**Franque, François** (1710–93), französischer Architekt. Sohn von Jean-Baptiste Franque. 1730 tritt er in die Académie Royale in Paris ein und wird ein gefeierter und in ganz Frankreich viel beschäftigter Architekt.

**Franque, Jean-Baptiste** (1683–1758), französischer Architekt. Nach einer Ausbildung an der Académie Royale in Paris errichtet der Architekt zahlreiche Bauten in und um Avignon und Aix. Musée Calvet (Abb. S. 62)

**Froment, Nicolas** (um 1430–83/86), französischer Tafelmaler. Froment war neben Barthélémy d'Eyck ein weiterer wichtiger Hofmaler von René I. von Anjou. Er malt u. a. das von René gestiftete Triptychon mit der Darstellung des Brennenden Dornbuschs (1475/76; Abb. S. 196) in der Kathedrale von Aix.

**Garnier, Charles** (1825–98), französischer Architekt. Im Anschluß an Studienreisen nach Italien und Griechenland gewinnt der Architekt den Wettbewerb für den Neubau der Pariser Oper (1861–75). Damit steigt er zum wichtigsten Baumeister eines prunkvollen, trotzdem subtil eingesetzten architektonischen Eklektizismus auf. Dies prädestiniert ihn auch, für die mondäne Gesellschaft an der Côte d'Azur tätig zu werden, wo er u. a. das Casino in Monte Carlo (Abb. S. 332) und die Sternwarte von Nizza entwirft.

**Gauguin, Paul** (1848–1903), französischer Maler. Er beginnt sein Werk als Autodidakt, zunächst in Nachfolge des Impressionismus. Bald begreift er seine Malerei als eine radikale künstlerische Erneuerung von gleichsam religiösem Charakter. Die damit einhergehende Zivilisationsverachtung führt Gauguin zunächst in die Bretagne und 1888 in die Provence, wohin er van Gogh folgt. Beide Regionen gelten damals als die am meisten ursprünglich und ländlich gebliebenen Regionen Frankreichs. Bald darauf zieht es Gauguin aber in noch exotischere Gefilde, und er setzt sein Leben und Werk in der Südsee fort, wo er schließlich stirbt.

**Giono, Jean** (siehe S. 366)

**Gogh, Vincent van** (1853–1890), niederländischer Maler. Der Autodidakt läßt sich zunächst von der dunkelfarbigen, tonigen Malerei von Frans Hals und Rembrandt inspirieren, bevor er ab 1886 in Paris die Einflüsse des Nachimpressionismus und der Japanmode umsetzt. Die nun entstehenden gestrichelten Bilder steigern sich vor allem während seines Aufenthaltes in Arles 1888/1889 zu starkfarbigen Bildflächenkompositionen (Abb. S. 90 f.). Der Maler versucht dort mit Gauguin eine Künstlerkolonie zu gründen, was jedoch scheitert. Nach einer Selbstverstümmelung – er schneidet sich ein Ohr ab – folgen Sanatoriumsaufenthalte in Saint-Rémy (Abb. S. 113), wo vor allem stark bewegte, gestisch bestimmte Landschaftsbilder entstehen. 1890 kehrt van Gogh in die Pariser Region (Auvers-sur-Oise) zurück. Im Juli des Jahres nimmt er sich das Leben.

**Grimaldi, Albert** (1848–1923), Fürst von Monaco. Die Grimaldi sind ein seit dem 12. Jahrhundert bezeugtes, aus Genua stammendes Adelsgeschlecht. Ihre Besitzungen umfassen seit dem späten 13. Jahrhundert auch das Gebiet der französischen Riviera, dessen Hauptort Monaco bildet. 1612 nehmen die

Grimaldi den Fürstentitel an. 1860 verbleibt ihnen nurmehr das heutige Fürstentum Monaco als eigener Stammsitz, nachdem die restlichen Gebiete durch Volksentscheid an Frankreich gegangen waren. Der ab 1889 regierende Fürst Albert I. ist vor allem deshalb von Bedeutung, weil er Monaco zu einem Zentrum für Oper und Ballett sowie für die Meeresforschung macht. Auch veranstaltet er zum ersten Mal das berühmte Autorennen in dem Zwergstaat.

**Johannes XXII.** eigentlich Jacques Duèze (um 1245–1334), Papst. Der frühere Bischof von Fréjus (ab 1300) wird 1310 Bischof von Avignon, 1312 Kardinal, 1316 schließlich in Lyon zum Papst gewählt. Johannes ist der erste Papst, der definitiv von Avignon aus regiert. Die Allianz mit dem französischen Königtum führt zu einer entschiedenen Opposition zu dem deutschen Kaiser, Ludwig dem Bayern, den Johannes schließlich exkommuniziert und für abgesetzt erklärt. Außerdem spielt der Papst eine bedeutende Rolle bei der Verurteilung solcher religiösen Bewegungen, die die Kirche im Sinne eines strengen Armutsideals zu reformieren versuchen.

**Karl I. von Anjou** (1226–85), König von Sizilien und Graf der Provence. Der Herzog von Anjou, Bruder des französischen Königs Ludwig IX., erhält 1246 durch Heirat die Provence. Nach dem Sieg über die letzten Staufer, Manfred und Konradin, wird Karl 1265 von Papst Clemens IV. mit dem Königreich Sizilien belehnt. Seine Hauptresidenz errichtet Karl in Neapel, in der Provence wird Aix zum Hauptort ausgebaut. Nach dem französischen Vorbild errichtet er eine zentralistische Verwaltung, die die alte Selbständigkeit vieler provençalischer Städte entscheidend einschränkt.

**Karl II. von Anjou** (1254–1309), König von Sizilien und Graf der Provence. Als Sohn Karls I. führt er die Politik seines Vaters fort. Insbesondere betreibt er den Plan, in St-Maximin-la-Sainte-Baume (Abbn. S. 284 ff.) ein geistliches Zentrum für die Provence einzurichten: Die Förderung des Kultes der hl. Magdalena, die dort begraben sein soll, ist eine der wichtigsten Maßnahmen zu diesem Zweck.

**Laurana, Francesco** (um 1425–1502), dalmatisch-italienischer Bildhauer. Er beginnt seine Karriere mit Arbeiten am Triumphbogen Alfons' V. von Aragon beim Castel Nuovo in Neapel. Ab den sechziger Jahren des 15. Jahrhunderts ist er aber immer wieder in der Provence für René I. tätig, schafft beispielsweise den Lazarusaltar in der Kathedrale von Marseille und eine Kreuzigungsgruppe für die Zölestinerkirche in Avignon (Abb. S. 64). Die realistische und elegante Figurenauffassung und die illusionistischen Hintergründe seiner Reliefs sind neue Elemente in der Skulptur der Provence. Später ist der Bildhauer nicht nur in Südfrankreich, sondern auch wieder in Neapel sowie auf Sizilien aktiv.

**Le Corbusier** eigentlich Charles-Edouard Jeanneret (1887–1965), schweizerisch-französischer Architekt, Stadtplaner, Maler und Bildhauer. Der Architekt beginnt seine Karriere schon vor dem Ersten Weltkrieg im heimatlichen La-Chaux-de-Fonds. Nach seiner Übersiedelung nach Paris 1917 entsteht ein theoretisches und bauliches Werk, das zu den Inkunabeln einer auf reinen geometrischen Formen aufbauenden, dezidiert den Zweckfunktionen entsprechenden Architektur gehört. Die Kontakte des Architekten zur Provence bestehen schon früh in persönlichen Bekanntschaften, die auch dazu führen, daß er Aufträge für Landhäuser erhält (Villa Le Pradet bei Hyères für Hélène de Mandrot, 1930). Der wichtigste Auftrag ist derjenige für die Unité d'Habi-tation in Marseille (Abb. S 240 f.). 1956 errichtet Le Corbusier für sich selbst ein Ferienhäuschen an der Küste von Roquebrune-Cap-Martin, das Cabanon (siehe S. 332).

**Ludwig IX., der Heilige** (1214–70), französischer König. Der ab 1226 zunächst unter der Vormundschaft seiner Mutter regierende Herrscher führt Frankreich zum Gipfel seiner Macht im Mittelalter. Die kurz zuvor in der Normandie, dem Languedoc und der Provence hinzugewonnenen Gebiete werden durch ein strenges Verwaltungssystem kontrolliert, äußere Feinde werden durch Verträge gebunden. Ludwig pflegt insbesondere die Darstellung der göttlichen Legitimation des französischen Königtums: Neben zahlreichen Kirchengründungen unternimmt er zwei (mißlingende) Kreuzzüge. Während des letzten stirbt er an einem Fieber. 1297 wird er heiliggesprochen. Die Hafenstadt Aigues-Mortes wird auch als Station für Fahrten in das Heilige Land gegründet (siehe dazu S. 130 f.).

**Ludwig XI.** (1423–83), französischer König. Der ab 1461 regierende König markiert eine Wende in der französischen Geschichte, denn er schränkt die Macht der bedeutenden französischen Lehnsfürsten (Burgund, Berry, Anjou etc.) wesentlich ein. Eine moderne Verwaltungsstruktur, strenger Despotismus und die Absage an veraltete Formen des ritterlichen Hoflebens lassen unter Ludwig die Fundamente für die absolutistische Monarchie der Neuzeit entstehen. Bezeichnend ist, daß auch die Provence nach dem Tod Renés I. und seines kinderlosen Nachfolgers 1481 von Frankreich annektiert wird.

**Matisse, Henri** (1869–1954), französischer Maler, Zeichner und Bildhauer. Der Schüler von Gustave Moreau entwickelt nach seinen impressionistischen Anfängen ab ca. 1904 eine starkfarbige, auf illusionistische Räumlichkeit weitgehend verzichtende Malweise. Ab 1917 lebt der Maler zumeist in Nizza. Die flächigen Farbkompositionen werden nach dem Ersten Weltkrieg zu fast abstrakten Mustern, die aber die Rückbindung an die Abbildung des Gegenständlichen nie ganz aufgeben. Dies führt ab den vierziger Jahren zu scherenschnittartigen Farbcollagen. Die Zeichnungen werden zu linearen, geschwungenen Kürzeln. Diese Formensprache wendet der Maler auch an bei der Gestaltung der Chapelle du Rosaire in Vence 1948–51 (Abb. S. 351).

**Mistral, Frédéric** (siehe S. 114)

**Nostradamus** (siehe S. 214)

**Pagnol, Marcel** (siehe S. 226)

**Petrarca, Francesco** (siehe S. 45)

**Picasso, Pablo** (1881–1973), spanisch-französischer Maler, Grafiker und Bildhauer. Nach akademischen Anfängen in Barcelona und Madrid entwickelt der Maler ab 1900 in Paris neue Formensprachen, von denen insbesondere der seit 1907 entstehende Kubismus von zentraler Bedeutung für die europäische Kunst ist. Nach dem Ersten Weltkrieg macht Picasso die allenthalben zu beobachtende Wende zu klassizistischen Formensprachen nur bedingt mit. Eine Vielzahl von Idiomen stehen ab dieser Zeit miteinander im Dialog. Nach dem Zweiten Weltkrieg lebt und arbeitet der Künstler vor allem auch an der Côte d'Azur – in Antibes, in Vallauris, in Golfe-Juan, bei Cannes (Villa La Californie), in Mougins – sowie in der Provence. Dort erwirbt er 1955 das Schloß Vauvenargues (Abb. S. 211), wo er nach seinem Tod in Mougins auch bestattet wird.

**Quarton, Enguerrand** (um 1420–um 1466), einer der wichtigsten Maler der französischen Spätgotik. Aus der Pikardie (Nordfrankreich) stammend, arbeitet er von 1447 bis 1466 in Avignon und ist einer der Hauptmeister der dortigen Schule. »Die Krönung der Jungfrau« (1453/54; Abb. S. 67).

**Raymond IV.** (um 1041–1105), Graf von Toulouse und Markgraf der Provence. Er ist eine der herausragenden Figuren des 1. Kreuzzuges, Gründer von Tripolis und Entdecker der heiligen Lanze.

**Raymond VI.** (1156–1222), Graf von Toulouse. Seine frankreichfeindliche Politik trägt maßgeblich dazu bei, daß der französische König die südfranzösische Häretikerbewegung (Albigenser) zum Anlaß nimmt, einen Kreuzzug gegen Südfrankreich zu unternehmen. In diesen Auseinandersetzung bleibt der Graf insgesamt erfolgreich.

**Raymond VII.** (gest. 1249), Graf von Toulouse. Der Sohn Raymonds VI. verfolgt ebenfalls eine Politik der Bewahrung seiner Territorien. Der militärische Erfolg der Franzosen in den Albigenserkriegen läßt ihn aber zu einer Verhandlungspolitik umschwenken, die auch die Heirat seiner Tochter mit einem Bruder des französischen Königs Ludwig IX., Alphonse de Poitiers, einschließt. Wie im Fall des Barceloner Grafengeschlechts (Raymond-Bérenger V.) kommen also die gräflichen Besitzungen in der Provence über Heirat an Seitenlinien der Kapetinger.

**Raymond-Bérenger IV.** (um 1159–81), Graf der Provence: Er teilt sich die ausgedehnten Herrschaften in Nordspanien und Südfrankreich ab 1168 mit seinem Bruder, Alfons II. von Aragón. Raymond-Bérenger herrscht ab dieser Zeit im Auftrag des Königs von Aragon, sogar noch, als sich 1178 Kaiser Barbarossa in Arles zum König der Provence krönen läßt.

**Raymond-Bérenger V.** (1205–45), Graf der Provence. Der letzte der vorkapetingischen Herrscher in der Provence versucht, die steigende Macht der Städte einzudämmen, und gegen die Ansprüche des Deutschen Reiches vorzugehen. Die Herrschaft geht nach seinem Tod auf seine Tochter Béatrice über, die Karl I. von Anjou heiratet, wodurch die Provence zu der kapetingischen Seitenlinie kommt.

**René I.** (siehe S. 100)

**René II.** (1451–1508), Herzog von Lothringen und Bar. König René I. von Anjou vererbt seinem Enkel nur das Herzogtum Bar, die restlichen Besitzungen erhält Rene II. von seinen Eltern. Er kann seine Herrschaft gegen Angriffe anderer Fürsten erfolgreich verteidigen und errichtet in Nancy einen glänzenden frühneuzeitlichen Hof.

**Renoir, Auguste** (1841–1919), französischer Maler und Bildhauer. Ursprünglich Porzellanmaler, beginnt er als freier Maler an der Pariser Ecole des Beaux-Arts, wo er zunächst von Courbet beeinflußt ist. Schon in den sechziger Jahren hellt sich seine Palette auf, und bald folgen Werke, die das Pariser Leben in flimmernder Farbigkeit festhalten. Renoir zählt zu den wichtigsten Impressionisten in den siebziger Jahren. Schon im folgenden Jahrzehnt werden seine zahlreichen Portraits und Aktdarstellungen zunehmend vom klassizistischen Einfluß durch Ingres durchdrungen. Die anmutig-sinnlichen Bilder von lichtdurchströmter Farbigkeit bestimmen auch Renoirs Spätwerk, der zunehmend unter rheumatischer Beschwerden in den Händen leidet. 1907 zieht sich Renoir nach Cagnes-sur-Mer zurück und schafft hier auch skulpturale Werke (Siegreiche Venus; Abb. S. 346).

**Sade, Donatien Alphonse François Marquis de** (1740–1814), französischer Schriftsteller. Der aus einem alten provençalischen Adelsgeschlecht stammende Marquis de Sade wächst in Paris und Avignon auf, wird aber bald, 1763, ein erstes Mal eingekerkert. Insgesamt wird er 27 Jahre seines Lebens im Gefängnis verbringen, nur wenig Zeit auf dem Familienstammsitz in Lacoste (Abb. S. 180). Schuld daran sind meist eine unsittliche Lebensführung und vor allem seine erst im 20. Jahrhundert wiederentdeckten Schriften. Die unbeschreiblichen Grausamkeiten und sexuellen Torturen, die dort geschildert werden, entwickeln ein Gegenbild zu den allzu optimistischen Vorstellungen von den emanzipatorischen Ideen der Aufklärung. Die Freisetzung des Menschen legt auch dunkle Tiefen der Seele und ungezügelte Triebe frei.

**Sévigné, Madame de** (siehe S. 22)

# Personenregister

# Ortsregister

# Glossar

**Ädikula** Wandnische mit architektonischer Rahmung (Säulen, Pilaster, Giebel)

**Akanthus** Distelart, deren Blätter als Vorlage für das korinthische Kapitell gelten

**Apsis** halbkreisförmige oder polygone Raumerweiterung, im Sakralbau meist östlicher Abschluß des Chors

**Architrav** waagerechter Steinbalken über Säulen, trägt im klassischen Gebälk Fries und Gesims

**Archivolte** Bogenlauf und vom Mauerwerk abgesetzte Einfassung eines Rundbogens

**Arkadenmauer** von Arkaden getragenes Mauerstück

**Arkade** Bogen über Säulen oder Pfeilern, auch Folge von Bögen

**Arkatur** Folge meist kleinerer Arkaden, häufig als Dekorationselement

**Atrium** oft von Säulengängen umgebener offener Vorhof, der altchristlichen oder mittelalterlichen Kirche im Westen vorgelagert

**attische Basen** Säulenbasen mit einem Profil aus zwei durch eine Kehle getrennten Wülsten

**Bandrippen** Rippen eines Kreuzrippengewölbes mit rechteckigem Querschnitt

**Baptisterium** Taufkirche, meist Zentralbau

**Basenprofil** Querschnittsprofil einer Säulenbasis

**Basilika** ursrpünglich römische Markt- oder Gerichtshalle; in der christlichen Architektur mehrschiffiger Raum mit belichtetem und erhöhtem Obergaden

**Blattkapitell** mit blattförmigen Ornamenten geschmücktes Kapitell

**Blendarkade, -arkatur, -bogen, -triforium** als flaches Relief auf eine Fläche aufgelegte architektonische Gliederungselemente

**Bogenfeld** s. Tympanon

**Bogenfries** Fries, der aus einer Folge von kleinen Bögen gebildet ist

**Bossenquader** Steinquader, dessen Sichtfläche absichtlich nur roh behauen ist

**Bündelpfeiler** in der mittelalterlichen Baukunst Gruppierung von kleineren und größeren Dreiviertelsäulen um einen Pfeilerkern

**Cardo** im römischen, rechtwinkligen Stadtplanungsschema die gegenüber dem orthogonal schneidenden Decumanus etwas weniger bedeutende Hauptachse bzw. Hauptstraße

**Cavea** halbkreisförmig angeordnete Sitzreihen im antiken Theater

**Cella** ummauerter zentraler Raum des griechischen Tempels

**Chor** in der christlichen Liturgie Stätte für das Gebet der Geistlichen, meist auch Standort des Altars; im Kirchenbau Bezeichnung für den Raum zwischen Vierung und Apsis

**Chorgestühl** die zu beiden Chorseiten in Stufen aufgestellten Sitzreihen für die Geistlichen

**Chorjoch(e)** ein oder mehrere Joche, die den Chorraum vor der Chorapsis bilden

**Chorumgang** um den sog. Binnenchor geführter, seitenschiffähnlicher Umgang, von dem häufig Radialkapellen abgehen

**Cippus** etruskischer plattenförmiger Grabaufsatz

**Civitas confoederata** in der röm. Antike Gemeinden, die mit Rom vertraglich verbündet waren und Selbstbestimmungsrechte hatten

**Civitas** seit der Kaiserzeit Bezeichnung für alle Gemeinden außerhalb Roms, unterteilt in Municipium und Colonia

**Colonia** in der röm. Antike Gemeinden, die vollständige Bundesgenossen Roms sind

**Decumanus** s. Cardo

**Diagonalrippen** im Kreuzrippengewölbe die diagonal über den Jochgrundriß geführten Rippen

**Dienstprofile** charakteristischer Querschnitt von Diensten (rund, angespitzt, gebündelt)

**Donjon** wehrhafter Hauptturm französischer Burgen; zum ständigen Wohnen eingerichtet

**Doppelsäulen, -pilaster** Gruppe von zwei Säulen bzw. Pilastern, die so eng aneinandergestellt sind, daß sie optisch ein Paar bilden

**Dormitorium** Schlafsaal der Mönche in einem Kloster; nach Einführung der Einzelzellen Bezeichnung für das Gebäude oder das Geschoß, in dem sich die Zellen befanden

**Dreiapsidenanlage** in der Romanik häufiges Motiv des Ostabschlusses einer Kirche aus drei Apsiden, deren mittlere meist größer ist

**Dreikonchenanlage (Kleeblattanlage)** Kirchenbau mit drei halbrunden oder polygonalen, wie ein Kleeblatt angeordneten Apsiden

**Dreistrahlgewölbe** Rippengewölbe über dreieckigem Grundriß, in dessen Ecken drei von einem gemeinsamen Schlußstein ausgehende Rippen führen

**Dreiviertelsäule** vor eine Wand gestellte Säule, die mit ihrer Rückseite leicht in die Mauer einbindet

**Drolerien** »drollige« komische Motive in der mittelalterlichen Malerei

**Eckvolute** Volute, die an der Ecke eines Kapitells o. ä. angebracht ist

**Eroten** in der antiken Kunst Überbringer von Liebesbotschaften; dargestellt in der Form kleiner, geflügelter nackter Kinder

**Fiale** Zierelement der gotischen Architektur in der Art eines schmalen, pyramidenbekrönten Schaftes

**Forum** zentraler Platz in der römischen antiken Stadt, meist am Kreuzungspunkt von Cardo und Decumanus und von den öffentlichen Bauten und Tempeln umgeben

**Freipfeiler** ohne im Verbund mit Mauern stehende, selbständige Stützelemente meist im Inneren eines Bauwerks

**Freitreppe** offene Treppe an Gebäudefassade

**Fresko** Wandmalerei, bei der die in Kalkwasser angeriebenen Pigmentfarben auf den noch feuchten, frisch aufgetragenen Putz aufgebracht werden, wodurch die Farben unlöslich mit der Wand verbunden bleiben

**Fries** plastisch gestalteter Wandstreifen mit ornamentalem/figürlichem Dekor

**Gesims** horizontales, plastisches Gliederungselement in der Architektur; als Kranzgesims oberer Wandabschluß unter dem Dachansatz

**gotischer Skelettbau** auf ein konstruktives Gerüst oder Skelett reduzierte Architektur, die große Glasfenster und Öffnungen in den nichttragenden Partien erlaubt

**Gurtentonne** Tonnengewölbe, das durch regelmäßig eingezogene Gurtbögen verstärkt ist

**Gußmauerwerk** römische Mauertechnik, bei der in eine über Lehrgerüsten errichtete Verschalung aus Ziegel eine Zementfüllmasse eingegossen wird

**Halbrundnische** Maueraushöhlung in Form einer konkaven Ausbuchtung

**Halbrundvorlage** in der Romanik und Gotik ein in halbrundförmigem Querschnitt aus der Mauer hervortretendes Stützglied

**Halbsäule** in die Wand eingestellte Säule, deren Durchmesserhälfte plastisch hervortritt

**Hallenkirche** Kirchenanlage mit Schiffen gleicher Höhe, v. a. in der Spätgotik verbreitet

**hängender Bogen** spätgotische Dekorationsform; Bogenreihe, die von der Kante eines Gebäudeteils nach unten zu hängen scheint

**Haustein** allseitig bearbeiteter Naturstein

**Hochrelief** kräftig plastisch in die Tiefe gearbeitetes Relief (Ggs. Flachrelief)

**Hochschiff** Mittelschiff bzw. oberer Teil davon

**Ikonographie** Lehre von den Bildinhalten

**Insula** im römischen, rechtwinkligen Stadtplanungsschema eine mehrere Häuser begrenzende und von Wegen umfaßte Parzelle; bezeichnet auch ein Mehrparteien-Mietshaus

**Joch** gewölbter Raumabschnitt

**Kanneluren** senkrechte Rillen im Schaft einer Säule oder eines Pilasters

**Kapellenkranz** Kapellen um einem halbrunden oder polygonalen Chor

**Kapitell** plastisches Kopfstück einer Stütze, vermittelt zwischen Stütze und Last

**Kapitelsaal** repräsentativer Versammlungssaal eines Dom- oder Ordenskapitels, meist im Ostteil des Kreuzgangs

**Kappe** beim Grat- und Rippengewölbe jedes zwischen den Graten bzw. Rippen befindliche Gewölbefeld

**Kartusche** barockes Zierglied in Form einer schildartigen, gerahmten Fläche für Inschriften, Wappen etc.

**Karyatide** architektonische Stütze in Form einer weiblichen Trägerfigur

**Kielbogen** zumeist in der Spätgotik anzutreffende Form des Bogens, dessen Schenkel einen Gegenschwung aufweisen und in einer scharfen Spitze enden

**Kline** antikes couchähnliches Möbelstück zum Schlafen und zur Einnahme des Essens

**Kolonnade** Folge von Säulen mit Architrav

**Kolossalanordnung** Säulen- oder Pilasterordnung, die mehrere Geschosse zusammenfaßt

**Kompositpfeiler** gotische Form des Pfeilers, der aus einem gestuften Pfeilerkern und mehreren runden Diensten besteht

**Konsole** vorkragendes Tragelement

**Konversenbau** im Zisterzienserkloster das Gebäude, in dem die Laienmönche schliefen

**Kragkonstruktion** Konstruktion, die aus der Flucht eines Gebäudes markant hervortritt, um einen Erker, Balkon o. ä. zu stützen

**Kragstein** aus der Mauer hervortretender Stein, auf dem Statuen, Gewölbe, Gerüste aufgesetzt werden können

**Kranzgesims** Hauptgesims der Fassade unter dem Dachansatz

**Kreuzblume** stilisiertes, kreuzförmiges Blattelement als Krönung von Wimpergen, Fialen und Turmhelmen

**Kreuzgang** offener rechteckiger Hof eines Konvents, um den sich die Kirche und die Klostergebäude gruppieren

**Kreuzgratgewölbe** durch zwei sich kreuzende Tonnengewölbe gebildete Gewölbeform

**Kreuzrippengewölbe** kreuzförmiges Gewölbe, dessen Grate durch Rippen unterlegt sind

**Krypta** Kultraum unter der Kirche

**Kuppel** runde, viereckige, polygonale Räume überspannende Gewölbeform

**Langhaus** Hauptteil der Kirche, von der Fassade bis zur Vierung

**Lanzette** in der Gotik schmale hochgestreckte, mit einem Spitzbogen abgeschlossene Gliederungsform (Fensterlanzette, Maßwerklanzette)

**Lehrgerüst** vorübergehend errichtetes Stützgerüst

**Lisene** vertikales Mauerband, anders als Pilaster ohne Basis und Kapitell

**Loggia** Bogengang oder offene Bogenhalle, ebenerdig oder im Obergeschoß gelegen

**Mandorla** mandelförmig stilisierter Strahlenkranz; umgibt nur den thronenden Christus oder die Muttergottes

**Maßwerk** aus geometrischen Motiven abgeleitete Dekorationsformen der Gotik und Spätgotik; zur Untergliederung von Fenstern, Brüstungen etc.

**Municipium** in der röm. Antike Gemeinden, die sich freiwillig der römischen Macht unterstellen, dabei einen Teil ihrer Selbstverwaltung behalten

**Obergaden** durchfensterte obere Wand des Mittelschiffs einer Basilika

**Oberkirche** bei zweigeschossigen Bauten obenliegender Kirchenraum

**Okulus** runde Fensteröffnung

**Oppidum** Fluchtburgen und Siedlungen der keltoligurischen Bevölkerung Südgalliens

**Opus mixtum** römische Mauerwerktechnik, abwechslend aus Backsteinschichten und Natursteinschichten

**Orchestra** im römischen Theater die halbrunde, auch für die Spiele genutzte Fläche zwischen Bühne und Cavea

**Ordnung** s. Säulenordnung

**Palestra, Palaestra** in der griech. Antike Wettkampffläche des Gymnasions; bei den Römern freie Fläche innerhalb der Thermen zur körperlichen Ertüchtigung und zur Kommunikation

**Palmetten** antikes Dekorationsmotiv in Form palmenähnlicher Gebilde

**Parlatorium** Gesprächsraum eines Klosters

**Peristyl** Säulenhalle, die ein Gebäude oder einen Hof umgibt

**Pfeilerarkaden** Arkaden, die von Pfeilern (nicht Säulen) gestützt werden

**Piedestal** Sockel, Unterbau einer Säule

**Pilaster** architektonisches Dekorationsmotiv in Form einer reliefartig auf die Wand projizierten Säule

**Podiumstempel** römischer Tempel auf einem hohen Unterbau, der an seiner Schmalseite eine Treppenfront enthält

**Portikus** säulengetragene Vorhalle

**Postament** sockelartiger Unterbau

**Predella** Sockel des Altaraufsatzes oder -schreins

**Profilstein** auf einer Seite mit einem bestimmten Profil versehen, das die Zusammensetzung von im Querschnitt geschwungenen Rippen, Sockel- und Gesimsleisten erlaubt

**Querhaus** auch Querschiff, Transept, quer zum Langhaus liegender ein- oder mehrschiffiger Bauteil einer Kirche; der Kreuzungspunkt von Mittel- und Querschiff wird als Vierung oft besonders hervorgehoben

**Refektorium** Speisesaal eines Klosters

**Ringtonne** Tonnengewölbe, das über konzentrisch angelegten Konstruktionen errichtet ist

**Rippe** Konstruktionsteil eines gotischen Gewölbes; Skelett, über dem die nichttragenden Füllungen aufgemauert sind; die Rippe wird in der Spätgotik dekorativ ausgebildet

**Rippenanfänger** die ersten Steinlagen der Rippen eines Rippengewölbes

**Rippengewölbe** s. Kreuzrippengewölbe

**Risalit** akzentuierter, vor die Mauerflucht heraustretender Baukörper

**Rose** maßwerkgefülltes gotisches Rundfenster

**Rosette** florales Dekorations- und Gliederungselement in Form einer Blüte

**Runddienste** in der mittelalterlichen Architektur vertikale Elemente an Stützen in Form langgestreckter runder Pfosten

**Rundtonne** Tonnengewölbe, dessen Querschnitt einen Halbkreis bildet

**Rustika, rustiziert** Mauerwerk mit teils in der Bosse stehengelassenen Steinen; seit der italienischen Renaissance als Stilmittel im Palastbau eingesetzt

**Saalkirche** einschiffiger sakraler Innenraum

**Säule, Säulenordnung** rundes Stützelement aus Basis, Schaft und Kapitell, mit anthropomorphen Proportionen. Je nach Ausbildung v. a. des Kapitells und des auf der Säule aufliegenden Gebälks unterscheidet man dorische Ordnung (mit einfachem kissenförmigem Kapitell), jonische Ordnung (mit Volutenkapitell) und korinthische Ordnung (mit Kapitellen in Form von zwei Reihen Akanthusblättern und Eckvoluten)

**Säule** Stützglied mit kreisförmigem Durchschnitt, besteht aus Basis, Säulenschaft mit Schwellung und Kapitell

**Schaftring, Wirtel** ringförmige Verstärkung am Säulenschaft; bindet meist in die Wand ein

**Scheidbogen** Bogen zwischen den einzelnen Schiffen eines mehrschiffigen Gebäudes

**Schlußstein** meist plastisch ausgestalteter Stein im Scheitel eines Bogens oder Gewölbes

**Seitenschiff** länglicher Seitenraum, der das Mittelschiff in Lang- oder Querhaus flankiert

**Serlina** Stützenabfolge, abwechselnd mit einem Gebälkstück und einer Arkade bekrönt

**Sinopia** zinnoberähnlicher Naturocker; im Spätmittelalter oft als Vorzeichnung für Wandmalereien verwendet

**Skriptorium** Schreibgerät; Bezeichnung für den Schreibraum in einem mittelalterlichen Kloster; eine durch bestimmte Stilmerkmale identifizierbare Schreib- oder Malschule

**Spitzbogen** Bogenform, dessen leicht gebogene Schenkel eine leichte Spitze ausbilden

**Spitzbogentonne, Spitztonne** Tonnengewölbe mit spitzbogigem Querschnitt

**Spolie** wiederverwendetes Architektur- oder Zierelement älterer Bauten

**Stereotomie** Teil der Stereometrie; behandelt die Oberflächendurchschnitte von Körpern; v. a. beim Zurichten von Steinen für komplizierte Gewölbeformationen angewendet

**Strebepfeiler** Stütze zur Ableitung des Widerlagerdrucks

**Style romano-byzantin** französische Variante des »Rundbogenstils« des 19. Jahrhunderts, die Elemente der byzantinischen und der romanischen Architektur verbindet

**Tambour** zylindrischer oder polygonaler Unterbau der Kuppel

**Temperamalerei** v. a. im Mittelalter angewendete Maltechnik mit wäßrigen und öligen oder harzigen Bindemitteln

**Thermen** in der griech. und röm. Antike zumeist ausgedehnte Badeanlagen, die wichtiger Bestandteil der öffentlichen Bauten waren

**Tonnengewölbe** durchlaufendes Gewölbe mit halbkreisförmigem Querschnitt

**Triforium** ursprünglich »Dreibogenöffnung«, zum Mittelschiff eines Kirchenbaus geöffneter Laufgang zwischen Arkaden oder Emporen und Obergaden

**Triptychon** (Altar-)Bild aus drei zumeist zusammenklappbaren Flügeln

**Triumphbogen** in der Antike monumentaler Ehrenbogen für den Kaiser oder eine Schlacht; in der christlichen Kirche Bogen zwischen Langhaus oder Chor und Vierung

**Trompe, Trichtergewölbe, Trichternische** Teilgewölbe als halber Hohlkegel mit nach unten gewendeter Öffnung

**Trompenkuppel** Kuppel, bei der der Übergang von dem viereckigen Unterbau zum achteckigen oder runden Kuppelfuß durch Trompen in den Ecken ausgeführt ist

**Tropaion** antikes Siegesmal

**Tympanon** Giebelfeld eines Tempels, meist mit Bauplastik geschmückt; an mittelalterlichen Kirchen Fläche über einem Portal innerhalb des Bogenfeldes und wichtigster Ort für Skulpturenschmuck an der Außenseite

**Überfangbogen** Bogenkonstruktion, die mehrere kleinere Bögen und andere Architekturelemente umgreift

**Umgangsgewölbe** Gewölbe eines (Chor-)Umgangs

**Umgangskrypta** Krypta, die aus einem halbrund geführten Gang besteht

**Unterkirche** bei zweigeschossigen Sakralbauten der untenliegende Kirchenraum

**Vierung** Bereich einer Kirche, in der sich Langhaus und Querhaus durchkreuzen

**Vierungspfeiler** Stützen der Vierung

**Vierungsturm** turmartiger Aufbau über der Vierung

**Vorjoch** Joch vor einer Apsis

**Vorkirche** gesonderter sakraler Raum, der v. a. in der Romanik dem eigentlichen Kirchenbau zur Verrichtung besonderer liturgischer Handlungen vorgelagert ist

**Votivgabe** gestiftete Dankesgabe

**Wimperg** giebelartige Bekrönung in der gotischen Architektur und Schnitzkunst, oft von Maßwerk durchbrochen

**Wulst** Stab, Rundstab als Profilelement an Gesimsen, Säulenbasen und Rippen

# Bildnachweis

Die überwiegende Zahl der Abbildungen sind Neuaufnahmen des Fotografen Achim Bednorz, die für diesen Band in Auftrag gegeben wurden.
Der Verlag und der Herausgeber danken den Museen, Archiven und Fotografen für die Bereitstellung zusätzlicher Abbildungsvorlagen und die erteilte Reproduktionsgenehmigung. Neben den bereits in den Bildlegenden erwähnten Institutionen seien hier im einzelnen genannt:

AKG, Berlin: S. 182 oben links

Beer, Günter: S. 222, 223

Bildarchiv Foto Marburg: S. 66 unten rechts

Bridgeman/Giraudon, Foto: Lauros: S. 196, 197

Dominé, André: S. 119 oben, 119 unten

Guerrand, A.: S. 59 unten

Meauxoone: S. 137 oben

Photo Daspet: S. 67 oben

Photo Office Municipal de Tourisme d'Arles: S. 77 unten

Roger-Viollet: S. 34 unten rechts

Sander, Wolfgang: S. 195 unten rechts, 213 rechts, 233 unten rechts, 233 unten links, 265 oben links, 287 links, 287 unten rechts

Wood, Graydon: S. 209 oben

Weitere Copyrights: